위아텝스
실전모의고사

1

위아텝스 실전모의고사 1 Prep

지은이 위아북스 텝스개발팀

펴낸곳 (주)위아북스

펴낸이 조상현

등록번호 제300-2007-164호

주소 서울특별시 마포구 공덕동 404 풍림빌딩 304호

전화 02-725-9988 ● **팩스** 02-725-9863

홈페이지 www.wearebooks.co.kr

북디자인 나인플럭스

ISBN 978-89-93258-68-4 18740

위아텝스
실전모의고사

500+ 1 Prep

위아북스 텝스개발팀 지음

We're
위아북스

.TEPS는 Test of English Proficiency developed by Seoul National University의 약자로 서울대학교에서 개발한 한국형 영어능력 측정시험입니다. 1999년 처음 시행된 이래로 많은 기업체는 물론 대학 및 대학원 심지어는 특목고 입시에까지 적용됨으로써 그 활용도가 갈수록 높아지고 있습니다.

텝스는 기존의 영어 시험들과는 달리 일상생활에서 누구나 쉽게 접할 수 있는 상황에 바탕을 둔 실용 영어에 중점을 두고 있을 뿐만 아니라 내용면에서도 다양한 주제를 바탕으로 수준 높은 내용을 다루고 있기 때문에 체계적으로 학습하지 않으면 고득점을 얻기 어려운 시험이라고 할 수 있습니다.

무릇 성적을 매기는 영어시험을 치르는 사람들은 누구나 고득점을 얻고자 합니다. 그러나 노력하지 않고는 누구나 고득점을 얻지 못합니다. 그렇다면 고득점이라는 목표에 도달하기 위해서 가장 먼저 무엇을 준비해야 할까요? 그것은 바로 그 시험에 대해 '제대로 아는 것' 입니다. '제대로 아는 것' 다음에는 '친숙해지는 것' 이 필요합니다.

다시 말하자면, 텝스가 무엇을 평가하는 시험인지 먼저 살펴본 다음, 실제 시험 유형에 자꾸 부딪쳐 보면서 실전 감각을 키우는 것이 중요하다는 이야기입니다.

이 책은 텝스 시험을 치러야 하는 학습자들이 매번 전과정을 소화하는 데 무려 3시간씩이나 투여해야 하는 번거로움을 덜어주면서 짧은 시간에 반복시행을 통해 텝스에 쉽게 적응할 수 있도록 개발한 것입니다.

12회분으로 구성된 Actual Test는 실제 텝스 시험을 본다는 느낌으로 매회 풀어나갈 수 있도록 학습시간과 문항수를 고려하여 학습용으로 축소해 놓은 것입니다. Actual Test는 각각 40문항으로 구성되어 있는데, 어느 부분이든 5회분의 모의고사를 모으면 하나의 완전한 텝스 세트가 됩니다. 적은 분량이지만 12회분의 모의고사를 푸는 동안 실전 감각을 익힐 수 있습니다.

그런 다음 그래도 염려스러워서 마지막으로 100문항으로 구성된 Half Test를 연습함으로써 장시간 긴장감을 유지하는 훈련을 거치도록 배려했습니다.

또 한 가지 이 책을 활용하려면 Actual Test 1회당 200점 만점으로 계산하는데, 청해 12문항×7점=84점, 문법 10문항×2=20점, 어휘 10문항×2=20점, 독해 8문항×9점 =72점을 모두 더한 점수(196점)에 4점을 첨가하면 됩니다. 이것을 5회분 모으면 1,000점 으로서 실제 텝스 채점과 매우 가까운 점수 계산법이 됩니다.

텝스는 결코 만만하게 볼 시험이 아닙니다. 막연하게 열심히 공부하는 것만으로는 원 하는 목표를 달성할 수 없습니다. 평소에 텝스에서 제시되는 영어 상황에 스스로를 노출시 켜야 함은 물론 반드시 실제 텝스 시험과 같은 환경을 반복해서 경험해봄으로써 시험장에 서 당황하지 않고 시험에 임할 수 있는 것입니다.

잘 모르는 길을 혼자서 빠른 시간 안에 가기는 쉽지 않습니다. 이 때에 지도가 있거나 그 길을 먼저 가본 사람들의 조언을 들어보면 혼자일 때보다는 훨씬 그 길이 수월해지겠지 요. 그렇게 몇 번을 가다 보면 어느새 그 길이 친숙해져서 더 빠른 시간에 갈 수 있게 되고, 그런 반복이 계속되는 어느 순간에는 눈 감고도 찾아갈 수 있을 정도가 될 것입니다.

텝스를 준비하는 모든 분들에게 이 책이 흥미로운 지도가 되고, 따스한 조언자가 될 수 있기를 간절히 바랍니다. 또한 독자 여러분은 이 책을 이용하여 자신이 바라는 만큼의 성 과를 반드시 얻을 수 있게 되기를 기원합니다.

〈위아북스 텝스개발팀〉

Contents 차례

TEPS란 Test of English Proficiency developed by Seoul National University의 약자로 서울대학교 언어교육원에서 개발하고 TEPS관리위원회에서 주관·시행하는 국가 공인 영어시험입니다.

▶ TEPS는 서울대학교 언어교육원이 다년간의 연구를 통해 개발한 영어 능력 평가시험입니다.

▶ 서울대학교 언어교육원은 대한민국 정부가 공인하는 외국어 능력 측정기관으로 32년간 정부기관, 각급 단체 및 기업체를 대상으로 어학 능력을 측정해 왔습니다.

▶ TEPS는 국내외 유수한 대학에 종사하는 최고 수준의 영어 관련 전문가 100여 명이 참여해 문제를 출제하고 세계적인 권위자로 구성된 자문위원회에서 검토하는 시험입니다.

▶ TEPS는 청해·문법·어휘·독해에 걸쳐 총 200문항, 990점 만점의 시험입니다.

▶ TEPS는 언어 테스팅 분야의 세계적인 권위자 Bachman 교수(미국 UCLA)와 Oller 교수(미국 뉴멕시코대)에게서 타당성을 검증받았으며, 여러 번의 시험적 평가에서 이미 그 신뢰도와 타당도가 입증된 시험입니다.

▶ TEPS는 우리나라 사람들의 살아 있는 영어 실력, 즉 의사소통 능력을 가장 효과적이고 정확하게 측정해 주는 시험이라고 할 수 있습니다. TEPS는 진정한 실력자와 비실력자를 확실히 구분할 수 있도록 구성된 시험으로서 변별력에 있어서 본인의 정확한 실력 파악에 실제적인 도움이 됩니다. 또한 TEPS 성적표는 수험생의 영어 능력을 영역별로 세분화한 평가를 해 주기 때문에 수험자가 어느 영역에서 탁월한지 잘 알 수 있을 뿐만 아니라 효과적인 영어 공부 방향을 제시해 주기도 합니다.

▶ TEPS는 다양하고 일반적인 영어 능력을 평가하는 시험으로 대학교, 기업체, 각종 기관 및 단체, 개인이 다양한 목적을 위해 응시할 수 있는 시험입니다.

TEPS의 구성

TEPS는 청해·문법·어휘·독해 4개 영역에 걸쳐 총 200문항으로 구성되어 있으며 시험 시간은 약 2시간 20분입니다. 만점은 문항반응이론에 따라 채점하기 때문에 990점입니다.

영역	Part별 내용		문항 수	시간 / 배점
청해 Listening Comprehension	Part I	문장 하나를 듣고 이어질 대화 고르기	15	55분 / 396점
	Part II	3 문장의 대화를 듣고 이어질 대화 고르기	15	
	Part III	6-8 문장의 대화를 듣고 이어질 대화 고르기	15	
	Part IV	담화문의 내용을 듣고 질문에 해당하는 답 고르기	15	
문법 Grammar	Part I	대화문의 빈칸에 적절한 표현 고르기	20	25분 / 99점
	Part II	문장의 빈칸에 적절한 표현 고르기	20	
	Part III	대화에서 어법상 틀리거나 어색한 부분 고르기	5	
	Part IV	단문에서 문법상 틀리거나 어색한 부분 고르기	5	
어휘 Vocabulary	Part I	대화문의 빈칸에 적절한 단어 고르기	25	15분 / 99점
	Part II	단문의 빈칸에 적절한 단어 고르기	25	
독해 Reading Comprehension	Part I	지문을 읽고 질문의 빈칸에 들어갈 내용 고르기	16	45분 / 396점
	Part II	지문을 읽고 질문에 가장 적절한 내용 고르기	21	
	Part III	지문을 읽고 문맥상 어색한 내용 고르기	3	

TEPS 등급표

등급	점수	영역	능력검정기준
1⁺급 Level 1+	901 – 990	전반	**외국인으로서 최상급 수준의 의사소통 능력:** 교양 있는 원어민에 버금가는 정도로 의사소통이 가능하고 전문 분야 업무에 대처할 수 있음 (Native Level of Communicative Competence)
	361 – 400	청해	교양 있는 원어민에 버금가는 수준의 청해력
		독해	교양 있는 원어민에 버금가는 수준의 독해력
	91 – 100	문법	교양 있는 원어민에 버금가는 수준으로 내재화된 문법능력
		어휘	교양 있는 원어민에 버금가는 수준으로 내재화된 어휘력
1급 Level 1	801 – 900	전반	**외국인으로서 거의 최상급 수준의 의사소통 능력:** 단기간 집중 교육을 받으면 대부분의 의사소통이 가능하고 전문 분야 업무에 별 무리 없이 대처할 수 있음 (Near–Native Level of Communicative Competence)
	321 – 360	청해	다양한 상황의 수준 높은 내용을 별 무리 없이 이해할 수 있는 정도의 청해력
		독해	다양한 소재의 수준 높은 내용을 별 무리 없이 이해할 수 있는 정도의 독해력
	81 – 90	문법	다양한 구문을 별 무리 없이 신속하게 이해할 수 있을 정도로 내재화된 문법 능력
		어휘	다양한 표현을 별 무리 없이 신속하게 이해할 수 있을 정도로 내재화된 어휘력
2⁺급 Level 2+	701 – 800	전반	**외국인으로서 최상급 수준의 의사소통 능력:** 교양 있는 원어민에 버금가는 정도로 의사소통이 가능하고 전문 분야 업무에 대처할 수 있음 (Native Level of Communicative Competence)
	281 – 320	청해	일반적 상황에 보통 수준의 내용을 별 무리 없이 이해하는 정도의 청해력
		독해	일반적 소재에 보통수준의 내용을 별 무리 없이 이해하는 정도의 독해력
	71 – 80	문법	일반적인 구문을 별 무리 없이 이해하는 정도의 문법 능력
		어휘	일반적인 표현을 별 무리 없이 이해하는 정도의 어휘력
2급 Level 2	601 – 700	전반	**외국인으로서 중상급 수준의 의사소통 능력:** 중장기간 집중 교육을 받으면 일반 분야 업무를 큰 어려움 없이 수행할 수 있음 (High Intermediate Level of Communicative Competence)
	241 – 280	청해	일반적 상황에 보통 수준의 내용을 대체로 이해하는 정도의 청해력
		독해	일반적 소재에 보통수준의 내용을 대체로 이해하는 정도의 독해력
	61 – 70	문법	일반적인 구문을 대체로 이해하는 정도의 문법 능력
		어휘	일반적인 표현을 대체로 이해하는 정도의 어휘력

등급	점수	영역	능력검정기준
3+급 Level 3+	501 – 600	전반	**외국인으로서 중급 수준의 의사소통 능력:** 중장기간 집중 교육을 받으면 한정된 분야의 업무를 큰 어려움 없이 수행할 수 있음 (Mid Intermediate Level of Communicative Competence)
	201 – 240	청해	일반적 상황에 보통 수준의 내용을 다소 이해하는 정도의 청해력
		독해	일반적 소재에 보통 수준의 내용을 다소 이해하는 정도의 독해력
	51 – 60	문법	일반적인 구문에 대한 의미파악이 어느 정도 가능한 문법 능력
		어휘	일반적인 표현에 대한 의미파악이 어느 정도 가능한 어휘력
3급 Level 3	401 – 500	전반	**외국인으로서 중하급 수준의 의사소통 능력:** 중장기간 집중 교육을 받으면 한정된 분야의 업무를 다소 미흡하지만 큰 지장은 없이 수행할 수 있음 (Low Intermediate Level of Communicative Competence)
	161 – 200	청해	일반적 상황에 보통수준의 내용을 이해하기 다소 어려운 정도의 청해력
		독해	일반적 소재에 보통수준의 내용을 이해하기 다소 어려운 정도의 독해력
	41 – 50	문법	일반적 구문에 대한 신속한 의미 파악이 다소 어려운 정도의 문법 능력
		어휘	일반적인 표현에 대한 신속한 의미 파악이 다소 어려운 정도의 어휘력
4+급 Level 4+	301 – 400 201 – 300	전반	**외국인으로서 하급 수준의 의사소통 능력:** 장기간의 집중 교육을 받으면 한정된 분야의 업무를 대체로 어렵게 수행할 수 있음 (Novice Level of Communicative Competence)
5+급 Level 4+	101 – 200 10 – 100	전반	**외국인으로서 최하급 수준의 의사소통 능력:** 단편적인 지식만을 갖추고 있어 의사소통이 거의 불가능함 (Near-Zero Level of Communicative Competence)

이 책의 구성과 특징

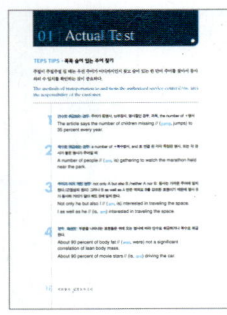

TEPS TIPS • 문법

문법에 관한 Tip은 여러 가지가 있겠으나 여기서는 현장, 즉 시험장에서 반드시 알고 있어야만 하는 필수 문법사항을 12회에 걸쳐서 제시한다. 이미 기본적인 문법사항은 알고 있기 때문에 혼동하기 쉽거나 자주 착각하는 사항을 간단한 설명과 짧은 예문 또는 짧은 문제로 구성해서 제시하고 있다.

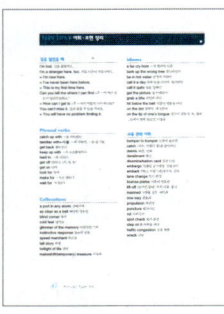

TEPS TIPS • 어휘 · 표현 정리

청해는 물론 어휘, 문법, 독해에 반드시 필요한 어휘와 표현을 주제별 또는 영역별로 정리하여 제시하고 있다. 자주 나오는 표현과 그에 대한 답변, 2어 동사와 구동사, Collocations와 함께 꼭 알아두어야 할 Idioms까지 소개하고, 정치, 경제, 사회, 과학 등 주요 영역별 단어를 소개함으로써 텝스에 대비하는 미니단어장 역할을 한다.

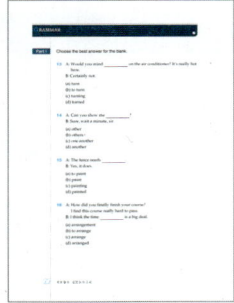

Actual Test • 1～12회

텝스는 한번 시험보기에 3시간가량의 시간과 공간적 환경을 필요로 하기에 실제 시험보기 전에는 적응하기가 매우 어렵다. 따라서 여기서는 학습시간과 문항수를 고려하여 텝스의 최소단위를 반복적으로 제시함으로써 텝스에 익숙해지도록 만들어준다. Actual Test 1회당 200점 만점으로 계산하는데, 청해 12문항×7점=84점, 문법 10문항×2=20점, 어휘 10문항×2=20점, 독해 8문항×9점=72점을 모두 더한 점수(196점)에 4점을 첨가하면 된다. 이것을 5회분 모으면 1,000점으로서 실제 텝스 채점과 매우 가까운 점수 계산법이 된다.

Answer Key • 적절한 번역, 탄탄한 해설, 상세한 어휘풀이

청해, 문법, 어휘, 독해 각각의 영역마다 그에 꼭 알맞은 해설을 제시한다. 영어의 특성과 우리말의 차별성을 뛰어넘는 적절한 해석과 꼭 필요한 부분을 속 시원하게 풀어주는 탄탄한 해설 그리고 풍부한 어휘풀이를 통해 문제를 풀면서, 채점하면서, 복습하면서도 공부가 되도록 만든다. 그리고 부피를 줄이기 위해서 불필요한 군더더기 부분을 과감히 삭제하고, 해설집으로서 꼭 필요한 요소만으로 해설집을 구성했다.

Actual Test 100 • 실제 문제와 더 가까워진 최종 확인

최소단위 Actual Test를 통해 텝스의 모든 것을 쉽게 알 수 있었지만, 실제 시험장에서 3시간 가까이 집중력을 유지하는 것도 쉬운 일은 아니다. 따라서 실제의 절반 정도의 시간을 투자해봄으로써 시험장 감각을 익혀 두도록 한다. 또한 요즘 일어나고 있는 현실적 이슈들을 문제화하여 제시함으로써 나중에 실제 시험에서 나올 법한 유망한 예상문제를 제공한다. Actual Test 100은 말 그대로 100문항으로 구성되는데, 청해 30문항×13점 =390점, 문법 25문항×4=100점, 어휘 25문항×4=100점, 독해 20문항 ×20점=400점을 모두 더하면 990점으로 실제 텝스의 점수와 유사하게 된다. 그러나 이것은 편의상의 계산이므로 계산된 점수는 참고용으로 이용하기 바란다.

MP3 CD • 청해용

실제 텝스 시험과 똑같은 구성으로 청해용 CD를 제공한다. 외국인의 어조, 말하는 속도까지 실제 시험과 같은 청해 환경을 제공한다.

청해

청해는 총 60문제로 대화와 담화를 중심으로 이루어진다. 빠른 시간 안에 의미를 파악할 수 있으려면 상황별, 기능별로 많이 등장하는 어휘와 표현들을 충분히 익혀두어야 한다. 또한 어휘나 표현들을 학습할 때에는 서로 연관되는 것들을 함께 학습하고, 뉘앙스나 문맥도 고려하여 학습하는 것이 고득점을 얻기 위한 중요한 기초가 된다.

Part 1 (15문항)

A-B 형태의 대화에서 B에 들어갈 문장을 고르는 문제로 순발력을 요구하는 문제이다. 주로 Yes-No Questions, 의문사를 이용한 의문문, 평서문에 이어지는 응답을 고르는 문제들이 출제되는데 함정에 주의해야 한다. 예를 들면 Yes-No Questions라고 해서 꼭 Yes나 No로 정답이 정해져 있다는 것은 아니며, when으로 물어보았다고 해서 시점에 해당하는 응답이 나오는 것만은 아니라는 뜻이다. 따라서 집중력을 가지고 전체 문장을 듣고 뜻을 파악하려고 노력하는 것이 중요한데, 만약 그것이 쉽지 않을 경우 문장의 첫 부분이라도 기억해 두면 의외로 답을 쉽게 고를 수 있는 경우도 있다.

Part 2 (15문항)

A-B-A-B 형태의 대화에서 마지막 B에 들어갈 문장을 고르는 문제이다. Part 1과 유형은 같으나 길이가 길어진 형태라고 볼 수 있다. 대화의 전반적인 내용을 파악하는 것도 중요하지만 그것이 부담이 된다면 마지막 화자의 대사는 반드시 놓치지 않도록 집중해서 들어야 한다. 또한 대화에서 나온 단어가 보기에서 반복이 될 경우 정답으로 고르기 쉬운데, 함정일 경우가 많으므로 주의해야 한다.

Part 3 (15문항)

Part 1, 2와는 달리 긴 대화를 들려주고 질문을 들려준 뒤 질문에 대한 답을 고르는 문제이다. 대화의 길이는 2.5 turn에서 4 turn까지 다양하다. 대화뿐만 아니라 질문도 집중해서 들어야 정답을 고를 수 있다. Part 1, 2와는 달리 대화를 두 번 들려주기 때문에 처음 들으면서 전반적인 내용을 파악하고 질문을 들은 다음 어느 부분에 초점을 맞추어야 하는지 파악한 뒤 두 번째로 들을 때 정답을 찾아낼 수 있도록 한다. 질문의 경우 전반적인 내용을 파악하는 문제, 세부 내용을 파악하는 문제, 추론문제가 나온다.

Part 4 (15문항)

담화문을 들려주고 질문을 들려준 뒤 질문에 대한 답을 고르는 문제이다. Part 3과 마찬가지로 두 번씩 들려준다. 담화는 안내방송, 강의, 뉴스, 광고, TV 프로그램, 인터뷰 등 다양하다. 문제 유형은 Part 3과 마찬가지로 전반적인 내용을 묻는 문제, 세부 사항을 파악하는 문제, 추론 문제가 나온다. 특히 세부 사항을 파악하는 문제의 경우 담화를 듣는 중간 중간 필요한 내용을 메모하는 것이 좋다.

문법

문법은 총 50문항으로 구성되어 있으며 25분에 풀어야 한다. 쉬운 문제는 의도적으로 문법 규칙을 적용하기보다는 평소에 많이 접해서 입에 붙어있는 수준을 묻는 중1 수준의 문제에서부터 동사의 특징을 생각하고 문장의 구조와 어순을 생각해야 하는 고난도 문제까지 다양하다. 출제 비중은 문법별로 동사에 관련된 문제가 가장 많고 명사, 관사에 관련된 것도 빠지지 않고 출제되고 있다. 전반적으로 다양한 문법을 다루고 있어서 파트별 공략법이 크게 달라지는 것은 아니지만 세부적으로 관찰해 보면 출제자의 의도를 읽을 수 있는 부분이 있다. 자주 나오는 문법 목록으로는 시제를 포함한 동사관련 문제가 50% 이상이며, 다음으로 명사, 형용사, 접속사, 전치사순으로 출제되고 있다.

Part 1 (20문항)
구어체 문장 표현을 묻기 때문에 평소에 자주 쓰이는 간단한 회화체 표현을 많이 알아두는 것이 좋다.

Part 2 (20문항)
본격적인 난이도로 문어체 표현을 통해 다양한 문법요소를 묻기 때문에 빈칸이 있는 문제와 선택지를 동시에 보면서 거꾸로 대입시키며 문법규칙을 적용시켜가는 것이 시간을 줄이는 방법이다.

Part 3 (5문항)
대화체 표현 중에서 흔히 나오는 문법적 오류를 찾는 문제로 대화를 읽고 난 후 동사의 태나 시제, 수일치 정도에서 크게 눈에 띄는 오류를 찾지 못했을 경우엔 명사의 가산성과 관사에 초점을 맞춰 볼 것을 권한다.

Part 4 (5문항)
4문장으로 구성된 문어체 문장에서 오류를 찾아내는 문제로 역시 Part 3을 공략했던 방법과 같은 방식으로 마지막 명사와 관사, 시제까지 확인 할 필요가 있다.

어휘

어휘 문제는 총 50문제로 구어체에서 많이 쓰이는 어휘, 연어, 구동사(동사+전치사 or 부사), 관용어, 형태ㆍ의미가 혼동되는 어휘, 이디엄, 문어체에서 많이 쓰이는 어휘 등을 중심으로 출제가 되고 있다. 따라서 어휘를 단편적으로 학습하는 것은 별로 도움이 되지 않고 문맥을 통한 학습이 이루어져야 문제를 정확하게 풀 수 있다.

Part 1 (25문항)
A-B 형태로 된 대화 가운데 빈 칸에 가장 알맞은 단어를 고르는 문제이다. 주로 구어체에 많이 등장하는 어휘들을 묻는 형태로서 청해 파트에서 다루는 대화 상황과 크게 다르지 않으므로 청해 파트에서 자주 등장하는 단어와 문장들을 학습해두면 어휘 Part 1에도 큰 도움이 될 것이다.

Part 2 (25문항)

하나 또는 두 개의 서술문 가운데 빈 칸에 가장 적절한 단어를 넣는 문제이다. Part 1과는 달리 문어체 문제가 주로 출제된다. 문맥을 통해 빈 칸에 들어갈 어휘를 추론하는 능력이 중요하므로 어휘를 학습할 때에는 함께 쓰이는 어휘와 그 어휘가 사용된 예문들을 같이 살펴보는 방식의 학습이 중요하다.

독해

Part 1 (빈칸 넣기, 16문항)

빈 칸 채우기 문제는 16문제로 구성되어 있으며, 학습자들이 가장 어렵게 느끼는 부분일 것이다. 대부분의 빈 칸은 주제문이나 정리하는 문장에 해당되는 앞이나, 뒤에 있고 드물게 중간에 오는 경우가 있다. 앞에 오는 경우도 15% 이하로 출제 되면서 비중이 낮다. 앞에 나오는 빈칸은 보통 빈칸 이후 2~3줄 정도만 읽어서 답을 유추해낼 수 있어야 한다. 물론 빈칸 이후 예를 들어 자세히 설명하는 부분은 건너뛰는 것이 시간을 줄이는 요령일 것이다. 실제로 Part 1의 16문항 중 접속사나 접속부사를 넣는 연결어 문제 15번, 16번 두 문항을 제외하고는 15분내에 문제의 답을 찾지 않으면 남은 문제에 대해 강한 압박감으로 고득점을 얻기 어려워진다. 빈 칸의 위치에 따른 출제 빈도는 앞에 빈칸이 오는 경우는 15% 정도, 중간이 20% 정도이며 끝에 오는 경우가 거의 대부분이다.

Part 2 (세부 사항과 내용 이해, 21문항)

지문의 main idea, title을 묻는 것을 시작으로 없는 내용을 발전시켜 추론까지 해야 하는 infer문제까지 다뤄지며, 총 21문항이 출제된다. 여기에서도 문제를 푸는 시간을 줄이는 요령은 문제와 선택지를 먼저 읽고서 지문을 읽기를 권한다. 특히 correct문제의 경우엔 더욱 그렇다. 이 경우는 정답이 나오는 시점에 지문을 그만 읽어도 되기 때문에 시간을 절약할 수 있다. 그 부분에서는 항상 조심할 것이 선택지에 매력적으로 유혹하는 오답이 있다는 것이다. 주어진 시간 안에 모두 풀었고, 거기다 쉽게 풀었다고 생각하는데 점수가 오르지 않는다면 이 매력적인 오답에 빠졌을 가능성이 많다. 그러나 출제자의 입장에서는 오답이 오답이고, 정답이 정답인 명백한 이유가 있기 때문에 평소에 틀린 문제를 꼼꼼하게 챙기고 갈 것을 권한다. 출제 유형은 주로 17~22번은 main idea, what about?, the purpose of the passage, best title, best summary를 묻는 문제이고, 23~37번은 특정 세부사항 묻는 문제와 correct/true, not true문제로 구성되어 있다.

Part 3 (흐름 파악, 3문항)

첫 문장을 주고 그 내용과 글이 자연스럽게 연결되지 않는 부분을 찾는 3문제가 출제되며 아주 내용이 멀리 떨어져 있는 것을 찾는 것이 아니라 다른 문장들과 소재와 내용은 같은 것이나 약간 일관성이 떨어지거나 초점이 벗어난 부분이 정답이다. 많이 권하는 요령은 어색한 문장이라고 생각해서 제외한 문장을 빼고 앞과 뒤 문장이 자연스럽게 연결되는지 확인하는 것도 좋은 방법이다. TEPS 독해는 45분 안에 40문제를 푸는 속도 시험이다. 문제 당 1분 정도를 할애해야 하므로 집중해서 정답이 나올 때까지만 지문을 읽어야 하며, 비교적 쉽고 득점에 유리한 Part 2, 3부터 푸는 것도 좋은 방법이다. 참고로 Part 3은 문항 수는 적으나 배점이 가장 높은 부분이므로 시간문제로 포기할 수 없는 부분이다.

TEPS

ACTUAL TEST

TEPS TIPS • 명사 & 대명사

가산명사와 불가산명사를 구별할 수 있어야 한다. 명사를 꾸미는 한정사의 정확한 형태를 알아야 한다. 명사와 대명사간의 수일치도 중요하다.

---

1 가산명사와 불가산명사

가산명사(countable noun)란 book, cat, house 등과 같이 **셀 수 있는 명사**이다. 단수형과 복수형이 있고, 단수인 경우는 반드시 한정사(a/an, the, my/your/his, this, those 등)가 붙는다. 가산명사인데도 아무 것도 붙지 않으면 잘못된 것으로 생각하면 된다.

불가산명사(uncountable noun)란 air, water, peace처럼 하나, 둘로 셀 수 없는 명사이다. 단수형만 있고 복수형은 없다. a/an이나 two/ten, many/few, another, several 등과 함께 쓸 수 없다. 즉, 한정사가 없이 그대로 사용할 수 있다.

2 복수 의미를 가진 명사

복수 의미를 가진 명사도 단수가 되기도 한다. 명사를 수식하는 다른 명사에 복수의 의미가 있을 경우, 앞에 있는 명사는 일종의 형용사 역할을 하므로 반드시 단수가 되어야 한다.

She is a **ten-years-old** girl. ➡ She is a **ten-year-old** girl.

ten-year-old는 girl을 수식하는 형용사로 girl 한 명이므로 a를 쓴다.

3 명사와 대명사의 일치

앞서 나온 명사를 다시 언급할 때에는, 그 명사와 인칭이나 수가 맞는 대명사가 와야 한다.

The **student** turned in **his** book. 그 학생은 자신의 책을 펼쳤다.

She tried to explain **her** theories about modern poetry.
그녀는 근대시에 관한 자신의 이론을 설명하려고 했다.

Children depend on **their** parents. 아이들은 부모를 의지한다.

선행사가 or나 nor로 연결되는 경우 단수 취급, and로 연결되는 경우 복수 취급한다.

If **Jane or Mary** asks for **her** coat, tell her it is in the next room.
제인이나 메리가 자신의 코트를 달라고 하면, 옆방에 있다고 얘기하세요.

Possible Answers

Q: What is the weather like today?
오늘 날씨가 어때요?

A: I think it is going to snow.
제 생각엔 눈이 올 것 같은데요.

The radio said it is going to rain.
비가 올 거라고 라디오에서 그러더군요.

I'm afraid it is very cloudy outside.
밖에 날씨가 아주 흐릴 것 같은데요.

There will be enough snow to make a snowman.
눈사람을 만들어도 될 정도로 눈이 많이 올 겁니다.

The temperature is going to be below freezing. 기온이 영하로 내려갈 겁니다.

Q: My, don't you look tired!
무척 피곤해 보이는데!

A: Do I look exhausted? 지쳐 보여요?

Right now, sleep is more precious than gold. 지금, 잠이 금보다 더 귀중해.

I'm barely standing. 서 있을 수가 없어.

A few days of sleep wouldn't kill me.
며칠 잔다고 잘못되지 않을 것 같다.

Yes, I could use a nap.
예, 낮잠 좀 자야겠어요.

Colloquial Expressions

all thumbs 손재주가 없는, 서투른
an old pro 프로급, 백전 노장
approve of 받아들이다, 인정하다
bite the bullet 이를 악물고 참다, 견뎌 내다
cut out for ~에 적격인
do's and don'ts 상세한 주의 사항
eat at one's conscience 마음이 찔리다
(get) ahead of the game ~보다 앞서(다)

get one's way 자기 맘대로 하다
go downhill 악화되다, 기울다
have/get cold feet 겁을 내다
in light of ~의 견지에서 보면
pull one's own weight 몫값하다, 덩칫값 하다
right up one's alley 자신이 잘하는 분야인
show the ropes 시범을 보이다
stick with (떠나지 않고) 붙어 있다, 머무르다
take for granted 당연히 ~할 것으로 알다
take one's hat off 존경을 표하다
take the bitter with the sweet 일장일단이 있다
with all due respect 다 좋은데, 다 이해합니다만

질병 관련 어휘

migraine 편두통
dizziness 현기증
anemia 빈혈증
hypertension 고혈압
hypotension 저혈압
constipation 변비
diarrhea 설사
amnesia 기억상실증
obesity 비만증
anorexia 거식증
diabetes 당뇨병
insomnia 불면증
an incurable disease 불치병, 난치병
an acute disease 급성 질환
a chronic disease 만성 질환
an acquired disease 후천성 질환
a congenital disease 선천성 질환
a hereditary disease 유전병

Part I

Choose the most appropriate response to the statement.

1   (a)   (b)   (c)   (d)

2   (a)   (b)   (c)   (d)

3   (a)   (b)   (c)   (d)

Part II

Choose the most appropriate response to complete the conversation.

4   (a)   (b)   (c)   (d)

5   (a)   (b)   (c)   (d)

6   (a)   (b)   (c)   (d)

Part III   Choose the option that best answers the question.

7   (a)   (b)   (c)   (d)

8   (a)   (b)   (c)   (d)

9   (a)   (b)   (c)   (d)

Part IV   Choose the option that best answers the question.

10 (a)   (b)   (c)   (d)

11 (a)   (b)   (c)   (d)

12 (a)   (b)   (c)   (d)

Choose the best answer for the blank.

13 A: How old are you?
B: I'm _____ you are.

(a) the same old as
(b) the same age as
(c) as same old as
(d) as same age as

14 A: Do you think it'll rain much longer?
B: It _____ to end soon.

(a) is going
(b) should
(c) may
(d) have

15 A: Do you need an ashtray?
B: No. In fact I quit _____ a year ago.

(a) smoke
(b) to smoke
(c) smoking
(d) to smoking

16 A: I hear that you're selling your house.
B: Yes, and I hate to part _____ it.

(a) by
(b) for
(c) to
(d) with

Choose the best answer for the blank.

17 _____ Department is one of the biggest on campus.

(a) The Economy
(b) The Economics
(c) Economics
(d) Economy

18 The hotel needs _____ before the guests come.

(a) to fix
(b) fix
(c) fixing
(d) fixed

19 I haven't heard from Clare _____.

(a) for many weeks ago
(b) since a long time
(c) since many weeks before
(d) for many weeks

20 I would appreciate it if you _____ more information.

(a) send
(b) sent
(c) sending
(d) would send

Identify the option that contains an awkward expression or an error in grammar.

21   (a) A: We are going to a movie tonight. Do you want to come?
      (b) B: Thanks for asking, but I can't.
      (c) A: Do you have much work to do?
      (d) B: Yeah. Thirty-pages paper is due tomorrow.

Identify the option that contains an awkward expression or an error in grammar.

22   (a) Whether to buy a piano or keyboard seem to be a difficult decision. (b) Should I go for the deep, solid voice of the brand new piano which costs easily over two grand? (c) Or should I spend much less money for more than 200 different voices that I won't be really using at all? (d) Or should I look for a used piano at the price of a little expensive keyboard?

Part I   Choose the best answer for the blank.

23   A: What time do you want to meet on Saturday?
     B: How about at a quarter _____ four?

     (a) behind
     (b) trailing
     (c) past
     (d) under

24   A: Would you like to have some extra tea with me?
     B: Oh, it's getting too late. I'd better _____ now.

     (a) kick out
     (b) run over
     (c) set on
     (d) take off

25   A: He's not in at the moment. Can I take a message?
     B: Yes, please. Could you tell him to _____ my call?

     (a) return
     (b) relay
     (c) repeat
     (d) revert

26   A: Be careful, this ride moves pretty fast.
     B: Thanks. I'll hold on tight to the _____.

     (a) buttons
     (b) seat belts
     (c) rail ties
     (d) handrails

27 A: I received my results from my IQ test. I scored 155.
B: Wow! You're a(n) _____ !

(a) genius
(b) imbecile
(c) talent
(d) oracle

Part II   Choose the best answer for the blank.

28 Students are _____ to write a paper and take a final examination.

(a) required
(b) referred
(c) appreciated
(d) credited

29 Last winter I came _____ with a flu that I can't forget.

(a) away
(b) down
(c) about
(d) off

30 Whether or not to move overseas was a _____ decision for the family.

(a) momentary
(b) timely
(c) monetary
(d) momentous

31 The _____ for completion of the bridge was extended to the end of the month.

(a) deadline
(b) covenant
(c) alliance
(d) control

32 The Secretary of State _____ over the House.

(a) contrives
(b) stands
(c) presides
(d) looks

Read the passage. Then choose the option that best completes the passage.

33 Thank you for purchasing the new 2010 edition of "Best Places For a Vacation." This new edition of the text is the result of the labors of our travel writers, resort reviewers and editors. Without their criticisms, comments and suggestions, we would not _____ the text. Although we cannot list every reviewer's name, in the back of the book we added a veritable list of names of the people who have contributed invaluable information.

(a) have criticized
(b) successfully studied and analyzed
(c) have utterly destroyed
(d) have been able to improve

34 In the United States, apples are the most popular and most consumed fruit on the market. Every year, people in America eat over18 pounds of apples per person. Unlike other fruits, apples have a unique bond to the American history. The legend of Johnny Appleseed is a story every American child knows. And then there's the expression "As American as Apple Pie" that proves that the apple is _____.

(a) widely used for making pie
(b) America's favorite fruit
(c) originated in America
(d) America's number one agricultural product

35 Engineers play an important role in manufacturing at every stage in the process. They help create materials, design the machinery, and assist with actual product assembly. _____ , the majority of an engineer's work is actually involved with pre-construction decisions. When a piece of equipment is still in the beginnings of the design stage, engineers must decide on the best materials to use as well as how to process those materials so that they can be used in the final product.

(a) Moreover
(b) In fact
(c) However
(d) Therefore

Part II Read the passage and the question. Then choose the option that best answers the question.

36 As a mother nurses her baby she stares with love into her eyes. A father coos gently as he rocks her to sleep. A Grandmother sings and plays peek-a-boo with her. These daily routines, done with love, are necessary for healthy development. Just as a baby needs food, doctors now tell us that emotional, physical and intellectual experiences are needed for healthy development. Doctors report that this is true for children from any culture and its necessity can be found at every stage of life.

Q What is the announcement mainly about?

(a) Environment impacts healthy development.
(b) Grandfathers aren't helpful for children.
(c) Routines are boring, even for children.
(d) Children need two parents for healthy development.

37 Dear Mrs. Baker,

I am sorry to inform you that we cannot replace your printer as you asked in your letter of March 8, since the break occurred after the warranty expired. However, if you take the printer to one of our service centers, we will charge only for the parts and not for the labor. I hope this solution works for you. We value you as a customer and we apologize for any confusion and inconveniences that have occurred.

Sincerely,
Jonathan Murray
President, 5 Moon Technologies

Q What is the purpose of the letter?

(a) To tell Ms Baker that the printer is broken.
(b) To apologize for breaking the printer.
(c) To offer to fix the printer for free.
(d) To make a suggestion on how to best fix the printer.

38 It takes about ten to fifteen minutes to put 2,200 pounds of fuel into a modern commercial airplane. An Zephyr 620 going from Quebec City to Ottawa takes 3,000 pounds of fuel and a Glidera 850 going from Carlisle to Jan's Harbor takes about 28, 900 pounds of fuel.

Q How long will it take to fuel a plane from Quebec City to Ottawa?

(a) Ten minutes
(b) Fifteen minutes
(c) One hour
(d) More than fifteen minutes

39 The Alpine Express Train Holiday is a five-day trip through the Alps from Bucharest to Paris. It includes a one night stay in a hotel in Vienna and one night at a hotel along the French German border. The train passes through some of the most beautiful countryside in Europe, the Alps and vineyards. The train travels only during the day so passengers can enjoy every moment of the amazing beauty that is the heartland of Europe.

Q Which is correct about the Alpine Express?

(a) It starts in Vienna.
(b) Passengers sleep in hotels two nights.
(c) Passengers can drink the wine from the vineyards.
(d) The Express travels at night and stops during the day so customers can shop.

Part III Read the passage. Then identify the option that does NOT belong.

40 Despite improvements in sewage systems and industrial pollution controls, untreated discharges still contaminate many water supplies. (a) Drinking water quality remains a concern in many areas. (b) Increased agricultural activity is also adding pesticide, fertilizer, and animal wastes to the rivers. (c) Since many of these empty into the semienclosed Yellow Sea, near-shore areas are now less polluted. (d) Algae blooms from eutrophication in the severely-polluted Masan-Chinhae bay on the southern coast often damage the marine environment there.

TEPS TIPS • 동사의 원형

make(강제), have(명령, 부탁), let(방임, 허락) 등과 같은 사역 동사는 목적격 보어로 원형 부정사를 취한다. make (have, let) + 목적어 + 동사 원형의 구조를 가질 때에는 목적어가 동작을 직접 수행한다. 제안/충고/주장/요구(suggest, insist, recommend, request) 동사가 that 절을 이끌 때 should가 생략된 동사원형이 온다.

---

1 사역동사

Mr. Kim will **have** his assistant **make** a hotel reservation.
미스터 김은 그의 조수에게 호텔을 예약하도록 시킬 것이다.

He decided to **let** his hair **grow** long. 그는 머리가 길게 자라게 두려고 결정했다.

What **made** you **change** your mind? 왜 마음을 바꾼거야?

사역 동사 다음의 목적어가 동작을 행하지 않고, 동작을 받을 때는 make (have, let) + 목적어 + 과거분사의 구조를 가진다. 이 때는 대개 목적어가 사물이 오며, 목적어와 과거분사 사이는 수동적으로 '~당하다', '~되어지도록 하다' 와 같은 의미를 지닌다.

We **have** the house **painted** every three years.
우리는 3년마다 집에 페인트칠을 한다.

They went up to the Ambassador and **made** themselves **known**.
그들은 대사에게 다가가서 그들이 누군지 알려줬다.

have와 let은 수동태로 쓰지 않으며, 사역동사 make를 수동태로 전환할 때에는 목적격 보어에 쓰인 동사원형은 to부정사로 한다.

We made him enter the office. ➡ He was made to enter the office.

2 suggest, insist, recommend, request

The seller **insists** that electronic payment **be** received.
판매자는 전자납부가 되었어야 한다고 주장한다.

It is **recommend** that faculty **take** a two month vacation.
교수진이 2달의 방학을 가져야 한다고 제의되었다.

The inspector **insists** that the cable system **be** replaced.
사찰단은 그 케이블 시스템이 교체되어야 한다고 주장한다.

Possible Answers

Q: What seems to be the problem?
문제가 무엇입니까?

A: I'm a bit confused. 약간 혼란스러워요.

No problem. 문제없어요.

The plane arrived at 6:00 a.m. not 6:00 p.m.
비행기가 오후 6시가 아니라 오전 6시에 도착했어요.

I'll never be done on time.
시간내에 결코 끝낼 수 없습니다.

The report's due tomorrow.
보고서를 내일 제출해야 해요.

Q: It was a long presentation, wasn't it?
발표가 너무 길었어요. 그렇지 않나요?

A: That's an understatement.
그래도 덜한 거랍니다.

I almost fell asleep. 거의 잘 뻔했어요.

I thought it would never end.
끝나지 않는 줄 알았어요.

You're telling me. 맞아요.

Too long, I think. 너무 길었던 것 같아.

Colloquial Expressions

above and beyond ~을 훨씬 넘는

all in all 대체로, 전반적으로

around the clock 하루종일, 주야로

butt in 끼여들다, 가로채다

come apart at the seams 속 보이는 실수를 하다, 형편없이 (질, 실력이) 떨어지다

come down in the world 비참해지다

crack a joke 농담하다

fill in (공란에) 채워넣다; 대신하다

get back on track 회복되다

give away for free 공짜로 주어 버리다

go hungry (돈 없어서) 굶다

go without ~없이 지내다

great buys 질 좋은 것을 싸게 살 수 있는 것(들)

miss the boat/bus 기회를 놓치다

start sth with a clean slate 새 출발하다

the works 몽땅, 모두

throw sth together 후다닥 만들어 내다, 즉석에서 만들어 내다

tide sb over (어려운 고비를) 견뎌나가다

with a clean slate 새로이, 깨끗이

your hands are full 정신없이 바쁘다

성격 관련 어휘

pig-headed, stubborn, headstrong 고집 센

picky, choosy, particular, difficult 까다로운

introverted 내성적인

assertive, outspoken 단호한

independent, unconstrained 독립심 있는

rebellious, subversive 반항적인

changeable, fickle 변덕스러운

conservative 보수적인

bossy, pushy 부려먹는

outgoing, extroverted 외향적인

courageous, bold, brave, fearless 용감한

confident 자신감 있는

boastful, cocky 잘난 체 하는

hostile, belligerent 적대적인

Part I   Choose the most appropriate response to the statement.

1   (a)   (b)   (c)   (d)

2   (a)   (b)   (c)   (d)

3   (a)   (b)   (c)   (d)

Part II   Choose the most appropriate response to complete the conversation.

4   (a)   (b)   (c)   (d)

5   (a)   (b)   (c)   (d)

6   (a)   (b)   (c)   (d)

Part III   Choose the option that best answers the question.

7   (a)   (b)   (c)   (d)

8   (a)   (b)   (c)   (d)

9   (a)   (b)   (c)   (d)

Part IV   Choose the option that best answers the question.

10 (a)   (b)   (c)   (d)

11 (a)   (b)   (c)   (d)

12 (a)   (b)   (c)   (d)

Choose the best answer for the blank.

13 A: Anna is moving to Los Angeles.
B: I think _____ will make everyone sad.

(a) she leaves
(b) her leaving
(c) she leaving
(d) her to leave

14 A: Where would you like to go on vacation?
B: China, Japan, and _____.

(a) Philippines
(b) Philippine
(c) the Philippine
(d) the Philippines

15 A: Did Thomas ask you where to get a train schedule?
B: I suggested _____ the train station.

(a) he call
(b) he calling
(c) him to call
(d) he calls

16 A: Why was the meeting cancelled?
B: _____ the president couldn't make it on time.

(a) Despite
(b) Because
(c) Due
(d) Because of

Choose the best answer for the blank.

17 The most important use of the Internet is _____ information.

(a) to exchange

(b) exchange

(c) exchanged

(d) to be exchanged

18 Red peppers are picked by hand and then _____.

(a) drying

(b) which are dried

(c) by drying

(d) dried

19 Every nation has _____ national interest in mind.

(a) their

(b) her

(c) its

(d) a

20 You can give this money to _____ you want to.

(a) whatever

(b) whenever

(c) whichever

(d) whomever

Identify the option that contains an awkward expression or an error in grammar.

21 (a) A: Judy? Do you have a minute?
(b) B: Sure. What's up?
(c) A: Nothing. I was wondering what you think of the new secretary.
(d) B: Oh. I was hoping you won't ask me about that.

Part IV

Identify the option that contains an awkward expression or an error in grammar.

22 (a) Grind the coffee beans into a fine powder. (b) Next, put a tablespoon of ground coffee into the filter. (c) Then, pour a little water over the grounds and waiting few minutes. (d) Finally, pour the rest of the water over the grounds slowly.

Part I	Choose the best answer for the blank.

23 A: I don't think I could _____ my cellular phone.
B: Yeah, it's become a must these days.

(a) get along with
(b) do without
(c) look out for
(d) look up to

24 A: Are you anticipating any negative _____?
B: No. I think everything is under control.

(a) ratification
(b) redundancies
(c) retribution
(d) ramifications

25 A: What's your problem with Jessica?
B: I don't like people who _____ and scrape all the time.

(a) bow
(b) crawl
(c) kneel
(d) straggle

26 A: Have you _____ your medicine yet?
B: No. Thanks for reminding me.

(a) dropped
(b) taken
(c) ground
(d) eaten

27 A: What _____ did you get from your doctor?

B: He just told me to stay home and rest.

(a) diagnosis

(b) prescription

(c) reservation

(d) treatment

Part II   Choose the best answer for the blank.

28 The pilots had to _____ the plane before it went in flames.

(a) control

(b) abandon

(c) capture

(d) admit

29 As a _____ to our customers, we offer a shuttle bus to Niagara Falls.

(a) compliment

(b) complement

(c) courtesy

(d) politeness

30 When the dawn comes _____, it begins to shed light.

(a) down

(b) up

(c) back

(d) between

31 The governor's behavior is _____, but his appointment is legal.

(a) critical

(b) irrecoverable

(c) reprehensible

(d) unapproachable

32 I'm trying to persuade him to join us, but I'm getting _____.

(a) around

(b) everywhere

(c) somewhere

(d) nowhere

Read the passage. Then choose the option that best completes the passage.

33 Art is a vital and fundamental part of everyone's lives. It is an outlet for expressing and cultivating one's creative side. If it weren't for the theatres, museums, art galleries and opera houses, humans would have nothing to feed their culture needs other than a television. A society solely influenced by television is a scary image. We must make _____ the arts an integral part of our lives.

(a) controversies about
(b) a truce with
(c) a concerted effort to keep
(d) time to watch through the tube

34 Man cannot live as an island; he needs friends. The idea that man is self-sufficient, independent and invincible in his existence is obviously untrue. Always, there are moments that arrive when we know we cannot _____. A need for friends doesn't mean you're weak, but rather that you can open your heart and mind to others around you and share the burdens with those that you've learned to love and trust.

(a) escape alone
(b) endure alone
(c) stay united
(d) depend on others

35 Dear Betty,

I just wanted to write to you to tell you the plan for our visit next month. I'm relieved to say that Ted can stay for the entire month and I will stay my customary three weeks. We planned to bring our inflatable dinghy for floating on the lake and I expect we shouldn't forget our _____ for those excursions up the mountain. But don't worry, we'll remember to bring some warm things to wear; I can almost guarantee that the weather is as variable this year. Ted wants me to write that, despite how much it drives you and Eddie crazy, we're packing the Monopoly game.

(a) hiking and climbing gear
(b) lifejackets and tubes
(c) Monopoly game
(d) extra dinghy

Part II Read the passage and the question. Then choose the option that best answers the question.

36 The upper regions of the brain are where the ability to feel happiness or misery, to be benevolent or cruel, and to simply think before acting is located. These skills aren't simply a product of chance. There is a delicate balance of nature and nurture occurring. When a baby is born, the part of the brain where thinking and feeling occurs is not fully developed and is greatly affected by their experiences.

Q What is the best title for the passage?

(a) Baby Brains Are Empty and Need to be Filled
(b) Where Does Feeling Occur in the Brain
(c) Early Experiences Leave Lasting Impressions
(d) Babies' Brains Continue to Develop after Birth

37 The Great Smokey Ski Resort is located in the mountains of North Carolina. We offer large and romantic accommodations fit for any couple in love. Our highly trained staff will help meet your every need while giving you the privacy you desire. Ol' Smokey, as the locals call her, also has some of the finest Southern home style cooking in the country. We invite you to spend the beginning of your life together with us.

Q Which of the following best describes the Great Smokey Ski Resort?

(a) A place where people can smoke freely.
(b) It welcomes newlyweds.
(c) It is in a secluded location.
(d) The food is famous.

38 Apex Investments, where over 1 million investors have placed their trust as well as capital, can help you with your decisions on how to create a comfortable retirement nest egg. With our expertise in money management and numerous options, you can relax knowing that when it is time for you to retire, you will have enough saved to retire with comfort and confidence. Come visit our website or call Apex and request the free Retirement Planning Guide.

Q Which is correct according to the advertisement?

(a) Apex has over 1 million employees.
(b) Apex is a investment consulting firm.
(c) Retirement is expensive.
(d) With Apex you can retire for free.

39 Bartenders these days are no longer the unofficial therapist they had been in the past. Bars now are more concerned with inventing new cocktails and performing shows than the customer service relationship where customers can comfortably share their troubles. Some rare bars, still keep the bonds of trust made famous in television shows, and in those places a customer can always find a listening friend.

Q What can be inferred from the passage?

(a) Modern bars are mostly concerned with technique and style.
(b) Customers have few problems these days.
(c) Bartenders are popular media characters.
(d) The bartender as counselor has shrunk.

Part III   Read the passage. Then identify the option that does NOT belong.

40 Lack of nutritional value, as well as negative health effects, are characteristic of junk food. (a) Especially bad for us are salt, refined flour, chemical additives that artificially improve the color, flavor and shelf life of foods and sugar. (b) Honey is thus a better choice than purified white cane sugar. (c) So if our lunchboxes contain a cold cut processed cheese sandwich on white bread, potato chips, and packaged pudding, nutrition is lacking. (d) Easy-to-prepare meals may sacrifice nutrition for convenience.

03 | Actual Test

TEPS TIPS • 조동사

조동사(will, shall, can, must, may, would, could, should, might) 뒤에는 동사의 원형이 온다. 조동사를 부정할 때는 '조동사 + not + 동사원형' 이 된다.

1 can, could

The secretary **can** type 100 words in 30 seconds.
그 비서는 30초에 100단어를 타이핑할 수 있다.

When the car honked, I **could** barely hear what he said.
자동차가 경적소리를 냈을 때 난 그가 한 말을 거의 알아들을 수 없었다.

If you had presented it earlier than that day, you **could** have gotten the prize. 만약 네가 그것을 그날보다 더 일찍 발표했다면, 네가 상을 받았을 것이다.

2 may, might

After completing that, you **may** leave. 그것을 마친 뒤에 떠나도 됩니다.

What he is saying **might** be a deception. 그가 말한 것은 속임수일 것입니다.

He **may** have gone to dance last night. 그는 어젯밤 춤추러 갔을 것입니다.

3 will, would

I **will** have my own way. 난 내 방식대로 할 것이다. (의지)

Oil **will** float on water. 기름은 물위에 뜰 것이다. (경향)

She **would** often sit here for hours.
그는 여기 몇 시간이고 앉아있곤 했다. (과거의 불규칙한 습관)

Would you tell me where it is? 여기가 어딘지 알려주시겠어요? (정중한 부탁)

4 must, ought to

You **must(= have to)** leave at six today. 당신은 오늘 6시에 떠나야 합니다.
↔ You **don't have to (= need not)** leave at six today.
    당신은 오늘 6시에 떠날 필요가 없습니다.

He **must** be sick. 그는 아팠을 것이다. ↔ He **can't** be sick. 그가 아팠을 리가 없다.

Criminals **ought to** be punished. 범죄자는 처벌을 받아야 한다.

Possible Answers

Q: When is convenient for you?
언제가 좋을까요?

A: Any time in the evening is fine.
저녁 아무 때나 괜찮습니다.

How about after dinner?
저녁식사 후 어때요?

I'm free after 5:00. 5시 이후엔 별일 없습니다.

I'm available all evening.
저녁 내내 한가해요

Sorry, but I'm completely tied up.
죄송하지만 시간을 낼 수 없어요.

Q: I need to make a reservation to fly to London. 런던행 비행편을 예약하고 싶습니다.

A: First class, business, or economy?
일등석, 비즈니스석 아니면 보통석?

I'm sorry, all the flights are full.
죄송하지만 모두 꽉 찼습니다.

We don't have any direct flights.
저희는 직행 노선이 없습니다.

Will you be flying alone? 혼자이십니까?

We only have first class available.
일등석만 남아 있습니다.

Colloquial Expressions

a fish out of water 물밖에 나온 고기, 부적격한 사람
be liable to 쉽게 ~편이다, ~하기 쉽다
beat sb to sth ~보다 선수치다
catch sb napping 졸다가 발각되다.
빈둥거리다 들키다
get a kick out of have great joy; thrilling
쾌감을 느끼다
get gray hair 흰머리가 늘다
get on one's feet 재기하다
get the jump on sb/sth ~을 앞지르다

has seen better days 옛날(것)이 더 좋았다
have the inside track 유리한 입장에 서다
make a clean break 새롭게 출발하다
move up 승진하다. 출세하다
new blood 새로 들어온 사람, 신참
play a practical joke 장난 걸다, 사람을 약올리는 것
play one's cards right/well 현명하게 대처하다
play the game 규정을 따르다, 포기하지 않다
psyche sb out 속을 떠보다
strike back 맞받아 치다, 보복하다
take the lead 앞장서다. 이끌어 나가다
wet behind the ears 풋내기인,
이마에 피도 마르지 않은

요리, 음식 관련 어휘

boil 끓이다
broil (고기를) 굽다
fry 기름으로 튀기다
marinate 양념하다
steam 찌다
grill 굽다
season 간하다
bitter 쓴
bland 맛이 순한
chewy 쫄깃한
crunchy 바삭한
fatty 기름진
juicy 과즙 또는 육즙이 풍부한
salty 짠
sour 신
spicy, hot 매운
sweet 단

Part I Choose the most appropriate response to the statement.

1   (a)   (b)   (c)   (d)

2   (a)   (b)   (c)   (d)

3   (a)   (b)   (c)   (d)

Part II Choose the most appropriate response to complete the conversation.

4   (a)   (b)   (c)   (d)

5   (a)   (b)   (c)   (d)

6   (a)   (b)   (c)   (d)

Choose the option that best answers the question.

7 (a)   (b)   (c)   (d)

8 (a)   (b)   (c)   (d)

9 (a)   (b)   (c)   (d)

Part IV

Choose the option that best answers the question.

10 (a)   (b)   (c)   (d)

11 (a)   (b)   (c)   (d)

12 (a)   (b)   (c)   (d)

Choose the best answer for the blank.

13 A: David missed class again.

B: I wish he _____ a better attendance record.

(a) had
(b) has had
(c) has
(d) will have

14 A: Do you have any plans for this summer?

B: I'm still deciding _____ it.

(a) on
(b) over
(c) about
(d) up

15 A: Where are the children?

B: They _____ to the baseball stadium.

(a) have taken
(b) have been taking
(c) were took
(d) have been taken

16 A: Didn't I tell you to make him stay at home?

B: Yes, you did. But I couldn't stop _____ to the press.

(a) him to talk
(b) him talking
(c) talking to him
(d) him having talked

Choose the best answer for the blank.

17 I _____ the house when the neighbors came over.

(a) cleaned
(b) was cleaning
(c) clean
(d) had cleaned

18 I must follow the _____ written on this document.

(a) instructing
(b) instructions
(c) instruct
(d) instructed

19 I turned down the music _____ she could put her baby to sleep.

(a) so that
(b) since
(c) for
(d) because

20 The Titanic sank en route from Europe to North American after _____ an iceberg.

(a) hit
(b) hit by
(c) hitting
(d) was hit

Identify the option that contains an awkward expression or an error in grammar.

21 (a) A: What did you say your name was?
(b) B: It's Joanne.
(c) A: It was really nice meeting you.
(d) B: I'm nicer to meeting you.

Identify the option that contains an awkward expression or an error in grammar.

22 (a) There is an Asian saying: "The peg that stands out is pounded down." (b) In general, East Asians suppose to be less concerned with individual goals or self-development than Westerners. (c) Group objectives and harmonious actions are their prior values. (d) So, they often seek success as a group goal rather than an individual merit.

Choose the best answer for the blank.

23 A: Would you like another drink?
    B: Yes, please. Could I have a _____ ?

(a) refill
(b) return
(c) pump up
(d) increase

24 A: So, is everybody ready?
    B: Sure thing. Let's get _____ to work.

(a) ahead
(b) behind
(c) down
(d) up

25 A: Hooray! I finally got the raise!
    B: Good for you! Now you'll have the salary you _____ .

(a) deserve
(b) sanctioned
(c) established
(d) descend

26 A: Hey look at you! What happened to your ankle?
    B: Oh, I _____ it while playing basketball yesterday.

(a) misplaced
(b) disjointed
(c) sprained
(d) mislocated

27 A: This _____ juice tastes so good!

B: I'm glad you like it. I picked the oranges myself.

(a) concentrated

(b) fresh-squeezed

(c) homogenized

(d) sauted

Choose the best answer for the blank.

28 The invention was a _____ for the people of that time.

(a) breakthrough

(b) breakdown

(c) breeze

(d) branding

29 A feeling of love came _____ me when I saw my wife give birth to our child.

(a) after

(b) against

(c) around

(d) over

30 From my point of view, that's an out and _____ lie.

(a) in

(b) out

(c) over

(d) through

31 What was with Amenda yesterday? She _____ at me for no reason.

(a) jerked
(b) snapped
(c) nipped
(d) yanked

32 Mel wanted to have Adam take her _____ for prom.

(a) in
(b) over
(c) out
(d) with

Part I Read the passage. Then choose the option that best completes the passage.

33 Acupuncture and other forms of Eastern medicine are slowly gaining acceptance in the West. The surge of patients who feel the need to treat both the mind and soul as well as the body have increased so much the Western doctors who had _____ their trusty medical standards. Considering the apparent link between the physiological and psychological aspects of the human body, this is probably a wise move.

(a) long struggled with
(b) previously stood by
(c) been reproved by
(d) been terribly disappointed with

34 Golden Eagle Airlines is the airline for you. Come fly with us in our snug plush seats that are guaranteed to give you more leg room than any other major airline. Our meal selections are more diverse; we have three choices while the other airlines have only two. And relax knowing that the service of _____ is second to none. Golden Eagle Airlines: The Sky is the Limit!

(a) our passengers
(b) our pilots
(c) our air-traffic controllers
(d) our flight attendants

35 While most physicists and chemists would argue that their fields are as different as night and day, they are not _____ they at first appear. First of all, both are physical sciences and are therefore designed to investigate and physical phenomena. To study and record these occurrences, each field has developed a precise set of signs and symbols. It's as if these two sciences speak the same unique language. And finally, both fields are contingent upon the discipline of mathematics and use math in predicting and explaining these observable phenomena.

(a) more difficult than
(b) less aligned with
(c) as different as
(d) arduous as if

Part II Read the passage and the question. Then choose the option that best answers the question.

36 Studies have shown that married people lead healthier lives than those who are single. For instance, one study showed that married men drive more carefully than those who are single. Another study showed that married couples are much less likely to do drugs or commit acts of violence. Being married can even make you richer. Middle aged adults who were married had significantly higher incomes than those who were single or divorced.

Q What is the best title for the passage?

(a) Marriage has many benefits.
(b) Marriage can be helpful for men.
(c) Get Married, Get Rich.
(d) Find a mate before it is too late.

37 A piece of interesting language trivia. Scientists found that listeners can tell, just from a person's voice, their economic status (upper, middle, lower) from just a one minute recording. Amazingly, many listeners were able to make their judgments in under 15 seconds. Speakers from the upper classes were also seen as being more truthful than those of the middle and lower class. Listeners could also largely identify the speaker's emotional state at the time.

Q Which of the following best summarizes the passage?

(a) Lower class people are less truthful.
(b) Listeners have a mysterious power to know everything.
(c) People's voices show what they are like now.
(d) It takes hours to find out about speakers.

38 When you enroll in the "Come Again" travel program, you will have access to the best hotels in 30 countries with over 1,000 participating hotels. With your membership card, you will receive an automatic 20% discount on your room and with the bonus point addition; frequent travelers will receive other benefits such as discounted meals and coupons at participating duty free shops. Just show your card and get your savings. Make your trip a little more manageable by joining the "Come Again" program today.

Q Which is correct about the "Come Again" program?

(a) You can save 20% on your meals.
(b) You can get bonus points when you use the card.
(c) It is a program for managers.
(d) The program is open to only 1,000 people.

39 Except for a small strip where most of the population lives, Botswana is mostly a wilderness of savannas, deserts, and wetlands lacking roads. To protect the country's pristine condition, the government has embraced a policy for seeking only wealthy environmentally conscious tourism. Cheapskates and first-time travelers beware: this country is only for those who experts in hiking and have a thick wallet.

Q Which is correct according to the passage?

(a) Tourism is important to Botswana's government.
(b) Most people live in a small region of the country.
(c) Skating is cheap in Botswana.
(d) Cross-country travel is easy.

Part III   Read the passage. Then identify the option that does NOT belong.

40 If asked if she can cure AIDS, Dr. Ann Stone always responds, "Yes, in lab rats." (a) This is partially true. (b) She knows that many of the test drugs that prove effective for animals don't respond in humans. (c) There are so many failed "magic cures" that it is hard not to lose hope. (d) HIV turns into AIDS, which is a deadly disease.

TEPS TIPS • 형용사 & 부사

명사를 수식하는 형용사 고르기, such와 so의 용법 등을 구별할 수 있어야 한다. 부사는 문장 안에서 동사, 형용사, 또 다른 부사를 수식하여 상태나 정도를 나타내거나 강조하는 역할을 한다.

1 형용사의 기능

① 형용사는 명사나 대명사를 수식한다.

There have been several **significant** changes in the administration. 집행부에 여러 중요한 변화가 있었다. (명사 changes를 수식)

② 형용사는 주어나 목적어의 보어로 쓰인다.

The movie was **good**; it was best one I've ever seen. 그 영화는 재미있었다; 내가 본 것 중에서 최고였다.

2 such, so

① so + 형용사/부사

so stupid, so nice, so expensive, so quick, so quickly

② such + 명사

such a story, such a good time, such people

3 enough, too

enough는 부사로 동사, 형용사, 부사를 수식할 때에는 항상 뒤에서 수식한다. too는 부사로 '역시'의 의미로 as well과 같이 주로 문장 뒤에 온다. 부정적 의미를 가지고 있으므로 일반적인 대화에서 too ~ to 등 부정적인 구문 외에는 잘 쓰이지 않는다.

Are you warm **enough**? 충분히 따뜻한가요? (형용사 warm 수식)

He is **too** young **to** swim. 그는 수영하기에 너무 어리다.

4 부사의 위치

문장 안에서 부사의 위치는 수식하는 말의 앞이나 뒤에 온다.

① 형용사를 수식하는 경우

You are **pretty** good at history. 너는 역사과목을 매우 잘 한다.

② 동사를 수식하는 경우

I **foolishly** answered her. 나는 바보같이 그녀에게 답변했다.

Possible Answers

Q: Could you put it in a nutshell?
짧게 요약해 주시겠어요?

A: I'll give you a brief outline.
짧게 요약해 드리죠.

I can give you the gist of it.
간결하게 말씀드릴 수 있습니다.

I will tell you the main points.
요점을 말씀드리겠습니다.

I'll give you a quick overview.
짧게 요약해 드리죠.

I'll be short and to the point.
간단명료하게 말씀드리죠.

Q: I need to cash a personal check.
수표를 현금으로 바꿀 수 있겠습니까?

A: Do you have proper I.D.? 신분증 있으세요?

How much cash do you need?
얼마나 필요합니까?

Do you have an account here?
여기에 계좌가 있습니까?

The cashier's counter is over there.
출납계는 저쪽입니다.

The manager's not here right now.
매니저가 지금 안 계십니다.

Colloquial Expressions

a pain in the neck 골칫거리
abide by 따르다, 지키다
be on one's case 눈여겨보다
bent out of shape 몹시 화난, 취한
dead and gone (아예) 돌아가신
get in one's hair 성가시게 굴다
get in the way 방해되다
give sb a piece of one's mind
따끔하게 한마디 해주다, 쏘아 붙이다

go through the roof 노발대발하다
keep in tune with ~와 조화를 맞춰 나가다
let/blow off steam 속을 풀다, 스트레스 해소하다
line of reasoning 견해, 주장
on the blink 깜빡이는, 고쳐야 써먹을 수 있는
on the fritz 말썽부리는, 고장난
out of shape 꼴이 말이 아닌, 건강이 안 좋은
(pay) lip service 공치사(하다)
pay one's way (자기가) 벌어 ~을 하다
see eye to eye 전적으로 동의하다, 의견이 잘 맞다
speak the same language 서로 말이 잘 통하다,
   의견이 잘 맞는다, 서로 이해를 잘한다
two thumbs up 대 찬성이다

날씨 관련 어휘

bleak 살이 에이는 듯한
chilly 쌀쌀한
foggy, misty, hazy 안개 낀
humid 눅눅한, 습기 있는
meteorology 기상학
muggy, sticky 후덥지근한, 끈적끈적한
overcast 잔뜩 흐린
sweltering, boiling, burning, scorching,
baking 푹푹 찌는
the highs 최고기온
the lows 최저기온

Part I   Choose the most appropriate response to the statement.

1   (a)   (b)   (c)   (d)

2   (a)   (b)   (c)   (d)

3   (a)   (b)   (c)   (d)

Part II   Choose the most appropriate response to complete the conversation.

4   (a)   (b)   (c)   (d)

5   (a)   (b)   (c)   (d)

6   (a)   (b)   (c)   (d)

Part III   Choose the option that best answers the question.

7 (a)   (b)   (c)   (d)

8 (a)   (b)   (c)   (d)

9 (a)   (b)   (c)   (d)

Part IV   Choose the option that best answers the question.

10 (a)   (b)   (c)   (d)

11 (a)   (b)   (c)   (d)

12 (a)   (b)   (c)   (d)

Choose the best answer for the blank.

13 A: What happened?

B: I _____ to call me at work too often.

(a) told Peter not

(b) said not Peter

(c) asked not Peter

(d) said Peter not

14 A: Can you turn that down?

B: What? I _____ you.

(a) don't listen

(b) won't hear

(c) can't hear

(d) don't understand

15 A: Do you know why Sarah is so popular?

B: Not only she is smart but also _____.

(a) pretty

(b) is pretty

(c) she is pretty

(d) because she is pretty

16 A: I think he is so kind.

B: Yes, he even told me _____ the light on.

(a) how switch

(b) how to switch

(c) how switching

(d) how switch when

Choose the best answer the blank.

17 There was a big difference between _____ and what he actually did.

(a) what he had had in mind
(b) what he has had in mind
(c) what he had in mind
(d) what he has in mind

18 Almost half of US children _____ secondhand smoke each week.

(a) expose to
(b) are exposed to
(c) are exposing
(d) have exposure with

19 Somebody proposed to build a _____ building in Incheon.

(a) two-hundreds stories
(b) two-hundred story
(c) two-hundred stories
(d) two-hundreds story

20 Labor and management should _____ more frequently.

(a) talk each other
(b) each talk other
(c) talk each to other
(d) talk to each other

Identify the option that contains an awkward expression or an error in grammar.

21 (a) A: I'm looking for a chair that supports my back.
(b) B: I see. Are you looking for an office chair or livingroom chair?
(c) A: An office chair.
(d) B: We have some nice one over here.

Identify the option that contains an awkward expression or an error in grammar.

22 (a) Does the fact that bowing as a greeting was also a part of American life surprise you? (b) Early colonists who came to the New World brought with them courtly European gestures such as bowing and curtsying. (c) As the person greeted had greater social status, he or she received the more deep bow or curtsy. (d) Handshakes between men and kissing the hand of women were more informal.

Choose the best answer for the blank.

23   A: This embezzlement case has taken a lot _____ of me.
B: Now, I see why you look so exhausted.

(a) out
(b) against
(c) in
(d) about

24   A: How much did you pay for that TV?
B: Only $800. I got a great _____ on it.

(a) budget
(b) theft
(c) dealing
(d) bargain

25   A: I was so busy that I _____ my lunch today.
B: So did I. I'm so hungry right now.

(a) jumped
(b) bypassed
(c) skipped
(d) seized

26   A: I need to _____ some cash from the ATM.
B: Hurry up! We have no time to lose.

(a) bring in
(b) take out
(c) give out
(d) keep out

27 A: You did a great job yesterday.

B: Thanks. I'm really _____.

(a) flattened

(b) flabbergasted

(c) flattered

(d) fortunate

Part II Choose the best answer for the blank.

28 Because these plants are very delicate, they must be handled with extreme _____.

(a) love

(b) efficiency

(c) care

(d) harmony

29 I was so scared because the radio automatically came _____.

(a) to

(b) on

(c) out

(d) with

30 The judge granted him _____ from prosecution.

(a) exemption.

(b) limitation

(c) immunity

(d) restriction

31 The US must _____ up to the reality that it has very few friends in Iraq.

(a) climb
(b) carry
(c) face
(d) look

32 The paper company refused to _____ by the terms of the agreement.

(a) walk
(b) abide
(c) live
(d) come

Read the passage. Then choose the option that best completes the passage.

33 The second omnibus volume of classic Sci-Fi novels from the popular World of Torvol series by the author of the bestselling Viking Quest saga is now available in stores. All three action-packed novels – "Sight Unseen, The Cavarian World", and "When the Horn Blows" – are great original works of universe-hopping adventure and were _____ by Sam White for his Tales from Umberto series.

(a) later used as models
(b) inspirational examples
(c) criticized for boredom
(d) amazingly effective

34 The latest in the constantly fluctuating health-craze market is the "Fresh Air" Salon, where customers can fill their lungs with pure oxygen. Customers relax on cushions while breathing scented oxygen through plastic tubes. Many believe that supplementary oxygen _____. But physicians are not convinced; there is no medical research that supports the claim that taking oxygen has health benefits.

(a) can do little to relieve stress and slow aging
(b) can relieve stress and slow aging
(c) is worth the expense
(d) is overly expensive

35 Persuasion refers to being able to affect people's thoughts and actions, while argument involves creating and explaining people's interpretations of reality by calling on the listener's reason. Successful arguments are always persuasive ones, but not all persuasion requires an argument. The difference between these terms, _____ murky, is essential as the words signify different interactions between the speaker and listener in addition to being employed for different purposes.

(a) however
(b) therefore
(c) nevertheless
(d) thereby

Part II Read the passage and the question. Then choose the option that best answers the question.

36 Carbon monoxide(CO), is a colorless gas with no smell which usually results from the emissions of a combustion engine. The most common reason for atmospheric CO is from vehicles. Carbon monoxide reduces the body's ability to transport oxygen to vital organs that can create serious problems in the circulatory and neurological systems.

Q What is the best title for the passage?

(a) CO is A Silent Killer.
(b) How Transportation Creates Pollution.
(c) CO Pollution is Common but Serious.
(d) Industry Needs to be Halted for People's Safety.

37 Yesterday I saw a commercial on TV telling me that some phone was the most popular cell phone model in Korea. Now I don't know about you, but is that supposed to make me want to spend a lot of money for a phone? Do I really want a phone that everyone else has? No, I don't. I want a phone that does what it needs to do without a lot of bells and whistles.

Q Which of the following best describes the passage?

(a) Popular phones are well made phones.
(b) Commercials influence buyers.
(c) Popularity doesn't equal usefulness or necessity.
(d) She wants a cutting edge phone.

38 In California, Chinese immigrants were strongly outnumbered and often were victims of discrimination. During the early years of the Gold Rush Chinese immigrants were robbed, forced to pay extra taxes, beaten and driven from communities. These Chinese immigrants were also not allowed to marry non-Asians, nor could they become citizens. Due to the harsh conditions and violence encountered, it was in during the 1870's that the first Chinatowns were established.

Q Which is correct of Chinese immigrants, according to the passage?

(a) Chinese immigrants were victims of racial discrimination.
(b) Non-Asians had to pay a tax to marry someone from China
(c) Chinese immigrants robbed Californians for gold.
(d) Chinese immigrants weren't allowed to drive.

39 East Sea Airlines would like to tell you about our new fantastic first class service featuring semi-private full tilt reclining seats. We know that our premium first class will provide you with luxuries that will make your flight seem like a restful resort. Enjoy a gourmet meal created by renowned chefs, watch a newly released movie on your own screen and enjoy a good night's sleep in the most relaxing seat available today.

   Q What can be inferred from the passage?

     (a) East Sea is the most expensive airline.
     (b) Flying will no longer be inconvenient.
     (c) East Sea also owns a resort
     (d) East Sea Airlines only flies at night.

Part III   Read the passage. Then identify the option that does NOT belong.

40 The television has done much to advance the women's rights movement. (a) Early programs portrayed women as housewives who only cooked and cleaned. (b) Women who worked outside of the home often had low status jobs. (c) Commercials showed women as simple-minded and unintelligent. (d) Is the media's portrayal of men as contentious?

TEPS TIPS ● 비교

비교급의 기본 형태인 more ~ than, 비교급에 정관사 the가 와서 오류를 만드는 경우, than 대신 전치사 to가 오는 라틴계 비교급(prior to) 등을 알아두자.

1 비교급/최상급의 기본 형태

	비교급	최상급
quick	quick*er*	quick*est*
rich	rich*er*	rich*est*
delicious	*more* delicious	*most* delicious
inflamed	*more* inflamed	*most* inflamed

불규칙 비교급과 최상급

	비교급	최상급
good, well	better	best
bad, badly	worse	worst
little	less	least
much, many	more	most
far (거리)	farther	farthest
(정도)	further	furthest

2 최상급

최상급을 나타내는 방법에는 'the 최상급 + of all (the) 복수명사', '비교급 + than + any other + 단수명사', '부정어 + as ~ as', '부정어 + 비교급 + than' 등이 있다. 최상급 앞에는 반드시 the가 와야 하고, 비교의 대상은 반드시 셋 이상이어야 한다.

Molly was **the most** cheerful person **of all** the workers in the office.
몰리는 사무실에서 일하는 직원 중에 가장 쾌활한 사람이다.

3 라틴계 형용사의 비교급

라틴계 형용사 superior, inferior, senior, junior, exterior, interior, major, minor, anterior, posterior 등의 비교급은 than을 쓰지 않고 to를 쓴다.

Possible Answers

Q: Would you like milk or sugar with your coffee? 커피에 우유나 설탕을 넣으시겠어요?

A: Whatever is fine. 어떤거든 좋아요.

I like it black sweet.
설탕만 넣은 블랙커피로 할래요.

I take mine straight. 전 그냥 주세요.

Do you have any cream? 크림 좀 있나요?

Equal parts of each. 똑같이 넣어 주세요.

Q: I am glad you are here. 와 줘서 기뻐.

A: Thought you might need me.
제가 필요하신 것 같아서.

So what's up? 도대체 무슨 일이죠?

Wanted to make sure you were O.K.
당신이 잘 있나 보고 싶었어요.

I'm all yours until 5:00.
5시까지 시간이 됩니다.

That's what friends are for.
친구 좋다는게 뭔가.

Colloquial Expressions

beside oneself 제 정신이 아닌

carried away 들떠있는, 흥분한, 열내는

flip out 제 정신을 잃다

get on one's nerves 신경을 거슬리다

get one's goat 짜증나게 만들다

get under one's skin 난처하게 하다, 귀찮게 하다

go jump in the lake 성가시게 굴지마, 저리 가!

have a chip on one's shoulder 대들다,
덤벼들다

have an ax to grind 딴 속셈이 있다

have had it 질리다, 참을 만큼 참았다

hear oneself talk 관심 끌려고 말을 자꾸 하다

hit the ceiling 분노가 치솟다

keep one's mouth shut 입 딱 다물고 있다

knock one's block off 두들겨 패다

pet peeve 질색

push around 이래라 저래라 한다

rub it in 자꾸 들먹이다, 약올리다

rub sb the wrong way 속을 긁어놓다,
신경을 건드리다

run into 우연히 만나다

step on one's toes 격노하다

환경 관련 어휘

acid rain 산성비

ecosystem 생태계

glacier 빙하

greenhouse effect 온실 효과

mudslide 진흙 사태

natural disaster 자연재해

outbreak 발발, 발생

precipitation 강수량

quake 지진

refugee 피난민

relief funds 구제금

restoration operation 복구 작업

scourge 역병

seismograph 지진계

subtropical 아열대의

trade wind 무역풍

Part I   Choose the most appropriate response to the statement.

1   (a)   (b)   (c)   (d)

2   (a)   (b)   (c)   (d)

3   (a)   (b)   (c)   (d)

Part II   Choose the most appropriate response to complete the conversation.

4   (a)   (b)   (c)   (d)

5   (a)   (b)   (c)   (d)

6   (a)   (b)   (c)   (d)

Choose the option that best answers the question.

7 (a)   (b)   (c)   (d)

8 (a)   (b)   (c)   (d)

9 (a)   (b)   (c)   (d)

Part IV   Choose the option that best answers the question.

10 (a)   (b)   (c)   (d)

11 (a)   (b)   (c)   (d)

12 (a)   (b)   (c)   (d)

Choose the best answer for the blank.

13 A: Are you ready for the big presentation?
B: Yes, I guess so. I have already _____ for it.

(a) make arrangements
(b) made arrangements
(c) making arrangements
(d) having made arrangements

14 A: The floor is very slippery.
B: Be careful. Hold my arm _____ you should fall.

(a) unless
(b) so
(c) despite
(d) lest

15 A: How is your new born baby doing?
B: He does nothing but eat, sleep and _____.

(a) need his diapers to change
(b) change need of his diapers
(c) need to change his diapers
(d) needs his diapers changed

16 A: When did Mike finish these reports?
B: He _____ before he went on vacation.

(a) could has finished
(b) could have finished
(c) could finish
(d) could have finish

Choose the best answer for the blank.

17 Lots of employees _____ pretty bad off since the bank shut down.

(a) was
(b) is
(c) have been
(d) had been

18 After _____ his opinion, Josh left the room.

(a) gave
(b) give
(c) giving
(d) has given

19 The sign is not big enough _____ clearly.

(a) to read me
(b) for me to read
(c) that I read
(d) to me to read

20 We can only receive the calls at the office _____ 11 a.m. and 5 p.m.

(a) during
(b) for
(c) between
(d) among

Part III Identify the option that contains an awkward expression or an error in grammar.

21   (a) A: Hello, Ultra Travel, how may I help you?
      (b) B: I like a round-trip ticket to Arizona, please.
      (c) A: When would you like to travel?
      (d) B: Early January, right after the New Year.

Part IV Identify the option that contains an awkward expression or an error in grammar.

22   (a) It was a disaster. (b) There were already five cases of fire in this neighborhood in the past 2 months. (c) This lead to the fire chief to suspect that this was another case of arson. (d) But, after a thorough investigation it was determined that this fire was due to a resident smoking in bed.

VOCABULARY

Part I Choose the best answer for the blank.

23 A: What seems to be the problem there?
B: From what I can _____, the management is weak.

(a) find
(b) say
(c) hear
(d) tell

24 A: What do you think the biggest problem with this company is?
B: The management is _____ to change anything.

(a) lame
(b) loath
(c) enthusiastic
(d) fervent

25 A: Look at this sentence. How does it sound?
B: Let me see. It doesn't make any _____ to me.

(a) sense
(b) information
(c) understanding
(d) meaning

26 A: Excuse me?
B: Listen _____ this time, I won't repeat it again!

(a) skillfully
(b) discreetly
(c) carefully
(d) gingerly

27   A: Excuse me, waitress. Could we get our _____?
B: Sure. I'll be right back with it.

(a) check
(b) statement
(c) invoice
(d) money order

Part II   Choose the best answer for the blank.

28   I think it's time to _____ up the inquiry.

(a) bind
(b) tie
(c) wind
(d) wrap

29   Political _____ can lead to economic turmoil in third-world countries.

(a) instability
(b) endurance
(c) anxiety
(d) enthusiasm

30   Nothing is as _____ as a glass of cold smoothie on a hot day!

(a) balmy
(b) fragrant
(c) refreshing
(d) exclusive

31   NASA claims to have _____ evidence of water on Mars.

(a) invented
(b) rescued
(c) inquired
(d) discovered

32 His remarks on Shakespeare displayed a _____ lack of knowledge.

(a) apathetic
(b) passionate
(c) pathetic
(d) progressive

Part I Read the passage. Then choose the option that best completes the passage.

33 One of the most complained about topics in the city nowadays is the topic of parking and traffic. A number of problems and inconveniences that have been created by the sudden increase in cars have left several people quite angry. Yet, people seem reluctant to give up the notion of owning and driving their own motor vehicles. The daily increase in the number of cars and trucks on the city streets with virtually no place to stop and park is the cause of stress and frustration as well as _____.

(a) insufficient transportation
(b) environmental cataclysm
(c) economic recession
(d) heavy air pollution

34 Fiddler's Hearth – 342 W. Lincoln Way, South Bend, IN. (288–4344). This forty-year-old Irish pub and restaurant is located in the heart of the city in an old brick building that has _____ of South Bend on the edge of the St. Joseph River since 1895. It was then that a young entrepreneur named Everett Porter opened a business selling all kinds of produce, wine, and various other goods; over the following one hundred and ten years, the structure has housed almost all Irish-owned shops only.

(a) run through the heart
(b) organized the Irish community
(c) occupied the corner
(d) had too much wine

35 The beginning of the 21st century has been christened "the Decade of the Brain" because of the vast research on the human brain being presented as an attempt to explain human behavior. Such topics as criminal tendency or homosexuality are hotspots for debate, as the brain's components _____ to reveal the mysteries of the human mind. Despite the dialogue between different groups, the study tended to eliminate the responsibility that one may have for his or her actions and places the blame firmly upon the inner workings of the brain.

(a) have been still unmanaged
(b) have been concealed
(c) have been analyzed
(d) have been completed

Part II Read the passage and the question. Then choose the option that best answers the question.

36 At times parents feel that they are in a tug-of-war with teachers for being the dominant person in the lives of their children. It is also true that teachers occasionally feel that they take better care of the children, or see themselves as substitute parents. In order to prevent this tension a clear division must be taught and seen between "parenting" and "teaching." As both come to see their separate roles, parents and teachers can work together to best raise and train the children.

Q What is the main point of the passage?

(a) Parenting and teaching are two distinct roles.
(b) Teachers like to work together with parents.
(c) Parents should appreciate teachers.
(d) Parent-teacher tensions are not desirable.

37 Dear Mrs. Blythe,

I wanted to send you this note to let you know that everyone in White Bear is thinking of you. We were shocked and saddened beyond words by news of the crash. But we were grateful, too, that your injuries were only minor. The entire town sends their best wishes to you, and everyone's hoping for your quick and complete recovery.

Sincerely yours,
Mary Jean Roberts

Q What is the purpose of the letter?

(a) To apologize for causing an accident.
(b) To comfort someone after an accident.
(c) To inform someone of an accident.
(d) To prevent a future accident.

38 Thank you for purchasing Auga window cleaner. Our brand new and improved cleaner powerfully removes grime and streaks from your windows and all glass surfaces. Its patented formula cleans, polishes, and leaves behind no soapy residue. Our window cleaner is environmentally friendly and contains no harsh chemicals or pollutants. I'm sure you will find that Auga will meet all of your glass cleaning desires.

Q Which is correct according to the advertisement?

(a) The new cleaner is toxic.
(b) The new cleaner contains deodorant.
(c) The new cleaner can be used on wood.
(d) The new cleaner has an enhanced formula.

39 From the ultra-hip to the budget-minded, find it all in Buywise's shopping circular. Looking for the latest release CD's and movies or a garden hose and a snack? We have them. With a wide selection of consumer reports on everything from PC's and SUV's to tax planning and getting a haircut, you can be sure that you are getting impartial factual information to buy wisely.

Q Which is correct according to the passage?

(a) Buywise sells only high-end goods.
(b) Buywise is an Internet site.
(c) Buywise has many guides to help shoppers.
(d) Buywise sells only electronics.

Part III Read the passage. Then identify the option that does NOT belong.

40 Although the term "climate" usually refers to large-scale phenomena, small-scale microclimates also exist. (a) Microclimates result from local differences in soil, topography, and exposure. (b) The distances involved may be small. Pockets yards apart may have different climatic conditions. (c) Soil characteristics influence microclimates by determining surface temperature range and the depth of daily and seasonal penetration. (d) Coarse, loose, and dry soils are less conducive for farming purposes.

TEPS TIPS • 부정사

to부정사는 동사가 to를 대동하고 명사, 형용사, 부사의 역할을 수행하는 동사의 변형이다.

---

1 to 부정사를 목적어로 취하는 동사

> afford, agree, appear, arrange, attempt, allow, choose, decide, deserve, expect, fail, forget, happen, hesitate, intend, learn, manage, offer, order, persuade, plan, promise, prove, refuse, seem, tend, try, wish, would like

I can't **afford to buy** that. 나는 그것을 구입할 여유가 없다.

I **expect** him **to help** me with my homework.
난 그가 내 숙제를 도와주기를 기대한다.

She **proposed to reduce** the cost. 그녀는 가격을 줄일 것을 제안했다.

2 to 부정사를 목적보어로 취하는 동사

'동사 + 목적어 + to부정사' 형태를 갖는 동사

> advise, allow, ask, beg, cause, enable, encourage, force, invite, permit, persuade, remind, tell, warn

Remind me to call Jane tomorrow. 내일 제인에게 전화하라고 알려주세요.

Father **encouraged me to do** better on the next test.
아버지는 다음 시험에는 더 잘 할거라고 격려하셨다.

3 부정사의 수동과 부정형

부정사의 수동형은 **to be p.p.** 형태, 부정은 **not to** + **동사원형** 형태를 갖는다.

This report needs **to be finished** by the end of the week.
이 보고서는 이번 주까지 끝내야 한다.

He told me **not to speak** loudly. 그는 나에게 크게 말하지 말라고 말했다.

Possible Answers

Q: Where is the bathroom? 화장실이 어디죠?

A: You'll need this key. 이 열쇠가 필요할 겁니다.

It's occupied at the moment.
지금 다 차 있습니다.

One flight up. 한 층 올라가세요.

Will you be in there long?
오래 있을 겁니까?

Can you wait 'till we get home?
우리가 집에 갈 때까지 기다릴 수 있나요?

Q: Let's go for a walk in the woods.
숲으로 산책 갑시다.

A: I'm rather tired. 피곤한데.

I'll join you later. 나중에 갈게.

It's going to be/get dark soon.
곧 어두워질 것 같던데.

Lead the way! 앞장서!

Let's take the nature trail.
탐색 도로를 따라가자.

Colloquial Expressions

act up 속썩이다, 말을 안 듣다

bite the hand that feeds one 배은망덕

can't hear oneself think 시끄러워 정신이 없다

come out of one's shell 이제는 수줍어하지 않다

(get) the green light 허락을 받아내다

get the last word in 최종 명령권을 갖다

go by the book 원칙(법)대로 하다

help sb out (끝까지) 도와주다

lay down the law 엄명을 내리다, 꾸짖다

make it to ~에 이르다, ~까지 다다르다

out of hand 통제하기 힘든

party pooper (모임에서) 김새게 하는 사람

red tape 형식적 절차

send one packing 보따리 싸게 하다, 내쫓다

set in one's way 자기 방식대로 굳어버린

shape up 똑바로 하다

stand on ceremony 너무 격식 차리다, 체면 차리다

take the law into one's own hands
자의적으로 해석하다(행동하다)

talk one's way into 말로 설득시켜 나가다

the life of the party (파티 등에서) 활력을 넣는 사람

경제 관련 어휘

appraise 평가하다, 견적내다

appropriation 충당금, 지출경비

assess 평가하다, 액수를 정하다, 과세하다

buoyant (시세가) 오름세의

consign 위탁하다

depreciation 가치하락

devaluation 평가절하

due 지불기일이 된, 당연히 치러야 할

fiscal year 회계연도

increment 이익, 이윤

levy 징수하다, 징발하다

mortgage 저당, 저당 잡히다

recession 퇴거; (경기)후퇴, 불경기

speculate 투기하다

stipulate 규정하다, 약정하다

subsidy 보조금

transaction 거래

Part I   Choose the most appropriate response to the statement.

1   (a)   (b)   (c)   (d)

2   (a)   (b)   (c)   (d)

3   (a)   (b)   (c)   (d)

Part II   Choose the most appropriate response to complete the conversation.

4   (a)   (b)   (c)   (d)

5   (a)   (b)   (c)   (d)

6   (a)   (b)   (c)   (d)

Part III Choose the option that best answers the question.

7   (a)   (b)   (c)   (d)

8   (a)   (b)   (c)   (d)

9   (a)   (b)   (c)   (d)

Part IV Choose the option that best answers the question.

10   (a)   (b)   (c)   (d)

11   (a)   (b)   (c)   (d)

12   (a)   (b)   (c)   (d)

Part I Choose the best answer for the blank.

13 A: Where were you when I called last night?

B: I must _____ a bath when you called.

(a) have been taking
(b) took
(c) take
(d) have taken

14 A: Maybe the waiter will bring us some more tea.

B: I wish he _____.

(a) will
(b) brings it
(c) would
(d) does

15 A: Do you think these shirts will look good on me?

B: Well, you can use the fitting room to _____.

(a) dress in
(b) try them on
(c) wear them on
(d) change in

16 A: Since he lost his wife, he has changed a lot.

B: Right. He is not the man _____ he used to be.

(a) what
(b) which
(c) that
(d) of which

Choose the best answer for the blank.

17 She's from New Orleans, but _____ in Miami since she went to kindergarten.

(a) has lived
(b) lived
(c) lives
(d) had lived

18 We _____ something if we had known earlier.

(a) had done
(b) did
(c) will have done
(d) could have done

19 In Korean society, politicians rarely _____ heroes for younger generations.

(a) prove to be
(b) are proving as
(c) were proof of
(d) prove as

20 _____ her low grades, she was admitted to Stanford.

(a) Although
(b) Because of
(c) Despite
(d) In spite

Identify the option that contains an awkward expression or an error in grammar.

21   (a) A: Is anybody watching the TV?
      (b) B: Dad was, but he's not here now.
      (c) A: Can I turn off?
      (d) B: Sure, go ahead.

Identify the option that contains an awkward expression or an error in grammar.

22   (a) To learn means to humbly accept the fact what I'm not the only smart person. (b) It is so obvious that there are lots of people who are smarter than me. (c) But, I often think that I always know the best. (d) In fact, what I know is what I have learned from someone else.

Choose the best answer for the blank.

23 A: I really _____ your help on my presentation yesterday.
B: What are friends for.

(a) accepted
(b) appreciate
(c) depreciate
(d) relish

24 A: I've been looking _____ for you. Where were you?
B: Sorry. I just took a walk around the park.

(a) all over
(b) anywhere
(c) somewhere
(d) overall

25 A: What do you think about my new quilt? I made it myself.
B: It is really nice. I'm all _____ when it comes to sewing.

(a) ears
(b) heart
(c) hands
(d) thumbs

26 A: These are beautiful plants. Where did you grow them?
B: I kept them in my _____.

(a) greenhouse
(b) pyramid
(c) aquarium
(d) studio

27 A: How much did you pay for that digital camera?

B: $750, but I heard that the prices have come _____ since.

(a) apart

(b) away

(c) down

(d) up

Part II Choose the best answer for the blank.

28 Experts said the recent incident can be _____ to a supply and demand imbalance.

(a) caused

(b) contributed

(c) attributed

(d) driven

29 If the virus wipes out your hard disk, you will lose everything _____ good.

(a) to

(b) for

(c) by

(d) with

30 The flow of _____ chemicals into reservoirs is a major health problem.

(a) noxious

(b) recalcitrant

(c) obnoxious

(d) odoriferous

31 I _____ out of the dorm because I couldn't stand my roommate.

(a) fell

(b) came

(c) matched

(d) gave

32 _____ are required to take Organic Chemistry II.

(a) Preconditions

(b) Precedents

(c) Precautions

(d) Prerequisites

Read the passage. Then choose the option that best completes the passage.

33 New York has always been _____, a city for which there has never been – nor ever could be – a clear consensus. Yet, millions live here, grumbling but happy, and millions more visit, curious as cats to find out what the magnificent fuss is all about. And while the inhabitants of the city will always have something to complain about, they will never allow an outsider to insult their city. They'll proudly proclaim that "New York City is the best city in the world!"

(a) a paradise of immigration
(b) a religious battle zone
(c) a storehouse of national prosperity
(d) a montage of various contradictions

34 Effective paragraph writing is essential for any young scholar hoping to continue his or her education. Students must learn the correct techniques in order to write effective sentences and combine them into comprehensible paragraphs. The reader must be able to follow the _____ of the ideas expressed. It is imperative that the sentences have a logical sequence with the appropriate transitions and focus. The objective is to use the sentences as building blocks to build a successful paragraph.

(a) consistency and tense
(b) cause and effect
(c) argument and rebuttal
(d) purpose and order

35 If you're looking for something that you can match to any of your clothes, you've come to the right place. We have an abundant selection of men's silk and cotton windbreakers and jackets that are destined to become your favorite item. The perfect in-between weight, it's the _____ and can be coupled with just about any outfit in your closet. Choose from Captain's style to long trenchcoats. These items come in new spring colors: French blue, helio, sea-glass, flannel, and black. Order by phone, fax, or e-mail. All major credit cards accepted. Shipping and handling, $3.

(a) sign of generosity
(b) only weakness of this item
(c) essence of versatility
(d) mixture of two different styles

Part II   Read the passage and the question. Then choose the option that best answers the question.

36 Learning a new language shouldn't mean limiting the scope of your reading. Many great classics are well-written and easy to understand. Ernest Hemingway is a prime example of direct yet beautiful prose. He is a wonderful story teller, yet very accessible. An extensive vocabulary is not required to enjoy the exciting *The Old Man and The Sea*; and his short fiction offers a great introduction to American culture. You don't have to stick with magazines and juvenile literature. Try Hemingway and get a taste of American literature.

Q   What is the topic of the passage?

(a) Classics as useful language learning tools.
(b) Hemmingway's important literary contributions.
(c) The place of American culture in classic writing.
(d) How reading Hemmingway improves vocabulary.

37 The children's book market is a $13.9 million industry. And personalized books are fast becoming a market leader. Using a home computer and a laser printer, personalized book dealers can add the recipient's name, home town, friends, and favorite activity to a variety of pre-existing exciting titles. The result is a custom book featuring the customer's child having the adventure of a lifetime. Even the least technically-savvy can learn to operate the simple equipment necessary to make these beautiful books.

Q What makes children's books so attractive?

(a) They are inexpensive.
(b) They include the child's name.
(c) They are computer generated.
(d) They are sold in malls.

38 Dear Mr. Johnson,

Thank you for making a reservation at the Sandy Claws Beach Resort. Here are the directions that you requested. From Arkville, take highway 27 to Ringgold. At the Ringgold Interchange take highway 36 east towards North Harbor. About 10 miles before North Harbor, you'll see signs for our resort. Just follow the signs and you'll arrive in minutes. See you soon!

Q Which is correct according to the letter?

(a) The resort is located in North Harbor.
(b) The Ringgold interchange is in Arkville.
(c) Highway 27 goes to North Harbor.
(d) Mr. Johnson asked for directions.

39 The Vasa Hotel is located downtown, within blocks of old Stockholm, the largest city in Sweden. It is connected to both the Stockholm City Convention Center and Polar Gardens train station. Two floors of restaurants and sports facilities are features worthy of a 5-star rating. We have 400 rooms, 15 suites including 5 honeymoon suites, and 10 meeting rooms, each equipped to handle 100 people.

Q What can be inferred about the Vasa Hotel?

(a) It is only 2 stories tall.
(b) It is located in the suburbs.
(c) It has over four hundred rooms.
(d) Only sports enthusiasts stay there.

Part III Read the passage. Then identify the option that does NOT belong.

40 In 1946, the United Nations Educational, Scientific, and Cultural Organization (UNESCO) was formed. (a) UNESCO works to promote literacy and basic training in underdeveloped nations. (b) Even in highly developed nations there are many people who lack basic reading skills. (c) UNESCO also helps the people of different nations build relationships. (d) It's educational reform efforts emphasize the importance of human rights in curriculum development and learning.

TEPS TIPS • 동명사

주어나 목적어 자리에 제대로 동명사가 왔는지, 아니면 전치사의 목적어로 동명사의 형태가 왔는지를 알아야 한다. 또한 동명사를 목적어로 취하는 동사들을 완벽하게 알고 있어야 한다.

1 동명사의 형태

동명사는 '동사원형 + -ing' 형태로 동사의 성질을 갖고 있으면서 명사로 쓰이는 것을 말한다. 동명사는 문장의 주어, 주격보어, 타동사의 목적어, 전치사의 목적어로 쓰일 수 있다.

Parking here is not permitted. 이 곳은 주차가 허락되어 있지 않다. (주어)

My favorite pastime is **playing** baseball.
내가 기분전환으로 좋아하는 것은 농구를 하는 것이다. (주격보어)

2 동명사를 목적어로 취하는 동사

admit, advise, avoid, appreciate, consider, deny, delay, discontinue, enjoy, escape, finish, favor, give up, imagine, insist on, keep, mind, miss, practice, postpone, put off, quit, suggest

I **enjoy going** to bed late. 난 잠자리에 늦게 가는 것을 즐긴다.

Do you **mind opening** the window? 창문을 열어 주시겠어요?

3 동명사와 부정사를 모두 목적어로 취하는 동사

remember, forget, regret, stop, try, go on, begin, start, intend, continue, bother, neglect 등의 동사는 동명사와 부정사 모두를 목적어로 취할 수 있으나 의미의 차이가 있다.

remember, forget, regret은 동명사가 목적어인 경우 동명사는 본동사보다 과거를 나타내고, to부정사가 목적어인 경우 본동사보다 나중 동작, 즉 미래를 나타낸다.

I **hate to go** to shopping. / I **hate going** shopping.

Do you **prefer to travel** by bus? / Do you **prefer traveling** by bus?

I **like to play** golf. / I **like playing** golf.

Possible Answers

Q: Don't I know you from somewhere?
어디서 뵙지 않았어요?

A: We met at David's party.
데이비드의 파티에서 만났잖아요.

No, I don't believe we've met.
아니오, 우리는 만난 적이 없는 것 같아요.

No, you don't look familiar.
아니오, 안면이 없는데요.

Maybe, what's your name?
글쎄요, 이름이 뭐죠?

I can't put my finger on it but I know you. 네, 확실히는 모르겠지만 난 당신을 알아요.

Q: Ask the waiter to bring me the bill, please.
웨이터에게 계산서 좀 가져다 달라고 해 주세요.

A: You can get it at the counter.
카운터에 가면 있습니다.

Will that be all? 그게 다입니까?

He'll be with you in a minute. 곧 올 겁니다.

Was everything OK? 다 괜찮았습니까?

He looks very busy at the moment.
그는 지금 매우 바쁜 것 같군요.

Colloquial Expressions

act as cool as a cucumber 태연자약한, 차분한
all talk and no action
말만 앞서고 행동으로 옮기지 않는
get over 회복하다, 다시 벗어나다
go to one's head 우쭐해지다, 오만해지다;
(~을 건너뛰어) 상사한테 직접 고하다
hang around 근처에 머무르다, 어슬렁거리다,
배회하다
hard habit to kick 버리지 못하는 습관
hear one's line ~의 주장(얘기)을 듣다

in cold blood 피도 눈물도 없이, 잔인하게
keep one's cool 화내지 않다, 태연하다
keep one's nose clean 말썽부리지 않다,
말 잘듣다
mend one's ways (스스로) 태도를 고치다
out of character ~에 걸맞지 않은, 답지 않은
rule the roost 좌지우지하다
sb's bark is worse than her bite
말로만 무섭게 하다
stand up to 용감히 맞서다, 덤비다
stay out of trouble 사고치지 않다
talk back to 말대꾸하다
throw a fit 신경질 내다
turn over a new leaf 새출발하다, 개선해 나가다
walk all over sb (쉽게) 무시하다, 이기다,
깔아뭉개다

금융 관련 어휘

audit 회계감사
blue chip 우량주
bond 채권
deficit 적자, 결손
endorse 배서하다, 뒷면에 기재하다
incorporation 합병
inflation 통화팽창, 물가상승
liquidate 청산하다, 갚다, 현금으로 바꾸다
monopoly 독점, 전매
moratorium 지불유예
principal 원금

Part I Choose the most appropriate response to the statement.

1 (a) (b) (c) (d)

2 (a) (b) (c) (d)

3 (a) (b) (c) (d)

Part II Choose the most appropriate response to complete the conversation.

4 (a) (b) (c) (d)

5 (a) (b) (c) (d)

6 (a) (b) (c) (d)

Choose the option that best answers the question.

7 (a)   (b)   (c)   (d)

8 (a)   (b)   (c)   (d)

9 (a)   (b)   (c)   (d)

Part IV   Choose the option that best answers the question.

10 (a)   (b)   (c)   (d)

11 (a)   (b)   (c)   (d)

12 (a)   (b)   (c)   (d)

Choose the best answer for the blank.

13 A: _____ to finish her Ph.D. degree this year?
   B: Yes, or they will cut off her scholarship.

   (a) Does Betty have
   (b) Must Betty
   (c) Will Betty
   (d) Shouldn't Betty

14 A: Why did you stay up all night?
   B: I had to finish _____ 'Othello.'

   (a) whole
   (b) all
   (c) the whole
   (d) the whole of

15 A: When are you leaving _____ Seattle?
   B: Within a week or two, I guess.

   (a) at
   (b) with
   (c) for
   (d) to

16 A: You live in the dorm?
   B: Yes, I chose _____ back and forth to campus anymore.

   (a) not to commute
   (b) not commuting
   (c) to not commute
   (d) not to commuting

Choose the best answer for the blank.

17 _____ comes in last will have to run an extra mile.

(a) Whoever
(b) Whomever
(c) Whatever
(d) Whichever

18 Steven loves his brother and didn't mind _____ out and taking pictures.

(a) to stay
(b) staying
(c) to staying
(d) of staying

19 Mike's flight was _____ for five hours because of a big snowstorm.

(a) delay
(b) delaying
(c) to delay
(d) delayed

20 Remember to lock the door, _____.

(a) if you would work out
(b) if you plan to work out
(c) if you planning work out
(d) if plans to work out

Identify the option that contains an awkward expression or an error in grammar.

21 (a) A: Have any plans for this Thanksgiving?
   (b) B: I don't know yet.
   (c) A: How about going to the school camp with us?
   (d) B: I don't think I will have time enough to finish my homework.

Identify the option that contains an awkward expression or an error in grammar.

22 (a) Kansas City and St. Louis is Missouri's major two cities. (b) They were developed on the State's rivers, the Missouri and the Mississippi. (c) Kansas City's Toy and Miniature Museum is favored by children. (d) On the other hand, adults will surely enjoy St. Louis' sophisticated shops and the Cupples House.

Part I Choose the best answer for the blank.

23 A: I can't figure out how to _____ this thing.
B: Maybe you should try reading the manual.

(a) reinvent
(b) activate
(c) animate
(d) power up

24 A: Do you have any _____ what the rumor is about?
B: No. I haven't heard a thing.

(a) sayings
(b) verbiage
(c) inkling
(d) ears

25 A: How can you be so _____?
B: I'm sorry, I didn't mean to hurt your feelings.

(a) encouraging
(b) condescending
(c) supportive
(d) despaired

26 A: It seems as though you work around the _____.
B: Life is too short to waste time.

(a) world
(b) clock
(c) timepiece
(d) watch

27 A: How did you _____ across to meeting her?
B: It was really a coincidence.

(a) come
(b) have
(c) said
(d) put

Choose the best answer for the blank.

28 Large numbers of new companies expect to _____ in the red for the first few years.

(a) work
(b) go
(c) operate
(d) spend

29 The museum now houses the greatest collection of _____ in the world.

(a) antiques
(b) antiquities
(c) artifacts
(d) antiquarians

30 The supreme court refused to _____ the fraud charges.

(a) eliminate
(b) obliterate
(c) pass
(d) dismiss

31 The Congressman's speech was not _____ enough.

(a) constant

(b) corrupt

(c) coherent

(d) consolidatory

32 It is not healthy for people to put _____ excess weight.

(a) forth

(b) off

(c) around

(d) on

Read the passage. Then choose the option that best completes the passage.

33 Training for a marathon is no easy task. It takes months of hard work and dedication to prepare your body for the arduous race. It's not only the exhausting and unending run that must be considered, but also a suitable diet that can strengthen your core muscles and fuel every cell in your body. But ultimately, the most important part of your body that must be trained is your mind. Without a sound mind that is fixed upon the reward and prepared for the long journey, _____ .

(a) the finish line would never become a reality
(b) the race would become a breeze for you
(c) you could be suspended from the race
(d) psychological counseling would be necessary

34 Learning to play the stock markets is pivotal for anyone who is serious about securing his or her financial future. While there is some risk involved, the rewards greatly outweigh the risks. Individuals have made millions in recent years by researching various companies and knowing what the people want and what will flourish in the market. With _____ , you should be able to learn about the stocks that will increase in value and be able to start making your own millions.

(a) a little homework
(b) bigger paychecks
(c) some bank loans
(d) lottery tickets

35 Physiologists, working with both human and animal subjects, have learned much about this subject as they work with psychologists to construct and test conceptual models of the perception process. Another group, the psychoacousticians, focus on the perceptual effects of various sounds as they attempt to build theories based on the responses of the diverse subjects. Computer scientists and engineers have built computer models to make predictions about and test various theories. Musicians, from earliest times, have been concerned _____ ; they have (consciously or not) exploited the properties of the auditory system.

(a) to do with their ability to write music
(b) with how the listener perceives music
(c) about their housing conditions
(d) over the distribution of their music

Part II   Read the passage and the question. Then choose the option that best answers the question.

36 Blue whales don't chew their food like sharks or killer whales. They don't have teeth; instead they have filters called baleen on both sides of their mouth. The baleen functions by straining food from the seawater that is taken in. Whenever a blue whale is hungry it simply opens its mouth and takes a big gulp of ocean water. The whale then closes its mouth and pushes the water back out through the baleen trapping its prey. The food is swallowed whole. The blue whale can eat 3,600 kilograms of krill and fish at a single meal.

Q What is the best title for the passage?

(a) Blue Whales, the Gentle Giant
(b) How Baleen Work
(c) Blue Whale vs. Killer Whale
(d) Where Did All the Krill Go?

37 Doctors still don't know if exercise will prevent disease by pushing white blood cells throughout the body but a number of physicians believe it. Like Dr. Luke, they think that moderate levels of exercise can maintain a healthy body.

Q Which of the following best summarizes the passage?

(a) Dr. Luke has shown that exercise prevents disease.
(b) Exercise reduces white blood cells.
(c) Many doctors believe exercise prevents illness.
(d) The harder a person trains, the greater their protection against illness.

38 Because the challenges Covenant College graduates face is greater than economics, our programs combine core courses with optional classes across the liberal arts. Students will be expected to perform at the same level as similar majored graduate students at the best schools in the country.

Q Which is correct of Covenant College?

(a) It is the country's top school.
(b) The college is challenging.
(c) Students take classes only in their major.
(d) The school offers graduate classes.

39 There's no need to reduce the pleasure and relief you feel from smoking. Even ten-pack a day smokers agree, Fresh-Ones eliminate the negative effects of oversmoking. Try them, and you will have to agree that Fresh-Ones leave your mouth feeling clean and minty. Fresh-Ones contain a new menthol derivative that actually freshens your breath and relieves throat pain while you smoke. If you are a committed smoker, commit yourself to Fresh-Ones.

Q What can be inferred from the passage?

(a) Regular cigarettes cause bad breath.
(b) Cigarettes are bad for your health.
(c) Fresh-Ones are less addicting than regular cigarettes.
(d) Fresh-Ones are designed for chain-smokers.

Part III Read the passage. Then identify the option that does NOT belong.

40 Throughout the study of language, people have differed considerably on their understanding of written language and oral speech. (a) For decades, written language was studied more intensively than spoken language. (b) Literature was a particularly popular medium of study, because it provided the most extensive example set. (c) The study of novels generated the most linguistic data. (d) Novels were a very popular form of entertainment.

TEPS TIPS • 분사

분사는 동사의 성격과 형용사의 성격을 동시에 갖고 있다. 현재분사는 -ing로 끝나고, 과거분사는 -ed로 끝난다. 분사는 명사의 앞이나 뒤에서 명사를 수식하는 형용사 역할을 한다.

1 분사의 기능과 형태

현재분사는 능동의 의미로, 과거분사는 수동의 의미를 나타낸다.

That is an **exciting** story. 그건 흥미진진한 이야기다.

The **wounded** man asked for water. 다친 남자가 물을 달라고 부탁했다.

2 현재분사와 과거분사의 공통점과 차이점

① 둘 다 형용사처럼 명사를 수식하거나 동사의 보어자리에 온다.

The movie **is** very **boring**. 그 영화는 매우 지루하다.

written consent 서면 동의서

② 수식하는 명사와의 관계가 능동이면 현재분사, 수동이면 과거분사를 사용한다.

discounted prices 할인가격　　　　　　　**missing** luggage 잃어버린 수하물

3 동명사와 현재분사의 구별

현재분사와 동명사는 모두 "-ing"로 끝나기 때문에 혼동이 되지만, 현재분사는 명사나 대명사를 수식하는 '형용사' 역할을 하고, 동명사는 '명사' 역할을 하는 것에 유의한다.

동명사: sleeping pill 수면제 (sleeping이 명사 구실을 하면서 뒤에 있는 명사를 수식)

현재분사: sleeping baby 잠자는 아이
　　　　(sleeping이 뒤에 있는 명사의 상태를 나타내면서 '~하는'이란 의미를 만든다. 형용사 역할)

4 분사구문

시간(when, while, as), 이유(because, as), 조건(if, unless), 양보(although, though), 부대 상황을 나타내는 분사 구문으로 쓰인다.

Admitting what you say, I still think you are wrong.
당신의 말을 인정하지만, 난 여전히 당신이 틀렸다고 생각합니다.

Being sick, I stayed at home. 아팠기 때문에 집에 있었다.

Possible Answers

Q: Why are you so impatient?
왜 그렇게 참을성이 없어요?

A: I'll get off your back.
당신을 그만 귀찮게 하지요.

We need to get this done!
이 일을 해내야만 해요!

I need to request you get some work done. 당신이 일을 몇 가지 끝내 줘야 되겠어요.

I've been waiting for two weeks.
전 2주 동안이나 기다려 왔다구요.

This is getting to be ridiculous.
일이 우습게 되어가는군요.

Q: My sons are on their bikes today.
오늘 우리 아들들이 자전거를 타요.

A: It's a beautiful day! 좋은 날씨예요.

Are they very active?
매우 활동적인 모양이죠?

Who taught them to ride?
누가 자전거 타는 걸 가르쳤어요?

Is there a bike trail?
거기에 자전거 도로가 있어요?

Central Park is great for biking!
센트럴 파크는 자전거 타기에 참 좋죠!

Colloquial Expressions

black out 필름 끊기다; 등화관제; 보도통제

born yesterday 덜 떨어진, (사람이) 좀 부족한, 약간 둔한

by virtue of ~의 이유로

do (sb/sth) good ~에 이롭다

down on all fours 바닥을 기는

dressed to kill 충동을 느끼다

end up 결국 ~이 되다

go off (자명종이) 울리다

have a way about ~에 능하다

lay down one's life 목숨 바치다

not bat an eye 눈 하나 깜짝하지 않다

on one's feet 서있는

pass away 돌아가시다

put on a little weight 몸이 좀 붙다, 살이 붙다

run a temperature 열이 있다

stick up for 편을 들다, 옹호하다

take one's breath away 놀라 입을 벌리다, 감탄하다

take the load off (짐을) 풀고 쉬다

throw up 토하다

turn over in one's grave
저승(지하)에서도 잠을 못 이루다

통신 관련 어휘

area code 지역번호

busy 전화가 통화중인

directory 주소록, 인명록

extension number 내선 번호

long-distance call 시외전화, 장거리전화

parcel post 소포우편

postage paid 우편요금 지불됨

registered mail 등기 우편

toll-free call 무료 전화 서비스

zip code 우편 번호

Part I Choose the most appropriate response to the statement.

1 (a)   (b)   (c)   (d)

2 (a)   (b)   (c)   (d)

3 (a)   (b)   (c)   (d)

Part II Choose the most appropriate response to complete the conversation.

4 (a)   (b)   (c)   (d)

5 (a)   (b)   (c)   (d)

6 (a)   (b)   (c)   (d)

Part III   Choose the option that best answers the question.

7   (a)   (b)   (c)   (d)

8   (a)   (b)   (c)   (d)

9   (a)   (b)   (c)   (d)

Part IV   Choose the option that best answers the question.

10 (a)   (b)   (c)   (d)

11 (a)   (b)   (c)   (d)

12 (a)   (b)   (c)   (d)

Choose the best answer for the blank.

13 A: Did you buy the new iPod?
B: No, I didn't, but now I think I _____ it.

(a) had bought
(b) should have bought
(c) must have bought
(d) might have bought

14 A: Anna is always well dressed.
B: I know. She wears _____ nice clothes.

(a) so
(b) such a
(c) so much
(d) such

15 A: Mark topped the class this year.
B: He must be very proud of _____.

(a) him
(b) self
(c) himself
(d) others

16 A: What are you going to do this weekend?
B: _____, I'm going to stay home.

(a) If it rained.
(b) If it has rained
(c) If it has been raining
(d) If it rains

Choose the best answer for the blank.

17   Joe apologized _____ ending a 10-year feud with his father.

(a) hoping

(b) in hopes of

(c) hoping for

(d) hoping to

18   If you _____ , we'll give you a free car wash coupon.

(a) fill out with 10 gallons of gas

(b) filled up with 10 gallons of gas

(c) fill up with 10 gallons of gas

(d) fills out up to 10 gallons of gas

19   Work is getting _____ all the time.

(a) busy and busier

(b) more and more busy

(c) busier and busier

(d) busier and busiest

20   _____ what to say, I became blushed with embarrassment.

(a) To know not

(b) To not know

(c) Knowing not

(d) Not knowing

Identify the option that contains an awkward expression or an error in grammar.

21 (a) A: What are your plans for after graduation?
(b) B: I went on a trip to Italy.
(c) A: Where will you stay?
(d) B: Probably at a youth hostel to save money.

Identify the option that contains an awkward expression or an error in grammar.

22 (a) Even though gas stations are basically for the motorist, there are many other services to be offered. (b) The air pump for automobile tires can also use on bicycles, (c) Many people feel happy about getting air put into their tires by the smiling gas station attendant. (d) So when we are low on gas, so we drive into a gas station to buy some.

Choose the best answer for the blank.

23 A: Excuse me. Is there a garage around here?
B: I don't know. I'm _____ here myself.

(a) foreign
(b) new
(c) strange
(d) unknown

24 A: Tony, why didn't you come last night?
B: I'm sorry, something urgent _____ up unexpectedly.

(a) went
(b) happened
(c) came
(d) sprang

25 A: I don't _____ it. How could he do such a thing?
B: Don't ask me. It's crazy.

(a) do
(b) find
(c) get
(d) take

26 A: Have you posted any new pictures online?
B: No, I just want to _____ for a little while.

(a) hide
(b) lurk
(c) loiter
(d) sit

27 A: Hello. I'd like to order a Cheese pizza, please.

B: Will that be for pick-up or _____.

(a) shipment
(b) freight
(c) conveyance
(d) delivery

Part II   Choose the best answer for the blank.

28 There were seventeen _____ and hundreds of people injured in the train wreck.

(a) wounds
(b) calamities
(c) obituaries
(d) fatalities

29 The statement _____ yesterday was a shock to the employees of the company.

(a) volleyed
(b) announced
(c) unearthed
(d) perceived

30 I usually don't _____ guests when I am not feeling well.

(a) have in
(b) hire off
(c) train in
(d) adopt

31 In spite of being _____ with most chores, Craig has the ability to produce wonderful oil paintings.

(a) proficient
(b) clumsy
(c) average
(d) skillful

32 As Ben pulled at the rope, the strands began to _____ apart.

(a) tie
(b) make
(c) come
(d) comb

Read the passage. Then choose the option that best completes the
passage.

33   Available for rent starting September 23: a cosy three-bedroom cabin
tucked away by one of the most beautiful beaches on the Eastern
coast. The cabin is located _____. A ten-minute
walk to town where all local groceries and even a movie theatre are
available. Fully furnished with central heating and air conditioning.
Two full baths and a modern kitchen with a dishwasher and a
microwave. Pets are welcome. If interested, please contact James at
Hidden Gems Realty, 555-4704.

(a) right next to Hidden Gems Realty
(b) in an unfavorable situation
(c) between a grocery store and a movie theatre
(d) right on the beach

34   Whenever you strap into a roller coaster, there's that twinge of fear
that quivers through your entire body. But have no fear, you're in less
danger than you think. While the designers of the roller coaster
carefully created this ride to be a thrilling heart-stopping adventure,
you face a greater threat of injury playing sports or riding a bike than
you do on a park ride. Amusement park rides use the laws of physics
to simulate danger, _____ are typically very safe.

(a) whereas other rides
(b) on the other hand they
(c) while the rides themselves
(d) it is never proved if they

35 The Department of Defense reports a 300% increase in bombings on American soil within the last decade. In 2008, 2489 bombings resulted in 293 deaths and an estimated $103 million in damaged property. The DOD believes that the bombings had a range of motives from terrorism and revenge to curiosity. _____ actual bombs, there were also many threats and pranks, such as unmarked packages left in public places. However, these too were taken seriously by bomb squad personnel.

(a) In addition to
(b) Including
(c) Instead of
(d) As a result of

Read the passage and the question. Then choose the option that best answers the question.

36 Lattes are ubiquitous. It seems that on every block there is a coffee shop offering lattes and other specialty coffee drinks. What is a latte? It is just a shot of espresso with steamed milk and topped with milk foam. Some people who don't like the flavor of coffee and replace it with either green tea or chai, which is a spiced tea. For a trendy yet simple drink, get yourself a latte and enjoy its rich complex flavor.

Q What is the main point of the passage?

(a) How to make a latte at home
(b) Making coffee taste better
(c) Coffee shops are popular
(d) What is a latte?

37 Synthetic detergents were a leading cause of water pollution in the 1950's. Unlike natural soaps, which are biodegradable, synthetic detergents do not break down into simpler substances. Because of this they would create residual foam in the watersupply. Although we don't have to deal with this particular problem in the 21st century, we still have to consider the impact our choice of detergents has on our waterways. We must look for the biodegradable logo on detergents when purchasing cleaning products.

Q What is the difference between synthetic and natural soaps?

(a) Synthetic soaps break down into simpler substances.
(b) Synthetic soaps remain complete in the water supply.
(c) Synthetic soaps are better cleaning products.
(d) Natural soaps are cheaper to produce.

38 Keep toys designed for older children out of the hands of little ones. Teach older children to keep their toys away from younger siblings. Even uninflated and broken balloons can choke or suffocate children who try to swallow them. More children have suffocated on uninflated balloons and pieces of broken balloons than on any other type of toy. Electric toys that are improperly constructed, wired or misused can shock or burn. Electric toys must meet mandatory requirements for maximum surface temperatures, electrical construction and prominent warning labels.

Q Which is correct according to the passage?

(a) Airless balloons are the most dangerous toys.
(b) Electric toys are more dangerous than balloons.
(c) Young children can play with toys for older children.
(d) Older children should share their toys.

39 The next time you have a minute, consider how you are breathing. The way that you breathe will give you a good indicator of your stress level. While most people know this, what is not as well known is that the way you breathe may also control your mood. Not sure? Try this. First take a deep breath. Hold it for a few seconds and let it out slowly. As you breathe out, think about the tightness in your muscles leaving your body. Feel any different?

Q What can be inferred from the passage?

(a) The author is a quack.
(b) Depressed people breathe slower.
(c) Controlled breathing can change your mood.
(d) Breathing quickly is stressful.

Part III Read the passage. Then identify the option that does NOT belong.

40 A week's length was originally decided based on the needs of the time. (a) For instance, the Romans would work seven days sowing their crops and have an eighth day of rest, creating an eight day week. (b) In 300 A.D. Emperor Constantine converted to Christianity. (c) At the same time, the Roman Empire switched to the Old Testament 7-day week. (d) The Jewish holy day is traditionally celebrated on Saturdays.

TEPS TIPS • 시제의 일치

주절에 따라서 종속절의 동사가 결정되는 것을 시제의 일치라 한다. 문장 안에서 시제를 알려주는 키워드를 찾아낼 수 있어야 한다. 시간 부사절과 조건 부사절에서는 현재가 미래를 대신한다.

1 6개의 시제

	형태	용례
현재	원형: I, we, you, they, 복수명사 -s형: he, she, it, 단수명사	현재 또는 습관적인 동작
과거	규칙 동사: 동사원형 + -ed 불규칙동사: 불규칙 변화	과거에 끝난 동작을 표현
미래	will(shall) + 동사원형	앞으로 일어날 일을 표현
현재완료	have + p.p. he, she, it, 단수명사 + has + p.p.	1. 동작이 현재 끝난 상태 2. 동작이 과거에 발생해서 현재까지 지속
과거완료	had + p.p.	과거동작이 또 다른 과거동작 이전에 완료
미래완료	shall/will have + p.p.	미래동작이 나중에 올 미래동작이 시작하기 전에 완료된 것을 표현

2 시제를 알려주는 키워드

① 현재시제를 알려주는 부사들

My father **always** gets up early. 아버지는 항상 아침 일찍 일어나신다.

② 과거시제를 알려주는 부사들

A burglar broke into my house **last night**. 도둑이 지난 밤 우리 집에 들어왔다.

③ 미래시제를 알려 주는 부사들

The boss will be out of the office until **next Saturday**.
사장님은 다음 주 토요일까지 사무실에 계시지 않을 것이다.

3 현재시제

① 현재의 상태, 행위, 사실, 반복적인 동작에 사용

I sometimes **go** to swimming pool at weekends.
난 때때로 주말에 수영장에 가곤 한다.

② 불변의 진리나 일반적 사실

The earth **goes** round the sun. 지구는 태양 주위를 돈다.

③ 시간 부사절과 조건 부사절에서는 현재가 미래를 대신한다.

Take your umbrella in case it **rains**. 비가 올 것에 대비해 우산을 가져가라.

Possible Answers

Q: Yesterday was a scorcher, wasn't it?
어제 정말 더웠죠!

A: I baked. 온 몸이 익었어.

I almost melted. 거의 녹을 지경이었어.

I thought I was going to faint.
기절하는 줄 알았어요.

I think we broke a record.
최고 기록이었던 것 같아.

Made me regret not getting a pool.
풀장에 안 간게 후회돼.

Q: Your report card isn't as good as I thought it would be.
네 성적표가 내 생각한 것처럼 좋지 않구나.

A: I'm pretty broken up too. 저도 당황스러워요.

It's been a hard semester. 힘든 학기였어요.

I'm not Einstein, you know.
저는 아인슈타인이 아녜요.

Next semester will be better.
다음 학기엔 잘 할게요.

I can't get the hang of geometry.
기하학은 잘 못하겠어요.

Colloquial Expressions

a big mouth 떠벌이

a blessing in disguise 불행 중 다행스런 일

be off to ~로 가보다

break out (병이) 발발하다, 생기다

cold sweat 식은땀

feel for 동정하다

get even with 복수하다

go over with a fine tooth comb 잘 점검하다.
샅샅이 뒤지다, 철저히 하다

go with 잘 어울리다; 동행해서 외출하다

head for ~로 향하여 떠나다

in good hand 잘 보살피는

in the bag 따 놓은 당상의, 확실한

look in on 가서 살펴보다

moral support 심적 성원

on the fritz 고장난, 작동이 안되는

pry into 캐어묻다, 파고들다

put one's foot in one's mouth 실언하다,
안 할 말을 하다

serve some time behind bars
철창 신세 좀 지다

sit tight 거기 그냥 머무르다, 꼼짝 않고 있다

take sth into account 고려하다, 참작하다

정치 관련 어휘

administration 행정

autocracy 독재정치

ballot box 투표함

by-election 보궐선거

cabinet 내각

candidate 후보자, 지원자

demagogue 선동정치가

egalitarian 평등주의

inauguration 취임, 개시

independent 무소속

plebiscite 국민투표

plurality 과반수

referendum 국민투표

reign 통치(기간)

riot 폭동

totalitarianism 전체주의

Part I   Choose the most appropriate response to the statement.

1   (a)   (b)   (c)   (d)

2   (a)   (b)   (c)   (d)

3   (a)   (b)   (c)   (d)

Part II   Choose the most appropriate response to complete the conversation.

4   (a)   (b)   (c)   (d)

5   (a)   (b)   (c)   (d)

6   (a)   (b)   (c)   (d)

Choose the option that best answers the question.

7   (a)   (b)   (c)   (d)

8   (a)   (b)   (c)   (d)

9   (a)   (b)   (c)   (d)

Part IV   Choose the option that best answers the question.

10   (a)   (b)   (c)   (d)

11   (a)   (b)   (c)   (d)

12   (a)   (b)   (c)   (d)

Choose the best answer for the blank.

13 A: What if you had a million dollars?

B: I _____ everything to relief facilities.

(a) donate

(b) would donate

(c) donated

(d) will donate

14 A: What happened to you?

B: _____ for a bus, a brick fell on my head.

(a) Waiting

(b) Having waited

(c) As I was waiting

(d) While I had been waiting

15 A: Why is Lucy so talkative today?

B: I think she's not _____ today.

(a) herself

(b) her

(c) one

(d) other

16 A: Is the old Planet Theater still standing?

B: No, it _____ two years ago.

(a) torn down

(b) was torn down

(c) had been torn down

(d) will have been torn down

Choose the best answer for the blank.

17 I remember _____ my calculator here yesterday but can't find it.

(a) put
(b) to put
(c) putting
(d) to have put

18 If the president _____, he would have fired Frank.

(a) had known
(b) have known
(c) had know
(d) known

19 _____ were destroyed by the earthquakes in China last year.

(a) Thousand of houses
(b) Thousand houses
(c) Thousands of house
(d) Thousands of houses

20 The Korean economy is _____ from the recently stabilized exchange rate.

(a) on benefit
(b) a benefit
(c) benefiting
(d) benefit

Identify the option that contains an awkward expression or an error in grammar.

21 (a) A: Excuse me, I'm ready to ordering.
(b) B: Yes, sir. What would you like to have?
(c) A: I'll have pancakes and coffee.
(d) B: I'm sorry but we are out of pancakes now.

Identify the option that contains an awkward expression or an error in grammar.

22 (a) While I'm waiting for a helicopter to arrive, I'm taking advantage of the time to write you a quick letter. (b) Let me go back to the beginning. (c) Having been spent a couple of days in Kathamandu, we took a bus to a little village where our porters were assembled. (d) It was wonderful to get on the trail.

Part I   Choose the best answer for the blank.

23   A: Could you tell me about your educational _____?
B: Well, I graduated from Michigan University in 2002.

(a) leverage
(b) career
(c) background
(d) story

24   A: How do you _____ up with changes so well?
B: I never stop learning.

(a) stay
(b) keep
(c) do
(d) move

25   A: Are you doing anything this weekend?
B: Yeah, I have to _____ for my chemistry final.

(a) push
(b) crash
(c) cram
(d) crush

26   A: What kind of exercise do you recommend?
B: Anything but _____ exercise.

(a) strong
(b) strenuous
(c) severe
(d) serene

27 A: How were you able to think up such lovely lyrics?

B: I just came up with it _____.

(a) by the skin of my teeth

(b) on the tip of my tongue

(c) by a hair's breadth

(d) off the top of my head

Choose the best answer for the blank.

28 The documentary _____ a day in the life of an adopted Asian teen.

(a) misses

(b) portrays

(c) produces

(d) spends

29 The invention of Post-It came _____ by accident.

(a) about

(b) around

(c) back

(d) to

30 My secretary is leaving this Friday because she is getting _____.

(a) traveled

(b) schooled

(c) engaged

(d) married

31 It's summer already, and the monsoon _____ is upon us.

(a) era

(b) span

(c) season

(d) spell

32 The aggressive manager always took the _____ in starting new programs.

(a) alternative
(b) initiative
(c) delay
(d) hesitation

Part I Read the passage. Then choose the option that best completes the passage.

33 In his new book, AGM chairman and CEO Harris Karmine interprets the relationship between technology and business and discusses how technology that can create successful business plans will transform the nature of business in the near future. Karmine stresses the need for bright computer-trained managers, who understand that technology should not be considered as overhead but as a strategic asset, and he _____ from Microsoft, GM, Dell, and many other successful companies.

(a) shows detailed examples
(b) is unusually sarcastic
(c) has returned his philosophy
(d) plans to work

34 Life always provides choices. You can stay or leave the goldfish bowl. When you lose your job, you begin an internal process of transition. When you've fully grieved and dealt with your confusion and distress, move forward. You have everything to gain and nothing to lose. You now know the truth about the world of work and are free to _____ to find your ideal job. Let change be a companion rather than a crisis in your life.

(a) risk making changes
(b) return to your old job
(c) continue feeling depressed
(d) file for unemployment

35 A personal trainer is great to have, but what if one doesn't have the money or schedule to accommodate a trainer? There are other methods to become fit. One can always whip oneself into shape by first reading up on health and diet. Then, by following a strict regimen of regular exercise and eating habits, one can have that desired figure in a matter of weeks. The trick is not to _____ once one reaches the desired level of health. Just like a car needs to be well-oiled and maintained to run smoothly, the human body also needs to be maintained consistently.

(a) go to the gym
(b) exercise harder
(c) let it slide
(d) find a good trainer

Part II Read the passage and the question. Then choose the option that best answers the question.

36 It was during the 1950's, that mass-produced baked goods replaced homemade bread. The factory-made bread had benefits for bakers, such as uniformity of shape and size and benefits for sandwich makers as it came pre-sliced. The bread, however, had little flavor and even less nutrients.

Q What is the best title for the passage?

(a) Making bread the easy way
(b) 1950's food industry
(c) Sandwich making made easier
(d) Ease vs. Nutrition: the great bread debate

37 It is in junior high school that boys begin distinguishing themselves from girls in the science classroom. As one teacher explained, "Most of the girls were unwilling to perform the frog dissection in the human anatomy lesson, but the boys were excited because it is something they have been doing in their backyards all of their lives." The textbooks continue to create a distinction, drawing on the common experiences of boys, such as examples about the speed of a baseball pitch. My own daughter nearly flunked science class.

Q Which of the following best summarizes the above passage?

(a) Girls need to be involved in more experiments.
(b) Boys do better because science interests them only.
(c) Girls are uninterested in science.
(d) Boys are naturally better at science.

38 People have known for many years that electricity can be made my rubbing certain things together. For example, if you rub your shoes along a carpet and touch a metal object you can get a shock. Also, if you rub a balloon on your hair several times, it will stick. This is caused by electrical buildup. This form of electricity is known as "static" electricity. There is no usefulness as it is not an electric current. To produce a current you need either a battery or a generator.

Q What is correct about static electricity?

(a) It has been known about for a long time.
(b) People are currently studying its practical uses.
(c) It is produced by batteries.
(d) It can be stored in a generator.

39 Within the last thirty years, children's organized sports have spread rapidly. And while many parents reminisce about their own days in Little League baseball or on the traveling soccer team, these days, participation in such sports can become a burden on the children involved. Overly competitive parents and coaches who place too many demands on the children can render participation in such activities harmful to the children involved.

Q Which is correct according to the passage?

(a) Children's leagues should be more competitive
(b) Children's leagues were started by parents
(c) Children's sports are increasing in popularity
(d) Parents should push children to participate in team sports

Part III Read the passage. Then identify the option that does NOT belong.

40 African-American music like blues and jazz grew in popularity in the 1920s. (a) Blues music developed from slave songs and rhythmic chanting. (b) The latest musical craze from the black community is gangsta hip-hop. (c) In the '20s black singers were recording their songs with major labels. (d) Jazz began to gain influence about a decade later when African-Americans began moving north.

TEPS TIPS • 주어와 동사의 수일치

주어와 동사의 수일치 문제는 주어와 동사를 정확하게 골라내야 한다.

---

1 복수형 명사

the news, 게임명(billiards, bowls, darts, dominoes), 국가명(the United States, the United Nations, the Philippines), 과목명(economics, ethics, linguistics, phonetics, statistics), 질병명 (measles, shingles), 그 외에 barracks, crossroads, headquarters, series, species 등의 명사는 복수 형태를 취하지만 단수 취급을 한다.

2 부정대명사

항상 단수동사만을 취하는 부정대명사 : anyone, everybody, something, another, each, either, neither, one

항상 복수동사만을 취하는 부정대명사 : both, few, many, others, several

3 삽입구

with, along with, together with, accompanied by, in addition to, as well as와 같은 주어와 동사 사이에 오는 삽입구는 주어의 수와 인칭에 아무런 영향을 주지 못한다.

Harry, together with his friends, **was** here.

The captain, along with five crew members, **was** decorated for bravery.

4 수를 결정하는 주어

the number of, each of, many a, a series of, a great deal of는 단수동사를 취하고, a number of, many, a variety of, a wide range of 등은 복수동사를 취한다.

The number of people moving to the Southeast is decreasing.
남동부로 이사가는 사람들이 줄어들고 있다.

most of, half of, part of, a lot of, lots of, plenty of, a fraction of처럼 부분을 나타내는 표현들은 전체 주어가 복수면 복수 취급, 주어가 단수면 단수 취급한다.

Most of the speeches **were** cut and dry. 대부분의 연설들이 무미건조했다.

TEPS TIPS • 어휘·표현 정리

Possible Answers

Q: Do you really have to leave so soon?
정말 이렇게 빨리 떠나야 합니까?

A: I've got to go right away. 지금 가야 합니다.
I'm sorry. I wish I could stay longer.
죄송합니다. 좀더 머물고 싶지만 할 수 없습니다.
I really have to be getting back to the
office. 사무실에 다시 돌아가 봐야 합니다.
I don't want to go either.
저도 가고 싶지 않습니다.
I must be on my way. 가야 합니다.

Q: I hate the way you get your pizza!
네가 피자 먹는 모습이 맘에 안 들어!

A: Oh well, too bad. 그래, 안 됐다.
Good thing it's my pizza.
내 피자라 다행이네.
What's your point? 네 논지가 뭐야?
So order something different.
그럼 다른 걸 주문해.
Buy your own. 네 것은 네가 사 먹어.

Colloquial Expressions

beat sb to the punch 선수를 치다, 한발 앞서다
beyond question 의심의 여지가 없는
by a long shot 전혀 ~ 아닌
every time one turn around 걸핏하면, 여차하면
fall apart 풍지박산인
float around 떠다니다, 남아돌다
hang out 놀며 시간을 보내다; ~와 어울려 다니다
on again, off again 하다가 말다가
on the side 부업으로, 추가로
out of the question 불가능한, 말이 안 되는
out on a limb 난처한, 곤란한, 모험하는
outside chance 혹시나, 가능성 없이

play with fire 불장난하다, 위험한 짓을 하다
press one's luck 행운에 지나친 기대를 걸다
put up 붙이다, 바르다
seep out 새어 나오다
sell like hot cakes 불티나게 팔리다
set up one's own business 가게 차리다
slim chance 가능성이 없는 것
stand out a mile 눈에 띄다, 돋보이다

패션 관련 어휘

attire 복장, 의복
cosmetic 화장품
costume 복장, 의상
fabric 직물, 천
fad 일시적 유행
fragrance 향기; 향수
gem 보석; 귀중품
get a perm 머리를 파마하다
makeup 화장, 화장품
outfit 의상 한 벌
stylish 유행을 따라가는, 멋진
trend 유행, 경향
vogue 유행

Part I   Choose the most appropriate response to the statement.

1   (a)   (b)   (c)   (d)

2   (a)   (b)   (c)   (d)

3   (a)   (b)   (c)   (d)

Part II   Choose the most appropriate response to complete the conversation.

4   (a)   (b)   (c)   (d)

5   (a)   (b)   (c)   (d)

6   (a)   (b)   (c)   (d)

Choose the option that best answers the question.

7   (a)   (b)   (c)   (d)

8   (a)   (b)   (c)   (d)

9   (a)   (b)   (c)   (d)

Part IV   Choose the option that best answers the question.

10 (a)   (b)   (c)   (d)

11 (a)   (b)   (c)   (d)

12 (a)   (b)   (c)   (d)

Part I Choose the best answer for the blank.

13 A: Do you prefer classical or rock music?

B: I dislike _____ music in general.

(a) to listen to

(b) listening at

(c) listen to

(d) listening to

14 A: Please, help me. I'm in trouble now.

B: If you _____ to me, you wouldn't be in this situation.

(a) had listened

(b) has listened

(c) will listen

(d) would listen

15 A: Which one do you love more, your son or daughter?

B: I love _____ equally.

(a) the both children

(b) children both

(c) both children

(d) either children

16 A: Did you say that you are taking five classes this term?

B: No. I'm taking three, all of _____ are chemistry related.

(a) them

(b) which

(c) what

(d) whom

Choose the best answer for the blank.

17 The apartment complex _____ by the exterminators next Monday.

(a) had been fumigated
(b) is being fumigated
(c) will be fumigated
(d) has been fumigated

18 Don't be silly! That _____ possibly be Britney Spears!

(a) can't
(b) mustn't
(c) shouldn't
(d) won't

19 He thinks the political party hasn't been _____ about reducing the budget deficit.

(a) kind of serious
(b) serious kind
(c) serious enough
(d) enough serious

20 At least _____ is required from Los Angeles to San Francisco.

(a) eight hours driving
(b) eight hours to drive
(c) eight hours of driving
(d) drive eight hours

Identify the option that contains an awkward expression or an error in grammar.

21 (a) A: I couldn't get any sleep last night.
   (b) B: Neither did I.
   (c) A: But you look fine to me.
   (d) B: Although I look good, I felt sick.

Identify the option that contains an awkward expression or an error in grammar.

22 (a) Deciding John F. Kennedy's place in American history has been somewhat difficult. (b) His presidency was too short to see all his programs enacting. (c) His foreign policy record showed dangerous crises barely prevented. (d) And it's hard to say that there were decisive gains in the Cold War, though the Limited Test Ban Treaty seemed an accomplishment to many people.

Choose the best answer for the blank.

23 A: How was your trip to Denver?

B: Awesome! Everyone _____ me very well.

(a) treated

(b) dealt with

(b) greeted

(c) received

24 A: How do you like this place?

B: I really like it. Matter of fact, it couldn't be _____.

(a) less

(b) bad

(c) better

(d) best

25 A: I think that drinking _____ one's health.

B: Of course, it can also cause damage in your liver.

(a) is making

(b) takes away from

(c) has taken

(d) gives away from

26 A: How's your new pickup?

B: Its V8 engine has much _____, but very low gas millage.

(a) power

(b) stamina

(c) finesse

(d) endurance

27 A: Can't you go a little faster! We are really late.

B: The _____ is already all the way down!

(a) brake
(b) accelerator
(c) steering wheel
(d) speedometer

Part II Choose the best answer for the blank.

28 The new highway project is _____ to cost over $2 billion.

(a) accepted
(b) estimated
(c) settled
(d) omitted

29 It is important to increase the _____ of time that you spend with your family.

(a) section
(b) partition
(c) portion
(d) compartment

30 The manager took Mike _____ to tell him he was fired.

(a) aside
(b) again
(c) apart
(d) about

31 We need to make _____ two hundred copies of this document.

(a) adjacent
(b) approximately
(c) closely
(d) somewhat

32 You shouldn't _____ your anger on your family and friends.

(a) take out

(b) yell

(c) make in

(d) keep in

Read the passage. Then choose the option that best completes the passage.

33   People with large and violent dogs _____. They must make sure their dogs are taught to behave and receive the proper training and care. Training and care-taking are essential to a harmonious relationship between humans and animals. Dogs are undeniably smart; however, when left undeveloped physically or mentally, they can attack humans. When treated well, dogs will forever be "man's best friend."

(a) are similar in their mentalities
(b) are responsible for how their pets behave
(c) are unaware of their pets' needs
(d) are required to leash their pets in public

34   Americans are starting to follow a new trend of traveling: by RV. _____ the "Arks of the Aged," these convenient vehicles are more and more often seen on the roads being piloted by young people. A trip to Las Vegas or an excursion to a huge concert or music festival seems to be enhanced by renting an RV. All along the highways, one can see groups of twenty-something travelers utilizing the recreational vehicle as an affordable alternative to hotel bills and car rental rates.

(a) Differently applied
(b) Once thought
(c) Even still considered
(d) Recently enrolled

35 Productivity can be pricey. This is especially true if it uses new technology. New equipment costs money. In the long run, though, it is believed that the resulting increase in efficiency will make up for the cost. Workers sometimes argue that technology has human costs. They see machines performing tasks once done by workers, but new machines also _____. Workers are needed to build the machines, to operate them, and to fix them. New technology can be an opportunity for workers. They can learn new skills and use their old skills in new ways.

(a) can create solutions
(b) can create problems
(c) can take away jobs
(d) can create jobs

Part II Read the passage and the question. Then choose the option that best answers the question.

36 Traditional Korean mask dancing is commonly misunderstood in the West. It is generally believed that the masks are used to frighten away evil spirits or to keep their identities secret from the demons. In truth, this dance tells elaborate stories, often comical with each mask representing a village character that mocks the leaders and that reduces tension within the community.

Q What is the best title for the passage?

(a) Exorcism in Korea
(b) Korean Halloween Traditions
(c) The Truth of Mask Dancing
(d) East is East, West is West

37 The floor they dance on is of paramount importance to travelling ballet companies. The construction, the angle, and the surface of the dance floor all affect dancers' bodies and performance ability. Some theatre floors are laid over crossbars to promote flexibility. However, many theaters have floors that rest upon concrete, making them less pliant. The impact after a leap on such a floor can put excessive stress on the body, resulting in injury.

Q According to the passage, what causes some floors to be harder than others?

(a) Concrete underlaying
(b) Floor construction
(c) Excessive dancer movement
(d) Cheap construction materials

38 The giraffe is the only mammal that lacks a voice. Humans and dolphins share the ability to laugh. Despite the fact we can neither translate nor even understand the languages used by monkeys and apes, we do recognize it exists. We know that growls and howls of wild animals and the barks and mews of our pets have special meaning. Yet humans are the only species with a codified language.

Q Which is correct according to the passage?

(a) Humans are the only species with language.
(b) Many animals have the ability to communicate.
(c) Giraffes communicate by moving their necks.
(d) Animals have a universal language.

39 Folwell Hall's dorm food is not of the quality to justify the University's excessive prices. I wasn't surprised when I saw one student wrinkle her nose in disgust as she brought a spoonful of the soup de jour to her mouth. Sarah, like most students, waited twenty minutes before she finally got her tray. After paying $10 for her soup and a soda, it was clear that she was dissatisfied with her meal.

Q What can be inferred from the passage?

(a) Students are overcharged for poor quality meals.
(b) There is only one cafeteria on campus.
(c) The dorm's new menu is affordable.
(d) The dorm has a wide variety of meal plans.

Part III   Read the passage. Then identify the option that does NOT belong.

40 Watching TV and using the computer are two habits that begin in childhood and stay with us throughout our lives. (a) First, we support children's interests in "educational" computer games and TV shows. (b) Next, we use their favorite videos to give us a moment of peace or allow us to perform household chores. (c) Some parents make a gift of a personal TV or gaming system for a birthday or other holiday. (d) Inactivity can cause serious health-risks later in life.

TEPS TIPS • 관계사

관계대명사는 접속사와 대명사의 기능을 한다. 사람과 사물 관계대명사의 구별, 선행사와의 수일치, 관계대명사의 격, 관계대명사 what의 쓰임 등을 알아야 한다.

1 관계대명사의 형태와 용법

선행사	주격	소유격	목적격
사람	who	whose	whom
사물	which	whose, of which	which
사람, 사물	that	-	that

2 관계대명사 what

관계대명사 what은 자체에 선행사를 포함한 관계대명사다.

What happened yesterday has nothing to do with Bill.
어제 일어난 일은 빌과는 아무 관계가 없다.

What he said was trustworthy. 그가 한 말은 믿을 수 있는 것이다.

3 복합 관계대명사

① 명사적 용법 : 주어, 목적어, 보어 자리에 온다
We'll welcome **whoever** comes. 오는 사람은 모두 환영할 것입니다.
You may choose **whichever** you want.
당신이 원하는 것은 어떤 것이든지 고를 수 있습니다.

② 형용사적 용법
You may choose **whichever** doll you want.
네가 원하는 인형은 어떤 것이든지 골라도 된다.

③ 부사적 용법 : '~이든지 간에', '비록 ~일지라도'의 양보의 의미를 갖는다.
Whatever happens, I'll always be with you.
무슨 일이 일어나든지 간에, 나는 언제나 너와 함께 있을 것이다.

Possible Answers

Q: Who was that strange man you were entertaining? 같이 있던 낯선 사람은 누굽니까?

A: I was having lunch with an old classmate.
옛 동급생과 점심식사 중이었어요.

My husband surprised me with a visit.
남편이 찾아와서 날 놀라게 했어.

An old boyfriend popped in to say "Hi."
오래된 남자 친구가 인사하려고 왔었어.

My boss had something to discuss.
사장이 뭔가 할 얘기가 있었어.

Where was I? 내가 어디 있었는데?

Q: Our neighbors are coming to dinner.
이웃들이 저녁 식사하러 온다.

A: Another fun-filled night.
또 다른 재미있는 밤이 되는군.

Does the Italian place take reservations?
이탈리아 음식점에 저녁 예약을 받니?

They like hotdogs, don't they?
그들이 핫도그를 좋아하지?

You should have asked me first.
나한테 먼저 물었어야지.

The house is a mess. 집안이 엉망인데.

Colloquial Expressions

ask her out (데이트하려고) 불러내다

can't have it both ways
　두 가지를 모두 할 수 없다

chip in 갹출하다

divide the spoils 약탈품을 나눠 갖다,
　이득을 배분하다

fat chance 거의 ~ 불가능한

get along 사이좋게 지내다

go ahead 시작하다

in an instant 당장

let alone ~은 고사하고

make no bones about sth 거침없이 ~ 하다,
　두말할 필요가 없다

make up one's mind 결심하다

mixed messages 애매모호한 말,
　입장이 불분명한 말

on one's own head ~의 머릿속에는, 마음속에

pick up the tab (음식값) 계산하다, 지불하다

pop the question 청혼하다

settle down 정착하다

something else 대단한 것, 굉장한 것

spitting image 빼닮다

stand in one's way 방해가 되다

take it or leave it 받든지 말든지 맘대로 하라

철학 관련 어휘

egocentrism 자기중심(주의)

empiricism 경험론

epistemology 인식론

metaphysics 형이상학

hypothesis 가설, 가정

idealism 관념주의

nihilism 허무주의

philanthropy 박애주의, 자선

pragmatism 실용주의

stereotype 고정관념

utilitarianism 공리주의

Part I   Choose the most appropriate response to the statement.

1   (a)   (b)   (c)   (d)

2   (a)   (b)   (c)   (d)

3   (a)   (b)   (c)   (d)

Part II   Choose the most appropriate response to complete the conversation.

4   (a)   (b)   (c)   (d)

5   (a)   (b)   (c)   (d)

6   (a)   (b)   (c)   (d)

Choose the option that best answers the question.

7   (a)   (b)   (c)   (d)

8   (a)   (b)   (c)   (d)

9   (a)   (b)   (c)   (d)

Part IV

Choose the option that best answers the question.

10 (a)   (b)   (c)   (d)

11 (a)   (b)   (c)   (d)

12 (a)   (b)   (c)   (d)

Part I Choose the best answer for the blank.

13 A: Is Mary still here?
B: No, She was the first _____.

(a) to move out
(b) in moving
(c) in removing
(d) to remove

14 A: By the way, _____ you something.
B: Okay. Go ahead.

(a) allow me asking
(b) let me to ask
(c) allow me ask
(d) let me ask

15 A: I'm really hungry.
B: There are _____ sandwiches in the fridge.

(a) a little
(b) a few
(c) a few of
(d) a lot

16 A: I think your room needs _____.
B: I know. It's just that I'm too lazy.

(a) to clean
(b) being cleaned
(c) to be cleaned
(d) of cleaning

Choose the best answer for the blank.

17 _____ by successive storms, the bridge was no longer safe.

(a) Weakening
(b) It being weakened
(c) Having weakened
(d) Having been weakened

18 She _____ already when he went to the hospital in a hurry.

(a) had passed away
(b) passed away
(c) was passing away
(d) is passing away

19 I was really _____ by the efficiency of your company's operations.

(a) impress
(b) impressed
(c) impressive
(d) impressing

20 Poor hygiene has always been _____ causes of infectious disease.

(a) ones greatest
(b) one of the greatest
(c) the greatest ones
(d) one of a greatest

Identify the option that contains an awkward expression or an error in grammar.

21 (a) A: Where do your parents live?
    (b) B: They died while I was ten.
    (c) A: Oh, I'm sorry.
    (d) B: That's OK.

Part IV

Identify the option that contains an awkward expression or an error in grammar.

22 (a) It is a generally accepted idea in many societies that cartoons are basically for children. (b) This leading to serious problems, because some TV animations are clearly adult. (c) Some popular cartoons contain political humor and even sexual references. (d) However, some networks never hesitate to air them to children right after school, since cartoons are thought to be children's stuff.

Choose the best answer for the blank.

23   A: Did they find the missing girl yet?
     B: No. The rescue team is still _____ for him.

     (a) ransoming
     (b) recurring
     (c) searching
     (d) browsing

24   A: Could you _____ in for me tomorrow?
     B: Sure, I'd be glad to.

     (a) put
     (b) work
     (c) stay
     (d) fill

25   A: Anything I should be careful of?
     B: Religion is a pretty _____ subject.

     (a) touchy
     (b) loud
     (c) talkative
     (d) fighting

26   A: What was your favorite _____ in that movie?
     B: When the hero saved the Earth in the end.

     (a) play
     (b) sketch
     (c) scene
     (d) era

27 A: Excuse me, where can I find this book?

B: Would you tell me when it was _____ .

(a) broadcasted

(b) renewed

(c) proofread

(d) published

Part II   Choose the best answer for the blank.

28 That shooting was not an accident, but a _____ attempt to kill the First Lady.

(a) subconscious

(b) qualifying

(c) deliberate

(d) registered

29 All the blame _____ on me when my father saw the broken headlight.

(a) made up

(b) came down

(c) talked up

(d) came off

30 The _____ were full of grief for their dead twins.

(a) belied

(b) bereaved

(c) beset

(d) besieged

31 The exchange rates will seriously _____ our profits this year.

(a) deny
(b) underscore
(c) undermine
(d) undo

32 The Oxford Encyclopedia has become a powerful _____ of information for many in the past.

(a) source
(b) remnant
(c) back-load
(d) derivation

Read the passage. Then choose the option that best completes the passage.

33 Mother Teresa was the epitome of a selfless and compassionate human being. She earned a name for her work in helping the poor living in India. Throughout her life, she received many humanitarian awards, including the Nobel Peace Prize, and was recognized on many occasions by a wide range of admirers. Yet her words and letters were never about herself, but a call to action to help those around her. She was _____ those that had any desire to help those in need: her life truly stirred compassion in the hearts of many.

(a) a stumbling block to
(b) an inspiration to
(c) a peacemaker between
(d) a combatant against

34 I embrace a semiotic understanding of culture. Human's understandings are self-created. Culture is _____ the way we make internal connections and assign significance to the world around us. In other words, culture is a way to organize our understandings. Culture also acts to categorize our world, including the most basic ideas upon which it is founded. Through culture, humans create physical and emotional manifestations of their world.

(a) controlled by
(b) irrelevant to
(c) separate from
(d) a way to view

35 Dear Office of Tourism

I am planning a camping and backpacking trip in Yosemite National Park during the month of July. I would appreciate if you could send me some information about California's national and state parks. Do you have hiking trail maps? If you have a guide to special events in the month of July, I would like to have a copy. I have never been to California and would appreciate any booklets or brochures that _____ so that I can choose the area for my backpacking trip. Thank you very much.

Yours sincerely,
Laura Hauenstein

(a) offer information about campgrounds
(b) tell about the state's history
(c) list discounted hotel rates
(d) advertise good local restaurants

Part II Read the passage and the question. Then choose the option that best answers the question.

36 In presentations, there are six major types of illustrations that people use. The six are: tables, charts, diagrams, graphs, maps and photographs. Tables are used to organize bits of information in an organized fashion. Charts are used to create information in a visual display. Diagrams show relationships between different pieces of information. Graphs show comparisons and contrasts. Maps provide information about location and aid in navigation.

Q What is the topic of the passage?

(a) How to make a better presentation
(b) Data
(c) Ways that graphics can be used
(d) The difference between a graph and a chart

37 The northern areas of the country will experience a wild mix of rain and wind throughout the early week. Thunder showers will be crossing the East Coast and snow will fall in the central areas mid-week. The West will see rain and snow by the weekend. The Southwest will see sun and mild temperatures.

Q Which of the following best summarizes the weather forecast?

(a) Mild weather is expected across the country.
(b) Most of the nation will experience some precipitation.
(c) Most of the nation will have snow.
(d) The Southwest is a good place to take a vacation.

38 Babies can't talk about their feelings or needs but they can communicate through signals to their caregivers. Some of the ways they communicate are: sounds, body movement, eye contact, and facial expressions. As babies establish trusting relationships with their caregivers, they will communicate even more. Parents and others who meet emotional and physical needs help the children learn to feel secure and confident.

Q Which is correct according to the passage?

(a) Babies make unreasonable demands.
(b) All babies develop speech at the same age.
(c) Babies can't express themselves.
(d) Trust is established through interaction.

39 According to Plato, the world was a flawed attempt at divine perfection, an unclear and disordered reproduction of a celestial ideal. Thus, the poet's work was viewed as an artful imitation of the imitation that is life. In Plato's mind poetry could not bring one to an absolute truth. Aristotle responded to this argument in *Poetics*, where he explained that poetry's truth lay in the art of its imitation. Neoplatonic philosophers believed that because it was based on a divine master plan, poetry was the greatest type of imitation.

Q Which is correct according to the passage?

(a) According to Aristotle, poetry's imitation is a type of truth.
(b) According to Plato, poetry is a divine truth.
(c) According to Aristotle, the world is based on a heavenly ideal.
(d) According to Plato, the world is perfect and true.

Part III   Read the passage. Then identify the option that does NOT belong.

40 Fifteen years ago, the US Department of Energy and the National Institute of Health began a program called the Human Genome Project. (a) The program plans to label and study the 80,000 genes that make up human DNA, as well as the 3 billion pairs that make up DNA. (b) DNA is mapped in genomes. (c) Genetic analysis is currently pricey and therefore not available to most people. (d) Even though it is not yet complete, the Human Genome Project is already an incredible resource for understanding ourselves and our bodies.

12 | Actual Test

TEPS TIPS • 가정법

가정법 문제는 가정법 과거완료가 가장 비중이 높고, 특히 주절의 시제에 대한 문제가 자주 나온다.

---

1 가정법 현재

현재나 미래에 대한 불확실한 상황에서의 가정을 나타낸다. 가정법 현재의 구문은 'If + S + 현재 시제 ~, S + should/shall/may/must/can/명령문'의 형식을 따른다.

If it rains, I will stay at home. 비가 오면, 난 집에 있을 것이다.

2 가정법 과거

현재 사실에 반대적인 상황을 가정하여 말할 때 쓴다. 실현 불가능한 상황을 말하므로 시점은 현재가 되는 것에 유의한다. 'If + S + 과거형 동사 ~, S + should/would/might/could + ~'가 가정법 과거의 문형이 된다.

If I had longer legs, I would become a movie star.
내가 긴 다리를 가졌다면, 난 영화배우가 되었을 것이다.

3 가정법 과거완료

과거 사실의 반대를 가정한다. 가정법 과거완료의 문형은 'If + S + had + p.p. ~, S + would/should/could/might + have + p.p.'로 나타낸다.

If I had worked harder at school, I'd have gotten a better job.
학교에서 공부를 열심히 했었다면 더 좋은 직장을 구할 수 있었을 것이다.

4 가정법 미래

현재 또는 미래에 대한 가능성이 희박한 상황에서의 가정을 나타낸다. 가정법 미래의 기본 형식은 'If + S + should ~, S + 조동사의 과거형이나 현재형 ~' 또는 'If + S + were to ~, S + 조동사의 과거형 ~'으로 나타낸다.

If anything should happen, I will return. 무슨 일이 생기면 돌아올 것이다.

TEPS TIPS • 어휘·표현 정리

Possible Answers

Q: Which hat do you think fits me?
어떤 모자가 내게 어울릴까?

A: The one on the left was nice.
왼쪽 것이 좋아.

The black one was so elegant.
검은게 우아해 보여.

Where's the blue one you tried on first? 처음에 썼던 파란색 어딨지?

Didn't you like the one with feathers?
깃털이 있는 건 별로야?

Do you have to wear a hat?
모자를 써야만 하니?

Q: No children are allowed in the park after dark.
날이 저문 뒤에는 어린이는 공원에 남아 있어서는 안된다.

A: What are they worried about?
뭐 때문에 걱정하지?

What if they're accompanied by adults? 어른이 동행하면 어떻게 되지?

Wonder why. 왜 그런지 모르겠어.

Why, did anything happen?
아니, 무슨 일이라도 생겼어?

How well is it enforced? 잘 지켜지겠어?

Colloquial Expressions

be hard on sth/sb 마구 다루다, 함부로 대하다

butt in (얘기중) 끼어들다

chew the fat 잡담하다

common ground 공통점, 공약수

crawling with 득실거리는

give sb a piece of one's mind
한마디 따끔하게 해주다, ~직설적으로 퍼붓다

go hand in hand 사귀고 있다, 함께 어울리다

have a score to settle with 앙갚음 할 것이 남아 있다

have the nerve (to do sth) ~할 용기가 나다

immediate family 직계가족

in one's shoes 남의 입장에 되어보다

last but not least 마지막으로

look after 돌보다

odd man out 별난 사람, 특이한 사람

out of town 출타중인

point out 지적하다

see some of the world 세상 경험을 하다

speak of the devil 호랑이도 제말하면 온다

throw sb out of ~을 내쫓다

to top it off 게다가, 덧붙여 말하면

역사 관련 어휘

archaeology 고고학

artifact 전시물/유물

chivalry 기사도

emancipation 해방, 노예해방

excavation 발굴, 유적

feudal age 봉건시대

feudalism 봉건제도

hierarchy 계층, 계급제도

hieroglyphic 상형문자

plebeian 평민: 보통의, 천한

prehistoric times 선사시대

primeval 원시의, 태고의

relic 유물, 유적

ups and downs 흥망성쇠

Part I   Choose the most appropriate response to the statement.

1   (a)   (b)   (c)   (d)

2   (a)   (b)   (c)   (d)

3   (a)   (b)   (c)   (d)

Part II   Choose the most appropriate response to complete the conversation.

4   (a)   (b)   (c)   (d)

5   (a)   (b)   (c)   (d)

6   (a)   (b)   (c)   (d)

Choose the option that best answers the question.

7   (a)   (b)   (c)   (d)

8   (a)   (b)   (c)   (d)

9   (a)   (b)   (c)   (d)

Choose the option that best answers the question.

10 (a)   (b)   (c)   (d)

11 (a)   (b)   (c)   (d)

12 (a)   (b)   (c)   (d)

Part I Choose the best answer for the blank.

13 A: I don't understand why Alice got an F in Linear Algebra.

B: _____ .

(a) So can I.
(b) So can't I.
(c) Neither can I.
(d) Neither can't I.

14 A: What did you think of Stuart's project?

B: The more we heard about it, _____ we got.

(a) more excited
(b) the more excited
(c) most excited
(d) the most excited

15 A: Is your cat upset?

B: Don't worry. She's not used to _____ .

(a) be petted
(b) being petted
(c) pet
(d) petting

16 A: Do you like living alone?

B: Yes, and now I _____ for myself.

(a) used to cook
(b) used to cooking
(c) am used to cooking
(d) am used to cook

Choose the best answer for the blank.

17 _____ a Web cafe can be as simple as writing an e-mail message.

(a) To create
(b) Creating
(c) Creation
(d) Created

18 What is the difference _____ a number and a numeral?

(a) among
(b) between
(c) for
(d) of

19 Patricia Green _____ lung cancer.

(a) triumphs
(b) has triumphed in
(c) triumphed over
(d) will triumph out

20 This novel is so long that I _____.

(a) haven't finished it yet
(b) still have finished it
(c) haven't finished it already
(d) been finishing it

Identify the option that contains an awkward expression or an error in grammar.

21 (a) A: Let's wait until the rain will stop.
(b) B: We might be late to work. We need to hurry.
(c) A: I know. Maybe you'll catch a cold in this rain.
(d) B: I had better not call in sick the next day.

Identify the option that contains an awkward expression or an error in grammar.

22 (a) There is no doubt that fairy tales are unreal. (b) In the same time, however, fairy tales are quite realistic. (c) The magic in them especially heightens the realism. (d) It makes us wonder how we would react in similar circumstances.

Choose the best answer for the blank.

23 A: Wow! That _____ looks really good on you.
B: Thanks for the compliment.

(a) outfit
(b) set
(c) formal
(d) fashion

24 A: My car broke down again!
B: It's no surprise. You should _____ it with a new one.

(a) buy
(b) bargain
(c) replace
(d) return

25 A: When will you start building your house?
B: As soon as I get the _____ light from the county.

(a) bright
(b) red
(c) green
(d) black

26 A: Could you _____ aside what you are doing right now and help me?
B: I'm sorry, I'm very busy myself.

(a) shoot
(b) put
(c) give
(d) choose

27 A: The bar across the street was closed down for hiring minors.

B: I just heard it yesterday. They can't run it again until _____ notice.

(a) advanced
(b) overt
(c) further
(d) farther

Part II Choose the best answer for the blank.

28 The urgent and unplanned work is really _____ up these days.

(a) building
(b) piling
(c) stacking
(d) standing

29 I need time to think before I _____ what to do.

(a) decide
(b) determine
(c) figure out
(d) resolve

30 Jason's _____ personality helps him in his job as an automobile dealer.

(a) apathetic
(b) languid
(c) torpid
(d) vivacious

31 The company's improved _____ is starting to show up in increased profits.

(a) deficiency
(b) scarcity
(c) efficiency
(d) poverty

32 You have to read _____ the lines to understand the nutritional information on the package.

(a) among
(b) between
(c) into
(d) through

Read the passage. Then choose the option that best completes the passage.

33 The University's second History of East African Nomads seminar will be held in Folwell Hall at 3:15 p.m. on Wednesdays. Dr. Abdi Rahman will be presenting his latest research on Somali tribal existence. Every student must attend seven of the ten speeches. You can find a detailed list of the lecture topics and information about the speakers in your course syllabus. Additional questions should be directed to your TA. For each talk that you attend, you must submit _____ to your TA by the following class.

(a) a five-page paper
(b) a reason for your absence
(c) a class syllabus
(d) a list of speeches

34 With the massive economic growth in the 1960s came increasing opportunities for women in the workplace. Within a decade, women accounted for 38% of workers. Yet, even with these gains and their increasing levels of education, women found themselves shut out of many jobs. They also were paid less than their male counterparts. Women began to _____. The women's rights movement that began among women of the American middle class quickly transplanted itself in other Western nations.

(a) increase their working hours
(b) leave the workforce in large numbers
(c) silently accept their situation
(d) organize protests against these injustices

35 The latest trend on everyone's wine list seems to be the Beaver Lake Pinot Noirs. These bottles are a must-have for any wine aficionado and it seems that no matter what bottle you find in the store, it's priced as though it were a Chateau Margaux or some other fantastic label. It's true that Beaver Lake, Oregon has been producing wonderful volumes from this grape. _____ , wine buyers must remember that Pinot Noir does well in cold weather and the Oregon summers can be very inconsistent. Certain years will always triumph over others in this market.

(a) Therefore
(b) Plus
(c) But
(d) By the way

Part II Read the passage and the question. Then choose the option that best answers the question.

36 Everyday the average human creates 3.5 pounds of trash. Sounds like a challenge? It's easier to do than you think. Brush your teeth, rinse, toss the paper cup. Shave with a disposable razor. Comb your hair – oops, a couple of comb teeth snapped off: into the garbage the comb goes. For breakfast, a single-serving cereal box and a juice-in-a-box. There's no time to do dishes, so use a paper bowl and plastic spoon. Off to work, buying a cup of coffee and newspaper on the way. And on through the day...

Q What is the topic of this passage?

(a) Meeting a quota
(b) Producing too much waste
(c) Reducing human's garbage
(d) Overeating and not exercising

37 You can hike in the Alaskan wilderness for a week and see nothing but the spectacular wildlife without a soul in sight. You can see caribou and moose in their native habitat. Yet, a quick turn off the trail will bring you into a town for a hot cup of coffee or a bed to sleep on. Still, it is possible to be alone with your thoughts in America's last great frontier.

Q Which of the following agrees with the ideas of the writer?

(a) The Alaskan wilderness is very lonely.
(b) Towns are great places to visit.
(c) People are crowding out the Alaskan wildlife.
(d) The Alaskan wilderness is a place for rest and solitude.

38 The Vietnam War changed American values in numerous ways. Along with the loosening of moral attitudes and an increased idea of individualism, demonstrations over the war increased the idea of "people power." Daily media coverage challenged viewers to face the full effects of war. Finally with the United States pullout and the Communist victory, people saw that the U.S. could be defeated – something that could never have been believed before.

Q Which is correct according to the passage?

(a) Before the Vietnam War, few imagined the U.S. could lose a war.
(b) Demonstrations had little impact on society.
(c) There was little coverage of the war.
(d) The war strengthened conventional morals.

39 When it comes to polishing wood, there are many options but the three most important are French polish, oil polish and wax polish. While all of these can be bought in a store, all can be made simply in the workshop. French polish is made by dissolving 3/4 of a cup of shellac with 1 1/4 cups of alcohol. Oil polish is simply boiled flax oil. Wax polish is turpentine which has beeswax dissolved in it.

Q What can be inferred about French polish?

(a) It is hard to make.
(b) Its ingredients are alcohol and shellac.
(c) It is difficult to gather materials.
(d) It is less well known than oil polish.

Part III Read the passage. Then identify the option that does NOT belong.

40 The average American child is exposed to three or four hours of television per day. (a) Research shows that prolonged exposure to violence on television can promote aggression in children. (b) Studies have found similar aggressive behaviors in children who play violent videogames. (c) Instead, parents should encourage their children to read books or become involved in sports. (d) Young children in particular often imitate what they see on television.

TEPS

ACTUAL TEST 100

Part I Choose the most appropriate response to the statement.

1 (a)   (b)   (c)   (d)

2 (a)   (b)   (c)   (d)

3 (a)   (b)   (c)   (d)

4 (a)   (b)   (c)   (d)

5 (a)   (b)   (c)   (d)

6 (a)   (b)   (c)   (d)

7 (a)   (b)   (c)   (d)

8 (a)   (b)   (c)   (d)

Part II Choose the most appropriate response to complete the conversation.

9 (a)   (b)   (c)   (d)

10 (a)   (b)   (c)   (d)

11 (a)   (b)   (c)   (d)

12 (a)   (b)   (c)   (d)

13 (a)   (b)   (c)   (d)

14 (a)   (b)   (c)   (d)

15 (a)   (b)   (c)   (d)

Part III Choose the option that best answers the question.

16 (a)   (b)   (c)   (d)

17 (a)   (b)   (c)   (d)

18 (a)   (b)   (c)   (d)

19 (a)   (b)   (c)   (d)

20 (a)   (b)   (c)   (d)

21 (a)   (b)   (c)   (d)

22 (a)   (b)   (c)   (d)

23 (a)   (b)   (c)   (d)

Choose the option that best answers the question.

24 (a)   (b)   (c)   (d)

25 (a)   (b)   (c)   (d)

26 (a)   (b)   (c)   (d)

27 (a)   (b)   (c)   (d)

28 (a)   (b)   (c)   (d)

29 (a)   (b)   (c)   (d)

30 (a)   (b)   (c)   (d)

Choose the best answer for the blank.

31 A: Bungee jumping is a lot of fun.

B: But, it must be _____ to do it for the first time.

(a) fright

(b) frighten

(c) frightening

(d) frightened

32 A: These pants are too cheap.

B: May I show you more expensive _____ ?

(a) one

(b) ones

(c) others

(d) another

33 A: I really don't like walking. How much _____ is it?

B: We have about a mile left.

(a) long

(b) longer

(c) far

(d) further

34 A: It's snowing again. It's been snowing ever since I got here.

B: It usually _____ a lot at this time of year.

(a) snows

(b) will snow

(c) will be snowing

(d) has snowed

35 A: Are you going to quit your job?

B: I don't know. I _____ .

(a) might do
(b) might
(c) will
(d) can do

36 A: Did you buy the digital camcoder you wanted?

B: No, I didn't, but now I wish I _____ it.

(a) had bought
(b) buy
(c) bought
(d) have bought

37 A: Are you going to stay up late tonight?

B: Yes, I have to finish this report _____ Wednesday.

(a) until
(b) by
(c) for
(d) on

38 A: Did you see my red purse that I bought on last Monday?

B: I think I saw it _____ on this table this morning.

(a) laid
(b) to lie
(c) laying
(d) lying

39 A: What's the name of the woman _____ a hat with flowers on it?

B: Her name is Alice.

(a) whose
(b) who's wearing
(c) which is worn
(d) and her

40 A: May I help you?

B: Yes, I'm looking for _____ .

(a) an mp3 player
(b) mp3 player
(c) the mp3 players
(d) the mp3 player

Choose the best answer for the blank.

41 None of us _____ taken a day off this month.

(a) has
(b) have
(c) was
(d) were

42 Albert cannot speak Japanese, _____ Chinese.

(a) any more
(b) any less
(c) still more
(d) still less

43 The teacher taught the scouts _____ a fire without matches.

(a) to light
(b) to light how
(c) how to lighting
(d) how to light

44 It will be lovely if you _____ me a business card of yours.

(a) give
(b) gave
(c) will give
(d) would give

45 Many people believed that the presidential office _____ by Barack Obama.

(a) was won
(b) was going to win
(c) would be won
(d) could be win

46 _____ I had one thousand dollars more, I could have purchased a top-of-the-line Corvette.

(a) Had
(b) As
(c) When
(d) While

47 He was convicted of _____ murder.

(a) attempt
(b) attempts
(c) attempting
(d) attempted

48 _____, romantic comedies such as All about Love began to become popular.

(a) In the early 1980s
(b) There were in the early 1980s
(c) The early 1980s
(d) If in the late 1980s

49 You should apologize to her _____ she will never forgive you.

(a) and
(b) or
(c) but
(d) so

50 Experiments on mental patients _____ in the 1950s are now against the law.

    (a) taken place
    (b) took place
    (c) that took place
    (d) when they took place

Part III   Identify the option that contains an awkward expression or an error in grammar.

51 (a) A: What are you going to take this semester?
    (b) B: I have to take Chemistry, Biology and Physics.
    (c) A: Chemistry? Didn't you take it last semester?
    (d) B: I did. But I flunked them because I didn't go to any of lectures.

52 (a) A: You really are good at playing the piano.
    (b) B: I was given lessons since I was six years old.
    (c) A: No wonder you play it so well.
    (d) B: I've playing the piano for 20 years; I'm 26 now.

53 (a) A: How is your roommate doing these days?
    (b) B: I think he had better be having some problems with his studies.
    (c) A: Then you should give him a hand.
    (d) B: Yeah, I should.

Identify the option that contains an awkward expression or an error in grammar.

54 (a) There's three types of advertising. (b) One type of advertising is creating an image of a product in the minds of the public over a long period of time. (c) Another type is to create an awareness of a new product or changes in an existing one. (c) The last type encourages immediate action, which includes ads for items at bargain prices and for other types of special offers.

55 (a) I have invited as best man at my cousin's wedding in June. (b) I am very excited about it, of course, but, I've never been someone's best man in a wedding. (c) I don't really know the responsibility of best man. (d) A good thing is that my cousin has scheduled the rehearsal for his wedding in this weekend.

Choose the best answer for the blank.

56 A: What time did Brian say he'd come _____ tonight?

B: Actually, he said he couldn't come today, and apologized for his late notice.

(a) across
(b) after
(c) by
(d) down

57 A: Do you want to me to _____ his latest e-mail message to you?

B: Yes, I'd appreciate it.

(a) circulate
(b) forward
(c) transfer
(d) transmit

58 A: Your father looks quite upset today.

B: I don't know why, but he has been in a bad _____ all day long.

(a) feeling
(b) taste
(d) condition
(d) mood

59 A: Those swimmers sure are amazing!

B: Absolutely! It takes tremendous _____ to swim across the lake.

(a) stiffness
(b) sophistication
(c) tendon
(d) stamina

60 A: What's the problem, officer?

B: I pulled you over because you went _____ a red light at the intersection.

(a) beyond
(b) over
(c) past
(d) through

61 A: Hey, I really like that cardigan you're wearing.

B: No kidding! This thing is so old that the threads are loose and it's about to _____ apart.

(a) come
(b) slip
(c) tear
(d) unravel

62 A: What did you think of the movie?

B: Let me _____ it this way: I slept through it.

(a) leave
(b) put
(c) say
(d) tell

63 A: Wow, is that your new oven?

B: Yes, I bought it last weekend. It has a whole bunch of high-tech _____.

(a) fundamentals
(b) functions
(c) looks
(d) information

64 A: Why are you upset with Kate?

B: Her output simply doesn't _____ my expectations.

(a) match
(b) fit
(c) reach
(d) meet

65 A: Brian was very _____ back there, helping that lady from the danger.

B: That's Brian. He can't just ignore things like that.

(a) courageous
(b) conspicuous
(c) congenial
(d) carnal

66 A: What will your elder brother do when he finds out that you totaled his car?

B: He will go through the _____.

(a) space
(b) rocket
(c) roof
(d) ceiling

67 A: Don't forget to open the windows so that the air can _____ the room.

B: No problem. I won't forget it.

(a) invigorate
(b) ventilate
(c) purify
(d) exhale

68 A: It's raining like hell out there!

B: Where have you been? It's been _____ like this for the whole week.

(a) sprinkling
(b) drizzling
(c) pouring
(d) watering

Choose the best answer for the blank.

69 The President has lost his _____ after the sex scandal.

    (a) belief
    (b) credibility
    (c) honesty
    (d) trust

70 This medicine might _____ side effects on the reproductive system.

    (a) stimulate
    (b) induce
    (c) make
    (d) stir

71 The flight attendant _____ her apron after all the drinks were served.

    (a) took off
    (b) took away
    (c) gave round
    (d) took around

72 When you save money for a _____ day, you protect yourself and your family.

    (a) snowy
    (b) sunny
    (c) rainy
    (d) windy

73 Keep a _____ of your expenses, including drink money and other entertainment expenses.

    (a) chronicle
    (b) recording
    (c) memory
    (d) record

74 Politicians _____ the importance of the amendment of the Constitution.

   (a) befriend
   (b) belittle
   (c) bemuse
   (d) bespeak

75 The tunnel was closed after fire _____ out on a freight train.

   (a) broke
   (b) burned
   (c) sprung
   (d) turned

76 People with a good _____ of humor and a positive attitude are usually more successful.

   (a) character
   (b) feeling
   (c) sense
   (d) taste

77 The _____ decision regarding layoffs made the workers very angry.

   (a) ominous
   (b) omnipotent
   (c) auspicious
   (d) unfavorable

78 Our office manager was _____ to another department.

   (a) adopted
   (b) haggled
   (c) remised
   (d) transferred

79 I can't understand where you're coming _____; I just don't understand you sometimes.

(a) away
(b) down
(c) from
(d) off

80 The Los Angeles City Council _____ approved anti-gun ordinances on Wednesday.

(a) alone
(b) individually
(c) separately
(d) unanimously

Part I Read the passage. Then choose the option that best completes the passage.

81 One interest group that has become one of the largest and most powerful in the United States is the American Association of Retired Persons (AARP). Through its lobbying efforts, the AARP has helped to create better medical care and healthier lifestyles, so that Americans can live longer and healthier lives. Each year, the percentage of the population that consists of senior citizens rises higher and higher. In fact, one of the biggest topics in the elections each year is Social Security. The politicians realize that they have to keep the members of the AARP happy in order _____.

(a) of age and height
(b) to benefit from their voting power
(c) to honor senior citizens
(d) to earn their love

82 Every year, through various events and ceremonies, people who have had a profound influence on their countries and people are honored through various methods. These people can truly be considered "great" by their countrymen. Among those great people on whom we bestow this honor are Presidents, Kings and Queens, Statesmen and War Heroes. Many of the significant and popular events that we _____ usually pertain to military actions or observances of birthdays. At any rate, it's important to remember these important people and events in history.

(a) give occasion to
(b) give distance to
(c) plan to protest against
(d) take for granted

83 Dear Editor,

I just read in your newspaper that a suspect charged with 28 counts of fraud and embezzlement was released _____ $100,000 bail. I am aghast that something like this could happen! This man is accused of stealing millions and millions of dollars! The bail seems laughable in regards to how much this man stole. It seems as though the criminal justice system has no idea how to punish its offenders.

Sincerely,
Rachel Adams
Hoboken, New Jersey

(a) from custody accompanied by
(b) out of custody accompanied with
(c) from custody in lieu of
(d) out of custody instead of

84 Administration has mandated that all employees adhere to a new system that Priority Pay has adopted to manage incoming timesheets. There are now several options for employees to submit weekly timesheets. The options are as follows: First, it is acceptable to continue to fill out a hard copy and place it in the drop box. Secondly, the intranet can be used to contact Priority Pay; just follow the directions to _____. Third, since Priority Pay can now accept and send faxes, employees can fax in a completed timesheet even when they are away from the office. Priority Pay has asked that, no matter which method is used, all employees be especially diligent in getting their timesheets in by the deadline.

(a) complete the on-line timesheet
(b) submit in-line facsimile
(c) destroy sheet copy
(d) print out your timesheet

85 After a tremendous surge in popularity in the early and middle 90s, cigar smoking has at last begun to smolder. A few years ago, it was customary to see college-age men and women puffing cigars as they frequented the various city clubs and restaurants. Not only were the young people emulating the wealthy and privileged, but also imitating the Italian mobsters seen from movies such as *Goodfellas* and *Scarface*. It seems, nowadays, that this popular fad has faded, and now cigars are back in the hands of those few who

_____.

(a) want to be looking rich
(b) care more about smoking than status
(c) still love to watch *Goodfellas* and *Scarface*
(d) own city clubs and restaurants

86 In the years precluding World War II, the United States was lulled into a false sense of security. In 1938, neither of the great totalitarian political forces of the century, Fascism and Communism, was a threat. So long as France and Britain _____, the United States felt safe and secure from the German military. Elsewhere, anti-Communism was triumphing in Spain, and all across central and Eastern Europe, Communism was being contained by governments who were hostile towards the Soviet Union.

(a) declared war against Hitler and the Nazis
(b) continued to stand against Hitler and the Nazis
(c) came into conflict with Stalin and the Soviet Union
(d) decided to become friends to both Hitler and Stalin

87 The differences between the lifestyles of the city and the suburbs should be thought of as differences _____, not kind. While residents of the suburbs tend to be more family oriented and have a much deeper concern for education, city dwellers are more apt to focus on financial obligations. On the other hand, most single young folks prefer the fast-paced city life to the relaxed suburban atmosphere that is more suited to family life. Furthermore, as the crunch for assessable land increases, many suburbanites are again looking to the city as a place to invest and revitalize.

(a) of degree
(b) of style
(c) of need
(d) of standard

88 Dear shareholders,

For the fourth straight quarter, our gross earnings were down 37% due to the unfortunate fall in the world economy and the increasing number of competitors honing in on our customers. _____, this translates to a net quarter loss of $1.67 per share. However, the situation is not as severe as it sounds. The board of directors has assembled an expert and infallible plan for the 2010 financial year that will assuredly usher in a new and prosperous year. We thank you, the shareholders, for believing in our company.

Sincerely,
Jackson Young
CEO – Ebenezer Investment

(a) Notwithstanding
(b) By the way
(c) Unfortunately
(d) Nevertheless

위아템스 실전모의고사

Read the passage and the question. Then choose the option that best answers the question.

89 Before the Arabic numerical system gained global popularity, many cultures and languages used letters to represent numbers. Because there was no common system in doing trade across languages, even simple math was difficult to display. In Rome, for example XXII + LXXVIII = C. Because of this, Romans used pebbles or metal rings as counters that were strung and placed on a frame. It was by this method that the modern abacus was born.

Q What is the main point of the passage?

(a) In many languages letters were used as numbers.
(b) Arabic numbers are easier to work with.
(c) Trade depended on easy counting methods.
(d) The abacus was invented to aid in counting.

90 A financial planning workshop for the public will be held next Thursday evening at 7:00 pm at the Cooperative Extension Education center on Willow Avenue in Utica. The program, MONEY 2009, has two stages. First, it offers technical support for identifying personal financial goals. Then the workshop provides management tools to accomplish it. Lansing residents interested in signing up for the workshop should contact Cooperative Extension's Anna Ann Howard at 873-4890. Advance registration is required so sufficient materials will be available.

Q What is the passage mainly about?

(a) A seminar on money management
(b) A public service that reduces debt
(c) A people management workshop
(d) A new technical support hotline

91 Traditionally the only way to receive a college education was to travel to the university and study there. About two hundred years ago, the University of London created a program where people could study in their homes using books and mailing their assignments and tests back to the school. Now with the Internet, people can get their degrees online. As the Internet allows for almost immediate responses to questions, students and teachers finally have ways of interacting never possible before outside the classroom.

Q Which of the following best summarizes the paragraph?

(a) The Internet has replaced the need for traditional colleges.
(b) The University of London was at the forefront of the distance learning movement.
(c) The Internet has revolutionized home study.
(d) Distance learning prevented teachers and students from talking in the past.

92 The Garnett Mine in Jamaica is one of the largest bauxite mines in the world. Bauxite is exported mainly to the United States where it is heated and converted into aluminum to be used in making aluminum cans, foil and other household products. Bauxite is very valuable as the world depends on aluminum for much of daily life.

Q What is the bauxite for?

(a) Heating
(b) Household goods
(c) To be used in Jamaica for national products
(d) To be turned into aluminum

93 Global Digitalized Solutions (GDS) is a leading consulting and a marketing software company. Due to rapid sales both in-country and internationally, we are seeking a Regional Marketing Director for the new Northern European sales office in Oslo, Norway. The Regional Marketing Director will be responsible for advertising, sales and promotion as well as hiring of sales, service and clerical staff. Other duties will include the creation of sales policies, the monitoring of expenses and the development and maintenance of a workable budget. While the job is located in Norway, the individual should be prepared for several trips throughout Scandinavia.

Q Which is the part of the Regional Marketing Director's job?

(a) Developing sales policies
(b) Providing computer repairs
(c) Developing software
(d) Training staff and customers.

94 Current research into the causes of dementia by U.S. scientists has shown that the disease may be linked to the environment. Doctors at the Federal Aging Institute reported in the Journal of Gerontology that Alzheimer's was twice as likely in Korean-American men as it is in men from Korea. The finding was based on data collected from 3,000 Korean-American men who enrolled in a neurological study in the 1960's and were tracked through 2008. About 25% of the men were born in Korea and moved to America when they were young. The rest were born in America to Korean parents.

Q Which is correct about Alzheimer's disease, according to the passage?

(a) It was discovered in the 1960's.
(b) It is very common in Korea.
(c) Location may play an important factor.
(d) Koreans and Korean-Americans get Alzheimer's disease at the same rate.

95 Noticeable changes can occur rapidly due to environmental factors. The peppered moth, for example, comes in two varieties, a dark-colored and a light-colored form. Dark-colored moths were rare because they were easily seen against the light colored natural surroundings. As pollution darkened the areas surrounding factories, it was the light-colored moths were easily spotted and eaten by birds. By the 1940's almost all peppered moths were dark. Now as pollution controls are being enforced, the number of light-colored moths are returning.

Q Which is correct according to the passage?

(a) Pollution led to the rise of light colored moths.
(b) Pollution led to the rise of dark colored moths.
(c) Changes in the peppered moth were based on evolution, not the environment.
(d) Pollution controls did not change the number of moths.

96 Pre-heat oven to 330 degrees. Mix sifted cocoa, flour, soda and salt in a separate bowl and set aside. With a mixer, thoroughly blend cream butter and sugar, then beat in eggs. Add the dry mixture to the butter-sugar mixture with a pastry blender. Don't overmix. The dough will be stiff. Add the nuts and press them into the dough by hand or with a large spatula. Butter 2 baking sheets. Divide the dough in half and form each half into a 10-by-2-by-1 one half-inch logs. They may press out a little longer, both the logs should be at least 1 and one-fourth inches high. Bake for 15 minutes. Turn off the oven and cool biscotti logs for 15 minutes.

Q Which is correct according to the passage?

(a) Logs may be cut within 15 minutes.
(b) Nuts should be added 15 minutes after baking.
(c) Mix the dry ingredients first.
(d) The dough will be thick.

97 It is reassuring to hear people admit that spanking, when properly administered, is not child abuse. This type of discipline informs children that their unacceptable behavior has consequences. And it is more effective than the tired verbal warning, "Stop that this instant!" which goes largely unheard by the child. People who lacked discipline in childhood turn into unruly and inconsiderate adults. Those who are convinced by the softness of modern child-rearing will soon see the result of their "spare the rod, spoil the child" philosophy.

Q What can be inferred from the passage?

(a) Spanking is not a preferred form of punishment.
(b) Children learn from spoken reprimands.
(c) Spanking is a form of child abuse.
(d) Spanking is a popular form of discipline.

98 Although there is nothing new about students' test-anxieties, many professors may be unaware of just how much strain their grade-determining exams negatively impact their students' learning efforts. Final exams create undue and unneeded stress, and they overemphasize the importance of a single hour in the students' entire semester of learning. More importantly such exams do not promote frequent studying of the material. Professors should supplement finals with more frequent quizzes to encourage students to study more regularly. If students understood the material better, they would perform better in all types of assessments.

Q What can be inferred from the passage?

(a) Test-anxiety increases students' study time.
(b) Quizzes are less important to students than finals.
(c) Students only study before tests.
(d) Studying does not ensure a better grade.

Read the passage. Then identify the option that does NOT belong.

99 The power that cigarettes hold over those who smoke them is unquestionable. (a) Some experts have said that the addictive power of nicotine, the drug in tobacco that "hooks" its users, is stronger that heroin. (b) Addiction is a disease, which can only be treated by experts. (c) Untold numbers of smokers have tried to quit their habit only to find themselves smoking again within a few days. (d) It's not easy to stop, but almost everyone would agree that the alternative is worse.

100 The quest for beauty and truth is a path to liberation and joy. (a) Early existential analysts sought an "aesthetic dimension" in their relationship with patients. (b) Here aesthetics refers to how someone with a love of beauty or the fine arts goes about their business, e.g., sensing, feeling, etc. (c) As when we first share part of our deeper selves, then are privileged to see and hear the client undergo a sudden, unexpected transformation, it is what ultimately enables healing to occur. (d) Most aesthetics are unlikely to cause an allergic reaction.

Actual Test **09**

청해			
1	ⓐ ⓑ ⓒ ⓓ		
2	ⓐ ⓑ ⓒ ⓓ		
3	ⓐ ⓑ ⓒ ⓓ		
4	ⓐ ⓑ ⓒ ⓓ		
5	ⓐ ⓑ ⓒ ⓓ		
6	ⓐ ⓑ ⓒ ⓓ		
7	ⓐ ⓑ ⓒ ⓓ		
8	ⓐ ⓑ ⓒ ⓓ		
9	ⓐ ⓑ ⓒ ⓓ		
10	ⓐ ⓑ ⓒ ⓓ		
11	ⓐ ⓑ ⓒ ⓓ		
12	ⓐ ⓑ ⓒ ⓓ		

문법			
13	ⓐ ⓑ ⓒ ⓓ		
14	ⓐ ⓑ ⓒ ⓓ		
15	ⓐ ⓑ ⓒ ⓓ		
16	ⓐ ⓑ ⓒ ⓓ		
17	ⓐ ⓑ ⓒ ⓓ		
18	ⓐ ⓑ ⓒ ⓓ		
19	ⓐ ⓑ ⓒ ⓓ		
20	ⓐ ⓑ ⓒ ⓓ		

21	ⓐ ⓑ ⓒ ⓓ		
22	ⓐ ⓑ ⓒ ⓓ		

어휘			
23	ⓐ ⓑ ⓒ ⓓ		
24	ⓐ ⓑ ⓒ ⓓ		
25	ⓐ ⓑ ⓒ ⓓ		
26	ⓐ ⓑ ⓒ ⓓ		
27	ⓐ ⓑ ⓒ ⓓ		
28	ⓐ ⓑ ⓒ ⓓ		
29	ⓐ ⓑ ⓒ ⓓ		
30	ⓐ ⓑ ⓒ ⓓ		
31	ⓐ ⓑ ⓒ ⓓ		
32	ⓐ ⓑ ⓒ ⓓ		

독해			
33	ⓐ ⓑ ⓒ ⓓ		
34	ⓐ ⓑ ⓒ ⓓ		
35	ⓐ ⓑ ⓒ ⓓ		
36	ⓐ ⓑ ⓒ ⓓ		
37	ⓐ ⓑ ⓒ ⓓ		
38	ⓐ ⓑ ⓒ ⓓ		
39	ⓐ ⓑ ⓒ ⓓ		
40	ⓐ ⓑ ⓒ ⓓ		

Actual Test **10**

청해			
1	ⓐ ⓑ ⓒ ⓓ		
2	ⓐ ⓑ ⓒ ⓓ		
3	ⓐ ⓑ ⓒ ⓓ		
4	ⓐ ⓑ ⓒ ⓓ		
5	ⓐ ⓑ ⓒ ⓓ		
6	ⓐ ⓑ ⓒ ⓓ		
7	ⓐ ⓑ ⓒ ⓓ		
8	ⓐ ⓑ ⓒ ⓓ		
9	ⓐ ⓑ ⓒ ⓓ		
10	ⓐ ⓑ ⓒ ⓓ		
11	ⓐ ⓑ ⓒ ⓓ		
12	ⓐ ⓑ ⓒ ⓓ		

문법			
13	ⓐ ⓑ ⓒ ⓓ		
14	ⓐ ⓑ ⓒ ⓓ		
15	ⓐ ⓑ ⓒ ⓓ		
16	ⓐ ⓑ ⓒ ⓓ		
17	ⓐ ⓑ ⓒ ⓓ		
18	ⓐ ⓑ ⓒ ⓓ		
19	ⓐ ⓑ ⓒ ⓓ		
20	ⓐ ⓑ ⓒ ⓓ		

21	ⓐ ⓑ ⓒ ⓓ		
22	ⓐ ⓑ ⓒ ⓓ		

어휘			
23	ⓐ ⓑ ⓒ ⓓ		
24	ⓐ ⓑ ⓒ ⓓ		
25	ⓐ ⓑ ⓒ ⓓ		
26	ⓐ ⓑ ⓒ ⓓ		
27	ⓐ ⓑ ⓒ ⓓ		
28	ⓐ ⓑ ⓒ ⓓ		
29	ⓐ ⓑ ⓒ ⓓ		
30	ⓐ ⓑ ⓒ ⓓ		
31	ⓐ ⓑ ⓒ ⓓ		
32	ⓐ ⓑ ⓒ ⓓ		

독해			
33	ⓐ ⓑ ⓒ ⓓ		
34	ⓐ ⓑ ⓒ ⓓ		
35	ⓐ ⓑ ⓒ ⓓ		
36	ⓐ ⓑ ⓒ ⓓ		
37	ⓐ ⓑ ⓒ ⓓ		
38	ⓐ ⓑ ⓒ ⓓ		
39	ⓐ ⓑ ⓒ ⓓ		
40	ⓐ ⓑ ⓒ ⓓ		

Actual Test **11**

청해			
1	ⓐ ⓑ ⓒ ⓓ		
2	ⓐ ⓑ ⓒ ⓓ		
3	ⓐ ⓑ ⓒ ⓓ		
4	ⓐ ⓑ ⓒ ⓓ		
5	ⓐ ⓑ ⓒ ⓓ		
6	ⓐ ⓑ ⓒ ⓓ		
7	ⓐ ⓑ ⓒ ⓓ		
8	ⓐ ⓑ ⓒ ⓓ		
9	ⓐ ⓑ ⓒ ⓓ		
10	ⓐ ⓑ ⓒ ⓓ		
11	ⓐ ⓑ ⓒ ⓓ		
12	ⓐ ⓑ ⓒ ⓓ		

문법			
13	ⓐ ⓑ ⓒ ⓓ		
14	ⓐ ⓑ ⓒ ⓓ		
15	ⓐ ⓑ ⓒ ⓓ		
16	ⓐ ⓑ ⓒ ⓓ		
17	ⓐ ⓑ ⓒ ⓓ		
18	ⓐ ⓑ ⓒ ⓓ		
19	ⓐ ⓑ ⓒ ⓓ		
20	ⓐ ⓑ ⓒ ⓓ		

21	ⓐ ⓑ ⓒ ⓓ		
22	ⓐ ⓑ ⓒ ⓓ		

어휘			
23	ⓐ ⓑ ⓒ ⓓ		
24	ⓐ ⓑ ⓒ ⓓ		
25	ⓐ ⓑ ⓒ ⓓ		
26	ⓐ ⓑ ⓒ ⓓ		
27	ⓐ ⓑ ⓒ ⓓ		
28	ⓐ ⓑ ⓒ ⓓ		
29	ⓐ ⓑ ⓒ ⓓ		
30	ⓐ ⓑ ⓒ ⓓ		
31	ⓐ ⓑ ⓒ ⓓ		
32	ⓐ ⓑ ⓒ ⓓ		

독해			
33	ⓐ ⓑ ⓒ ⓓ		
34	ⓐ ⓑ ⓒ ⓓ		
35	ⓐ ⓑ ⓒ ⓓ		
36	ⓐ ⓑ ⓒ ⓓ		
37	ⓐ ⓑ ⓒ ⓓ		
38	ⓐ ⓑ ⓒ ⓓ		
39	ⓐ ⓑ ⓒ ⓓ		
40	ⓐ ⓑ ⓒ ⓓ		

Actual Test **12**

청해			
1	ⓐ ⓑ ⓒ ⓓ		
2	ⓐ ⓑ ⓒ ⓓ		
3	ⓐ ⓑ ⓒ ⓓ		
4	ⓐ ⓑ ⓒ ⓓ		
5	ⓐ ⓑ ⓒ ⓓ		
6	ⓐ ⓑ ⓒ ⓓ		
7	ⓐ ⓑ ⓒ ⓓ		
8	ⓐ ⓑ ⓒ ⓓ		
9	ⓐ ⓑ ⓒ ⓓ		
10	ⓐ ⓑ ⓒ ⓓ		
11	ⓐ ⓑ ⓒ ⓓ		
12	ⓐ ⓑ ⓒ ⓓ		

문법			
13	ⓐ ⓑ ⓒ ⓓ		
14	ⓐ ⓑ ⓒ ⓓ		
15	ⓐ ⓑ ⓒ ⓓ		
16	ⓐ ⓑ ⓒ ⓓ		
17	ⓐ ⓑ ⓒ ⓓ		
18	ⓐ ⓑ ⓒ ⓓ		
19	ⓐ ⓑ ⓒ ⓓ		
20	ⓐ ⓑ ⓒ ⓓ		

21	ⓐ ⓑ ⓒ ⓓ		
22	ⓐ ⓑ ⓒ ⓓ		

어휘			
23	ⓐ ⓑ ⓒ ⓓ		
24	ⓐ ⓑ ⓒ ⓓ		
25	ⓐ ⓑ ⓒ ⓓ		
26	ⓐ ⓑ ⓒ ⓓ		
27	ⓐ ⓑ ⓒ ⓓ		
28	ⓐ ⓑ ⓒ ⓓ		
29	ⓐ ⓑ ⓒ ⓓ		
30	ⓐ ⓑ ⓒ ⓓ		
31	ⓐ ⓑ ⓒ ⓓ		
32	ⓐ ⓑ ⓒ ⓓ		

독해			
33	ⓐ ⓑ ⓒ ⓓ		
34	ⓐ ⓑ ⓒ ⓓ		
35	ⓐ ⓑ ⓒ ⓓ		
36	ⓐ ⓑ ⓒ ⓓ		
37	ⓐ ⓑ ⓒ ⓓ		
38	ⓐ ⓑ ⓒ ⓓ		
39	ⓐ ⓑ ⓒ ⓓ		
40	ⓐ ⓑ ⓒ ⓓ		

Actual Test 100

청해				
1	ⓐ	ⓑ	ⓒ	ⓓ
2	ⓐ	ⓑ	ⓒ	ⓓ
3	ⓐ	ⓑ	ⓒ	ⓓ
4	ⓐ	ⓑ	ⓒ	ⓓ
5	ⓐ	ⓑ	ⓒ	ⓓ
6	ⓐ	ⓑ	ⓒ	ⓓ
7	ⓐ	ⓑ	ⓒ	ⓓ
8	ⓐ	ⓑ	ⓒ	ⓓ
9	ⓐ	ⓑ	ⓒ	ⓓ
10	ⓐ	ⓑ	ⓒ	ⓓ
11	ⓐ	ⓑ	ⓒ	ⓓ
12	ⓐ	ⓑ	ⓒ	ⓓ
13	ⓐ	ⓑ	ⓒ	ⓓ
14	ⓐ	ⓑ	ⓒ	ⓓ
15	ⓐ	ⓑ	ⓒ	ⓓ
16	ⓐ	ⓑ	ⓒ	ⓓ
17	ⓐ	ⓑ	ⓒ	ⓓ
18	ⓐ	ⓑ	ⓒ	ⓓ
19	ⓐ	ⓑ	ⓒ	ⓓ
20	ⓐ	ⓑ	ⓒ	ⓓ
21	ⓐ	ⓑ	ⓒ	ⓓ
22	ⓐ	ⓑ	ⓒ	ⓓ
23	ⓐ	ⓑ	ⓒ	ⓓ
24	ⓐ	ⓑ	ⓒ	ⓓ
25	ⓐ	ⓑ	ⓒ	ⓓ
26	ⓐ	ⓑ	ⓒ	ⓓ
27	ⓐ	ⓑ	ⓒ	ⓓ
28	ⓐ	ⓑ	ⓒ	ⓓ
29	ⓐ	ⓑ	ⓒ	ⓓ
30	ⓐ	ⓑ	ⓒ	ⓓ

문법				
31	ⓐ	ⓑ	ⓒ	ⓓ
32	ⓐ	ⓑ	ⓒ	ⓓ
33	ⓐ	ⓑ	ⓒ	ⓓ
34	ⓐ	ⓑ	ⓒ	ⓓ
35	ⓐ	ⓑ	ⓒ	ⓓ
36	ⓐ	ⓑ	ⓒ	ⓓ
37	ⓐ	ⓑ	ⓒ	ⓓ
38	ⓐ	ⓑ	ⓒ	ⓓ
39	ⓐ	ⓑ	ⓒ	ⓓ
40	ⓐ	ⓑ	ⓒ	ⓓ
41	ⓐ	ⓑ	ⓒ	ⓓ
42	ⓐ	ⓑ	ⓒ	ⓓ
43	ⓐ	ⓑ	ⓒ	ⓓ
44	ⓐ	ⓑ	ⓒ	ⓓ
45	ⓐ	ⓑ	ⓒ	ⓓ
46	ⓐ	ⓑ	ⓒ	ⓓ
47	ⓐ	ⓑ	ⓒ	ⓓ
48	ⓐ	ⓑ	ⓒ	ⓓ
49	ⓐ	ⓑ	ⓒ	ⓓ
50	ⓐ	ⓑ	ⓒ	ⓓ
51	ⓐ	ⓑ	ⓒ	ⓓ
52	ⓐ	ⓑ	ⓒ	ⓓ
53	ⓐ	ⓑ	ⓒ	ⓓ
54	ⓐ	ⓑ	ⓒ	ⓓ
55	ⓐ	ⓑ	ⓒ	ⓓ

어휘				
56	ⓐ	ⓑ	ⓒ	ⓓ
57	ⓐ	ⓑ	ⓒ	ⓓ
58	ⓐ	ⓑ	ⓒ	ⓓ
59	ⓐ	ⓑ	ⓒ	ⓓ
60	ⓐ	ⓑ	ⓒ	ⓓ
61	ⓐ	ⓑ	ⓒ	ⓓ
62	ⓐ	ⓑ	ⓒ	ⓓ
63	ⓐ	ⓑ	ⓒ	ⓓ
64	ⓐ	ⓑ	ⓒ	ⓓ
65	ⓐ	ⓑ	ⓒ	ⓓ
66	ⓐ	ⓑ	ⓒ	ⓓ
67	ⓐ	ⓑ	ⓒ	ⓓ
68	ⓐ	ⓑ	ⓒ	ⓓ
69	ⓐ	ⓑ	ⓒ	ⓓ
70	ⓐ	ⓑ	ⓒ	ⓓ
71	ⓐ	ⓑ	ⓒ	ⓓ
72	ⓐ	ⓑ	ⓒ	ⓓ
73	ⓐ	ⓑ	ⓒ	ⓓ
74	ⓐ	ⓑ	ⓒ	ⓓ
75	ⓐ	ⓑ	ⓒ	ⓓ
76	ⓐ	ⓑ	ⓒ	ⓓ
77	ⓐ	ⓑ	ⓒ	ⓓ
78	ⓐ	ⓑ	ⓒ	ⓓ
79	ⓐ	ⓑ	ⓒ	ⓓ
80	ⓐ	ⓑ	ⓒ	ⓓ

독해				
81	ⓐ	ⓑ	ⓒ	ⓓ
82	ⓐ	ⓑ	ⓒ	ⓓ
83	ⓐ	ⓑ	ⓒ	ⓓ
84	ⓐ	ⓑ	ⓒ	ⓓ
85	ⓐ	ⓑ	ⓒ	ⓓ
86	ⓐ	ⓑ	ⓒ	ⓓ
87	ⓐ	ⓑ	ⓒ	ⓓ
88	ⓐ	ⓑ	ⓒ	ⓓ
89	ⓐ	ⓑ	ⓒ	ⓓ
90	ⓐ	ⓑ	ⓒ	ⓓ
91	ⓐ	ⓑ	ⓒ	ⓓ
92	ⓐ	ⓑ	ⓒ	ⓓ
93	ⓐ	ⓑ	ⓒ	ⓓ
94	ⓐ	ⓑ	ⓒ	ⓓ
95	ⓐ	ⓑ	ⓒ	ⓓ
96	ⓐ	ⓑ	ⓒ	ⓓ
97	ⓐ	ⓑ	ⓒ	ⓓ
98	ⓐ	ⓑ	ⓒ	ⓓ
99	ⓐ	ⓑ	ⓒ	ⓓ
100	ⓐ	ⓑ	ⓒ	ⓓ

Actual Test 정답

Test 01

1 (a)	**2** (a)	**3** (b)	**4** (d)	**5** (c)	**6** (b)	**7** (c)	**8** (d)
9 (c)	**10** (a)	**11** (a)	**12** (b)	**13** (b)	**14** (a)	**15** (c)	**16** (d)
17 (b)	**18** (c)	**19** (d)	**20** (b)	**21** (d)	**22** (a)	**23** (c)	**24** (d)
25 (a)	**26** (d)	**27** (a)	**28** (a)	**29** (b)	**30** (d)	**31** (a)	**32** (c)
33 (d)	**34** (b)	**35** (c)	**36** (a)	**37** (d)	**38** (d)	**39** (b)	**40** (c)

Test 02

1 (c)	**2** (b)	**3** (c)	**4** (a)	**5** (d)	**6** (a)	**7** (b)	**8** (b)
9 (c)	**10** (d)	**11** (a)	**12** (d)	**13** (b)	**14** (d)	**15** (a)	**16** (b)
17 (a)	**18** (d)	**19** (c)	**20** (d)	**21** (d)	**22** (c)	**23** (b)	**24** (d)
25 (a)	**26** (b)	**27** (a)	**28** (b)	**29** (c)	**30** (b)	**31** (c)	**32** (d)
33 (c)	**34** (b)	**35** (a)	**36** (d)	**37** (b)	**38** (b)	**39** (a)	**40** (b)

Test 03

1 (b)	**2** (c)	**3** (a)	**4** (d)	**5** (d)	**6** (c)	**7** (a)	**8** (a)
9 (b)	**10** (d)	**11** (c)	**12** (c)	**13** (a)	**14** (a)	**15** (d)	**16** (b)
17 (b)	**18** (b)	**19** (a)	**20** (c)	**21** (d)	**22** (b)	**23** (a)	**24** (c)
25 (a)	**26** (c)	**27** (b)	**28** (a)	**29** (d)	**30** (b)	**31** (b)	**32** (c)
33 (b)	**34** (d)	**35** (c)	**36** (a)	**37** (c)	**38** (b)	**39** (b)	**40** (d)

Test 04

1 (a)	**2** (b)	**3** (c)	**4** (b)	**5** (c)	**6** (d)	**7** (b)	**8** (a)
9 (c)	**10** (a)	**11** (d)	**12** (b)	**13** (a)	**14** (c)	**15** (a)	**16** (b)
17 (c)	**18** (b)	**19** (b)	**20** (d)	**21** (d)	**22** (c)	**23** (a)	**24** (d)
25 (c)	**26** (b)	**27** (c)	**28** (c)	**29** (b)	**30** (c)	**31** (c)	**32** (b)
33 (a)	**34** (b)	**35** (a)	**36** (c)	**37** (c)	**38** (a)	**39** (b)	**40** (d)

Test 05

1 (d)	2 (a)	3 (d)	4 (c)	5 (c)	6 (b)	7 (c)	8 (c)
9 (d)	10 (a)	11 (c)	12 (d)	13 (b)	14 (d)	15 (d)	16 (b)
17 (c)	18 (c)	19 (b)	20 (c)	21 (b)	22 (b)	23 (d)	24 (b)
25 (a)	26 (c)	27 (a)	28 (d)	29 (a)	30 (c)	31 (d)	32 (c)
33 (d)	34 (c)	35 (c)	36 (a)	37 (b)	38 (d)	39 (c)	40 (d)

Test 06

1 (d)	2 (c)	3 (b)	4 (a)	5 (b)	6 (d)	7 (c)	8 (b)
9 (c)	10 (b)	11 (d)	12 (a)	13 (a)	14 (c)	15 (b)	16 (c)
17 (a)	18 (d)	19 (a)	20 (c)	21 (c)	22 (a)	23 (b)	24 (a)
25 (d)	26 (a)	27 (c)	28 (c)	29 (b)	30 (a)	31 (b)	32 (d)
33 (d)	34 (d)	35 (c)	36 (a)	37 (b)	38 (d)	39 (c)	40 (b)

Test 07

1 (d)	2 (c)	3 (d)	4 (a)	5 (c)	6 (c)	7 (b)	8 (d)
9 (d)	10 (a)	11 (b)	12 (d)	13 (a)	14 (d)	15 (c)	16 (a)
17 (a)	18 (b)	19 (d)	20 (b)	21 (d)	22 (a)	23 (b)	24 (c)
25 (b)	26 (b)	27 (a)	28 (c)	29 (b)	30 (d)	31 (c)	32 (d)
33 (a)	34 (a)	35 (b)	36 (b)	37 (c)	38 (b)	39 (a)	40 (d)

Test 08

1 (a)	2 (b)	3 (a)	4 (c)	5 (d)	6 (a)	7 (d)	8 (d)
9 (d)	10 (d)	11 (c)	12 (a)	13 (b)	14 (d)	15 (c)	16 (d)
17 (b)	18 (c)	19 (c)	20 (d)	21 (b)	22 (b)	23 (b)	24 (c)
25 (c)	26 (b)	27 (d)	28 (d)	29 (b)	30 (a)	31 (b)	32 (c)
33 (d)	34 (c)	35 (a)	36 (d)	37 (b)	38 (a)	39 (c)	40 (d)

Test 09

1 (d)	**2** (b)	**3** (a)	**4** (c)	**5** (c)	**6** (d)	**7** (b)	**8** (a)
9 (d)	**10** (a)	**11** (c)	**12** (d)	**13** (b)	**14** (c)	**15** (a)	**16** (b)
17 (c)	**18** (a)	**19** (d)	**20** (c)	**21** (a)	**22** (c)	**23** (c)	**24** (b)
25 (c)	**26** (b)	**27** (d)	**28** (b)	**29** (a)	**30** (d)	**31** (c)	**32** (b)
33 (a)	**34** (a)	**35** (c)	**36** (d)	**37** (b)	**38** (a)	**39** (c)	**40** (b)

Test 10

1 (b)	**2** (c)	**3** (d)	**4** (a)	**5** (b)	**6** (a)	**7** (c)	**8** (c)
9 (d)	**10** (b)	**11** (c)	**12** (d)	**13** (d)	**14** (a)	**15** (c)	**16** (b)
17 (c)	**18** (a)	**19** (c)	**20** (c)	**21** (d)	**22** (b)	**23** (a)	**24** (c)
25 (b)	**26** (a)	**27** (b)	**28** (b)	**29** (c)	**30** (a)	**31** (b)	**32** (a)
33 (b)	**34** (b)	**35** (d)	**36** (c)	**37** (a)	**38** (b)	**39** (a)	**40** (d)

Test 11

1 (d)	**2** (d)	**3** (b)	**4** (a)	**5** (d)	**6** (d)	**7** (c)	**8** (a)
9 (c)	**10** (c)	**11** (b)	**12** (a)	**13** (a)	**14** (d)	**15** (b)	**16** (c)
17 (d)	**18** (a)	**19** (b)	**20** (b)	**21** (b)	**22** (b)	**23** (c)	**24** (d)
25 (a)	**26** (c)	**27** (d)	**28** (c)	**29** (b)	**30** (b)	**31** (c)	**32** (a)
33 (b)	**34** (d)	**35** (a)	**36** (c)	**37** (b)	**38** (d)	**39** (a)	**40** (c)

Test 12

1 (a)	**2** (c)	**3** (a)	**4** (b)	**5** (b)	**6** (b)	**7** (c)	**8** (d)
9 (c)	**10** (d)	**11** (a)	**12** (d)	**13** (c)	**14** (b)	**15** (b)	**16** (c)
17 (b)	**18** (b)	**19** (c)	**20** (a)	**21** (a)	**22** (b)	**23** (a)	**24** (c)
25 (c)	**26** (b)	**27** (c)	**28** (b)	**29** (a)	**30** (d)	**31** (c)	**32** (b)
33 (a)	**34** (d)	**35** (c)	**36** (b)	**37** (d)	**38** (a)	**39** (b)	**40** (c)

1 (c)	**2** (b)	**3** (a)	**4** (a)	**5** (b)	**6** (a)	**7** (d)	**8** (a)
9 (d)	**10** (a)	**11** (c)	**12** (d)	**13** (a)	**14** (b)	**15** (c)	**16** (d)
17 (c)	**18** (c)	**19** (c)	**20** (a)	**21** (b)	**22** (a)	**23** (b)	**24** (b)
25 (d)	**26** (b)	**27** (a)	**28** (b)	**29** (c)	**30** (a)	**31** (c)	**32** (b)
33 (d)	**34** (a)	**35** (b)	**36** (a)	**37** (b)	**38** (d)	**39** (b)	**40** (a)
41 (a)	**42** (d)	**43** (d)	**44** (b)	**45** (c)	**46** (a)	**47** (d)	**48** (a)
49 (b)	**50** (c)	**51** (d)	**52** (d)	**53** (b)	**54** (a)	**55** (a)	**56** (c)
57 (b)	**58** (d)	**59** (d)	**60** (d)	**61** (a)	**62** (b)	**63** (b)	**64** (d)
65 (a)	**66** (c)	**67** (b)	**68** (c)	**69** (b)	**70** (b)	**71** (a)	**72** (c)
73 (d)	**74** (b)	**75** (a)	**76** (c)	**77** (d)	**78** (d)	**79** (c)	**80** (d)
81 (b)	**82** (a)	**83** (c)	**84** (a)	**85** (b)	**86** (b)	**87** (a)	**88** (c)
89 (d)	**90** (a)	**91** (c)	**92** (d)	**93** (a)	**94** (c)	**95** (b)	**96** (c)
97 (a)	**98** (c)	**99** (b)	**100** (d)				

까다로운 우리 입맛에 딱 맞는
최고의 교재가 왔다!

리딩 파워를 제대로 높여주는 한국형 원서

- Reading EDGE는 문법, 어휘, 문장의 기본이 확실한 품격 있는 영어로 구성
- 학생들의 지적호기심을 자극할 만한 흥미로운 지문 수록
- 수입원서의 2% 부족을 채운 한국형 원서. 다양한 문제 구성으로 한국형 테스트에 최적화
- 21세기 정보화 시대를 위한 파워풀한 훈련서. 장문 독해로 가다듬은 실력은 곧바로 속독 능력을 향상

Highly Advanced Reading Curriculum
Reading EDGE

E-Field Academy 지음
국배판(210×297) | 각권 **220면** 내외
부록 : 해설집 · 전 지문 음원 제공(다운로드)
각권 값 **13,500원**

까다로운 우리 입맛에 딱 맞는
최고의 교재가 왔다!

Reading EDGE와 주제를 공유, 읽고 듣는 연계학습으로 최상의 시너지 효과

- 수능 유형 및 출제 빈도 등을 철저히 분석, 치밀한 기획으로 탄생한 Edge 시리즈의 청취교재
- 각 Unit마다 Listening 주제 5개씩 총 50개의 다양한 주제
- 각 Unit마다 Famous Poems, Speech, Word Check 수록 (1·2권)
- 모든 Listening에 대한 Dictation 학습 가능
- 다양한 주제에 대한 심화학습으로 탄탄한 배경지식 구축(1·2권)

Highly Advanced Listening Curriculum
Listening EDGE

E-Field Academy 지음 | **국배판**(210×297)
1·2권 각권 **140면** 내외 | 값 **10,000원**
3·4권 각권 **250면** 내외 | 값 **15,000원**
부록 : 해설집 | Cassette Tape 교재 별매

강의와 자습을 위한 최적의 구성
시간과 점수를 동시에 잡는 맞춤형 TEPS 실전서

위아텝스
실전모의고사 500+

해설

TEPS

텝스 입문을 위한 첫걸음
Prep

1

We're
위아북스

위아텝스
실전모의고사
해설집

500+ 1 Prep

위아북스 텝스개발팀 지음

We're
위아북스

LISTENING COMPREHENSION · P.20

1 M Grandma, I'm here for a visit!
W _____

(a) Look who's here!
(b) Look who's talking!
(c) Don't look at me that way.
(d) Come and take a look over here.

M: 할머니, 저 왔어요!
W: _____

(a) 이게 누구야!
(b) 남말 하시네!
(c) 그런 식으로 날 쳐다보지 마.
(d) 이리 와서 이것 좀 보세요.

🔾 Look who's here!는 뜻밖의 장소에서 누군가를 만났을 때 쓰는 표현이다. 반가운 사람일 수도 있고 억양에 따라 빈정거리는 의미로도 쓰일 수 있다. Look who's talking!은 '남 말 하시네!' 라는 관용적인 표현이다.

take a look 보다

---

2 M Cathy, your pie looks delicious!
W _____

(a) Here, try some.
(b) Would you like a sip?
(c) Could you come on in?
(d) Yes, it was delicious.

M: 캐시, 네가 만든 파이가 먹음직해 보여!
W: _____

(a) 여기 있어, 좀 먹어 봐.
(b) 한 모금 마실래요?
(c) 들어오실래요?
(d) 그래, 맛있었지.

🔾 pie를 들었다면 음식과 관련된 얘기인 것은 쉽게 알 수 있고 혹시 놓쳤다 하더라도 delicious가 기다리므로 쉽게 풀 수 있는 문제다. (b)의 경우는 음료수에만 쓸 수 있는 sip이 있어서 답이 될 수 없고, (d)는 과거 시제가 나와서 어울리지 않는다. try는 음식, 음료수, 옷, 물건 등 골고루 쓴다는 것도 알아두자.

delicious 맛있는 **sip** (음료의) 한 모금 **come on in** 들어와요

---

3 M Ma'am, do you have a reservation?
W _____

(a) No, I don't need one anymore.
(b) Yes, it's under James at 11:30.
(c) I am not that reserved.
(d) No, I had a reservation for 11:30 a while ago.

M: 부인, 예약하셨습니까?
W: _____

(a) 아뇨, 더 이상 아무 것도 필요하지 않아요.
(b) 예, 제임스라는 이름으로 11시 30분에 했습니다.
(c) 그렇게 수줍은 편은 아닙니다.
(d) 아뇨, 방금 전에 11시 30분 예약을 했습니다.

🔾 reservation(예약)이라는 단어로 미루어 호텔에서 이루어지는 대화임을 알 수 있다. 예약한 이름과 시간을 말하고 있는 (b)가 정답이다. (d)는 No가 사용되어 답이 될 수 없다.

have a reservation 예약을 하다 **reserved** 수줍은, 말수가 적은 **a while ago** 방금 전에

4
  M Mrs. Summers, over here!
  W Well, my goodness, if it isn't Manny Fernando!
  M Gosh, it's been a long time, hasn't it?
  W _____

  (a) Thanks, it's been great for me.
  (b) Yes, I have. So how are you?
  (c) No, it's my pleasure.
  (d) Yes, too long. So how have you been?

M: 서머스 부인, 여기입니다!
W: 어, 어머나, 매니 페르난도 씨 아니세요!
M: 어이쿠, 정말 오래간만이네요.
W: _____

(a) 고마워요. 제가 영광입니다.
(b) 예, 갖고 있습니다. 어떻게 지내세요?
(c) 아니오, 제가 기쁩니다.
(d) 예, 오래됐죠. 어떻게 지내셨나요?

⭕ 오랜만에 만난 사이에 주고받는 대화이다. been a long time만 제대로 들으면 쉽게 정답을 고를 수 있다. 대답으로는 How have you been과 같은 완료시제 인사가 많이 나온다.

my goodness 저런, 어머나 gosh (놀라움·기쁨) 어이쿠, 어머

5
  M Laura, is that the new dress you bought last week?
  W This old thing? No, I've had this forever.
  M Well, you look like a million bucks!
  W _____

  (a) I am a millionaire.
  (b) Oh, I won a lottery.
  (c) You're so sweet!
  (d) I'm kind of tired. That's all.

M: 로라, 그게 지난주에 새로 산 드레스야?
W: 이 낡은 거? 아니, 오래된 건데.
M: 그런데, 정말 잘 멋진데!
W: _____

(a) 난 백만장자입니다.
(b) 아, 복권에 당첨됐습니다.
(c) 정말 고마워!
(d) 좀 피곤해. 그 뿐이야.

⭕ Look like a million bucks!라는 표현은 '아주 멋지게 보인다'는 의미로 쓰인다. 이런 말을 들었을 때는 간단히 Thank you라고 해도 되겠고, 그런 말을 한 사람을 살짝 올려주는 것도 좋다. It's so sweet/nice of you (to say so)라고 해도 되고 (c)처럼 You're so sweet (to say so)라고 해도 된다.

look like a million bucks 아주 멋있어 보이다 tired 지친, 피곤한

6
  W Alice looks like she needs a bath.
  M Yeah, but only after we take her out for a walk.
  W Would you do the honors?
  M _____

  (a) Sure, I'll walk out.
  (b) Sure, I'll walk the dog.
  (c) Sure, I'll let you do the honors.
  (d) Sure, I'll take it!

W: 앨리스에게 목욕 좀 시켜 줘야 할 것 같아요.
M: 그래, 하지만 산책시킨 후에 하자고.
W: 당신이 데리고 나갈래요?
M: _____

(a) 그래요, 내가 파업할게요.
(b) 그래요, 내가 데리고 나갈게.
(c) 그래요, 당신이 하도록 둘게.
(d) 그래요, 이걸로 할게요.

⭕ Would you do the honor?는 Will you do it?을 공손하게 우회해서 표현한 말이다. 부탁의 내용은 take her out for a walk이므로 (b)가 정답이다

do the honors ~하는 영광을 갖다, ~을 해 주다 walk out 나다니다, 동맹파업하다

7

M　Your performance has really fallen off.

W　Yeah, I suppose you're right. I've been distracted.

M　What's eating you? You should tell me about it.

W　It's nothing really – just some trouble at home.

M　I'm sorry, but you'll have to try to keep your mind on the job.

W　You bet. I'll keep focused.

Q　What is the conversation mainly about?

(a) The best way to deal with problems.
(b) Eating disorders and work stress.
(c) Professional effects of personal problems.
(d) A death in the family.

M: 업무 성과가 많이 떨어졌습니다.

W: 예, 당신이 맞는 것 같아요. 정신이 산만해 있었습니다.

M: 무슨 문제죠? 뭔지 말해야 합니다.

W: 별거 아닙니다. 그냥 집에 문제가 생겼을 뿐입니다.

M: 미안하지만, 일에 집중하도록 하십시오.

W: 알았습니다. 집중하도록 하겠습니다.

Q: 무엇에 관한 대화인가?

(a) 문제를 다루는 최선의 방법
(b) 소화 장애와 직장의 스트레스
(c) 개인 문제가 업무에 미치는 영향
(d) 가족의 죽음

○ 대화에서 집안에 문제가 있어서 정신이 산만해 있다는 남자의 말이 나오므로 사적인 문제가 업무에 미치는 영향과 관련되어 있음을 알 수 있다.

performance 실행, 성취　fall off 떨어지다　distracted 산만한, 빗나간　What's eating you? 무슨 고민이 있나요?　You bet. 알겠습니다.　deal with 대처하다, 처리하다　eating disorder 소화 장애

8

W　Good afternoon. Can I help you?

M　Yes. I'm here to see the manager.

W　Do you have an appointment?

M　Actually, no. Do I need one?

W　Most of the time, yes. Just a moment, please.

M　Thank you. I appreciate your help.

Q　What is the relationship between the speakers?

(a) Secretary and preferred client
(b) Front desk clerk and secretary
(c) Receptionist and employee
(d) Receptionist and first-time customer

W: 안녕하세요. 도와드릴까요?

M: 예. 부장님 좀 뵈려고 왔는데요.

W: 약속하시고 오셨나요?

M: 실은, 아뇨. 그게 필요합니까?

W: 대부분은 그렇습니다. 잠깐만 기다리세요.

M: 도와 주셔서 고맙습니다.

Q: 화자들의 관계는 무엇인가?

(a) 비서와 선취권 있는 고객
(b) 프런트데스크 사원과 비서
(c) 접수원과 직원
(d) 접수원과 처음 온 손님

○ manager, appointment가 핵심어이다. 화자 사이의 관계를 묻고 있는데, 이런 문제는 세부내용 하나하나 보다는 전체 상황을 파악해야 정답을 찾을 수 있다. 약속을 하고 왔냐는 Do you have an appointment?는 비서나 접수원과 나눈다는 것은 상식이기 때문에 답이 (d)라는 것을 쉽게 알 수 있다.

appointment 약속　appreciate 감사하다　receptionist 접수원　first-time 처음의, 첫 번째의

9

M Excuse me. Do you know where the smokers' lounge is?

W Come on, right this way. I'll show you.

M Thanks a lot.

W No problem. Can I bum a cigarette off you?

M Sure. Here you go.

W Thanks. Got a light?

Q Which is correct according to the conversation?

(a) The woman is trying to quit smoking cold turkey.

(b) Both of these people are nicotine addicts.

(c) The person without cigarettes knows where to smoke.

(d) The woman prefers a non-smoking lounge.

M: 실례합니다만, 흡연 장소가 어딘지 알려 주시겠어요?

W: 따라오세요. 이 쪽입니다. 제가 알려드리죠.

M: 감사합니다.

W: 별거 아닙니다. 담배 좀 빌릴 수 있을까요?

M: 물론입니다. 여기 있습니다.

W: 감사합니다. 불도 갖고 계세요?

Q: 대화 내용과 일치하는 것은?

(a) 여자는 담배를 단번에 끊으려고 한다.

(b) 이 두 사람은 니코틴 중독자이다.

(c) 담배를 갖고 있지 않는 사람이 흡연장소가 어딘지 알고 있다.

(d) 여자는 금연 장소를 선호한다.

○ smoker's lounge, cigarette, light에서 흡연에 관련된 문제임을 알 수 있다. 여자가 흡연 장소를 알려 주고는 담배와 불을 빌리고 있으므로 (c)가 정답이다.

smokers' lounge 흡연 장소 right this way 이쪽입니다 light (담배) 불 quit cold turkey 단번에 끊다

---

10 Anybody with any clue at all about fashion knows that you can't wear certain colors or styles at certain times. One occasion might call for bright colors and loud designs while perhaps, another would require a far more demure look. When you attract attention to yourself with the clothing you wear, people will naturally classify you as a certain kind of person. To help create your own desired image, hire someone to coordinate your clothing.

Q What is the main idea of the talk?

(a) The kind of clothes you wear project a certain image of yourself.

(b) Serious consideration should be given to personality.

(c) Shop when you need new articles.

(d) Do not forget about the subdued look.

패션에 대해 조금이라도 감각이 있는 사람은 특정한 시기에 특정한 색이나 양식의 옷을 입어서는 안 된다는 것을 압니다. 어떤 행사는 밝은 색이나 요란한 디자인을 요구할 수 있고 다른 행사는 훨씬 점잖은 차림을 요구할지 모릅니다. 당신이 입고 있는 옷으로 사람들의 관심을 끌면 사람들은 자연스럽게 당신을 특정한 부류의 사람이라고 분류할 것입니다. 당신 자신이 원하는 인상을 창조하고 싶다면 누군가 당신의 의상을 맞춰줄 사람을 고용하십시오.

Q: 담화의 주제는 무엇인가?

(a) 당신이 입고 있는 의상은 당신 자신의 특정한 인상을 반영한다.

(b) 개성을 위한 심각한 고려를 해야 한다

(c) 새 물건이 필요하면 사라

(d) 차분함 외관에 대해 잊지 마라

○ fashion이라는 말에서 옷 얘기라는 것은 아는데, classify you as a certain kind of person이라는 부분과 create your own desired image라는 부분이 핵심이 되어 자신이 입는 옷이 본인의 이미지를 창출해 낸다고 하는 (a)가 정답이 된다. (b)의 경우는 옷과의 연관성이 설명되지 않아 정답이 될 수 없다.

clue 실마리, 단서, 정보 call for 요하다 loud 요란한 demure 차분한, 얌전한, 얌전빼는 attract 끌다, 유인하다 classify 분류하다, 등급으로 나누다 hire 고용하다 coordinate 조화시키다, 조정하다

11 Attention, please. Please be on the lookout for a ten-year-old, Caucasian boy with sandy brown hair and hazel eyes. He was last seen wearing blue jeans, a red and blue horizontally-striped T-shirt, white sneakers, and a navy blue sweatshirt wrapped around his waist. The boy's name is Tommy. If you see Tommy, please contact airport security or escort him to the information desk where his mother is waiting. Thank you.

Q Which is correct according to the talk?

(a) The boy is lost.
(b) The boy has changed clothes.
(c) The boy's mother went home.
(d) Information can only be obtained at the desk.

주목해 주십시오. 옅은 갈색 머리에 옅은 밤색 눈을 가진 10살 짜리 백인 소년이 주위에 있는지 살펴봐 주십시오. 마지막으로 목격됐을 당시 청바지와 빨간 색과 파란색 가로 줄무늬가 쳐진 티셔츠를 입고 있었고, 하얀 색 운동화를 신었으며, 허리에는 짙은 남색 스웨터를 두르고 있었습니다. 이 아이의 이름은 토미입니다. 토미를 보신 분은 공항 보안센터에 연락해 주시거나 아이의 어머니가 기다리고 있는 안내데스크까지 아이를 데려다 주시기 바랍니다. 감사합니다.

Q: 담화의 내용과 일치하는 것은?

(a) 남자아이가 미아가 됐다.
(b) 남자아이는 옷을 갈아입었다.
(c) 남자아이의 엄마는 집에 갔다.
(d) 정보는 창구에서만 얻을 수 있다.

○ 미아를 찾는 안내방송을 듣고 정답을 고르는 문제이다. (b)는 지문과 관련 없는 말이고 (c)는 his mother is waiting이라고 했기 때문에 정답이 될 수가 없다. 따라서 미아를 찾는 방송에 걸맞은 (a)가 답이 된다.

be on the look for ~을 감시[경계]하고 있다. ~을 찾아 사방을 살피다 **Caucasian** 코카서스 지방의, 백인의 **sandy brown** 모래 빛깔의, 옅은 갈색의 **hazel** 옅은 갈색 **horizontally-striped** 가로 줄무늬의 **sneakers** 고무창 운동화 **wrap** 두르다, 입다 **escort** 바래다주다, 동행하다

---

12 Learning a foreign language is more than just mastering the grammar and vocabulary. It also has to do with getting the feel of the language. In order to really get the most out of the experience, you must strive to understand the culture and the people of that language. Only then will you be able to enjoy the full riches of speaking in a foreign tongue.

Q What can be inferred from the talk?

(a) It is possible to learn a new language fluently.
(b) Language learning requires cultural understanding.
(c) You can learn to speak in tongues.
(d) You can become extremely wealthy.

외국어를 배우는 것은 단순히 문법과 어휘를 마스터하는 것 이상이다. 그렇게 하려면 언어 감각을 익히는 것도 필요하다. 그러한 경험을 실제로 하기 위해서는 그 언어를 사용하는 사람들의 문화와 사람들을 이해하려고 노력해야 한다. 그렇게 해야만 당신은 외국어로 이야기하는 즐거움을 만끽할 수 있을 것이다.

Q: 담화로부터 추론할 수 있는 것은?

(a) 새로운 언어를 유창하게 배우는 것은 가능하다.
(b) 언어 습득은 문화의 이해가 필요하다.
(c) 방언 말하는 것을 배울 수 있다.
(d) 큰 부자가 될 수 있다.

○ you must strive to understand the culture and the people of that language에서 외국어 습득을 하려면 언어를 사용하는 사람들의 문화와 사람들을 이해해야 한다고 했으므로 (b)가 정답이다. (d)는 끝에 나오는 riches만 대충 들으면 고를 수 있는 함정이다.

have to do with ~와 관련이 있다 **strive to** 노력하려고 힘쓰다, 얻으려고 애쓰다 **speak in tongue** 방언을 말하다

13 A How old are you?

B I'm _____ you are.

(a) the same old as
(b) the same age as
(c) as same old as
(d) as same age as

A: 몇 살이니?
B: 너와 동갑이야.

○ as와 as 사이에는 수식어구 없이 형용사나 부사의 원급이 와야 한다. (c)는 수식어구 same이 있어서 틀렸고, (d)는 명사가 있어서 틀렸다. same old라는 표현은 사용하지 않는다.

14 A Do you think it'll rain much longer?

B It _____ to end soon.

(a) is going
(b) should
(c) may
(d) have

A: 비가 더 오래 내릴 것이라고 생각하니?
B: 곧 그칠거야.

○ 조동사 may, should 뒤에는 동사원형이 와야 하므로 빈칸 뒤에 to와 어울리지 않는다. 의미상 곧 그칠 것이라는 가까운 미래를 나타내므로 be going to가 정답이 된다.

15 A Do you need an ashtray?

B No. In fact I quit _____ a year ago.

(a) smoke
(b) to smoke
(c) smoking
(d) to smoking

A: 재떨이가 필요하세요?
B: 아니요. 사실 1년전에 담배를 끊었어요.

○ quit은 목적어로 동명사를 취하는 동사이다.

ashtray 재떨이 **quit** 그만두다

16 A I hear that you're selling your house.

B Yes, and I hate to part _____ it.

(a) by
(b) for
(c) to
(d) with

A: 집을 파신다고 들었는데요.
B: 네. 하지만 처분하기가 싫군요.

○ part는 with와 함께 '물건을 처분하다' 는 의미로 쓰인다. part from도 비슷한 의미로 사용된다.

part with (아끼는 물건을 주거나 파는 것) ~와 헤어지다, 내놓다

17 _____ Department is one of the biggest on campus.

(a) The Economy
(b) The Economics
(c) Economics
(d) Economy

경제학부는 대학에서 규모가 가장 큰 학과 중에 하나이다.

○ economics는 -s가 붙었다고 복수형은 아니다. electronics, mathematics 역시 단수형이다. 문맥상 경제학부를 가리키므로 (b)가 정답이 된다.

economy 경제 **economics** 경제학

18 The hotel needs _____ before the guests come.

(a) to fix
(b) fix
(c) fixing
(d) fixed

손님들이 오기 전에 그 호텔은 수리할 필요가 있다.

🔵 의미상 호텔은 수리를 당하기 때문에 수동태가 어울린다. want, need는 뒤에 동명사를 써서 수동의 의미를 갖는다.

fix 수리하다 guest 손님

---

19 I haven't heard from Clare _____.

(a) for many weeks ago
(b) since a long time
(c) since many weeks before
(d) for many weeks

나는 여러 주 동안 클레어로부터 아무 소식도 듣지 못했다.

🔵 since와 for는 현재완료와 관련이 있지만 since 다음에는 과거의 시점이 오고 for 다음에는 기간이 온다. 현재완료는 명백한 과거를 나타내는 ago와 함께 쓰지 못하므로 (a)는 틀렸다. (b)는 since 다음에 기간이 나와서 틀렸다.

---

20 I would appreciate it if you _____ more information.

(a) send
(b) sent
(c) sending
(d) would send

좀 더 정보를 보내주시면 감사하겠습니다.

🔵 가정법 과거의 형태는 If 주어 + 동사의 과거형 ~, 주어 +조동사의 과거형 + 동사원형이다.

appreciate 고맙게 생각하다

---

21 (a) A: We are going to a movie tonight. Do you want to come?
(b) B: Thanks for asking, but I can't.
(c) A: Do you have much work to do?
(d) B: Yeah. Thirty-pages paper is due tomorrow.

A: 오늘밤에 영화 보러 갈 건데. 너도 갈래?
B: 물어봐서 고맙지만, 난 갈 수 없어.
A: 할 일이 많니?
B: 응. 30페이지짜리 서류를 내일까지 작성해야 하거든.

🔵 하이폰으로 연결되는 어구들은 주로 명사를 수식하는 형용사로 쓰이기 때문에 반드시 단수형으로 써야 한다. Thirty-pages를 A thirty-page로 고쳐야 한다. 또한 three-hundred book처럼 수의 단위를 나타내는 단어도 그 앞에 수사가 오는 경우에는 형용사이기 때문에 단수형으로 쓴다.

due 마감일이 된, 만기가 된

---

22 (a) Whether to buy a piano or keyboard seem to be a difficult decision. (b) Should I go for the deep, solid voice of the brand-new piano which costs easily over two grands? (c) Or should I spend much less money for more than 200 different voices that I won't be really using at all? (d) Or should I look for a used piano at the price of a little expensive keyboard?

(a) 피아노를 살 것인지 키보드를 살 것인지 결정하는 것은 쉽지 않아 보인다. (b) 깊고 견고한 소리를 내지만 가격이 2,000달러가 훌쩍 넘는 신제품 피아노를 구입해야 하는가? (c) 아니면 실제로 다 사용하지도 않겠지만 그래도 200가지가 넘는 소리를 위해 훨씬 더 적은 돈을 지출해야 할 것인가? (d) 아니면 약간은 비싼 키보드의 가격에 나온 중고 피아노를 찾아보아야 할까?

🔵 (a)에서 주어 Whether to buy a piano or keyboard는 단수이므로 seem을 seems로 고쳐야 한다.

grand 1,000달러 voice (사람의) 음성, (악기의) 소리

8

23 A What time do you want to meet on Saturday?

B How about at a quarter _____ four?

(a) behind
(b) trailing
(c) past
(d) under

A: 토요일 몇 시쯤 만나는 게 좋겠어?
B: 4시 15분 어때?

❍ 시간과 분을 그대로 표현하는 것이 가장 쉽지만 '몇 분 전'을 나타낼 때는 a quarter to four(4시 15분 전)처럼 to를 사용하고, '몇 분 후'를 나타낼 때는 past를 사용한다. 따라서 선택지에 있는 past가 정답이다.

trailing 질질 끌리는, 길게 나부끼는

24 A Would you like to have some extra tea with me?

B Oh, it's getting too late. I'd better _____ now.

(a) kick out
(b) run over
(c) set on
(d) take off

A: 저와 차 좀 더 하시겠습니까?
B: 어머, 너무 늦어지고 있네요. 이제 가봐야겠어요.

❍ '출발하다'는 뜻을 갖는 take off를 파악하고 있는지를 묻고 있다. off가 '분리'라는 뜻이므로 땅에서 분리되면 '이륙하다'이고, 자기가 있던 자리에서 분리되면 '출발하다'는 의미이다.

kick out 쫓아내다, 해고하다 run over (차가 사람을) 치다 set on 공격하다, 선동하다 take off 출발하다

25 A He's not in at the moment. Can I take a message?

B Yes, please. Could you tell him to _____ my call?

(a) return
(b) relay
(c) repeat
(d) revert

A: 지금 자리에 안 계신데요. 메시지 전해드릴까요?
B: 네, 그렇게 해 주세요. 저한테 전화해 달라고 전해 주시겠어요?

❍ take a message, my call 등을 통해서 전화 통화하는 상황임을 알 수 있다. 통화하고자 하는 사람과 통화가 이루어지지 않았을 때 전화를 다시 걸어달라고 요구하는 것은 return이나 answer의 동사를 사용한다.

at the moment 지금, 현재, 바로 take a message 전할 말이 있다 relay 대신할 것을 준비하다, 교체시키다 revert 되돌아가다, 복귀하다

26 A Be careful, this ride moves pretty fast.

B Thanks. I'll hold on tight to the _____.

(a) buttons
(b) seat belts
(c) rail ties
(d) handrails

A: 조심해. 이거 꽤 빠르게 움직인다.
B: 고마워. 난간을 꼭 잡고 있을게.

❍ this moves pretty fast라는 말에서 뭔가 빠른 속도로 움직이고 있는 것을 탔다는 것을 짐작할 수 있다. 에스컬레이터를 탈 때 손을 올려놓고 있는 부분은 handrail이다. 차나 비행기에 탑승시에 하게 되는 안전벨트는 seat belt라는 점도 알아두자.

seat belt 안전벨트 handrail 난간

27 A I received my results from my IQ test.
　　　I scored 155.
　　B Wow! You're a(n) _____!

(a) genius
(b) imbecile
(c) talent
(d) oracle

A: IQ 테스트 성적을 받았는데 155점이 나왔어.
B: 와! 너 천재구나!

🔹 IQ 지수를 읽을 수 있는 상식이 있다면 이 상황은 뛰어나게 높은 지능지수를 보인 사람에 대한 감탄을 나타내는 표현이다. imbecile 은 구어체보다는 문어체에서 자주 사용되며 그 대상에게 직접 사용하는 경멸적인 경우에는 거의 사용되지 않는다.

genius 천재 imbecile 저능한, 우둔한, 매우 어리석은 talent 재능 oracle 철인, 현인

---

28 Students are _____ to write a paper and take a final examination.

(a) required
(b) referred
(c) appreciated
(d) credited

학생들은 논문을 쓰고 기말 시험을 치러야 한다.

🔹 to Infinitive의 행위를 수행할 주체가 주어로 와 있는 경우에는 5형식의 문장을 구성할 수 있는 동사를 필요로 한다. 문법적인 사항으로 접근하는 것도 한 방법이지만 미국의 대학 수업에서 자주 들을 수 있는 표현으로 각 수업에서의 requirements가 무엇인지를 파악할 때 쓰는 표현으로 기억해두는 것도 좋다.

write a paper 논문 쓰다 final examination 기말고사 refer ~에 돌리다, 귀착시키다

---

29 Last winter I came _____ with a flu that I can't forget.

(a) away
(b) down
(c) about
(d) off

지난 겨울에는 잊지 못할 독감에 걸렸다.

🔹 문맥에 맞는 구동사를 선택하는 문제이다. 독감(flu)이라는 단어가 있어서 쉽게 '병에 걸리다' 라는 의미가 있는 come down with 가 정답이 된다.

come away ~에서 떠나가다 come down with 병에 걸리다 come about 일어나다, 발생하다, (바람이) 방향을 바꾸다

---

30 Whether or not to move overseas was a _____ decision for the family.

(a) momentary
(b) timely
(c) monetary
(d) momentous

바다 건너 이민을 갈지 말지는 가족에겐 중요한 결정이었다.

🔹 미래에 영향을 줄 정도로 중요한 결정이므로 momentous를 써야 한다.

momentary 순간적인, 순식간의 timely 시기적절한 monetary 화폐의, 통화의 momentous 중대한, 중요한

---

31 The _____ for completion of the bridge was extended to the end of the month.

(a) deadline
(b) covenant
(c) alliance
(d) control

교량 최종 완공 일자가 그 달 말까지로 연장되었다.

🔹 deadline은 due date와 함께 마감 기일을 나타내는 표현이며 자주 사용된다. 교량 완성에 대한 계약으로 생각해서 covenant를 떠올릴 수 있지만 계약이라는 의미로는 lease나 contract를 사용하며 extend하는 것이 아니라 renew하는 것이다. extended가 왔으므로 기간을 나타내는 표현이 와야 하는 것이다.

deadline 마감시간, 최종기한 completion 완성, 완료 extend 연장하다, 늘이다 covenant 계약, 맹약, 서약 alliance 동맹, 연합

32 The Secretary of State _____ over the House.

(a) contrives
(b) stands
(c) presides
(d) looks

국무장관이 하원의 사회를 보았다.

○ preside over는 '사회를 보다' 는 의미로 쓰인다. contribe는 뒤에 to가 온다.

contrive 연구하다, 설계하다 **preside over** 사회를 보다

---

33 Thank you for purchasing the new 2010 edition of "Best Places For a Vacation." This new edition of the text is the result of the labors of our travel writers, resort reviewers and editors. Without their criticisms, comments and suggestions, we would not _____ the text. Although we cannot list every reviewer's name, in the back of the book we added a veritable list of names of the people who have contributed invaluable information.

(a) have criticized
(b) successfully studied and analyzed
(c) have utterly destroyed
(d) have been able to improve

2010년판 "Best Places For a Vacation"을 구입해 주셔서 감사합니다. 이 개정증보판은 저희의 여행작가, 리조트 평론가 그리고 편집자들의 수고의 결실입니다. 그들의 비판, 논평, 제안이 없었다면 이 책을 개선할 수 없었을 것입니다. 비록 모든 평론가의 이름을 나열할 수 없지만, 이 책의 뒷부분에 귀중한 정보를 제공해 주신 분들의 정확한 이름을 첨부했습니다.

(a) 비판할 수
(b) 성공적으로 연구하고 분석할 수
(c) 완전히 파괴할 수
(d) 개선할 수

○ 지문은 개정증보판이 성공적으로 잘 출간된 것에 대한 인사말이기 때문에 빈칸을 포함한 문장은 많은 이들의 도움이 없이는 성공적인 개정 출간이 어려웠을 것임을 가정하는 내용이 되어야 한다. 그렇다면 그에 해당하는 표현은 (d) have been able to improve 뿐이다.

purchase 구입하다 **labor** 노동, 수고, 노고 **reviewer** 평론가 **criticism** 비평 **comment** 논평 **suggestion** 제안 **veritable** 확실한 **analyze** 분석하다 **utterly** 완전히 **improve** 개선하다, 개량하다

---

34 In the United States, apples are the most popular and most consumed fruit on the market. Every year, people in America eat over18 pounds of apples per person. Unlike other fruits, apples have a unique bond to the American history. The legend of Johnny Appleseed is a story every American child knows. And then there's the expression "As American as Apple Pie" that proves that the apple is

_____.

(a) widely used for making pie
(b) America's favorite fruit
(c) originated in America
(d) America's number one agricultural product

미국에서 사과는 시장에서 가장 대중적이고 많이 소비되는 과일이다. 미국인들은 매년 1인당 18파운드 이상의 사과를 먹는다. 다른 과일과는 달리, 사과는 미국 역사와 독특한 인연이 있다. 조니 애플시드의 전설은 미국의 모든 어린이가 아는 이야기이다. 또 '애플파이만큼이나 미국적' 이라는 표현도 있는데, 이는 사과가 미국에서 가장 좋아하는 과일이란 점을 증명한다.

(a) 파이를 만드는데 널리 사용된다는
(b) 미국에서 가장 좋아하는 과일이라는
(c) 미국이 원산지라는
(d) 미국의 제1의 농산물이라는

○ 미국인들이 사과를 많이 소비할 뿐만 아니라 역사와 문화에도 깊이 관련되어 있다는 내용이다. (a)의 경우 지문의 전체 내용이 apple pie에만 국한된 것이 아니므로 답으로 적합하지 않다. 사과 소비량에 관한 내용이 글의 핵심이 아니므로 (d)도 정답이 아니다. 따라서 가장 포괄적이고 적합한 답은 (b)이다.

consumed 소비되는 **unlike** ~ ~과는 달리 **bond** 유대, 결합력, 인연 **agricultural product** 농작물

11

35 Engineers play an important role in manufacturing at every stage in the process. They help create materials, design the machinery, and assist with actual product assembly. _____, the majority of an engineer's work is actually involved with pre-construction decisions. When a piece of equipment is still in the beginnings of the design stage, engineers must decide on the best materials to use as well as how to process those materials so that they can be used in the final product.

(a) Moreover
(b) In fact
(c) However
(d) Therefore

엔지니어들은 제조의 모든 과정에서 중요한 역할을 담당한다. 그들은 제품을 만드는 것을 돕고, 기계를 디자인하고, 실제 생산라인에서 거든다. 그러나, 대다수 엔지니어들의 작업은 공정 전의 구조 결정과 관련이 있다. 장비가 아직 디자인 초기 단계일 때, 엔지니어들은 재료가 최종 제품에 사용될 수 있도록 사용할 가장 좋은 재료가 무엇인지 뿐만 아니라 그 재료를 어떻게 가공할 것인지를 결정해야 한다.

(a) 게다가
(b) 사실은
(c) 그러나
(d) 그러므로

○ 문장간의 흐름을 파악해서 연결어를 찾는 문제이다. 빈칸의 앞 문장은 엔지니어들이 제품 제조 과정 전반에 참여한다는 내용이 들어가 있고, 그 후에는 엔지니어들이 실제 가장 많이 하는 작업 부분이 공정 전의 과정이라는 내용이 나오고 있다. 빈칸 전후로 서로 상반된 내용을 갖고 있으므로 정답은 역접의 연결어인 (c) However가 된다.

play an important role 중요한 역할을 하다 **process** 공정, 처리 **assembly** 조립 **equipment** 장비

---

36 As a mother nurses her baby she stares with love into her eyes. A father coos gently as he rocks her to sleep. A Grandmother sings and plays peek-a-boo with her. These daily routines, done with love, are necessary for healthy development. Just as a baby needs food, doctors now tell us that emotional, physical and intellectual experiences are needed for healthy development. Doctors report that this is true for children from any culture and its necessity can be found at every stage of life.

Q What is the announcement mainly about?

(a) Environment impacts healthy development.
(b) Grandfathers aren't helpful for children.
(c) Routines are boring, even for children.
(d) Children need two parents for healthy development.

엄마가 아기에게 젖을 물리면서 아기의 눈을 사랑스럽게 응시한다. 아빠는 아기가 잠이 들도록 부드럽게 소곤거리며 살살 흔든다. 할머니는 노래를 하며 아기와 까꿍놀이를 한다. 이렇게 사랑으로 이루어지는 일상은 건강한 성장을 위해 필수적이다. 요즘 의사들이 말하기를 아기가 음식이 필요하듯 건강한 성장을 위해서는 정서적, 신체적, 지적 경험이 필요하고 한다. 의사들은 이러한 점이 어떤 문화의 어린이들에게든 사실이며 인생의 각 단계마다 그 필요성이 발견될 수 있다고 보고한다.

Q: 이 글은 무엇에 관한 내용인가?

(a) 환경이 건강한 성장에 영향을 미친다.
(b) 할아버지는 아이들에게 도움이 안 된다.
(c) 일상은 아이들에게도 지루한 것이다.
(d) 건강한 성장을 위해서는 부모 둘 다 필요하다.

○ 유아기 때 사랑으로 돌봄을 받은 경험이 아이의 건강한 성장에 도움을 준다는 내용이다. (d)는 내용상은 옳지만 그렇다고 해서 지문의 핵심이 아버지와 어머니 모두의 존재를 강조하는 것은 아니다. 지문은 단지 어떤 형태에서는 사랑 안에서 이루어지는 감정적, 신체적, 지적 경험이 중요하다고 말할 뿐이므로 정답은 (a)이다.

nurse 젖 먹이다, 기르다 **stare** 응시하다, 뚫어지게 보다 **coo** 소곤거리다 **rock** (아기를 잠재울 때) 살살 흔들다 **peekaboo** 까꿍 놀이 **impact** 영향, 효과

37 Dear Mrs. Baker,

I am sorry to inform you that we cannot replace your printer as you asked in your letter of March 8, since the break occurred after the warranty expired. However, if you take the printer to one of our service centers, we will charge only for the parts and not for the labor. I hope this solution works for you. We value you as a customer and we apologize for any confusion and inconveniences that have occurred.

Sincerely,
Jonathan Murray
President, 5 Moon Technologies

Q What is the purpose of the letter?

(a) To tell Ms Baker that the printer is broken.
(b) To apologize for breaking the printer.
(c) To offer to fix the printer for free.
(d) To make a suggestion on how to best fix the printer.

친애하는 베이커 부인,

3월 8일자로 보내주신 서한에서 요청하신 프린터 교환을 해드릴 수 없음을 알려드리게 되어 유감스럽게 생각합니다. 기기 고장이 보증기간이 만료된 후에 일어났기 때문입니다. 하지만 귀하의 프린터를 저희 서비스 센터로 가지고 오시면 인건비는 제외한 수리부품 비용만 청구하겠습니다. 고객님께 적합한 해결방법이길 바랍니다. 귀하는 저희의 소중한 고객이십니다. 발생한 그 어떤 혼동이나 불편에 대해서든 사과의 말씀을 드립니다.

5 Moon Technologies
사장 조나단 머레이 올림.

Q: 이 편지의 목적은 무엇인가?

(a) 베이커 부인에게 프린터가 고장이 났음을 통보하기 위함
(b) 프린터 파손에 대해 사과하기 위함
(c) 프린터의 무료수리를 제공하기 위함
(d) 가장 좋은 프린터 수리방법을 제안하기 위함.

○ 편지는 회사 측에서 소비자에게 보내는 서한이다. 서한 내용을 잘 읽어보면 베이커 부인이 이미 고장 난 프린터에 대해 3월 8일 서한으로 기기교체를 신청했다. (a)와 (b)는 그 반대 상황을 전제하므로 정답이 아니다. 수리에 대해서도 서한은 무상 수리가 아닌 일부 유상수리를 제안했으므로 (c)도 정답이 아니다. 따라서 정답은 (d)이다.

warranty 보증서, 보증기간 **expired** 만기가 된, 유효기간이 다된 **solution** 해결책 **apologize** 사과하다, 해명하다 **confusion** 혼동 **inconvenience** 불편, 귀찮은 일

---

38 It takes about ten to fifteen minutes to put 2,200 pounds of fuel into a modern commercial airplane. An Zephyr 620 going from Quebec City to Ottawa takes 3,000 pounds of fuel and a Glidera 850 going from Carlisle to Jan's Harbor takes about 28, 900 pounds of fuel.

Q How long will it take to fuel a plane from Quebec City to Ottawa?

(a) Ten minutes
(b) Fifteen minutes
(c) One hour
(d) More than fifteen minutes

오늘날 여객기에 2,200 파운드의 연료를 주입하는 데는 10분에서 15분이 소요된다. 퀘벡에서 오타와로 가는 제퍼 620은 3,000파운드의 연료를 소모하며, 칼라일에서 잰스하버까지 가는 Glidera 850은 약 28,900 파운드의 연료를 소모한다.

Q: 퀘벡에서 오타와까지 가는 비행기에 연료주입은 시간이 어느 정도 소요될까?

(a) 10분
(b) 15분
(c) 한 시간
(d) 15분 이상

○ 제퍼는 3,000파운드의 연료를 주입한다. 2,200 파운드의 연료를 주입하는데 빨리 넣어서 최소 소요시간인 10분이 걸렸다 해도 남은 800파운드를 채우는 데는 최소한 5분 이상이 걸린다. 10분에 1,100 파운드면 5분 동안은 아무리 빨라도 600파운드밖에 안 들어간다. 따라서 정답은 (d) 15분 이상이다. 물론 2,200 파운드 주입에 15분을 썼다고 가정하면 정답이 바로 나온다.

fuel 연료 **commercial airplane** 상업용 비행기, 여객기

39 The Alpine Express Train Holiday is a five-day trip through the Alps from Bucharest to Paris. It includes a one night stay in a hotel in Vienna and one night at a hotel along the French German border. The train passes through some of the most beautiful countryside in Europe, the Alps and vineyards. The train travels only during the day so passengers can enjoy every moment of the amazing beauty that is the heartland of Europe.

Q Which is correct about the Alpine Express?

(a) It starts in Vienna.
(b) Passengers sleep in hotels two nights.
(c) Passengers can drink the wine from the vineyards.
(d) The Express travels at night and stops during the day so customers can shop.

알파인익스프레스 기차 홀리데이는 부쿠레슈티를 출발하여 알프스를 통과, 파리에 도착하는 5일 여행코스이다. 이 코스는 비엔나의 한 호텔에서의 1박과 프랑스와 독일 국경을 따라 위치한 호텔에서의 1박을 포함한다. 열차는 유럽에서도 가장 아름답다는 일부 지역, 즉 알프스와 포도원을 관통한다. 승객들이 유럽 심장부의 놀랄만한 아름다움의 매 순간을 즐길 수 있도록 기차는 낮에만 이동한다.

Q: 알파인익스프레스에 대해서 일치하는 것은?

(a) 비엔나에서 출발한다.
(b) 승객들은 호텔에서 두 밤을 잔다.
(c) 승객들은 포도원 와인을 마실 수 있다.
(d) 기차는 밤에 이동하며 낮에는 고객들이 쇼핑하도록 멈춘다.

○ 첫 번째 문장을 보면 기차여행이 through Alpine from Bucharest라고 되어 있다. 즉 출발점은 부쿠레슈티이다. 본문에는 포도원을 지난다는 내용은 있어도 와인에 대한 언급은 없다. 그리고 맨 마지막 문장은 기차가 travels only during the day라고 명시하고 있다. 이상의 내용은 (a), (c), (d)의 정반대이다. 하지만 (b) 승객들은 비엔나와 프랑스-독일 국경지역 호텔에서 각각 1박 한다는 내용이 있으므로 정답은 (b)이다.

border 국경 **vineyard** 포도원 **passenger** 승객
heartland 심장부

---

40 Despite improvements in sewage systems and industrial pollution controls, untreated discharges still contaminate many water supplies. (a) Drinking water quality remains a concern in many areas. (b) Increased agricultural activity is also adding pesticide, fertilizer, and animal wastes to the rivers. (c) Since many of these empty into the semienclosed Yellow Sea, near-shore areas are now less polluted. (d) Algae blooms from eutrophication in the severely-polluted Masan-Chinhae bay on the southern coast often damage the marine environment there.

하수 방식과 공업 오염 억제 방식의 향상에도 불구하고, 오염 물질을 처리하지 않고 배출하기 때문에 여전히 많은 상수도 공급원이 오염되고 있다. (a) 많은 지역에서 마시는 물의 질에 대한 걱정이 아직 남아 있다. (b) 농업활동이 활발해진 농촌에서는 살충제, 비료, 동물의 배설물 등이 강으로 흘러들고 있다. (c) 이렇게 처리가 안 된 많은 오염 물질이 황해에 버려진 이래로 가까운 해안 지역은 아직까지 덜 오염되었다. (d) 심하게 오염된 남해안의 마산-진해만은 부영양화로 인해 조류가 많이 생겨서 종종 그 곳의 환경에 해를 끼치고 있다.

○ 주제는 첫 문장 untreated discharges still contaminate many water supplies에서 나타난다. 이 글의 전체적 내용은 수질 오염과 그 피해 정도에 관한 실례를 나열하고 있다. 그러나 (c)에서는 황해에 오염 물질이 배출된 이후로도 해안 지역은 오염이 덜 되었다는 반대되는 이야기를 한다. 전체적 논리에 부합되지 않으므로 (c)가 흐름에 맞지 않는 문장이다.

sewage 오물, 하수 **pollution** 오염 **contaminate** 오염시키다 **concern** 걱정거리 **pesticide** 살충제 **fertilizer** 비료
semienclose 절반쯤 막힌 **eutrophication** 부영양화

LISTENING COMPREHENSION · P.34

1 W I would like to work for your company.
   M _____

   (a) Could you tell me what salary I would get?
   (b) What benefits will you get?
   (c) May I see your résumé?
   (d) Where do you work out?

M: 귀사에서 일하고 싶습니다.
W: _____

(a) 봉급은 얼마나 받는지 알려 주시겠어요?
(b) 어떤 혜택을 받게 되나요?
(c) 이력서 좀 볼 수 있을까요?
(d) 어디서 운동을 하나요?

○ 취직에 관련된 얘기를 나누고 있다. work for your company가 핵심어로 어렵지 않게 들을 수 있는 구절이다. (b)의 benefit은 봉급 외에 그 직장에서 주는 의료보험, 상여금 등의 혜택을 의미한다.

work for ~에서 근무하다 **benefit** 이익, 혜택 **résumé** 이력서 **work out** 운동하다

2 M What do you have for $3,000?
   W _____

   (a) We have some new cars starting from $10,000.
   (b) Nothing new. Perhaps you'd like a used car?
   (c) I need to generate some more cash.
   (d) Used cars are better than new cars.

M: 3,000달러짜리로는 어떤 게 있나요?
W: _____

(a) 1만 달러부터 시작하는 신차가 몇 대 있습니다.
(b) 새차는 없고요. 중고차를 원하시는 거죠?
(c) 현금을 좀 더 모아야 합니다.
(d) 중고차가 새차보다 더 낫습니다.

○ 특정 가격대의 물건을 묻고 있기 때문에 품목의 범위를 좁혀서 대답하는 (b)가 가장 적당한 대답이다.

What do you have for ~ ? (값이) ~인 상품에는 무엇이 있는가? **used car** 중고차 **generate** 산출하다, 낳다

3 M Can you hold?
   W _____

   (a) I'll try to get a hold of him.
   (b) You can't hold me here.
   (c) No, I'll just call back later.
   (d) No, I'll just hold on the line.

M: 잠깐 기다리시겠습니까?
W: _____

(a) 제가 그를 붙잡도록 하겠습니다.
(b) 당신은 나를 여기에 잡아둘 수 없어요.
(c) 아뇨, 나중에 다시 걸죠.
(d) 아뇨, 그냥 기다리죠.

○ hold는 전화 상에서 '기다리라' 는 의미로 사용되었다. (b)에 있는 hold는 '데리고 있다' 는 의미로 hold의 다른 의미로 사용되었다. (d)는 No 대신 Yes로 대답을 했다면 정답이 되었을 것이다.

get a hold of ~을 붙잡다, 파악하다, ~을 손에 넣다 **call back later** 나중에 다시 전화 걸다 **hold on the line** 전화를 기다리다

4　M　What's on TV tonight?

　　W　I don't know. Let me see what is in the TV Guide.

　　M　Any sporting events or reality show going on?

　　W　＿＿＿＿＿＿＿＿＿＿＿＿＿

　　(a) Turn to channel six for the soccer game.

　　(b) Turn off the TV.

　　(c) Turn the TV towards me.

　　(d) I don't know what channel to flip to.

M: 오늘밤 TV에서 뭘하지?

W: 모르겠는데. TV 가이드에서 뭘 하는지 볼게요.

M: 스포츠나 리얼리티 쇼 안 하니?

W: ＿＿＿＿＿＿＿＿＿＿

(a) 6번 채널로 돌리면 축구 경기를 해요.

(b) TV를 꺼요.

(c) TV를 내 쪽으로 돌리세요.

(d) 몇 번 채널로 넘길지 모르겠어요.

◑ 텔레비전과 관련된 문제는 주로 프로그램에 관한 얘기와 채널, 리모컨에 관련된 대화가 많이 나온다. 이 문제는 세부적인 프로그램 이야기를 하고 있다. (a) Turn to channel six라고 하면 6번으로 돌려보라고 하는 것이다.

turn off 끄다 **flip** 획획 넘기다, 후딱 훑어보다

5　M　Do you have a reservation?

　　W　No. But I would like a table for two if that is possible.

　　M　I'll see what I can do. Any preferences?

　　W　＿＿＿＿＿＿＿＿＿＿＿＿＿

　　(a) Smoking or non?

　　(b) It'll be a few minutes.

　　(c) I am reserved.

　　(d) I'd like a non-smoking table.

M: 예약하셨습니까?

W: 아니오. 하지만 가능하다면 두 자리가 있었으면 좋겠군요.

M: 알아보겠습니다. 좋아하시는 자리라도 있으신가요?

W: ＿＿＿＿＿＿＿＿＿＿

(a) 흡연석 아니면 금연석?

(b) 잠시면 될 것입니다.

(c) 저는 말수가 적은 편입니다.

(d) 금연석으로 알아봐 주세요.

◑ 식당에서 자리를 정할 때는 흡연석을 원하는지 금연석을 원하는지 묻는다. (a), (b)는 손님이 아니라 식당 종업원이 해야할 말이다. (c)에 나오는 reserved는 형용사로 '수줍은'을 의미한다.

reservation 예약 **preference** 더 좋아함 **reserved** 말수가 적은, 수줍은

6　M　Let's go out for dinner.

　　W　Great idea! I'm hungry.

　　M　I don't have any money. Do you?

　　W　＿＿＿＿＿＿＿＿＿＿＿＿＿

　　(a) Sorry. I'm dead broke.

　　(b) Sorry. I'm not so sure about that.

　　(c) So sorry, but I'm broken.

　　(d) Not at all. Here is your change.

M: 저녁 먹으러 갑시다.

W: 좋은 생각이에요! 배고프거든요.

M: 난 돈이 없는데. 갖고 있나요?

W: ＿＿＿＿＿＿＿＿＿＿

(a) 미안해요. 완전히 빈털터리에요.

(b) 미안해요. 그것에 대해 잘 모르겠네요.

(c) 정말 미안해요. 제가 부러졌거든요.

(d) 전혀 없어요. 거스름돈 여기 있어요.

◑ 마지막 대화에서 '난 돈이 없는데 넌 있나?'고 묻고 있다. 돈이 없다는 표현은 (a)처럼 I'm dead broke 이외에도 I'm flat broke, I'm broke, My pockets are empty. 등이 있다.

hungry 배고픈 **dead broke** 빈털털이인 **broken** 부서진, 부러진

7

M Wasn't that an incredible playoff game?

W I guess so. I don't really like football too much.

M What about basketball? Basketball is an exciting sport to watch, isn't it?

W Yes, basketball is very exciting! I love watching NBA games.

M Then we'll have to go to a game together soon.

W Sure, that sounds great!

Q What is the main point of the conversation?

(a) Discussing the football playoff game.

(b) Finding out what kind of sports the woman likes.

(c) Discussing the excitement of basketball.

(d) The man asking the woman on a date.

M: 정말 굉장한 결승전 아니었니?

W: 그런 것 같아. 그런데 난 축구를 별로 좋아하지 않아.

M: 농구는 어때? 농구는 흥미롭게 관람할 수 있잖아?

W: 맞아. 농구는 아주 박진감이 넘치지. 난 NBA 게임을 보는 걸 아주 좋아해.

M: 그럼, 빠른 시일 내에 같이 농구 경기 보러 가자.

W: 좋아. 괜찮은 생각인 것 같아.

Q: 대화의 주안점은 무엇인가?

(a) 축구 결승전 게임에 관한 토론

(b) 여자가 어떤 스포츠를 좋아하는지 찾기

(c) 농구의 흥미진진함을 토론하기

(d) 남자가 여자에게 데이트를 신청하기

○ 운동경기에 대해 대화를 나누고 있다. playoff, football, basketball 등으로 쉽게 알 수 있다. 남자는 계속해서 여자에게 축구, 농구 등에 대해 좋아하는지 묻고 있다.

incredible 놀라운, 굉장한 playoff 결승전 play off game 결승 시합, 우승 결정전

8

M Marsha, this is Brad calling.

W Hi, Brad. What's up?

M I'm sorry, but I have to cancel tomorrow night.

W Why? What happened?

M I have to pick a client up at the airport at 8:30.

W I see. We can make it another time, though.

Q Why does the man apologize?

(a) Because he lied to the woman.

(b) Because he canceled an appointment.

(c) Because he is angry at the woman.

(d) Because he has to go out of town.

M: 마르샤, 브레드입니다.

W: 안녕 브레드. 무슨 일이죠?

M: 미안합니다만, 내일 저녁 약속을 취소해야겠어요.

W: 왜요? 무슨 일 있어요?

M: 8시 30분에 공항에서 고객을 태워야 하거든요.

W: 알았어요. 다른 시간으로 약속을 정할 수는 있죠.

Q: 남자가 사과하는 이유는?

(a) 여자에게 거짓말을 했기 때문에.

(b) 약속을 취소했기 때문에.

(c) 여자에게 화가 나서.

(d) 출장을 가야 하기 때문에.

○ 대화 중에 but이 들리면 그 뒷 내용을 잘 들어야 한다. I'm sorry, but I have to cancel tomorrow night.에서 정답을 찾는 단서를 주고 있다.

pick up 태우다 appointment 약속 out of town 출장중인

9

W Hi, Jerry. Do you have any plans for tonight?

M No. Why do you ask?

W Well, I was wondering if you'd like to have dinner with me.

M Sure, I'll have dinner with you.

W Great! When and where do you want to meet?

M How about 6 p.m. at my place?

W Sounds good. I'll see you then.

Q Which is correct according to the conversation?

(a) The man asked the woman on a date.

(b) The woman asked the man to see a movie with her.

(c) The man agreed to have dinner with the woman.

(d) They haven't set a time and a place yet.

W: 안녕, 제리. 오늘밤에 할 일 있어?

M: 아니. 그런데 왜 물어보는 거야?

W: 나랑 오늘 저녁 먹으러 갈 수 있는지 궁금해서.

M: 좋아. 저녁 먹으러 같이 가자.

W: 좋았어. 몇 시에 어디에서 만나면 좋겠어?

M: 우리 집에서 6시쯤 만나는 게 어때?

W: 좋아. 그럼 그때 봐.

Q: 대화 내용과 일치하는 것은?

(a) 남자는 여자에게 데이트는 신청했다.

(b) 여자는 남자에게 영화를 보러가자고 했다.

(c) 남자는 여자와 저녁 먹는 데 동의했다.

(d) 이들은 시간과 장소를 아직 정하지 않았다.

○ dinner, at my place가 핵심어이다. 식사 초대하는 대화라는 것을 알 수 있다. 여자의 마지막 말인 Sounds good. I'll see you then.에서 그때 보자는 말을 하고 있으므로 두 사람은 저녁을 먹기로 동의한 것을 알 수 있다. 따라서 정답은 (c)이다.

I was wondering if ~? 혹시 ~할 수 있니?

---

10 Hello. My name is Jean Brown, and I work for the Madison & Kim collection agency. It has come to our attention that you have defaulted on your automobile loan from the Bank of Ventura. If you receive this message, please call me back as soon as possible at 555-1212, so that we can work out a payment arrangement. Please do not ignore this message. If you don't work with us to settle your debt, legal action will be taken.

Q What is the main purpose of the talk?

(a) To promote an automobile loan

(b) To announce the grand opening of the Bank of Ventura

(c) To default on a payment

(d) To collect a debt

안녕하십니까? 제 이름은 진 브라운이고 메디슨 & 김 미수금 처리 대행 회사 직원입니다. 우리는 귀하가 자동차 대금으로 벤츄라 은행에서 빌린 대출금을 갚지 않으셨다는 점에 주목하고 있습니다. 이 메시지를 받으시면 우리가 대금 상환 절차를 밟을 수 있도록 가능한 한 빨리 555-1212번으로 전화를 주십시오. 이 메시지를 그냥 흘려 듣지 마십시오. 귀하가 부채 내역을 청산하시지 않으시면 법적 조치가 취해질 것입니다.

Q: 이 담화의 주요 목적은 무엇인가?

(a) 자동차 대부금 홍보

(b) 벤츄라 은행의 개점을 알림

(c) 채무 불이행

(d) 미수금 회수

○ 전화 메시지로 자신을 소개하면서 은행에서 빌린 대출금을 상환하라는 말을 하고 있다. collection agency(미수금 처리 대행 회사), default(채무 불이행) 등의 단어를 이해하면 빚을 회수하려는 내용임을 알 수 있다. 따라서 (d)가 정답이다.

collection agency 미수금 처리 대행 회사 default 채무를 이행하지 않다 loan 대부금, 공채, 차관 work out (문제를) 풀다, (계획 등을) 완전히 세우다 payment 지불, 납입, 상환 arrangement 협정, 타협, 정리 ignore 무시하다, 모르는 체 하다

11 Are you tired of trying to meet the right person in a bar? Sick of your grandmother introducing you to all the waiters or waitresses at her favorite restaurants? Not willing to go the mail order bride or bridegroom route just yet? Have you finally declared, "No more blind dates!" Maybe it's time you let us help. Find your perfect match or don't pay us a cent! All consultations are strictly confidential. Call 1-800-SET-ME-UP today!

Q For whom is this advertisement most likely intended?

(a) Single people
(b) Married people
(c) Elderly people
(d) Waiters and Waitresses

술집에서 배우자감을 만나려고 하는 것에 진저리가 나셨나요? 당신의 할머니께서 좋아하시는 식당의 모든 종업원을 당신에게 소개하는 것에 질리셨나요? 아직 신랑 신부를 우편으로 주문하고 싶지는 않으시고요? "맞선은 그만!"이라고 마침내 선언하셨다구요. 아마도 저희가 당신을 도울 차례인 것 같습니다. 완벽한 짝을 찾지 못하셨으면 한푼도 지불하실 필요가 없습니다! 모든 상담은 엄격히 비밀에 부쳐집니다. 오늘 1-800-SET-ME-UP으로 전화하세요!

Q: 이 광고는 누구를 위한 것인가?

(a) 미혼인 사람
(b) 결혼한 사람
(c) 나이가 지긋한 사람
(d) 웨이터와 웨이트리스

❍ 중매회사의 광고문이다. introducing, blind dates, match 등의 단어를 통해서 결혼하지 않은 사람들을 위한 광고임을 알 수 있으므로 정답은 (a)이다.

be tired of ~에 진저리가 나다 **meet the right person** 배우자감을 만나다 **sick of** ~ ~에 진저리가 나다 **introduce** 소개하다 **favorite** 좋아하는, 마음에 드는 **willing to** 기꺼이 ~하는 **mail order** 우편 주문 **bride** 신부 **bridegroom** 신랑 **declare** 선언하다, 공표하다, (세관에서) 신고하다 **blind date** 맞선, 소개팅 **perfect match** 완벽한 짝 **consultation** 상담, 상의 **strictly** 엄격히, 엄밀히 **confidential** 기밀의, 비밀의

---

12 Dear Floormart shoppers. Floormart will be closing in 30 minutes. Before you go, please take advantage of our one day sale on linoleum products. For today only, all linoleum floor tiles, wallpaper, and counter coverings are 30 to 40% off. Once again, you have only 30 minutes left to take advantage of tremendous savings. Thank you for shopping at Floormart.

Q Which is correct according to the talk?

(a) Floormart is only open one day a week.
(b) Floormart is only open 30 minutes a day.
(c) Linoleum is the best material for floors.
(d) Linoleum products are 30 to 40% off.

플로어마트를 찾아주신 고객 여러분. 플로어마트는 30분 후에 폐점할 것입니다. 가시기 전에 하루만 시행되는 리놀륨 제품 판매에 주의를 기울여 주십시오. 오늘 단 하루만 리놀륨 바닥 타일, 벽지, 카운터 덮개 전 제품을 30%에서 40% 할인된 가격에 모십니다. 다시 한 번 말씀드립니다. 많은 돈을 절약할 수 있는 시간이 단지 30분 남았습니다. 플로어마트를 찾아주셔서 감사합니다.

Q: 담화의 내용과 일치하는 것은?

(a) 플로어마트는 일주일에 하루만 연다.
(b) 플로어마트는 하루에 30분만 연다.
(c) 리놀륨은 마루에 최고 제품이다.
(d) 리놀륨 제품은 30%에서 40% 할인한다.

❍ 쇼핑몰에서 안내방송으로 폐점 시간을 알려 주면서 깜짝 세일을 안내하고 있다. For today only, all linoleum floor tiles, wallpaper, and counter coverings are 30 to 40% off.에서 (d)가 정답임을 알 수 있다.

take advantage of 이용하다 **wallpaper** 벽지 **covering** 덮개, 외피, 커버 **tremendous** 거대한, 대단한

13 A Anna is moving to Los Angeles.
   B I think _____ will make everyone sad.

   (a) she leaves
   (b) her leaving
   (c) she leaving
   (d) her to leave

A: 애나가 로스앤젤레스로 이사간대.
B: 그녀가 떠나면 모두가 슬퍼할거야.

○ 빈칸은 주어 자리이며 주어는 명사나 명사절의 형태가 옳다. 보기 중에 명사는 her leaving 뿐이다.

move 이사가다

14 A Where would you like to go on vacation?
   B China, Japan, and _____.

   (a) Philippines
   (b) Philippine
   (c) the Philippine
   (d) the Philippines

A: 어디로 휴가 떠나고 싶어?
B: 중국, 일본 그리고 필리핀에.

○ 대부분의 국가명은 고유명사로서 관사가 붙지 않지만 예외적으로 네덜란드와 필리핀은 복수형으로 끝나고, 앞에 정관사 the를 붙여서 사용한다.

vacation 휴가

15 A Did Thomas ask you where to get a train schedule?
   B I suggested _____ the train station.

   (a) he call
   (b) he calling
   (c) him to call
   (d) he calls

A: 토마스가 너한테 어디에 가면 기차 시간표를 구할 수 있는지 물어봤니?
B: 내가 기차역에 전화를 해보라고 제안했지.

○ suggest, recommend, insist 등의 동사 다음에는 that 절에 should가 생략된 동사원형이 나온다.

schedule 시간표, 예정표

16 A Why was the meeting cancelled?
   B _____ the president couldn't make it on time.

   (a) Despite
   (b) Because
   (c) Due
   (d) Because of

A: 왜 모임이 취소되었어요?
B: 사장님이 제 시간에 오실 수 없었거든요.

○ 모임이 취소된 이유를 묻고 있다. 대답은 because S+V, 또는 because of + 명사의 형태로 되어야 한다. 빈칸 다음에 절(clause)이 나오고 있으므로 빈칸에는 because가 정답이다.

cancel 취소하다 make it on time 제때에 도착하다

17 The most important use of the Internet is _____ information.

   (a) to exchange
   (b) exchange
   (c) exchanged
   (d) to be exchanged

인터넷의 가장 중요한 용도는 정보교환이다.

○ be 동사 다음에는 동사원형이 올 수 없으므로 (b)는 정답이 아니다. (b), (d)처럼 수동태인 경우 목적어 information을 취할 수 없기 때문에 틀렸다.

exchange 교환하다

20

18 Red peppers are picked by hand and then _____.

   (a) drying
   (b) which are dried
   (c) by drying
   (d) dried

고추는 손으로 따서 말린다.

⊙ 고추는 사람에 의해 따지고 말려지므로 의미상 수동태가 와야 한다.

pick 따다, 뜯다

---

19 Every nation has _____ national interest in mind.

   (a) their
   (b) her
   (c) its
   (d) a

모든 나라는 자국의 국익을 염두에 두고 있다.

⊙ every, each는 단수 취급을 하므로 their는 틀렸다. nation은 중성으로 받으므로 her도 틀렸다.

interest 이익, 득

---

20 You can give this money to _____ you want to.

   (a) whatever
   (b) whenever
   (c) whichever
   (d) whomever

이 돈을 네가 원하는 사람에게 줄 수 있다.

⊙ 의문사 뒤에 '-ever'를 붙이면 '~든지'의 의미를 나타낸다. 빈칸 안에는 want to의 목적어에 해당하는 명사절을 이끄는 복합 의문대명사가 나와야 한다. 원하는 사람에게 보내라는 의미이므로 사람을 나타내는 whomever가 정답이 된다.

whoever 누구든지

---

21 (a) A: Judy? Do you have a minute?
   (b) B: Sure. What's up?
   (c) A: Nothing. I was wondering what you think of the new secretary.
   (d) B: Oh. I was hoping you won't ask me about that.

A: 쥬디? 시간 좀 있니?
B: 물론이지. 무슨 일인데.
A: 아무 일도 아냐. 새로 온 비서에 대해 넌 어떻게 생각하는지 궁금해서 그래.
B: 아, 그 문제는 나한테 묻지 않길 바랬었는데.

⊙ (d)에서 was(과거)와 won't(미래)의 시제가 일치하지 않고 있다. won't를 wouldn't로 고쳐야 한다.

Do you have a minute? 시간 좀 있니?

---

22 (a) Grind the coffee beans into a fine powder. (b) Next, put a tablespoon of ground coffee into the filter. (c) Then, pour a little water over the grounds and waiting few minutes. (d) Finally, pour the rest of the water over the grounds slowly.

(a) 원두를 갈아서 가는 가루로 만드십시오. (b) 다음에 간 커피를 한 숟가락 분량 필터에 넣어 주십시오. (c) 그런 다음, 약간의 물을 원두가루 위에 부어 주시고 몇 분 기다려 주십시오. (d) 마지막으로, 나머지 물을 원두가루 위에 천천히 부어주시면 됩니다.

⊙ and, or, but의 앞과 뒤는 같은 병렬구조를 가져야 한다. (c)에서 and 앞에 동사가 동사원형인 pour이므로 and 뒤에 오는 동사도 wait이 되어야 한다.

grind 갈다 fine 가는, 미세한 pour 붓다

23 A I don't think I could _____ my
   cellular phone.
   B Yeah, it's become a must these days.

(a) get along with
(b) do without
(c) look out for
(d) look up to

A: 휴대전화 없이는 못 살 것 같아.
B: 맞아, 요즘은 필수품이 되었지.

⊙ A의 말에 B가 동의하면서 휴대전화가 요즘 필수품이 되었다고 덧붙이는 것으로 보아 '~없이 때우다', '~없는 대로 해나가다' 라는 뜻의 (b) do without이 정답이다.

must 필수품 **get along with** (누군가와) 사이좋게 지내다, (일을) 진척시키다 **look out for** ~을 주의하여 살피다, 조심하다 **look up to** 존경하다

24 A Are you anticipating any negative
   _____?
   B No. I think everything is under control.

(a) ratification
(b) redundancies
(c) retribution
(d) ramifications

A: 무슨 안 좋은 결과가 예상되나요?
B: 아닙니다. 모든 것이 다 제대로 될 겁니다.

⊙ ramification은 주로 복수로 쓰이며 '결과(consequence)' 의 의미로 쓰인다.

ratification 비준, 재가 **redundancy** 중복, 여분, 쓸데없는 말 **retribution** 보답, 보복, 징벌 **ramification** 결과, 영향

25 A What's your problem with Jessica?
   B I don't like people who _____
   and scrape all the time.

(a) bow
(b) crawl
(c) kneel
(d) straggle

A: 제시카하고 무슨 문제가 있는 거야?
B: 항상 부담스러울 정도로 친절한체 하는 사람들은 싫어.

⊙ bow and scrape는 '굽실거리다' 라는 구어체 표현이다. 하나의 덩어리로 알아두어야 한다.

bow and scrape 굽실거리다 **crawl** 기다, 포복하다 **kneel** 무릎 꿇다 **straggle** 벗어나다, 뿔뿔이 가다

26 A Have you _____ your medicine
   yet?
   B No. Thanks for reminding me.

(a) dropped
(b) taken
(c) ground
(d) eaten

A: 약 먹었니?
B: 아니, 생각나게 해줘서 고마워.

⊙ '약을 먹다' 는 표현을 할 때는 take를 사용한다.

remind 생각나게 하다 **grind** 갈다

27 A What _____ did you get from
   your doctor?
   B He just told me to stay home and rest.

(a) diagnosis
(b) prescription
(c) reservation
(d) treatment

A: 의사가 어떤 진단을 했니?
B: 그냥 집에 있으면서 쉬라고 했어.

⊙ B가 집에서 쉬라는 말을 들었다고 했으므로 '의사가 내린 진단' 이라는 내용이 와야 한다. 따라서 '진단' 의 의미를 갖는 diagnosis가 정답이 된다. 구체적인 처방전을 내렸다면 (b)가 정답이 되었을 것이다.

diagnosis 진단, 특성 **prescription** 처방, 처방전
reservation 보류, 유보 **treatment** 치료법, 치료제

28 The pilots had to _____ the plane before it went in flames.

(a) control
(b) abandon
(c) capture
(d) admit

조종사들은 비행기가 화염에 휩싸이기 전에 비행기를 포기해야 했다.

🔵 '화염에 휩싸이기 전' 이라는 내용이 나오고 있으므로 비행기를 버려야했다는 의미가 나와야 문맥상 잘 어울린다.

in flames 불타오르다 **control** 통제하다 **abandon** 그만두다, 단념하다(give up) **capture** 사로잡다, 포획하다 **admit** 허락하다, 인정하다

---

29 As a _____ to our customers, we offer a shuttle bus to Niagara Falls.

(a) compliment
(b) complement
(c) courtesy
(d) politeness

고객들에 대한 서비스 차원에서 저희는 나이아가라 폭포까지 셔틀버스를 제공해 드립니다.

🔵 문맥의 흐름상 고객에게 서비스를 제공한다는 뜻이므로 courtesy가 정답이 된다. compliment는 사람과 관련된 단어이고, politeness 역시 사람의 성격을 묘사하는 단어이다.

compliment 경의, 찬사 **complement** 보완물 **courtesy** 호의, 예의 **politeness** 공손함

---

30 When the dawn comes _____, it begins to shed light.

(a) down
(b) up
(c) back
(d) between

새벽이 오면, 밝아지기 시작한다.

🔵 밝아지기 시작하는 것은 어두운 밤이 가고 새벽이 오는 것을 의미한다. '먼동이 트는 것' 은 '해가 떠오르는 것' 을 의미하므로 '해가 뜨다' 는 의미를 갖는 come up이 정답이 된다.

dawn 새벽, 동틀녘(daybreak) **come up** (해 따위가) 뜨다, 모습을 나타나다

---

31 The governor's behavior is _____, but his appointment is legal.

(a) critical
(b) irrecoverable
(c) reprehensible
(d) unapproachable

주지사의 행동은 비난받을 만하지만 그가 임명된 것은 합법적이다.

🔵 irrecoverable은 피해나 손실을 '돌이킬 수 없는' 을 의미하므로 적절하지 않다. unapproachable은 말을 걸기에 까다롭거나 어렵다는 의미로 사람에게 쓰는 말이다.

critical 비판하는, 중요한 **irrecoverable** 돌이킬 수 없는, 회복할 수 없는 **reprehensible** 비난할 만한, 괘씸한 **unapproachable** 접근하기 어려운

---

32 I'm trying to persuade him to join us, but I'm getting _____.

(a) around
(b) everywhere
(c) somewhere
(d) nowhere

우리와 동참하도록 그를 설득하려고 시도하고 있지만 효과가 없었다.

🔵 get nowhere는 '아무런 결과를 내지 못하다, 효과가 없다' 라는 관용어구이다.

get nowhere 효과가 없다, 성공하지 못하다

33 Art is a vital and fundamental part of everyone's lives. It is an outlet for expressing and cultivating one's creative side. If it weren't for the theatres, museums, art galleries and opera houses, humans would have nothing to feed their culture needs other than a television. A society solely influenced by television is a scary image. We must make _____ the arts an integral part of our lives.

(a) controversies about
(b) a truce with
(c) a concerted effort to keep
(d) time to watch through the tube

예술은 모든 이의 삶에 극히 중대한 근본적인 부분이다. 사람의 창조적인 내면을 표현할 수 있는 배출구이다. 극장, 박물관, 미술 갤러리. 오페라하우스 등이 없다면 인간에게 TV 외에는 문화적 필요를 충족시킬 수 있는 방법이 없었을 것이다. 오로지 TV에 의해 영향을 받는 사회의 모습은 무서운 광경이다. 우리는 예술이 우리 삶에서 없어서는 안 될 부분이 되도록 일관된 노력을 해야 한다.

(a) ~에 관한 논란을
(b) ~와의 휴전을
(c) 유지하고자 하는 일관된 노력을
(d) TV를 통해 볼 시간을

○ 예술의 필요성을 언급한 지문이므로 그 결론 역시 우리 삶 속에 예술이 중요한 자리를 잘 차지하도록 우리가 열심히 힘써야 한다는 내용이 빈칸에 가장 합당한 내용이다. (d)는 tube, 즉 TV 브라운관을 통해 예술을 관람하는 시간을 가져야 한다는 내용인데, 본문은 TV를 부정적으로 보므로 답이 될 수 없다. (a)와 (b)는 문법적으로도 내용적으로도 맞지 않는다. 따라서 답은 (c) concerted effort to keep 이다.

vital 매우 중요한 cultivate 양성하다 solely 오로지 make a concerted effort to ~하기 위해 일관된 노력을 하다 integral 없어서는 안 될, 절대 필요한 truce 휴전

34 Man cannot live as an island; he needs friends. The idea that man is self-sufficient, independent and invincible in his existence is obviously untrue. Always, there are moments that arrive when we know we cannot _____.
A need for friends doesn't mean you're weak, but rather that you can open your heart and mind to others around you and share the burdens with those that you've learned to love and trust.

(a) escape alone
(b) endure alone
(c) stay united
(d) depend on others

인간은 섬처럼 고독하게 살 수 없다. 인간은 친구가 필요하다. 인간이 자급자족할 수 있고, 독립적이고 천하무적이라는 개념은 분명 사실이 아니다. 우리가 혼자서 견딜 수 없다는 것을 알게 되는 순간은 늘 있다. 친구가 필요하다는 것은 당신이 약하다는 것을 뜻하는 것이 아니다. 오히려 당신 주변에 있는 사람들에게 당신의 마음을 열어 보일 수 있고 또 당신이 사랑하고 신뢰하게 된 사람들과 함께 짐을 나누어 질 수 있다는 사실을 뜻한다.

(a) 홀로 탈출하다
(b) 홀로 견디다
(c) 연합을 유지하다
(d) 타인을 의존하다

○ 인간이 결코 혼자서 살 수 있는 존재가 아닌, 친구가 필요한 존재라고 말하고 있는 첫 문장이 본문의 주제 문장이다. 따라서 빈칸에 들어갈 어구는 cannot live as an island(섬처럼 고독하게 살 수 없다)와 일치해야 한다. 보기 중에 뜻이 통하는 것은 (b)뿐이다. (a)는 뜻이 전혀 맞지 않으며 나머지는 본문의 내용과 반대되는 보기들이다.

self-sufficient 자급자족할 수 있는 independent 독립적인 invincible 정복할 수 없는, 무적의 existence 존재 obviously 분명히 endure 참다

35 Dear Betty,

I just wanted to write to you to tell you the plan for our visit next month. I'm relieved to say that Ted can stay for the entire month and I will stay my customary three weeks. We planned to bring our inflatable dinghy for floating on the lake and I expect we shouldn't forget our _____ for those excursions up the mountain. But don't worry, we'll remember to bring some warm things to wear; I can almost guarantee that the weather is as variable this year. Ted wants me to write that, despite how much it drives you and Eddie crazy, we're packing the Monopoly game.

(a) hiking and climbing gear
(b) lifejackets and tubes
(c) Monopoly game
(d) extra dinghy

베티에게.

난 우리가 다음 달에 너희 집에 들를 거라는 소식을 전해 주고 싶어서 이 편지를 쓰고 있어. 테드가 거기에 한 달 내내 있을 수 있고 나도 예전처럼 3주 동안 머물 것이라고 전해 줄 수 있어서 참 다행이야. 우린 작은 공기 주입식 보트를 가지고 가 호수에서 탈 생각이야. 그리고 난 산에 가서 사용할 등산 장비도 잊지 않고 가져갈 거야. 우리는 따뜻하게 입을 수 있는 옷가지들도 가져갈 거니까 걱정하지마. 내가 장담하는데 일기예보에 의하면 올해 날씨는 변덕스러울 거야. 테드는 우리가 모노폴리 게임을 가지고 갈 거라는 이야기를 꼭 적으라고 성화야. 너랑 에디가 얼마나 들떠할 지는 생각지도 않고.

(a) 등산 장비
(b) 구명조끼와 튜브
(c) 모노폴리 게임
(d) 추가 보트

🔵 빈칸 다음에는 excursions up the mountain에 대한 언급이 있다. 따라서 산행할 때 필요한 물건이 빈칸에 나올 답이다. 따라서 정답은 (a)이다. 바로 앞에서 물놀이와 관련된 내용이 나왔다고 해서 물놀이 물품을 언급한 보기를 고른다면 문장을 끝까지 읽지 않기 때문에 일어나는 실수일 것이다.

customary 관례적인 inflatable 부풀게 할 수 있는 dinghy 작은 배, 작은 경주용 보트 excursion 소풍, 짧은 여행 chilly 냉랭한, 으스스한 variable 변하기 쉬운, 변덕스러운

---

36 The upper regions of the brain are where the ability to feel happiness or misery, to be benevolent or cruel, and to simply think before acting is located. These skills aren't simply a product of chance. There is a delicate balance of nature and nurture occurring. When a baby is born, the part of the brain where thinking and feeling occurs is not fully developed and is greatly affected by their experiences.

Q What is the best title for the passage?

(a) Baby Brains Are Empty and Need to be Filled
(b) Where Does Feeling Occur in the Brain
(c) Early Experiences Leave Lasting Impressions
(d) Babies' Brains Continue to Develop after Birth

두뇌 상부는 행복 또는 고통을 느끼고, 자비롭거나 무자비하게 행하고 행동하기 전에 간단히 생각하는 능력이 위치한 부위이다. 이러한 기술은 단지 우연의 산물이 아니다. 천성과 교육의 섬세한 균형이 일어난다. 아기가 태어날 때, 생각과 감정이 일어나는 뇌의 부위는 완전히 발달하지 않은 상태이며 경험에 따라 큰 영향을 받는다.

Q: 이 글이 제목으로 가장 알맞은 것은?

(a) 아기의 뇌는 텅 비었으며 채워질 필요가 있다.
(b) 뇌의 어느 부위에서 감정이 일어나는가
(c) 초기 경험은 긴 인상을 남긴다.
(d) 아기의 뇌는 출생 후에도 성장을 계속한다.

🔵 감정을 느끼고 생각하게 하는 두뇌의 기능이 타고난 천성뿐만 아니라 이후 아기가 겪는 경험에 의해서도 형성된다는 것이 글의 핵심이다. (a)는 지문과 무관한 내용이며 (b)는 도입 내용이긴 하나 전체의 핵심은 아니다. 지문에서 언급한 초기 경험은 인상이 아닌 두뇌 발달에 영향을 미치는 것이므로 (c)도 정답이 아니다. 아기의 뇌가 출생 이후에도 계속 발달한다는 (d)가 정답이다.

misery 괴로움, 고통 benevolent 자비로운 cruel 잔인한 delicate 섬세한 nature and nurture 천성과 교육 be affected by ~으로 영향받다, 작용되다

37 The Great Smokey Ski Resort is located in the mountains of North Carolina. We offer large and romantic accommodations fit for any couple in love. Our highly trained staff will help meet your every need while giving you the privacy you desire. Ol' Smokey, as the locals call her, also has some of the finest Southern home style cooking in the country. We invite you to spend the beginning of your life together with us.

Q Which of the following best describes the Great Smokey Ski Resort?

(a) A place where people can smoke freely
(b) It welcomes newlyweds.
(c) It is in a secluded location
(d) The food is famous.

그레이트스모키 스키 리조트는 노스캐롤라이나 산지에 위치해 있습니다. 모든 부부에게는 크고 로맨틱한 숙소를 제공해 드립니다. 엄격히 훈련된 스텝이 모든 당신의 필요와 당신이 원하는 프라이버시 모두를 제공해 드리겠습니다. 주민들에 의해 올드스모키라고도 불리는 저희 리조트는 또한 남부 시골식 홈스타일의 최고급 요리를 갖추고 있습니다. 당신 인생의 출발점을 저희와 함께 하십시오.

Q: 다음 중 그레이트스모키 스키리조트에 대한 설명으로 가장 알맞은 것은?

(a) 사람들이 자유롭게 흡연할 수 있는 곳이다.
(b) 신혼부부들을 환영한다.
(c) 외딴 곳에 있다.
(d) 음식이 유명하다.

🔵 우선 Smokey Ski Resort는 흡연(smoke)과 무관하므로 (a)는 결코 정답이 아니다. (c)와 (d)는 관련 내용이 광고문에 언급되어 있으므로 개연성 있는 사실이지만, 리조트 전체를 요약하는 특징으로는 너무 협소하다. Couple in love, privacy, the beginning of your life라는 문구들은 신혼부부를 연상시키며, privacy 보장, 특급서비스, 음식 등에 대한 광고도 모두 couple을 염두에 둔 제안들임을 알 수 있다. 따라서 정답은 (b)이다.

accommodations 숙박시설 finest 최고급 newlyweds 신혼부부 secluded 외딴

---

38 Apex Investments, where over 1 million investors have placed their trust as well as capital, can help you with your decisions on how to create a comfortable retirement nest egg. With our expertise in money management and numerous options, you can relax knowing that when it is time for you to retire, you will have enough saved to retire with comfort and confidence. Come visit our website or call Apex and request the free Retirement Planning Guide.

Q Which is correct according to the advertisement?

(a) Apex has over 1 million employees
(b) Apex is a investment consulting firm.
(c) Retirement is expensive
(d) With Apex you can retire for free.

1백만 명 이상의 투자가들이 위탁과 자본 모두를 맡긴 에이펙스투자는 당신이 어떻게 편안한 은퇴 자금을 창출해 낼 것인지 결정하도록 도와드릴 수 있습니다. 우리의 자산 관리 전문지식 및 수많은 상품들로 당신은 은퇴할 시기가 이르면 편안하고 자신 있게 은퇴할 수 있을 정도로 충분히 모아왔음을 알고 여유를 가질 수 있습니다. 당사 홈페이지를 방문하시거나 당사로 전화하셔서 무료 은퇴설계 가이드를 신청해보십시오.

Q: 광고의 내용과 일치하는 것은?

(a) 에이펙스는 1백만 이상의 직원을 두고 있다.
(b) 에이펙스는 투자컨설팅회사이다.
(c) 은퇴는 비싸다.
(d) 당신은 에이펙스와 함께 무료로 은퇴할 수 있다.

🔵 지문에 1백만 명이라는 숫자는 에이펙스에 투자를 맡긴 고객들의 수를 가리키므로 (a)는 정답이 아니다. 그리고 은퇴하면 자금이 많이 필요할 뿐 은퇴 자체가 비싼 것이 아니므로 (c)도 정답이 아니다. (d)의 retire for free는 지문에 free retirement plan과 유사해 보이지만 지문의 free는 은퇴 자체가 아닌 은퇴계획 상담을 수식한다. (d)도 광고 내용과는 다르다. 따라서 정답은 (b)이다.

investment 투자, 출자 trust 위탁, 신탁 capital 자본 retirement 퇴직, 퇴역 nest egg 밑천, 본전 expertise 전문적 기술[지식] money management 자금 관리 for free 무료로

39 Bartenders these days are no longer the unofficial therapist they had been in the past. Bars now are more concerned with inventing new cocktails and performing shows than the customer service relationship where customers can comfortably share their troubles. Some rare bars, still keep the bonds of trust made famous in television shows, and in those places a customer can always find a listening friend.

Q What can be inferred from the passage?

(a) Modern bars are mostly concerned with technique and style.
(b) Customers have few problems these days.
(c) Bartenders are popular media characters.
(d) The bartender as counselor has shrunk.

요즘 바텐더는 과거처럼 더 이상 무허가 상담치료사 노릇을 하지 않는다. 오늘날 바는 고객들이 편안하게 자신의 고민을 털어놓을 수 있는 고객 서비스 차원의 관계성보다는 새로운 칵테일 개발과 쇼 공연에 더 관심을 갖는다. 어떤 회귀한 바는 텔레비전 드라마에 인기있게 등장하는 신뢰 관계를 여전히 유지한다. 고객들은 그런 곳에서 여전히 이야기를 들어줄 친구를 항상 찾을 수 있다.

Q: 위 글에서 추론할 수 있는 것은?

(a) 오늘날 바는 테크닉과 스타일에 대부분 관심을 갖는다.
(b) 요즘 고객들은 문제가 거의 없다.
(c) 바텐더들은 방송에서 인기 있는 캐릭터이다.
(d) 상담가로서의 바텐더가 줄어들었다.

◘ 상담친구가 될 바텐더가 줄어든 것은 고객이 문제가 없어서가 아니라 바텐더의 컨셉이 달라졌기 때문이므로 (b)는 맞지 않다. 바텐더가 방송에 인기 캐릭터가 아니라 바텐더와 손님의 bonds of trust가 종종 소재가 된 것이므로 (c)도 맞지 않다. 바텐더가 listening friend이긴 해도 counselor는 아니다. 첫 문장은 그런 바텐더를 unofficial therapist라고 재미있게 표현한 것뿐이다. 따라서 바텐더를 상담가라는 전제를 갖는 (d)도 맞지 않다. 정답은 (a)이다.

unofficial 비공식적 therapist 상담치료사 be concerned with ~에 관심을 갖다. 신경을 쓰다 invent 발명하다 rare 희귀한, 흔하지 않은 bond 인연, 유대관계 shrink 줄다

40 Lack of nutritional value, as well as negative health effects, are characteristic of junk food. (a) Especially bad for us are salt, refined flour, chemical additives that artificially improve the color, flavor and shelf life of foods and sugar. (b) Honey is thus a better choice than purified white cane sugar. (c) So if our lunchboxes contain a cold cut processed cheese sandwich on white bread, potato chips, and packaged pudding, nutrition is lacking. (d) Easy-to-prepare meals may sacrifice nutrition for convenience.

건강에 좋지 않은 영향을 끼치는 것뿐만 아니라 영양가가 부족한 것도 정크푸드의 특징이다. (a) 특히 나쁜 것은 소금, 정제된 밀가루와 음식의 색, 맛, 저장 수명을 인공적으로 향상시키는 화학 첨가제 그리고 설탕이다. (b) 그래서 벌꿀은 정제된 백설탕보다 더 좋은 선택이다. (c) 그래서 도시락 안에 냉육 및 가공 치즈 조각을 식빵 위에 얹은 샌드위치와 포테이토칩과 푸딩이 포장되어 들어 있다 하더라도 영양분은 부족한 것이다. (d) 준비하기 쉬운 음식은 편리함을 추구함으로써 영양분을 잃는 것이다.

◘ (a)는 junk food의 원료에 대해서 이야기하고 있고, (c)와 (d)는 junk food의 부족한 영양분에 대해서 말하고 있다. (b)는 '벌꿀이 백설탕보다 더 좋다' 는 junk food와는 상관없는 이야기를 하고 있다. 따라서 정답은 (b)이다.

junk food 정크푸드(열량은 높으나 영양가는 낮은 식품) refined 정제된 additive 첨가제 flavor 맛 shelf life (약, 식품 등의) 저장 수명 sacrifice 희생하다 nutrition 영양분

LISTENING COMPREHENSION · P.48

1 M How long is the layover?
W _____

(a) Your flight is cancelled, sir.
(b) About 3 hours.
(c) Nearly one year.
(d) The layover is in Chicago.

M: 중간 기착 시간은 얼마나 걸리죠?
W: _____

(a) 손님의 비행편은 취소됐습니다.
(b) 세 시간 정도 걸립니다.
(c) 거의 1년입니다.
(d) 중간 기착지는 시카고입니다.

○ layover는 stopover와 같은 의미로 비행기가 목적지에 도착하기 전에 들르는 경유지에서 머무를 때 쓰는 표현이다. How long으로 물었다고 '길이'로 대답해야 한다는 생각은 금물이다. layover의 시간을 묻고 있으므로 (b) About 3 hours가 정답이다.

layover 중단, 중간 기착 **flight** 비행 여행 **cancel** 취소하다, 중지하다

2 M It's hot in here. Where's the fan?
W _____

(a) Fran's not here at the moment.
(b) I'm not a big fan of summer.
(c) I think it's in the closet.
(d) I feel very hot at the moment.

M: 여기 굉장히 덥군요. 선풍기는 어디에 있나요?
W: _____

(a) 프랜은 지금 여기에 없습니다.
(b) 전 여름을 좋아하지 않아요.
(c) 벽장에 있는 것 같아.
(d) 지금 너무 덥군요.

○ 선풍기(fan)가 있는 장소를 묻고 있다. (a)는 fan과 Fran의 발음 혼동을 유발하고 있고, (b)는 fan의 다른 뜻과 구별할 수 있는지를 묻고 있다. (d)는 hot을 이용한 엉뚱한 대답을 하고 있다.

fan 선풍기 **at the moment** 현재는, 당장은, 지금은 **closet** 벽장, 광

3 M What's your sign?
W _____

(a) I'm a Scorpio. How about you?
(b) That is a stop sign.
(c) I won't sign it before I read it.
(d) The sign is across from the gas station.

M: 무슨 별자리입니까?
W: _____

(a) 전갈자리입니다. 당신은요?
(b) 저건 정지 신호입니다.
(c) 읽기 전에는 사인하지 않겠습니다.
(d) 표지판은 주유소 건너편에 있습니다.

○ sign의 다양한 의미를 모르면 (b)처럼 sign을 그대로 받아 stop sign과 혼동을 유발할 수도 있다. sign은 '별자리' 이외에 '간판, 조짐'이라는 의미도 있다.

sign (天) 궁(宮) **Scorpio** 전갈자리 **stop sign** 정지 신호

4 M How's your little shop doing?
    W Business is not so good, right now.
    M Are you making any money?
    W _____

(a) Sad to say, it's unfortunate.
(b) I spent a fortune on it.
(c) A fortune is secure in business.
(d) Unfortunately, I'm in the red.

M: 가게는 어떠세요?
W: 지금은 장사가 잘되지 않아요.
M: 돈을 조금이라도 버셨나요?
W:

(a) 슬프게도, 운이 없네요.
(b) 돈 좀 썼어요.
(c) 사업하는데 돈걱정은 없습니다.
(d) 불행하게도 적자입니다.

❍ 돈이 없을 때는 I'm in the red.(적자입니다)가 가장 많이 쓰이고 I'm in debt, I'm in the deficit. 등도 같이 알아두어야 한다.

make money 돈을 벌다 sad to say 슬프게도 fortune 재산, 운 secure 안전한, 위험 없는

---

5 M Ma'am, this is a nonsmoking area.
    W So, you want me to put out this cigarette?
    M Yes, I'm sorry, but you'll have to put that out.
    W _____

(a) I quit smoking.
(b) Do you mind if I smoke?
(c) Got a match?
(d) Sure, right away.

M: 부인, 이곳은 금연 구역입니다.
W: 그래서, 이 담배를 끄라는 말씀이신가요?
M: 예, 죄송합니다만 담배를 끄셔야 합니다.
W:

(a) 담배를 끊었습니다.
(b) 담배 피워도 괜찮겠습니까?
(c) 담뱃불 있습니까?
(d) 그러죠, 당장 끄겠습니다.

❍ nonsmoking, you'll have to put that out을 들었다면 쉽게 정답을 알 수 있다. 담뱃불을 끄는 것은 extinguish 보다는 put out을 더 많이 쓴다.

nonsmoking area 흡연금지 구역 put out (불을) 끄다

---

6 M Kate, will you be free later today?
    W Why do you ask?
    M Well, I would like to ask you out.
    W _____

(a) I would love dating him sometime.
(b) I'm afraid the line's busy at the moment.
(c) Thanks but no thanks.
(d) No, I would love to.

M: 케이트, 이따 시간 있어?
W: 왜 묻지?
M: 음, 데이트 신청을 하고 싶어서.
W:

(a) 가끔 그와 데이트하는 것이 좋아.
(b) 지금 통화중인 거 같아.
(c) 고맙지만 사양하겠어.
(d) 아니, 그러고 싶어.

❍ '데이트 신청하다'라는 의미의 ask one out을 제대로 들어야 상황을 이해할 수 있다. Thanks but no thanks는 아주 많이 쓰이는 표현으로 원하지 않은 제안을 받았을 때 쓴다. (d)의 경우는 No와 I would love to가 상반된 내용이라 답이 될 수 없다. 이런 제안의 경우 Sorry로 시작하는 거절도 일반적이다.

be free (시간이) 한가한 ask A out A에게 데이트 신청을 하다 nightmare 악몽

7
M This party is pretty boring.
W Yeah, I know what you mean.
M Would you like to get out of here?
W Sure. Let's go.
M You like to dance? How would you like to go to a nightclub?
W Sounds good to me!

Q Which of the following best summarizes the conversation?

(a) The man and woman are discussing alternative activities for the evening.
(b) The man and woman are discussing different types of dances.
(c) The woman wants to stay at the party.
(d) The man wants to go home early.

M: 이 파티 정말 지루하다.
W: 그래, 네 말에 동감이야.
M: 여기에서 나갈래?
W: 그래. 나가자.
M: 춤추는거 좋아하니? 나이트클럽에 가는 게 어때?
W: 좋은 생각이야!

Q: 대화를 가장 잘 요약한 것은?

(a) 남자와 여자는 저녁에 할 다른 활동을 상의하고 있다.
(b) 남자와 여자는 춤의 다른 종류에 대해 논의하고 있다.
(c) 여자는 파트에 머물러있고 싶어 한다.
(d) 남자는 집에 일찍 가고 싶어 한다.

○ 두 사람이 파티가 지루하니까 밖에 나가자고 하면서, 나이트클럽에 가는 게 어떠냐고 묻자 찬성하는 내용이다. 다양한 종류의 춤을 논한다는 (b)와 남자가 집에 일찍 가고 싶다는 (d)는 대화에 나와 있지 않다. 파티가 지루했다고 했으므로 파티에 있고 싶다는 (c)는 반대 내용이다.

boring 지루한, 따분한 alternative 대안, 다른 방도

8
M You sure have an amazing collection of DVDs.
W Thanks. I've been collecting DVDs for about seven years now.
M How many do you have? It looks like you have hundreds.
W At last count, I had three hundred and twenty five.
M Wow! You must have spent a lot of money buying all of these.
W Yeah, but it was worth it. You can't really put a price on movies, you know.

Q Which is correct according to the conversation?

(a) Movies are priceless.
(b) It takes seventy years to obtain a decent DVD collection.
(c) DVDs result from amazing technological advances.
(d) Counting your DVDs will result in spending a lot of money.

M: 넌 확실히 굉장한 숫자의 DVD를 보유하고 있구나.
W: 고마워. 지금까지 7년 동안 DVD를 모았거든.
M: 몇 장이나 돼? 내가 보기엔 몇 백장은 되는 것 같은데.
W: 지난번에 세 봤을 땐 325장이었어.
M: 와! 이걸 모두 사는데 돈도 엄청 많이 들었겠다.
W: 맞아. 하지만 그만한 가치는 있어. 너도 알겠지만 실제로 음악을 값으로 환산할 수는 없는 거잖아.

Q: 대화 내용과 일치하는 것은?

(a) 영화는 값을 매길 수 없다.
(b) 근사한 DVD 컬렉션을 구하려면 70년이 걸린다.
(c) DVD는 놀라운 기술의 발전으로 만들어졌다.
(d) DVD를 세는 것은 많은 시간을 보내게 한다.

○ DVD와 movie로 보아 영화에 관한 내용이다. 여자는 7년 동안 DVD를 모았고 can't really put a price on movies로 보아 (a)와 같은 의미라는 것을 알 수 있다.

amazing 놀랄만한, 굉장한 put a price on ~에 값을 매기다 priceless 값을 매길 수 없는, 아주 귀중한

9 **M** I'm thinking of taking English 203 with Thompson.

W Professor Thompson? He only gives As to three people a semester!

M Whoa! What about the rest of the class?

W Ten percent Bs, ten percent Cs, and the rest all Ds and Fs.

M Thanks for telling me. Maybe I should take Professor Mike's class.

W Yup, that's what I did.

Q What can be inferred about Professor Thompson's class?

(a) It's very interesting.
(b) It's very difficult.
(c) It meets three days a week.
(d) Most students receive a high grade.

M: 난 톰슨의 English 203 과목을 들을까 해.

W: 톰슨 교수? 그녀는 한 학기에 3명만 A학점을 준다고!

M: 와! 다른 학생들은 어떻게 되는데?

W: 10%가 B, 10%가 C, 그리고 나머지는 D와 F야.

M: 알려줘서 고마워. 아무래도 마이크 교수의 수업을 들어야 할 것 같아.

W: 그래, 나도 그랬지.

Q: 톰슨 교수의 수업에 관해서 추론할 수 있는 것은?

(a) 아주 흥미롭다.
(b) 아주 까다롭다.
(c) 일주일에 세 번 만난다.
(d) 대부분의 학생들이 높은 성적을 받는다.

○ 두 사람의 대화를 들어보면 톰슨 교수의 수업이 어떤지를 알 수 있는 키워드가 여러 군데 있다. 한 학기에 A학점을 받는 게 3명뿐이고, 마이크 교수의 수업을 듣는 게 낫겠다는 말로 미루어 톰슨 교수의 수업이 재미있거나 높은 학점을 주는 것은 아니다. 까다로울 거라는 (b)가 적당한 대답이 될 것이다.

semester 학기 What about ~ ? ~은 어때? rest 나머지
grade 성적

10 In the late winter of 1692, several hysterical girls in Salem Village, Massachusetts, began accusing women in their community of bewitching them. Belief in witchcraft was common in both the new and the old worlds. By the summer, more than 150 people were accused of witchcraft – mostly women, ranging from poor widows to the governor's wife – and nineteen people were hanged.

Q What is the main idea of the talk?

(a) Witches from Salem Village were evil in 1692
(b) Only women could be witches in 1692
(c) The death penalty should be banned
(d) The people of Salem Village believed in witches in 1692

1692년 늦은 겨울에, 매사추세츠 주 세일럼 빌리지에 사는 몇몇 흥분한 여자아이들은 마을에 사는 여자들이 자신들에게 요술을 걸었다고 비난하기 시작했다. 요술에 대한 믿음은 신세계나 구세계 모두 일반적이었다. 여름까지, 150명도 넘는 사람들이 요술을 걸었다고 고소를 당했는데, 대부분이 가난한 과부에서 주지사의 부인에 이르는 여자들이었다. 그리고 19명이 교수형을 당했다.

Q: 담화의 주제는 무엇인가?

(a) 세일럼 빌리지에 사는 마녀들은 1692년에 흉악했다.
(b) 1692년에 여자만 마녀가 될 수 있었다.
(c) 사형제도는 금지되어야 한다.
(d) 세일럼 빌리지 사람들은 1692년에 마녀를 믿었다.

○ 지문을 보면 마녀들이 흉악했다는(evil) 증거는 없고, witchcraft에 넘어간 것이 여성이지 여성만이 마법사가 될 수 있었던 것은 아니다. 따라서 (a)와 (b)는 정답이 아니다. 이들이 사형을 당했지만 사형을 금지해야 한다는 말은 아니므로 (c)도 정답이 아니다. 요술에 대한 믿음이 일반적이었다고 했으므로 (d)가 정답이다.

hysterical 병적으로 흥분한, 히스테리의 accuse 비난하다, 책망하다, 고소하다 bewitch 요술을 걸다, 매혹시키다 belief 믿음, 확신, 신념 witchcraft 마법, 요술 widow 과부, 미망인 governor 주지사, 통치자 hanged 교수형에 처하다

11 The Marine Corp. isn't for everyone. We want only the few and the proud. Our basic training is considered by many to be the most grueling in the world. However, if you possess the will to keep your nose to the grindstone and make it through, you'll learn what it means to be disciplined, loyal, respected and honored.

Q Which is correct according to the talk?

(a) Anyone can be a Marine.
(b) Discipline is only applicable to the few.
(c) It takes a lot of fortitude to make it through the Marine Corp.
(d) Basic training must be conducted throughout the world.

해병대는 모든 이들을 위한 곳이 아닙니다. 우리는 단지 몇 분의 자긍심 강한 분들만을 원합니다. 우리의 기초 교육은 많은 이들에게 세계에서 가장 혹독한 교육으로 알려져 있습니다. 그러나 여러분이 열심히 노력하려는 의지를 가지고 있고 또 일을 성취하면, 여러분은 단련, 성실, 그리고 높은 평가를 받고 명예롭다는 것이 무엇을 의미하는지 알게 될 것입니다.

Q: 담화의 내용과 일치하는 것은?

(a) 누구든지 해병대가 될 수 있다.
(b) 훈련은 극소수에게만 적용된다.
(c) 해병대 생활에 성공하려면 많은 꿋꿋함이 필요하다.
(d) 기초훈련은 전세계에 걸쳐 실시되어야 한다.

○ 해병대를 모집하는 내용의 담화문이다. 해병대의 기초 교육은 아주 혹독하지만, 의지를 갖고 열심히 하면 명예가 무엇인지를 알게 될 거라는 말을 하고 있다. 해병대를 제대하려면 많은 인내와 노력이 필요하다는 (c)가 정답이다.

Marine Corp. 해병대 grueling 녹초로 만드는, 엄한 keep one's nose to the grindstone (쉬지 않고) 열심히 일하다 make it through 성취하다 disciplined 훈련받은 fortitude 꿋꿋함

---

12 Hello, ladies and gentlemen. Are you paying too much for your auto insurance? Are high rates and bad service getting you down? You all know what I'm talking about, right? Well, if you're sick of getting ripped off and want a high degree of personal service, call Abe at Americana Insurance. He'll get you the lowest possible rate, the best coverage, and honest-to-goodness service.

Q What can be inferred from the talk?

(a) Abe will cure you if you're sick.
(b) High rates lead to high coverage.
(c) Americana insurance will beat any rate.
(d) Auto insurance rates are all the same.

안녕하십니까. 신사 숙녀 여러분. 자동차 보험금으로 상당한 돈을 납부하고 계십니까? 과다한 비용과 좋지 않은 서비스가 여러분을 질리게 만듭니까? 여러분은 모두 제가 말하고 있는 게 무언지 알고 계실 겁니다. 엄청나게 돈을 쓰는데 질리고 양질의 개인 서비스를 받고 싶으시다면, 아메리카나 보험의 에이브에게 전화주세요. 그는 가능한 한 가장 저렴한 요금으로 최대한 보상범위를 보장하고 최상의 서비스를 제공해 드릴 것입니다.

Q: 담화로부터 추론할 수 있는 것은?

(a) 에이브는 당신이 아플 때 치료할 것이다.
(b) 높은 요금은 최고의 보상을 이끌어낸다.
(c) 아메리카나 보험은 어떤 비용이든 이길 것이다.
(d) 자동차 보험료는 모두 같다.

○ 마지막 말인 He'll get you the lowest possible rate, the best coverage, and honest-to-goodness service.에서 어떤 요금보다 저렴하다고 했으므로 (c)가 정답이 된다.

get down 피곤하게 하다 be sick of ~에 넌더리나다 rip off 엄청난 돈을 사취[갈취]하다 coverage 보상범위, 적용범위 honest-to-goodness 진짜의, 정말의(= honest-to-god) beat (상대를) 이기다, 손들게 하다

13 **A** David missed class again.
    B I wish he _____ a better attendance record.

(a) had
(b) has had
(c) has
(d) will have

A: 데이비드가 또 수업에 빠졌어.
B: 그의 출석 성적이 좋길 바래.

❍ I wish 다음에는 가정법 과거나 과거완료가 온다. (b)는 현재완료, (c)는 현재, (d)는 미래라서 틀렸다.

attendance 출석

---

14 **A** Do you have any plans for this summer?
    B I'm still deciding _____ it.

(a) on
(b) over
(c) about
(d) up

A: 여름에 어떤 계획이 있나요?
B: 아직도 결정 못하고 생각 중이에요.

❍ 동사 decide가 자동사로서 '무엇에 대하여 결정하다' 라는 뜻을 가지면 on을 동반한다.

be still deciding on ~에 관해 여전히 결정을 못 내리다

---

15 **A** Where are the children?
    B They _____ to the baseball stadium.

(a) have taken
(b) have been taking
(c) were took
(d) have been taken

A: 아이들은 어디 있나요?
B: 야구장에 데려갔어요.

❍ (a), (b)를 사용하려면 동사 take의 목적어가 뒤에 나와야 하는데 목적어가 없으므로 정답이 아니다. be 동사 다음에 동사의 과거형이 올 수 없으므로 (c)도 정답이 아니다.

---

16 **A** Didn't I tell you to make him stay at home?
    B Yes, you did. But I couldn't stop _____ to the press.

(a) him to talk
(b) him talking
(c) talking to him
(d) him having talked

A: 자네한테 그를 집에 잡아두라고 하지 않나?
B: 예, 그러셨습니다. 하지만 그가 언론에 말하는 것을 막을 수 없었습니다.

❍ stop은 목적어로 동명사를 취하고 말하는 주체는 him이므로 him talking이 정답이다.

talk to the press 언론에 밝히다

---

17 I _____ the house when the neighbors came over.

(a) cleaned
(b) was cleaning
(c) clean
(d) had cleaned

이웃 사람들이 찾아왔을 때 나는 집안 청소 중이었다.

❍ 이웃 사람들이 찾아왔을 때 나는 집안을 '청소하고 있는 중' 이었으므로 문맥상 진행형이 된다. when 이하의 시제가 과거(came over)이므로 빈칸도 과거 진행형이 되어야 한다.

neighbor 이웃 come over 찾아오다

18 I must follow the _____ written on this document.

(a) instructing
(b) instructions
(c) instruct
(d) instructed

나는 이 문서에 적힌 지시를 따라야 한다.

○ 빈칸에는 동사 follow에 대한 목적어가 필요하다. 문맥에 적당한 형태는 명사인 instructions(지시)가 와야 할 것이다.

follow 따르다 instructions 지시, 명령

---

19 I turned down the music _____ she could put her baby to sleep.

(a) so that
(b) since
(c) for
(d) because

나는 그녀가 아기를 재울 수 있게 음악 소리를 줄였다.

○ 빈칸에는 두 문장을 연결할 접속사가 필요하다. '내가 음악 소리를 줄였다'는 것과 '아기가 잠을 잘 수 있었다'라는 두 문장을 연결하려면 '~을 위하여'를 의미하는 so that이 가장 적당하다.

turn down 소리를 줄이다(낮추다)

---

20 The Titanic sank en route from Europe to North American after _____ an iceberg.

(a) hit
(b) hit by
(c) hitting
(d) was hit

유럽에서 북미로 가던 타이타닉호는 빙산과 충돌한 후에 침몰했다.

○ after는 접속사와 전치사로 모두 쓰인다. after 뒤에 주어 + 동사가 없으면 단독 명사라도 나와야 옳은 문장이 된다. 보기 중에 명사 역할을 할 수 있는 것은 동명사인 hitting이다.

en route 도중에 iceberg 빙산

---

21 (a) A: What did you say your name was?
(b) B: It's Joanne.
(c) A: It was really nice meeting you.
(d) B: I'm nicer to meeting you.

A: 이름이 뭐라고 했니?
B: 조앤이야.
A: 정말 만나서 반가웠어.
B: 나도 만나서 반가워.

○ 두 사람이 인사를 하고 있다. 만나서 반가웠다는 말에 비교급으로 응답했는데, 비교의 대상이 명확하지 않다. It was nice meeting you.에는 같은 말로 응답하거나 Me, too. 정도로 동의하는 게 일반적이다.

---

22 (a) There is an Asian saying: "The peg that stands out is pounded down." (b) In general, East Asians suppose to be less concerned with individual goals or self-development than Westerners. (c) Group objectives and harmonious actions are their prior values. (d) So, they often seek success as a group goal rather than an individual merit.

(a) "튀어나온 못은 망치에 맞는다"라는 아시아 속담이 있다. (b) 서양인들에 비해 동아시아인들은 개인의 목표 또는 자기 발전에 덜 관심을 갖도록 되어 있다. (c) 공동의 목표와 조화로운 행동이 그들의 더 앞선 가치이다. (d) 그래서 그들은 개인적 공로보다는 공동체의 목표로서의 성공을 추구하는 경우가 많다.

○ (b)에서 suppose는 '~하기로 되어 있다', '~하도록 되어 있다'는 뜻을 가진 수동태 be supposed to가 되어야 하므로 정답은 (b)이다.

peg 못, 나무못 pound 두드리다 be supposed to ~하기로 되어 있다 self-development 자기 발전 harmonious 조화로운

23 A Would you like another drink?

B Yes, please. Could I have a

_____?

(a) refill
(b) return
(c) pump up
(d) increase

A: 좀 더 드시겠어요?

B: 네, 그럴게요. 다시 채워주시겠어요?

⊙ another라는 단어가 나왔으므로 이미 한 잔의 음료수를 먹고 하나를 더 요구하고 있다. 이 경우에는 refill이라는 단어를 쓴다. return은 상점에서 구입한 물건을 다른 물건으로 또는 현금으로 되돌려 받기 위해 반품하는 경우에 사용한다.

refill 다시 차다 **pump up** 펌프로 공기를 넣다

---

24 A So, is everybody ready?

B Sure thing. Let's get _____ to work.

(a) ahead
(b) behind
(c) down
(d) up

A: 자, 다들 준비 됐나요?

B: 물론입니다. 다들 본격적으로 일을 시작합시다.

⊙ 어떤 일을 마음먹고 본격적으로 시작하는 것은 'get down to sth'으로 나타낸다.

get behind 뒤쳐지다 **get down to** 시작하다

---

25 A Hooray! I finally got the raise!

B Good for you! Now you'll have the salary you _____.

(a) deserve
(b) sanctioned
(c) established
(d) descend

A: 만세, 드디어 봉급이 올랐어!

B: 정말 잘 됐다! 이제야 네가 받을 만한 봉급을 받겠구나.

⊙ B가 salary(봉급)를 언급하고 있으므로 A의 말에서 명사로 사용된 raise는 '봉급 인상'을 의미한다. B는 A가 봉급인상을 받을 만한 자격이 있음을 시사하고 있다.

Hooray! 만세! **Good for you!** (너에게) 정말 잘된 일이구나! 잘 했어! **get the raise** 봉급이 인상되다 **sanction** 재가하다, 인가하다 **deserve** ~할 만한 자격이 있는 **descend** 내려가다, 내리다

---

26 A Hey look at you! What happened to your ankle?

B Oh, I _____ it while playing basketball yesterday.

(a) misplaced
(b) disjointed
(c) sprained
(d) mislocated

A: 어머나! 발목이 왜 그렇게 됐죠?

B: 아, 어제 농구를 하다가 발목을 삐었어요.

⊙ 발목이 삐었다고 말할 때는 sprain을 쓴다. 어깨가 빠졌다고 할 때는 dislocate라는 단어를 별도로 사용한다는 것도 알아두자. misplace는 물건 등을 어딘가에 두고 찾지 못하는 경우에 쓰는 표현이다.

misplace 잘못 두다, 둔 곳을 잊다 **disjoint** 관절을 빼게 하다, 탈구시키다 **sprain** (발목 등을) 삐다

27 A This _____ juice tastes so good!

    B I'm glad you like it. I picked the oranges myself.

(a) concentrated

(b) fresh-squeezed

(c) homogenized

(d) sauted

A: 방금 짠 이 주스 정말 맛있다!

B: 좋다니 나도 기뻐. 오렌지도 내가 직접 딴 거야.

🔵 homogenized는 젖소에서 짜낸 우유를 처리하는 방식을 설명할 때 사용한다. concentrated는 농축시키는 것이므로 yogurt나 오렌지 주스에 해당되는 표현으로 쓸 수 있지만, B가 자신이 오렌지를 직접 따서 만들었다는 말을 하고 있으므로, 직접 짜서(squeeze) 만든 주스임을 알 수 있다. 따라서 fresh-squeezed가 정답이다.

concentrated 농축된 fresh-squeezed 새로 짠
homogenized 균질화 된 sauted 기름에 살짝 튀긴

---

28 The invention was a _____ for the people of that time.

(a) breakthrough

(b) breakdown

(c) breeze

(d) branding

그 발명은 당시 사람들에게 큰 발전이었다.

🔵 발명(invention)은 이전에 없던 것을 만들어 내는 것이므로 적어도 그 분야에 있어서는 '큰 발전'이 된다. 그러므로 breakthrough가 정답이 된다.

invention 발명, 발명품 breakthrough 큰 발전, 약진, 돌파구
breakdown 파손, 고장, 몰락 breeze 용이함, 산들바람
branding 쇠도장, 낙철

---

29 A feeling of love came _____ me when I saw my wife give birth to our child.

(a) after

(b) against

(c) around

(d) over

아내가 아이를 출산했을 때 나는 사랑이란 감정에 휩싸였다.

🔵 '~한 감정이 엄습하다' 라는 의미를 표현할 때는 come over를 사용한다.

come over (어떤 기분에) 휩싸이다 give birth to ~을 낳다,
~의 원인이 되다

---

30 From my point of view, that's an out and _____ lie.

(a) in

(b) out

(c) over

(d) through

내 의견을 물어본다면, 그것은 완전 새빨간 거짓말입니다.

🔵 빈칸 앞에 오는 out and과 잘 어울려서 '완전히' 를 의미하는 out and out이 정답이다.

From my point of view 내 의견을 묻는다면(=In my opinion) **out and out** 완전히

31 What was with Amenda yesterday? She
_____ at me for no reason.

(a) jerked
(b) snapped
(c) nipped
(d) yanked

아멘다한테 어제 무슨 일 있었어? 아무런 이유도 없이 나한테 신경질적으로 말하더라.

🔵 '이유도 없이'를 의미하는 for no reason과 어울리는 동사는 '화를 내다'와 비슷한 의미의 동사이다. snap at은 동물 등이 '무언가를 덥석 물다'는 snap의 뜻에서 파생하여 '달려들다, 바가지를 긁다'는 뜻이 된다.

jerk 갑자기 움직이다[당기다, 밀치다, 찌르다] **snap** 바가지를 긁다; 달려들다 **nip** 꼬집다, 집다, (개 등이) 물다 **yank** 홱 잡아당기다

---

32 Mel wanted to have Adam take her
_____ for prom.

(a) in
(b) over
(c) out
(d) with

멜은 애덤이 졸업 댄스파티에 자신을 데리고 가주기를 바랐다.

🔵 댄스파티에 그녀를 데리고 나가는 것이므로 take her out이 되어야 한다.

prom (졸업) 댄스파티 **take in** 섭취하다, 흡수하다, 숙박시키다, 방문하다 **take over** 인계받다, 인수하다 **take out** 데리고 나가다

READING COMPREHENSION • P.56

33 Acupuncture and other forms of Eastern medicine are slowly gaining acceptance in the West. The surge of patients who feel the need to treat both the mind and soul as well as the body have increased so much the Western doctors who had _____ their trusty medical standards. Considering the apparent link between the physiological and psychological aspects of the human body, this is probably a wise move.

(a) long struggled with
(b) previously stood by
(c) been reproved by
(d) been terribly disappointed with

침술을 비롯한 여러 가지 형태의 동양 의술이 서양에서 서서히 수용되고 있다. 몸은 물론, 정신과 영혼을 치료해야 할 필요성을 느끼고 있는 환자의 인파가 매우 급증해 온 만큼 서양 의학 기준만을 신봉해 왔으나 지금은 그렇게 느끼는 서양 의사들 역시 늘어났다. 신체의 생리학적 측면과 심리학적 측면 간의 확연한 관련성을 고려할 때 이는 아마도 현명한 움직임일 것이다.

(a) 오랫동안 투쟁해 왔다
(b) 종전까지 신봉해 왔다
(c) 꾸지람을 들어 왔다
(d) 끔찍이도 실망했다

🔵 심신 모두에 대한 치료를 필요로 하는 patients와 Western doctors의 관계는 so much as to로 설명된다. 즉 환자들만큼이나 이제 서양 의사들도 동양 의학을 지지한다는 뜻이다. 그런 서양 의사들이 과거는 그들의 기존 의학 기준에 대해 어떤 태도를 취했었는가? 동양 의학을 수긍하는 현재와 달리 과거에 서양 의학만 지지했었다는 내용을 말하는 보기는 (b) previously stood by 뿐이다.

acupuncture 침술 **gain[win, find] acceptance** 일반적으로 용인되다 **surge** 파도, 인파, 쇄도 **patient** 환자 **treat** 치료하다 **stand by** 편들다 **trusty** 믿을만한 **wise move** 현명한 움직임 **physiological** 생리학의 **psychological** 심리학의 **aspect** 면, 양상 **struggle with** ~과 투쟁하다 **reprove** 꾸짖다

34 Golden Eagle Airlines is the airline for you. Come fly with us in our snug plush seats that are guaranteed to give you more leg room than any other major airline. Our meal selections are more diverse; we have three choices while the other airlines have only two. And relax knowing that the service of _____ is second to none. Golden Eagle Airlines: The Sky is the Limit!

(a) our passengers
(b) our pilots
(c) our air-traffic controllers
(d) our flight attendants

골든이글 항공사는 여러분을 위한 항공사입니다. 다른 주요 항공사의 비행기 좌석보다 좌석 간 여유 공간이 넉넉한, 편안하고 고급스런 좌석에 앉아서 비행하십시오. 저희 식사는 보다 다양한 선택을 제공합니다. 2가지 종류의 식사만 제공하는 다른 항공사에 비해 저희 항공사에서는 3가지 선택 메뉴를 즐기실 수 있습니다. 저희 승무원들은 다른 항공사의 승무원에 조금도 뒤지지 않는 서비스로 여러분을 편안히 모실 겁니다. 골든이글 항공사와 함께 무한한 가능성으로 날아오르십시오.

(a) 저희 승객들은
(b) 저희 조종사들은
(c) 저희 항공 관제관들은
(d) 저희 승무원들은

○ 골든이글 항공사가 타사와 어떤 측면에서 차별화되는지를 설명하고 있다. 그 중 하나로 내세우는 것이 서비스 부분인데, service를 제공하는 사람은 전치사 of와 함께 묶인다. 항공사가 제공하는 서비스는 당연히 항공기 승무원들이 제공하는 것이므로 the service of our flight attendants가 옳은 표현이므로 답은 (d)이다.

fly the skies 창공을 날다 snug 안락한, 마음 편한 plush 호화로운, 멋있는, 편한 leg-room 다리를 뻗는 공간 meal 식사 relax 긴장을 풀다, 누그러지다 second to none 어느 누구에도 뒤지지 않는 The sky is the limit! 한계는 하늘뿐이다! 가능성이 무한하다!

---

35 While most physicists and chemists would argue that their fields are as different as night and day, they are not _____ they at first appear. First of all, both are physical sciences and are therefore designed to investigate and physical phenomena. To study and record these occurrences, each field has developed a precise set of signs and symbols. It's as if these two sciences speak the same unique language. And finally, both fields are contingent upon the discipline of mathematics and use math in predicting and explaining these observable phenomena.

(a) more difficult than
(b) less aligned with
(c) as different as
(d) arduous as if

대부분의 물리학자들과 화학자들은 물리와 화학이 밤과 낮이 다르듯 서로 매우 다르다고 주장할 것이지만, 얼추 보기만큼 연구 분야가 다르지는 않다. 무엇보다도 두 학문은 모두 자연과학이며 따라서 물리적 현상을 조사하고 설명하도록 만들어진 학문이다. 이러한 현상을 연구하고 기록하기 위해 각 분야는 일련의 정밀한 기호와 부호를 발달시켰다. 마치 두 과학 분야가 서로 같은 독특한 언어를 사용하듯 말이다. 그리고 마지막으로 두 분야 모두 관찰 가능한 현상을 예측하고 설명하는 데 수학적 원리를 따르고 있으며 수학을 사용한다.

(a) ~보다 더 어려운
(b) ~과 덜 유사한
(c) ~만큼 다른
(d) ~처럼 어려운

○ 첫 문장은 과학과 화학이 서로 많이 달라 보이지만, 사실상 그렇지 않다는 내용이 뒤 따른다. 빈칸 이하에서는 두 학문이 서로 닮은 점을 계속 열거하고 있으므로, 빈칸의 내용은 처음 봤을 때 만큼 다르지 않다는 내용이 와야 한다. 따라서 답은 (c)이다.

phenomenon 현상, 사건 occurrence 사건, 일어난 일, 발생 observable 관찰할 수 있는, 눈에 띄는 aligned 결합한, 제휴한 arduous 어려운, 힘드는 contingent upon ~에 의존하는, 따르는

36 Studies have shown that married people lead healthier lives than those who are single. For instance, one study showed that married men drive more carefully than those who are single. Another study showed that married couples are much less likely to do drugs or commit acts of violence. Being married can even make you richer. Middle aged adults who were married had significantly higher incomes than those who were single or divorced.

Q What is the best title for the passage?

(a) Marriage has many benefits.
(b) Marriage can be helpful for men.
(c) Get Married, Get Rich.
(d) Find a mate before it is too late.

결혼한 사람들이 결혼하지 않은 사람들보다 더 건강한 삶을 누린다는 사실을 연구들이 증명해 왔다. 예를 들어 한 연구는 기혼남성이 미혼남성보다 운전을 더 조심히 하는 것을 증명했다. 또 다른 연구는 결혼한 부부가 마약이나 폭력을 저지를 가능성이 훨씬 적은 것을 보여주었다. 심지어 결혼은 당신을 더 부유하게 만들 수 있다. 중년의 기혼성인이 미혼 또는 이혼한 사람들보다 눈에 띄게 수입이 많았다.

Q: 이 글에 제목으로 가장 알맞은 것은?

(a) 결혼은 많은 유익이 있다.
(b) 결혼은 남자들에게 도움이 될 수 있다.
(c) 결혼해서 부자가 되라.
(d) 더 늦기 전에 짝을 찾아라.

○ 이 글의 주제 문장은 맨 첫 줄에 위치해 있다. 결혼한 사람들이 더 건강한 삶을 영위한다는 것이다. 이후 문장들은 연구들의 결과 어떤 유익이 증명되었는지 설명하고 있다. 유익의 대상은 남녀 모두를 포함하므로 (b)는 정답이 아니며, (c)나 (d) 역시 지문의 내용과 관련하여서는 부차적으로 고려가 가능한 내용일 뿐이다. 가장 제목으로 알맞은 것은 (a)이다.

lead ~을 영위하다 **be less likely to** 덜 ~할 것 같다 **commit** (죄, 과실을) 저지르다 **middle-aged** 중년의 **significantly** 상당히

---

37 A piece of interesting language trivia. Scientists found that listeners can tell, just from a person's voice, their economic status (upper, middle, lower) from just a one minute recording. Amazingly, many listeners were able to make their judgments in under 15 seconds. Speakers from the upper classes were also seen as being more truthful than those of the middle and lower class. Listeners could also largely identify the speaker's emotional state at the time.

Q Which of the following best summarizes the passage?

(a) Lower class people are less truthful.
(b) Listeners have a mysterious power to know everything.
(c) People's voices show what they are like now.
(d) It takes hours to find out about speakers.

언어와 관련된 흥미로운 사소한 상식 하나. 과학자들은 청취자가 1분 정도 녹음된 사람들의 목소리만 들어도 그 사람들의 경제적 지위 (상위, 중위, 하위)를 알 수 있음을 발견했다. 놀랍게도 많은 듣는 청취자들은 단 15초 이내에 판단을 내릴 수 있었다. 상류층 화자 역시 중산계층 또는 하위계층 사람들보다 더 진실하게 보여졌다. 또한 청취자들은 대체로 화자의 감정 상태도 파악할 수 있었다.

Q: 위 글을 가장 잘 요약한 것은?

(a) 하위계층민은 덜 진실하다.
(b) 청취자들은 모든 것을 아는 신비한 힘을 가졌다.
(c) 사람들의 목소리는 지금 그들이 어떤 상태인지 보여준다.
(d) 화자에 대해 알아내려면 수 시간이 걸린다.

○ 목소리만 조금 들어도 상대의 경제력과 감정 상태까지 파악하는 사람의 능력에 대해 다루고 있다. 파악하는 사람의 능력도 능력이지만 반대로 사람의 목소리가 여러 정보를 담고 있음을 알 수 있다. (a)와 (d)는 내용과 무관하며, (b)는 허황된 내용이다. 따라서 (c)가 정답이다.

trivia 사소한 일 **economic status** 경제적 지위 **identify** ~의 정체를 밝히다. ~을 알아내다 **mysterious** 신비한, 불가사의한

38 When you enroll in the "Come Again" travel program, you will have access to the best hotels in 30 countries with over 1,000 participating hotels. With your membership card, you will receive an automatic 20% discount on your room and with the bonus point addition; frequent travelers will receive other benefits such as discounted meals and coupons at participating duty free shops. Just show your card and get your savings. Make your trip a little more manageable by joining the "Come Again" program today.

Q Which is correct about the "Come Again" program?

(a) You can save 20% on your meals.
(b) You can get bonus points when you use the card.
(c) It is a program for managers.
(d) The program is open to only 1,000 people.

'컴어게인' 프로그램에 가입하시면 30개 국 1,000여 곳 이상의 최고급 호텔을 이용하실 수 있을 것입니다. 당신의 회원카드로 객실요금 20% 할인과 보너스포인트 적립을 받으실 수 있습니다. 자주 여행하는 분들은 할인된 식사와 면세점 할인쿠폰 등과 같은 다른 혜택을 누릴 수 있을 것입니다. 단지 회원카드만 보여주시고 할인을 받으세요. 오늘 컴어게인 프로그램에 가입하셔서 당신의 여행을 좀 더 알차게 만드십시오.

Q: 컴어게인 프로그램에 대해서 일치하는 것은?

(a) 식사비용의 20%를 할인 받을 수 있다.
(b) 회원카드를 이용하면 보너스포인트를 얻을 수 있다.
(c) 이건 임원들만을 위한 프로그램이다.
(d) 이 프로그램은 1,000명의 회원에게만 제공된다.

🔵 컴어게인 프로그램은 특히 여행시 각종 할인 및 적립을 받게 하는 프로그램이다. 우선 20% 할인은 객실 금액에 대한 것이므로 (a)는 정답에서 제외된다. 본문은 신청 자격 조건에 대한 문구가 전혀 없다. 따라서 (c)는 정답이 아니다. 1,000이라는 숫자는 본 프로그램과 제휴를 맺은 호텔의 숫자일 뿐 선착순 신청과는 무관하므로 (d)도 답이 아니다. Bonus point addition이라는 표현은 분명히 등장하므로 정답은 (b)이다.

enroll 등록하다, 기재하다 **have access to** ~에 출입할 수 있다 **duty free shop** 면세점 **meal** 식사

---

39 Except for a small strip where most of the population lives, Botswana is mostly a wilderness of savannas, deserts, and wetlands lacking roads. To protect the country's pristine condition, the government has embraced a policy for seeking only wealthy environmentally conscious tourism. Cheapskates and first-time travelers beware: this country is only for those who experts in hiking and have a thick wallet.

Q Which is correct according to the passage?

(a) Tourism is important to Botswana's government.
(b) Most people live in a small region of the country.
(c) Skating is cheap in Botswana.
(d) Cross-country travel is easy.

인구 대부분이 사는 작은 지역을 제외하면 보츠와나는 대부분이 대초원, 사막 그리고 길이 없는 습지대 등의 야생이다. 이 나라의 원초적인 상태를 보호하기 위해서 정부는 부유하고 환경적으로 양심적인 여행산업만을 추구하는 정책을 받아들여 왔다. 구두쇠와 첫 여행자들은 조심하라: 이 나라는 도보여행 전문가와 두꺼운 지갑을 가진 사람만을 위한 나라다.

Q: 이 글의 내용과 일치하는 것은?

(a) 여행산업은 보츠와나 정부에 있어서 중요하다.
(b) 대부분의 사람들은 나라의 한 작은 지역에 산다.
(c) 보츠와나에서는 스케이트가 싸다.
(d) 전국 횡단 여행은 쉽다.

🔵 우선 (a)가 그럴듯하지만 엄밀히 말해 그냥 tourism이 아니라 wealthy environmentally conscious tourism이라고 해야 한다. 지문에 cheapskate는 구두쇠라는 뜻의 단어이다. 이것을 skating이 cheap하다고 한 (c)는 사실과 맞지 않다. 나라 전체가 wilderness 그대로를 유지하는 편이므로 여행 편의시설이 좋을리 없다. 지문도 experts in hiking을 위한 나라라고 했으므로 (d)가 사실일 수는 없다. 따라서 첫 문장에도 나왔듯 (b)가 정답이다.

strip 가늘고 긴 조각 **savanna** 대초원 **wetland** 습지 **pristine** 원시의, 자연 그대로의 **cheapskate** 구두쇠 **cross-country** 산야를 횡단하는, 전국 횡단의

40 If asked if she can cure AIDS, Dr. Ann Stone always responds, "Yes, in lab rats." (a) This is partially true. (b) She knows that many of the test drugs that prove effective for animals don't respond in humans. (c) There are so many failed "magic cures" that it is hard not to lose hope. (d) HIV turns into AIDS, which is a deadly disease.

앤 스톤 박사는 에이즈를 치료할 수 있는지에 대해 물을 때 항상 "네, 실험실 쥐에서는요"라고 대답한다. (a) 이것은 부분적으로 사실이다. (b) 그녀는 동물에서 효과가 있다고 판명 난 많은 테스트 약들이 인간에게는 듣지 않는다는 것을 알고 있다. (c) 희망을 놓치지 않는 것이 힘든, 너무나 많은 실패한 "마법 치료제"가 있다. (d) HIV는 AIDS로 바뀌는데, 이는 치명적인 질병이다.

🔵 동물 실험에서 효과적인 많은 에이즈 치료제가 인간에게는 효과가 없다는 내용이다. 따라서 HIV가 AIDS로 바뀐다는 질병 자체에 대한 설명하는 (d)는 문맥상 어울리지 않는다.

cure 치료하다, 고치다 lab 실험실 partially 부분적으로 turn into ~로 바꾸다 deadly 치명적인, 치사의

LISTENING COMPREHENSION · P.62

1 M Did you get my e-mail?
W _____

(a) Yes, but I couldn't open the attachment.
(b) Yes. Could you e-mail it to me?
(c) Yes, it's on your desk.
(d) No, yesterday was a holiday.

M: 내가 보낸 이메일을 받았습니까?
W: _____

(a) 예, 하지만 첨가파일을 열 수가 없었습니다.
(b) 예, 저한테 이메일로 보내주실래요?
(c) 예, 당신 책상에 있습니다.
(d) 아뇨, 어제는 휴일이었습니다.

○ attachment는 email을 보낼 때 같이 보내는 첨부파일을 의미한다. 이메일을 받았는지 묻고 있으므로, 받았다거나 아직 확인하지 못했다는 정도의 대답을 예상할 수 있다.

attachment 첨부파일

2 M This dip is really good!
W _____

(a) No, I'm not that good.
(b) Yes, but it's a little spicy.
(c) It's too cold for a dip.
(d) She shouldn't get a tip.

M: 이 소스 정말 맛이 좋군요.
W: _____

(a) 아뇨, 전 그리 좋지 않습니다.
(b) 예, 하지만 약간 맵군요.
(c) 물에 뛰어들기엔 너무 춥군요.
(d) 그녀는 팁을 받으면 안되요.

○ 음식 맛에 대한 이야기를 하고 있으므로 (b)가 적절한 응답이다. (a)는 남자가 한 말인 good의 착각을 유발하고 있다.

dip (푸딩에 치는) 소스 spicy 매운 too cold for a dip 물에 뛰어들기에 너무 추운

3 M Was the test difficult?
W _____

(a) No, I think it'll be easy.
(b) I'm so glad you did well on your test.
(c) No, I didn't think so.
(d) I hate taking tests.

M: 시험이 어려웠나요?
W: _____

(a) 아뇨, 아주 쉬울 겁니다.
(b) 시험을 잘 봤다니 정말 기쁘구나.
(c) 아니오, 그렇게 생각하지 않아요.
(d) 전 시험보는 것이 싫어요.

○ (a)는 과거 사실에 대한 질문을 미래를 받았으므로 적당하지 않고 (b)는 남자가 할 수 있는 말이다. 어려웠다거나 쉬웠다는 식의 대답을 예상할 수 있으므로 (c)가 적절한 대답이다.

take test 시험을 보다

4 M You're hired, Miss Davis! Welcome aboard.

W Thanks so much. I am really looking forward to this new job.

M When can you start?

W _____

(a) Right on!

(b) Right away!

(c) Right turn.

(d) Right answer.

M: 데이비스 양, 당신은 채용되었습니다. 입사를 환영합니다.

W: 대단히 고맙습니다. 정말 이 새 직업을 구하고 있었어요.

M: 언제부터 일할 수 있죠?

W: _____

(a) 찬성이오!

(b) 지금 당장부터요!

(c) 우회전요.

(d) 옳은 답요.

🔵 '당장에' 라는 말은 right away가 맞다. 물론 마지막 사람의 말이 When으로 시작했기 때문에 때를 나타내는 것을 찾아도 (a)밖에 정답이 없다. 이 때 Right now, From right now on 등도 쓰일 수 있다.

hire 고용하다 look forward to ~을 기대하다

---

5 W May I help you?

M I would like to buy some flowers for my wife.

W May I suggest the daisy?

M _____

(a) I'm glad you like them.

(b) Can you send them out?

(c) Oh, that is a great choice.

(d) Have them delivered to your shop.

W: 도와드릴까요?

M: 아내에게 줄 꽃을 사고 싶은데요.

W: 데이지는 어떻습니까?

M: _____

(a) 당신이 좋아하니 기분이 좋군요.

(b) 당신이 그것들을 배달해 줄 수 있나요?

(c) 아, 그게 정말 좋겠어요.

(d) 당신의 가게로 배달해 주세요.

🔵 꽃가게가 대화의 장소이다. (d)는 점원이 손님에게 할 수 있는 말이다. 참고로 진달래는 azalea, 무궁화는 Rose of Sharon, 물망초는 forget-me-not, 국화는 chrysanthemums이다.

buy A for B B를 위해 A를 사다 deliver 배달하다

---

6 M How did your business trip to India go?

W Terrible. I lost the account. Is the boss in?

M Yes. Actually, he told me to send you in as soon as you arrive.

W _____

(a) Great! I bet he missed me.

(b) I hope he sends me somewhere fun this time.

(c) I'm looking forward to it.

(d) That's what I was afraid of.

M: 인도 출장 간 것은 어땠어요?

W: 끔찍했어요. 고객을 놓쳤어요. 사장님 안에 계세요?

M: 예, 사실. 당신이 도착하자마자 들여보내라고 했어요.

W: _____

(a) 좋아요! 날 그리워했을 겁니다.

(b) 이번엔 재미있는 곳에 보내주기를 바래요.

(c) 저도 고대하고 있습니다.

(d) 내가 우려하던 일이군요.

🔵 두 사람의 대화를 통해서 여자가 계약건을 놓쳤다는 말을 들을 수 있고 사장이 오자마자 들여보내라고 했으므로 여자는 사장이 자기를 그리워했거나(a), 이번엔 재미있는 곳에 보내기(b)를 바라지는 않았을 것이다. 내가 두려워하던 일이라는 (d)가 적당한 대답이 될 것이다.

business trip 출장 terrible 끔찍한, 무시무시한 account 고객, 단골 miss 그리워하다

7

M I can't seem to find the receipts for these business expenses.

W I don't have receipts for all of them.

M Then it will be difficult to claim them on your tax return.

W You're my accountant. Can't you work your way around it?

M Not if you get audited.

W Cut to the chase. What happens if I get audited?

M Without receipts, you might be charged with tax fraud.

Q What is the topic of the conversation?

(a) Operating costs of a business
(b) Claiming business expenses on a tax return
(c) Ways to defraud the government without being caught
(d) Tearing up receipts

M: 이 사업 경비에 사용한 영수증들을 찾지 못하겠어.

W: 난 그 영수증들은 하나도 가지고 있지 않은데.

M: 그러면, 납세 신고할 때 그 비용을 청구하기가 힘들텐데요.

W: 당신은 경리 직원이잖아요. 당신의 힘으로 어떻게 할 방법이 없어요?

M: 회계 감사를 받는다면 어쩔 도리가 없어요.

W: 똑바로 말해 줘요. 내가 회계 감사를 받으면 어떻게 된다는 거예요?

M: 영수증이 없으면 탈세범으로 몰릴 겁니다.

Q: 대화의 주제는 무엇인가?

(a) 사업 운영비
(b) 납세신고서에 사업 경비 요구하기
(c) 걸리지 않고 정부를 속이기
(d) 영수증 찢기

🔵 이들은 납세신고서에 영수증을 첨부해서 세금을 돌려받으려고 하는데 영수증을 찾지 못하고 있는 상황이다. (b)가 정답이다.

receipt 영수증 tax return 납세 신고서 accountant 회계원, 경리사무원 audit 회계 감사하다 cut to the chase 본론을 말하다 be charged with 지우다, 과하다 defraud 속여 빼앗다, 사취하다 tear up 찢다

8

W Mark did it again!

M What did he do this time?

W He was half an hour late for the meeting.

M Not again! It must be the tenth time.

W If he does it again, I hope they'll fire him.

M Me too. Enough is enough.

Q What do the speakers think of Mark?

(a) They don't think much of him.
(b) They like him a lot.
(c) They think he's a good worker.
(d) They don't know him very well.

W: 마크가 또 일을 저질렀어!

M: 이번에는 어떤 일을 했길래?

W: 회의에 30분 늦었지.

M: 또 그랬단 말이야? 이번이 열 번째는 될거야.

W: 한 번만 더 그러면 해고시켜 버렸으면 좋겠어.

M: 나 역시 같은 생각이야. 이젠 지겨워.

Q: 마크에 대해 두 화자는 어떻게 생각하는가?

(a) 대단치 않게 생각하고 있다.
(b) 매우 좋아한다.
(c) 훌륭한 직원이라고 생각한다.
(d) 잘 모른다.

🔵 마크는 지각을 자주 하고, 두 화자는 그가 해고되기를 바라는 것으로 보아 그를 좋게 여기지 않고 있다는 것을 알 수 있다.

fire 해고하다 Enough is enough. 이 정도면 충분하다. think much of ~을 대단하게 생각하다

9
M What time did you ask the Fouser's to be here by?

W 6:30. Why?

M But you told me that we were going to eat at 7:00. I'm starving!

W We are going to eat at 7:00. Did you set the table?

M Yes, everything is ready. It's 7:00 now. Oh, they're here!

W The Fouser's are so predictable.

Q What can be inferred about the Fouser's?

(a) They are punctual.
(b) They are always on time.
(c) They are not punctual.
(d) They are not predictable.

M: 파우저 부부에게 여기에 몇 시까지 오라고 했지?

W: 6시 30분요, 왜요?

M: 그런데 나한테는 7시에 먹을 거라고 했잖아. 배고파 죽겠어!

W: 7시에 식사를 할거예요. 식탁은 준비됐죠?

M: 응, 모두 다 준비됐어. 지금 7시야. (문을 두드린다) 아, 도착했네!

W: 파우저 부부는 역시 예상할 수 있다니까.

Q: 파우저 부부에 관해서 추론할 수 있는 것은?

(a) 시간을 잘 지킨다.
(b) 항상 정각에 온다.
(c) 시간을 잘 지키지 않는다.
(d) 예상할 수 없다.

❍ 식사시간이 7시이지만 파우저 부부에게 6시 30분까지 오도록 했다. 그런데 지금 7시이고 그들이 왔다는 말에서(It's 7:00 now. Oh, they're here!) The Fouser's are so predictable.에서 푸저 부부가 30분 정도는 항상 늦는다는 것을 여자는 예상하고 있다는 의미가 된다. 시간 약속을 지키지는 않지만 언제 올 지 예상할 수 있는 말을 찾아야 한다. punctual, on time은 시간을 잘 지킨다는 의미이므로 틀린 대답이 되고, predictable하다고 했으므로 (d)역시 맞는 답이 될 수 없다.

set the table 식탁을 준비하다 knock at/on the door 문을 두드리다 predictable 예측/예상 할 수 있는 punctual 시간을 잘 지키는 on time 시간에 맞게, 정각에

---

10 There's not a driver alive in the city who isn't acutely aware of the problems related to driving and parking in practically every part of the city. Yet, people seem reluctant to give up the notion of owning and driving their own motor vehicles. The daily increase in the number of cars and trucks on the city streets with virtually no place to stop and park is the instigation of stress and frustration as well as insufficient space.

Q Why people do feel stressed and frustrated?

(a) Because the number of cars and trucks is increasing.
(b) Because driving is very dangerous.
(c) Because parking is not always difficult.
(d) Because there are many auto accidents these days.

도시 전 지역에서 실제 운전과 주차에 관련된 문제를 정확히 알고 있는 운전자는 아무도 없습니다. 여전히 사람들은 자신의 자동차를 소유하고 운전하려는 생각을 버리려 하지 않습니다. 실질적으로 차를 세우고 주차할 공간이 없는데도 매일 도시 거리에 늘어나는 승용차와 트럭 숫자의 증가는 공간의 부족뿐만 아니라 스트레스와 낭패감을 불러일으킬 것입니다.

Q: 왜 사람들은 스트레스를 받고 낭패감을 느끼는가?

(a) 자동차와 트럭이 늘고 있기 때문에
(b) 운전하기가 아주 위험하기 때문에
(c) 주차가 항상 어려운 것은 아니기 때문에
(d) 요즘 차사고가 많이 일어나기 때문에

❍ 자동차가 너무 많이 생겨서 생긴 불편을 토로하고 있다. 마지막 문장에서 주차공간도 부족한데 차가 늘어나고 있어서 스트레스와 낭패감을 일으킨다는 말을 하고 있다.

acutely 예리하게, 날카롭게 be aware of 알고 있는 reluctant to ~하기 꺼리는 notion 관념, 개념 instigation 자극, 유인 frustration 낭패, 좌절 insufficient 불충분한

11 During federal grand jury hearings last week, John "The Stallion" Parmegiano plead the fifth, so he wouldn't incriminate himself. Parmegiano was fingered as the Godfather of the Little Italy Mafia by federal informant, Sylvester "The Boxer" Ricci. Although it was common knowledge on the streets that Parmegiano was the boss of the Little Italy Mafia, this was the first time federal prosecutors were able to have someone from the inside name names.

Q Which is correct according to the talk?

(a) The federal grand jury indicted Parmegiano.
(b) The Boxer was a highly acclaimed motion picture.
(c) Parmegiano hit the streets the same time Ricci did.
(d) Ricci used to be part of the Little Italy Mafia.

지난주에 있던 연방 대배심 청문회에서 '종마' 존 파메지아노는 5번째 변론을 해서 자신의 죄를 인정하지 않았다. 파메지아노는 연방 정보원인 '복서' 실베스터 리치에 따르면 리틀 이탈리아 마피아의 대부로 지목되고 있다. 비록 파메지아노가 리틀 이탈리아 마피아의 보스라는 것은 길거리 상식이지만, 연방 검사가 내부 공범자를 갖게 된 것은 처음이다.

Q: 담화의 내용과 일치하는 것은?

(a) 연방 대배심원단은 파메지아노를 기소했다.
(b) 복서는 많은 갈채를 받은 영화다.
(c) 파메지아노는 리치가 했던 것과 같은 횟수만큼 길을 쳤다.
(d) 리치는 리틀 이탈리아 마피아의 일원이었다.

○ 마피아 대부를 기소한 것은 담화문에는 나오지 않지만 대배심원단이 아니라 '검찰'일 것이다. 따라서 (a)는 정답이 아니다. federal informant, Sylvester "The Boxer" Ricci에서 리치는 연방 정보원이라고 했으므로 한때 마피아의 일원이었다는 (d)를 정답으로 고를 수 있다.

federal grand jury hearings 연방 대배심 청문회 stallion 종마(種馬) plead 변론하다, 변호하다, 항변하다 incriminate 유죄를 증명하다, 고발하다 finger 지적하다 informant 정보 제공자, 밀고자 common knowledge 상식 federal prosecutors 연방 검사 name names (나쁜 짓을 한 공범자의) 이름을 대다 acclaim 환호하다, 갈채하다

---

12 John, this is my friend, Mary. She and I have known each other since elementary school. She's probably the oldest friend I've got. She just came into town on business and we've been catching up on old times. I've told her a lot about you. Mary, say hello to John Stevenson, my old college roommate and an all-around nice guy.

Q What can be inferred from the talk?

(a) John and Mary have known each other for years.
(b) The speaker is very close to both John and Mary.
(c) John and the speaker met when they were kids.
(d) Mary is the oldest of the three people who are meeting.

존, 여긴 내 친구인 메리야. 우린 초등학교부터 알고 지냈어. 메리가 아마도 제일 오랜 친구일거야. 방금 업무차 시내에 왔고, 우린 옛 추억을 더듬고 있었지. 메리한테 네 얘기 많이 했어. 메리, 존 스티븐스에게 인사해. 오래된 내 대학 룸메이트이고 다재 다능한 친구야.

Q: 담화로부터 추론할 수 있는 것은?

(a) 존과 메리는 수년간 서로 알아 왔다.
(b) 화자는 존과 메리 모두와 아주 친하다.
(c) 존과 화자는 어릴 적에 만났다.
(d) 메리가 이 만나는 세 사람중에 가장 어리다.

○ 화자는 존과 메리를 소개시켜주고 있다. 양쪽을 다 알고 있어야 소개시켜주는 것이 가능하므로 (b)가 정답이 된다. 처음 만나는 존과 메리가 수년간 알아왔다는 (a)는 정답이 아니다. 화자가 어릴 적부터 알고 지낸건 존이 아니라 메리이므로 (c) 역시 정답이 아니다.

catch up on old times 옛 추억을 더듬다 all-around 다재 다능한

13 **A** What happened?

B I _____ to call me at work too often.

(a) told Peter not

(b) said not Peter

(c) asked not Peter

(d) said Peter not

A: 무슨 일이니?

B: 피터에게 내가 일하는 동안에는 자주 전화하지 말라고 말했어.

● say는 목적어를 하나만 가질 수 있는 동사로 목적보어를 취할 수 없어서 '주어 + say + 목적어 + to 부정사' 형태로 쓸 수 없다. 반면 tell은 'tell + 목적어 + to 동사원형' 형태로 쓸 수 있다. 부정어는 부정사 앞에 위치하므로 (a)가 정답이 된다.

work 직장, 회사

---

14 **A** Can you turn that down?

B What? I _____ you.

(a) don't listen

(b) won't hear

(c) can't hear

(d) don't understand

A: 볼륨 좀 낮춰줄래?

B: 뭐라구? 무슨 말하는지 못 알아듣겠는데!

● 볼륨이 너무 커서 상대방의 말을 못 알아듣는 것이므로 won't hear, don't understand는 의미상 틀리다. listen은 listen to의 형식을 필요로 하므로 정답이 아니다.

---

15 **A** Do you know why Sarah is so popular?

B Not only she is smart but also _____.

(a) pretty

(b) is pretty

(c) she is pretty

(d) because she is pretty

A: 사라가 왜 그렇게 인기가 있는지 알아?

B: 똑똑할 뿐만 아니라 예쁘기도 하거든.

● not only A but also B(A뿐 아니라 B도 마찬가지다)는 A와 B가 같은 구조를 가져야 한다. 대화에서는 not only 다음에 she is smart가 나왔으므로 but also 다음에는 형용사 she is pretty가 나와야 하지만 반복되는 she is는 쓰지 않는다.

popular 인기 있는

---

16 **A** I think he is so kind.

B Yes, he even told me _____ the light on.

(a) how switch

(b) how to switch

(c) how switching

(d) how switch when

A: 그 남자 정말 친절한 것 같아.

B: 그래, 심지어 내게 불을 어떻게 켜야 하는지도 알려 주었어.

● 그 남자가 친절한 이유로 스위치를 '켜는 법'도 알려 주었는데, '~하는 법'을 표현할 때는 'how to + 동사원형'을 사용한다.

light on 불을 켜다

---

17 There was a big difference between _____ and what he actually did.

(a) what he had had in mind

(b) what he has had in mind

(c) what he had in mind

(d) what he has in mind

사람들의 마음 속에 있는 것과 실제로 행동하는 것 사이에는 커다란 차이가 있다.

● between A and B 구문에서 A와 B는 같은 문장구조와 시제를 가져야 한다. what he actually did가 과거시제이므로 빈칸 역시 같은 시제가 와야 한다.

difference 차이 **have in mind** 마음에 두다

18 Almost half of US children _____ secondhand smoke each week.

    (a) expose to
    (b) are exposed to
    (c) are exposing
    (d) have exposure with

미국의 거의 절반의 아이들은 매주 간접흡연에 노출되어 있다.

◐ 흡연이 아이들한테 노출되는게 아니라 아이들이 흡연에 노출된다는 것이 의미상 맞으므로 수동태가 되어 are exposed to가 되어야 한다.

expose 노출하다 **secondhand** 간접의, 중고의

---

19 Somebody proposed to build a _____ building in Incheon.

    (a) two-hundreds stories
    (b) two-hundred story
    (c) two-hundred stories
    (d) two-hundreds story

누군가 200층 짜리 건물을 인천에 짓자는 제안을 했다.

◐ 명사와 명사가 나열될 경우 앞에 있는 명사는 형용사 역할을 하기 때문에 단수형을 써야 한다. 숫자를 하이픈으로 연결하는 경우 역시 다음에 오는 명사를 수식하는 형용사 역할을 하기 때문에 단수형을 써야 한다. story 역시 다음에 오는 building을 수식하기 때문에 단수형을 써야 한다.

propose 제안하다

---

20 Labor and management should _____ more frequently.

    (a) talk each other
    (b) each talk other
    (c) talk each to other
    (d) talk to each other

노사는 서로 빈번하게 대화를 나누어야 한다.

◐ each other는 '둘 사이에 서로'를 의미한다. 서로가 서로에게 말을 하는 것이므로 전치사 to를 사용한 talk to each other가 정답이 된다.

labor 노동 **frequently** 자주, 빈번히

---

21 (a) A: I'm looking for a chair that supports my back.
    (b) B: I see. Are you looking for an office chair or livingroom chair?
    (c) A: An office chair.
    (d) B: We have some nice one over here.

A: 등받이 의자를 찾고 있는데요.
B: 그래요. 사무실용 의자입니까? 아니면 거실용 의자입니까?
A: 사무실용 의자요.
B: 이쪽에 근사한 의자가 몇 개 있습니다.

◐ (d)에서 some이 나오고 있으므로 그 뒤에는 셀 수 있는 명사가 나올 경우 복수 형태를 취한다. chair는 셀 수 있는 명사이므로 복수로 대명사를 쓸 경우 ones가 되어야 한다.

support 지지하다 **look for** 찾다

---

22 (a) Does the fact that bowing as a greeting was also a part of American life surprise you? (b) Early colonists who came to the New World brought with them courtly European gestures such as bowing and curtsying. (c) As the person greeted had greater social status, he or she received the more deep bow or curtsy. (d) Handshakes between men and kissing the hand of women were more informal.

(a) 허리를 굽히는 인사가 미국인의 삶의 일부였다는 사실이 당신을 놀라게 하는가? (b) 신세계로 온 초기 식민지 주민들은 고개를 숙이는 인사나 무릎을 꿇고 몸을 숙인 인사 등 유럽의 궁정식 인사법을 들여왔다. (c) 인사 받는 사람의 지위가 높을수록 그 사람은 더 깊게 머리와 무릎을 굽히는 인사를 받았다. (d) 비공식적인 상황에서는, 남자들은 서로 악수를 했고, 여자들의 손에 입을 맞추었다.

◐ (c)에 등장하는 비교급 표현 more deep는 바른 표기법이 아니다. deeper라고 해야 한다.

colonist 식민지 주민, 해외 이주자, 식민지 개척자, 이주자 **greet** 인사하다, 경의를 표하다 **courtly** 공손한, 고상한, 기품 있는 **curtsy** (무릎을 굽히고 몸을 약간 숙이는) 여성의 인사, 절

23 **A** This embezzlement case has taken a lot _____ of me.

  B Now, I see why you look so exhausted.

(a) out
(b) against
(c) in
(d) about

A: 이 횡령 사건은 기운을 쏙 빼네.
B: 그래서 그렇게 지쳐 보이는구나.

○ take it out of someone은 '~의 기력을 쇠진시키다' 는 관용적 표현이다.

embezzlement 횡령, 착복 take against 반항하다, 반감을 갖다 take in 속이다, 흡수하다 take out 파괴하다, ~의 기능을 마비시키다

---

24 **A** How much did you pay for that TV?

  B Only $800. I got a great _____ on it.

(a) budget
(b) theft
(c) dealing
(d) bargain

A: 그 TV 사는데 얼마나 들었어?
B: 800달러밖에 안 들었어. 정말 헐값으로 산 것 같아.

○ only라는 단어를 눈여겨보자. TV를 사는데 800달러밖에 내지 않았다고 했으므로, 적어도 도둑질(theft)은 하지 않았을 것이고, 거래에 성공했다는 의미를 나타내야 할 것이다. (흥정을 잘 해서) 물건을 잘 샀다는 말을 할 것이다. deal은 거래라는 의미를 나타내지만, 흥정은 대개의 경우 bargain이라는 단어를 사용한다.

get a great bargain (물건을) 헐값으로 손에 넣다 budget 예산, 경비 theft 도둑질, 절도

---

25 **A** I was so busy that I _____ my lunch today.

  B So did I. I'm so hungry right now.

(a) jumped
(b) bypassed
(c) skipped
(d) seized

A: 오늘 너무 바빠서 점심을 걸렀어.
B: 나도 그래. 지금 너무 배고파.

○ 점심을 어떻게 한 것에 대해서 나도 마찬가지라며 너무 배고프다는 말을 하고 있으므로 빈칸에는 '식사를 거르다' 는 의미를 갖는 단어가 필요하다

bypass 회피하다, 우회하다 skip 거르다, 건너뛰다 seize 붙들다, 붙잡다

---

26 **A** I need to _____ some cash from the ATM.

  B Hurry up! We have no time to lose.

(a) bring in
(b) take out
(c) give out
(d) keep out

A: 현금 인출기에서 돈을 좀 찾아야해.
B: 서둘러! 지체할 시간 없어.

○ '현금을 인출하다' 라는 표현은 take out이나 withdraw이다. '입금하다' 는 deposit이다.

ATM (=automated-teller machine) 현금 입출금기계 bring in 들여오다 take out 꺼내다, 인출하다 give out 배포하다. (냄새, 소리 등을) 발산하다, 내다 keep out 못 들어오게 하다

27 **A** You did a great job yesterday.
B Thanks. I'm really _____.

(a) flattened
(b) flabbergasted
(c) flattered
(d) fortunate

A: 너 어제 일 참 잘했다.
B: 고맙습니다. 정말 쑥스럽네요.

🔵 상대방이 칭찬할 때 이에 대한 대답으로 구어체에서 '과찬의 말씀입니다, 쑥스럽네요'의 뜻으로 I'm flattered.를 쓴다.

flatten 평평하게 하다 flabbergast 놀라게 하다

---

28 Because these plants are very delicate, they must be handled with extreme _____.

(a) love
(b) efficiency
(c) care
(d) harmony

이 식물들은 아주 섬세하기 때문에 극도로 조심해서 다뤄야 한다.

🔵 식물이 섬세하다고 했으므로 조심해서 다룰 것을 요구한다. love를 답으로 생각해볼 수 있으나 with extreme love는 자연스러운 표현이 되지 못한다. with extreme care는 extremely carefully의 의미로 섬세한 식물을 극도로 조심스럽게 다루어야 한다는 의미를 표현할 수 있다.

delicate 섬세한, 까다로운 handle with 다루다, 취급하다 with extreme care 아주 조심하여 efficiency 능력, 능률

---

29 I was so scared because the radio automatically came _____.

(a) to
(b) on
(c) out
(d) with

라디오가 저절로 켜져서 너무 두려웠다.

🔵 라디오가 저절로 어떻게 되었기에 너무 두려웠는지 생각해야 한다. 손도 대지 않았는데 저절로 켜졌다는 의미가 되는 come on이 가장 적당한 대답이다.

come to 회복하다 come on 상연[상영]되다. (TV 따위에서) 보이다 come out 누설하다, 공포하다 come with 곁들이다

---

30 The judge granted him _____ from prosecution.

(a) exemption.
(b) limitation
(c) immunity
(d) restriction

판사는 그에 대한 기소를 중지시켰다.

🔵 immunity는 '법적인 의무나 책임으로부터의 면제'를 의미하는 단어로 전치사 from과 함께 쓰는 법률용어이다.

grant 승인하다, 허가하다 prosecution 기소, 고발 exemption 면제 limitation 한정, 제한 immunity (법적인 의무, 책임 등의) 면제 restriction 제한, 한정

---

31 The US must _____ up to the reality that it has very few friends in Iraq.

(a) climb
(b) carry
(c) face
(d) look

미국은 이라크에 친구가 거의 없다는 현실을 직시해야 한다.

🔵 '현실을 직시하고 인정하다'를 의미하는 표현은 face up to the reality이다.

climb up 오르다 carry up (물건 등을) 위로 가져가다 face up to 정면으로 대들다. 감연히 맞서다 look up to 존경하다

32 The paper company refused to
_____ by the terms of the
agreement.

(a) walk
(b) abide
(c) live
(d) come

그 지류회사는 계약조건을 지키기를 거부했다.

⊙ abide by는 '(법률, 결정 등을) 지키다, 준수하다'를 의미하는 표현이다.

abide by 지키다, 준수하다　come by 얻다, 획득하다

READING COMPREHENSION • P.70

33 The second omnibus volume of classic
Sci-Fi novels from the popular World of
Torvol series by the author of the
bestselling Viking Quest saga is now
available in stores. All three action-packed
novels – "Sight Unseen, The Cavarian
World", and "When the Horn Blows" – are
great original works of universe-hopping
adventure and were _____
by Sam White for his Tales from Umberto
series.

(a) later used as models
(b) inspirational examples
(c) criticized for boredom
(d) amazingly effective

베스트셀러인 바이킹 모험담의 작가가 내놓은 그 유명한 〈토르볼의 세계〉 시리즈의 제2집인 고전 SF 소설의 모음집이 출간되었다. 〈보이지 않는 것들〉, 〈카바리안의 세계〉, 그리고 〈뿔 나팔이 울릴 때〉 이렇게 세 액션 소설로 구성된 이번 작품은 우주 모험물의 원작으로서 나중에 샘 화이트의 움베르토 이야기 시리즈의 원형으로 사용되었다.

(a) 나중에 원형으로 사용된
(b) 영감이 되는 실례인
(c) 지루함으로 비평을 받은
(d) 놀랍게도 효과적인

⊙ 우주모험물의 원작으로 소개되고 있는 이 소설들이 Sam White가 저술한 시리즈와 어떤 관계가 있겠는가? 우선 (c)에 비판받았다는 내용은 어울리지 않고, (b)를 대입하면 Sam White가 저작한 작품이라는 의미로 바뀐다. (d)는 문법상 맞지 않으며 따라서 훗날 모델로 사용되었다는 (a)가 정답이다.

omnibus 여러 가지 항목을 한데 묶은　bestselling 베스트 셀러의　saga 무용담 모험담　hopping 바삐 움직이는　original work 원작

34 The latest in the constantly fluctuating health-craze market is the "Fresh Air" Salon, where customers can fill their lungs with pure oxygen. Customers relax on cushions while breathing scented oxygen through plastic tubes. Many believe that supplementary oxygen _____. But physicians are not convinced; there is no medical research that supports the claim that taking oxygen has health benefits.

(a) can do little to relieve stress and slow aging
(b) can relieve stress and slow aging
(c) is worth the expense
(d) is overly expensive

끊임없이 변하는 건강 관련 시장에서 최근 '신선한 공기' 센터가 유행하고 있는데, 고객들은 이 곳에서 폐에 순수한 산소를 채울 수 있다. 고객들은 편안한 쿠션에 기대어 플라스틱 관을 통해 냄새가 좋은 산소를 호흡한다. 산소를 보충하면 스트레스를 풀어주고 노화를 방지할 수 있다고 믿는 사람들이 많다. 하지만 내과의사들은 이 효과에 대해 확신을 갖고 있지 않다. 산소를 흡입하면 건강에 이롭다는 주장을 뒷받침할 의학적인 연구 자료가 없기 때문이다.

(a) 스트레스를 풀어주고 노화를 방지하는 데 거의 작용하지 않는다
(b) 스트레스를 풀어주고 노화를 방지할 수 있다
(c) 비용만큼 가치가 있다
(d) 지나치게 비싸다

○ '신선한 공기' 센터를 이용하는 사람들은 이 곳에서 얻게 될 긍정적 효과를 믿을 것이므로, 건강에 관련된 긍정적 효과를 답으로 선택해야 한다. 그러므로 정답은 (b)이고, (a)는 효과가 없다고 말하는 것이므로 정답이 아니다. 또한 글에 비용에 대한 내용이 나와 있지 않으므로 (c)와 (d)도 정답이 아니다.

constantly 끊임없이 fluctuating 변동하는, 동요하는 craze 대유행, (반짝하는) 인기 pure 순수한 relax 편하게 하다 scented 냄새가 좋은 supplementary 보충의 physician 내과의사 convince 납득시키다, 확신시키다 aging 노화

---

35 Persuasion refers to being able to affect people's thoughts and actions, while argument involves creating and explaining people's interpretations of reality by calling on the listener's reason. Successful arguments are always persuasive ones, but not all persuasion requires an argument. The difference between these terms, _____ murky, is essential as the words signify different interactions between the speaker and listener in addition to being employed for different purposes.

(a) however
(b) therefore
(c) nevertheless
(d) thereby

설득이 사람들의 생각이나 행동 방식에 영향을 미칠 수 있는 것을 지칭한다면, 논증은 청자의 이성에 호소함으로써 현실에 대한 사람들의 해석을 창출하고 설명해 내는 것과 관련이 있다. 성공적인 논증은 항상 설득력이 있다. 그러나 모든 설득이 논증을 요구하는 것은 아니다. 두 단어는 서로 다른 목적뿐 아니라 작가와 독자 사이의 다른 관계를 함축하는 만큼, 비록 불명확할지라도 이 두 용어의 차이는 중요하다.

(a) 그러나
(b) 그러므로
(c) 그럼에도 불구하고
(d) 그것에 의하여

○ 위 글에서 필자는 설득(persuasion)과 논증(argument)이 서로 차이가 있음을 설명하고 있다. 지문 전체가 차이에 대해 설명하는 반면 murky라는 단어는 분명한 차이점이라는 표현의 정반대이다. 정반대의 관계를 나타내는 접속사는 (a)however이다.

persuasion 설득 argument 논증, 논쟁 terms 용어, 학술 용어, 전문어 murky 애매한, 침침한

36 Carbon monoxide(CO), is a colorless gas with no smell which usually results from the emissions of a combustion engine. The most common reason for atmospheric CO is from vehicles. Carbon monoxide reduces the body's ability to transport oxygen to vital organs that can create serious problems in the circulatory and neurological systems.

Q What is the best title for the passage?

(a) CO is A Silent Killer.
(b) How Transportation Creates Pollution.
(c) CO Pollution is Common but Serious.
(d) Industry Needs to be Halted for People's Safety.

일산화탄소(CO)는 보통 내연 기관의 배출로 나오는 무색 무취의 가스이다. 대기중 일산화탄소의 가장 흔한 원인은 자동차이다. 일산화탄소는 중요한 장기에 산소를 공급하는 신체능력을 저하시키는데, 이는 혈액순환과 신경계에 심각한 문제를 초래할 수 있다.

Q: 이 글이 제목으로 가장 알맞은 것은?

(a) 일산화탄소는 소리 없는 살인자다.
(b) 교통수단이 어떻게 공해를 일으키는가.
(c) 일산화탄소 공해가 신체에 어떻게 피해를 입히는가.
(d) 사람들의 안전을 위해 공업은 멈춰야 한다.

○ 지문은 일산화탄소의 원인에 대한 설명을 시작으로 그것이 인체에 특징과 위험에 대해 말한다. 자동차가 공해의 원인으로 언급되지만 그것이 글 전체를 아우르는 주제는 아니므로 (b)는 제목으로서 약하며, (a)나 (d)는 글 내용을 지나치게 극단적으로 확장했으므로 역시 적합하지 않다. 흔한 자동차에서 나오는 일상적인 공해이지만 결과는 심각하다는 (c)가 가장 적합하다.

carbon monoxide 일산화탄소 combustion 연소 atmosphere 대기 emission 배출 vital 생명유지에 필요한, 극히 중대한 oxygen 산소 circulatory 혈액순환상의 neurological 신경의

---

37 Yesterday I saw a commercial on TV telling me that some phone was the most popular cell phone model in Korea. Now I don't know about you, but is that supposed to make me want to spend a lot of money for a phone? Do I really want a phone that everyone else has? No, I don't. I want a phone that does what it needs to do without a lot of bells and whistles.

Q Which of the following best describes the passage?

(a) Popular phones are well made phones.
(b) Commercials influence buyers.
(c) Popularity doesn't equal useful or necessity.
(d) She wants a cutting edge phone.

난 어제 특정 전화기가 한국에서 가장 인기 있는 휴대전화 모델이라고 말하는 TV 광고를 보았다. 당신은 어떤지 모르겠지만, 그것이 내가 비싼 돈을 지불하고도 그 전화기를 구입하고 싶다고 느끼게 하려는 광고인가? 남들도 다 갖고 있는 전화기를 내가 정말 구입하고 싶겠는가? 난 아니다. 난 많은 벨소리와 휘파람소리가 없어도 해야 할 기능을 하는 전화기를 원한다.

Q: 다음 중 위 글의 내용을 가장 잘 설명한 것은?

(a) 인기 있는 전화기가 잘 만들어진 전화기다.
(b) 광고가 소비자들에게 영향을 끼친다.
(c) 대중성이 유용성 또는 필요성과 동일하긴 한다.
(d) 필자는 최첨단 전화기를 원한다.

○ 지문은 TV 광고가 제품의 인기도를 부각시켜 소비자의 구매력을 자극하는 방식으로 구상되지만, 필자처럼 오히려 인기도를 흔해빠짐으로 이해하여 그런 광고에 흥미를 못 느끼는 사람들, 차라리 유용성과 필요성에 자극 받는 소비자들이 있음을 이야기한다. 지문은 광고가 소비자에게 영향을 못 미치는 사례이므로 (b)는 정답이 아니다. (a)는 지문이 관심 갖는 관점이 아니며, (d)는 지문과 정반대의 내용이다. 따라서 정답은 (c)이다.

commercial 광고방송, CM be supposed to ~하기로 되어 있다 well made 잘 만들어진 popularity 인기도 equal 동일하다, 같다 cutting edge 최첨단

38 In California, Chinese immigrants were strongly outnumbered and often were victims of discrimination. During the early years of the Gold Rush Chinese immigrants were robbed, forced to pay extra taxes, beaten and driven from communities. These Chinese immigrants were also not allowed to marry non-Asians, nor could they become citizens. Due to the harsh conditions and violence encountered, it was in during the 1870's that the first Chinatowns were established.

Q Which is correct of Chinese immigrants, according to the passage?

(a) Chinese immigrants were victims of racial discrimination.
(b) Non-Asians had to pay a tax to marry someone from China
(c) Chinese immigrants robbed Californians for gold.
(d) Chinese immigrants weren't allowed to drive.

캘리포니아에서는 중국 이민자들의 인구가 매우 적어서 자주 차별의 피해자가 되었다. 골드러시 초기 중국 이민자들은 도둑맞고 추가 세금을 강요당하고 구타당하고 마을에서 쫓겨나기도 했다. 이들 중국 이민자들은 비아시아계 사람과는 결혼이 허락되지 않았고 미국 시민이 될 수도 없었다. 그들이 맞닥뜨린 혹독한 환경과 폭력 때문에, 1870년대에 최초로 차이나타운이 세워지게 되었다.

Q: 이 글에서 중국 이민자들에 대한 내용과 일치하는 것은?

(a) 중국 이민자들은 인종차별의 피해자였다.
(b) 비아시아인은 중국인과 결혼하기 위해 세금을 내야 했다.
(c) 중국 이민자들은 금 때문에 캘리포니아 주민들을 털었다.
(d) 중국 이민자들에게는 운전이 금지되었다.

○ (b)는 본문 중 pay extra taxes와 not allow to marry non-Asians를 혼합시켜 전혀 다른 사실이 되었다. driven from communities는 지역사회에서 쫓겨났다는 뜻이므로 (d)의 drive(운전)에 대한 언급은 본문과 무관하다. 정답은 인종 차별의 피해자였다는 (a)이다.

outnumbered 수적으로 약세인 victim 피해자
discrimination 차별(대우) be driven from ~로부터 쫓겨나다 due to ~로 인해 harsh 가혹한 encounter 마주치다

---

39 East Sea Airlines would like to tell you about our new fantastic first class service featuring semi-private full tilt reclining seats. We know that our premium first class will provide you with luxuries that will make your flight seem like a restful resort. Enjoy a gourmet meal created by renowned chefs, watch a newly released movie on your own screen and enjoy a good night's sleep in the most relaxing seat available today.

Q What can be inferred from the passage?

(a) East Sea is the most expensive airline.
(b) Flying will no longer be inconvenient.
(c) East Sea also owns a resort
(d) East Sea Airlines only flies at night.

이스트씨 항공사는 뒤로 완전히 펴질 수 있는 반사용(半私用) 안락의자를 갖춘 새롭고 환상적인 일등석 서비스를 소개해 드립니다. 저희 프리미엄 일등석은 여러분의 비행을 편안한 리조트처럼 만들어 드리게 될 고급시설을 제공할 것입니다. 유명한 요리사들에 의해 창조된 미식가만의 요리를 즐기면서 여러분만의 스크린에서 상영되는 최신 개봉 영화를 감상하십시오. 그리고 가장 편안한 좌석에서 편안한 잠을 즐기시기 바랍니다.

Q: 위 글에서 추론할 수 있는 것은?

(a) 이스트씨 항공사는 가장 비싼 항공사이다.
(b) 비행이 더 이상 불편하지 않을 것이다.
(c) 이스트씨 항공사는 리조트도 소유하고 있다.
(d) 이스트씨 항공사는 밤에만 운항한다.

○ 본문은 항공기 내 first class에 대한 묘사이다. 본문 중에 일등석이 seem like a restful resort라고 했는데 이것을 항공사가 리조트를 소유했다는 것으로 오역하면 안 된다. 일등석의 편안한 좌석은 도중에 잠을 자야 하는 장거리에 적합하지만 항공기가 밤에만 운항한다고 보긴 어렵다. 가장 적합한 정답은 (b)이다.

fantastic 환상적인 feature ~의 특색을 이루다 semi-private 반개인용의, 준 특실의 reclining 안락의자(등과 앞받침을 조절할 수 있는) restful 편안한 gourmet 미식가, 식도락가 chef 요리사 renowned 유명한, 명성있는 new release movie 새 개봉 영화

40 The television has done much to advance the women's rights movement. (a) Early programs portrayed women as housewives who only cooked and cleaned. (b) Women who worked outside of the home often had low status jobs. (c) Commercials showed women as simple-minded and unintelligent. (d) Is the media's portrayal of men as contentious?

텔레비전은 여성의 인권 운동을 촉진하는 데 많은 기여를 했다. (a) 초기 프로그램들은 여성들을 단지 음식을 하고 청소를 하는 주부로 묘사했다. (b) 집 밖에서 일을 했던 여성들은 흔히 낮은 지위의 직업을 가졌다. (c) 광고들은 여성들을 어리석고 무지한 모습으로 보여주었다. (d) 매스컴의 남성에 대한 묘사는 다툼을 좋아하는 모습인가?

○ 첫 문장에서 텔레비전과 여성인권운동과의 관계를 언급하고 (a), (b), (c)에서 이 관계에 대한 부연설명이 이어지고 있다. 초기 텔레비전 프로그램에 비친, 남성들에 비해 열등한 여성들의 묘사를 다루고 있다. 그러나 (d)는 남성의 모습에 대한 묘사를 언급하고 있으므로 전체 문맥에 어울리지 않는 문장이다.

advance 촉진시키다, 진척시키다 portray 묘사하다, 표현하다 status 지위, 상태 commercial 광고(방송) simple-minded 속기 쉬운, 어리석은 unintelligent 무지한, 우둔한 contentious 다툼을 좋아하는, 논쟁적인

LISTENING COMPREHENSION · P.76

1 W You're not angry at me, are you?
M _____

(a) No, you're not.
(b) Me, too!
(c) Neither am I.
(d) Yes, I am.

W: 저한테 화나지 않으셨죠?
M: _____

(a) 아뇨, 당신은 아닙니다.
(b) 저도 마찬가지입니다!
(c) 저도 아닙니다.
(d) 아니요, 그래요.

🔵 부정으로 묻는 의문문은 우리말의 대답과는 다른 방식으로 대답하므로 주의해야 한다. 간단하게 말해서 부정이든 긍정으로 물어보든지 뒤에 나오는 대답에 not이 없으면 앞에는 yes로, not이 있으면 앞은 no가 된다. 화나지 않으셨죠? 라고 물었으므로 만일 화가 났으면 Yes, I am이고 화가 안 났으면 No, I'm not이 된다.

angry 성난, 노한

2 W Do you mind if I open the window a little?
M _____

(a) I'd rather you didn't.
(b) No, thank you.
(c) Think nothing of it.
(d) No, he won't.

W: 창문을 조금만 열어도 될까요?
M: _____

(a) 안 그러셨으면 좋겠는데요.
(b) 아뇨, 감사합니다.
(c) 별말씀을요.
(d) 아뇨, 그는 안 할 겁니다.

🔵 mind 자체에 '꺼리다, 신경 쓰다' 라는 의미가 있으므로 대답에 부정어가 있어야 그렇게 하라는 긍정의 의미가 된다. 질문에 대한 대답으로 긍정은 Of course not. 정도가 무방하나 '그러지 않았으면 좋겠다' 는 (a) I'd rather you didn't open the window.도 가능한 응답이다.

Do you mind if ~ ? ~하면 안 될까요?

3 M What's your favorite kind of movie?
W _____

(a) I really liked Terminator.
(b) I really like Brad Pitt.
(c) I really like watching videos.
(d) I really like Western movies.

M: 어떤 종류의 영화를 좋아하세요?
W: _____

(a) 전 터미네이터를 정말 좋아했습니다.
(b) 전 브래드 피트를 정말 좋아합니다.
(c) 전 비디오 보는 것을 정말 좋아합니다.
(d) 서부 영화를 정말 좋아합니다.

🔵 좋아하는 영화 종류를 묻고 있으므로 서부 영화를 좋아한다는 (d) 가 정답이 된다.

favorite 아주 좋아하는, 마음에 드는

4

M 911 Emergency.
W Send an ambulance right away!
M OK, try to calm down. Where do you live?
W _____

(a) In a house.
(b) In Richmond.
(c) 313 Delaware Avenue.
(d) No, I think he's dead.

M: 911 응급구조대입니다.
W: 앰뷸런스를 빨리 보내주세요!
M: 좋아요. 진정하세요. 어디에 사시죠?
W: _____

(a) 집 안입니다.
(b) 리치몬드입니다.
(c) 델라웨어 애비뉴 313번지입니다.
(d) 아뇨, 그는 죽은 거 같아요.

⊙ 여자가 911에 전화를 걸었고, 남자는 어디에 사는지 묻고 있다. (a) 집안, (b) 리치몬드 같은 막연한 장소가 아니라 구체적인 주소가 나와야 한다. (d)는 live와 dead의 의미 혼동을 주고 있다.

emergency 비상사태, 위급 **right away** 지체하지 않고, 당장 **calm down** 가라앉히다, 진정하다

5

M Can I help you?
W Yes, I'd like two dozen long stemmed white lilies.
M Oh, what's the occasion?
W _____

(a) Are you sure that you want the stems, too?
(b) Yes, I occasionally buy lilies.
(c) It's our tenth wedding anniversary.
(d) I ate out yesterday.

M: 무엇을 도와드릴까요?
W: 예, 줄기가 긴 하얀 백합 24송이가 필요합니다.
M: 오, 오늘 무슨 날이에요?
W: _____

(a) 줄기도 원하는 게 확실합니까?
(b) 예, 전 가끔 백합을 삽니다.
(c) 우리 부부 결혼 10주년 기념일이거든요.
(d) 어제 외식을 했습니다.

⊙ 꽃가게(florist)에서 나누는 대화이다. 중요한 날이나 뭔가를 기념하기 위해, 혹은 그냥 마음이 동해서 꽃을 살 수 있을 것이다. lilies가 키워드이다. (b)는 What's the occasion?에 대해 occasionally로 받아서 착각을 유도했다.

dozen 12개, 다스 **stemmed** 줄기가 달린 **eat out** 외식하다 **anniversary** 기념일

6

M Where to?
W Apple Center, please. And step on it!
M What's the rush?
W _____

(a) I know that he is the apple of my eye.
(b) I'm late for a very important seminar.
(c) I only came in 4th place yesterday.
(d) I'm ahead of schedule.

M: 어디에 가십니까?
W: 카터홀입니다. 서둘러주세요!
M: 무슨 급한 일인가요?
W: _____

(a) 그 아이는 눈에 넣어도 안 아플 정도로 소중한 아이죠.
(b) 아주 중요한 세미나에 늦었습니다.
(c) 어제 전 겨우 4등으로 들어왔습니다.
(d) 일정보다 앞서고 있습니다.

⊙ Where to?는 택시를 타면 운전기사가 승객에게 거의 반사적으로 꺼내는 말이다. step on it은 hurry up을 의미한다. What's the rush?를 이해했다면, 급히 가야 하는 이유를 대답으로 고를 수 있을 것이다. 중요한 세미나에 늦었다는 (b)가 가장 적당하다.

step on it 속도를 내다, 서두르다 **come in** 도착하다, 들어가다 **ahead of** ~보다 이전에

7

W It's getting late. I really should get going.

M So soon?

W Yeah, I have to be at the office early tomorrow.

M Well, I'm glad you could come.

W Thanks for inviting me. I had a great time. We'll have to get together at my place sometime.

M That would be great. Drive safely.

Q What is the main idea of the conversation?

(a) The man and woman are leaving their office.

(b) The man and woman are leaving a party together.

(c) The woman is leaving the man's party.

(d) The man is going to drive the woman home.

W: 늦었네. 이제 가야해.

M: 벌써?

W: 예, 내일 아침 일찍 출근해야 하거든요.

M: 음, 와줘서 반가웠어요.

W: 초대해줘서 고마워요. 즐거웠어요. 언제 우리 집에서 만나요.

M: 좋아요. 운전 조심하세요.

Q: 대화의 요지는 무엇인가?

(a) 남자와 여자는 사무실을 떠난다.

(b) 남자와 여자는 파티를 하러 함께 떠난다.

(c) 여자는 남자의 파티를 떠난다.

(d) 남자는 여자를 집까지 태워주려고 한다.

🔵 여자가 남자의 집에서 떠나기 직전의 대화이다. 운전 조심하라고 했지 집까지 태워 준다는 말은 아니다.

get going leave 떠나다 have a great time 재미있게 보내다 get together 모이다, 만나다

8

M Can I please get some information on train fares?

W Sure, where would you like to go?

M I'd like to go to Daegu.

W Would you like to ride first-class or second-class?

M Second-class would be fine. How much is a round-trip ticket?

W That will be 42,000 won.

Q Which is correct according to the conversation?

(a) A first-class ticket costs 42,000 won.

(b) The station only sells round-trip tickets.

(c) The man wants a round-trip ticket to Daegu.

(d) The ticket is for a bus to Daegu.

M: 열차 요금 문의 좀 할 수 있을까요?

W: 물론이죠. 어디로 가실 건데요?

M: 대구로 갈 거예요.

W: 1등석을 원하세요, 아니면 2등석을 원하세요?

M: 2등석이 좋을 것 같네요. 왕복표는 한 장에 얼마죠?

W: 42,000원입니다.

Q: 대화 내용과 일치하는 것은?

(a) 1등석 표는 42,000원이다.

(b) 이 역은 왕복표만 판다.

(c) 남자는 대구행 왕복표를 원한다.

(d) 이 표는 대구행 버스표이다.

🔵 남자는 대구로 가려고 기차표를 끊는 중이다. Second-class would be fine.이란 말에서 2등석을 선택했으므로 (a)는 잘못된 보기이고, How much is a round-trip ticket?에서 왕복표를 물어봤으므로 (c)와 일치한다. 왕복표만을 파는지는 대화에 나와 있지 않다.

fare 요금 round-trip 왕복의

9

M Excuse me, miss. You can't park your car here.

W Oh? Why not?

M This is a no parking zone. Can't you see the sign?

W I'm sorry. Where can I park around here?

M If you go down the block and turn right, you'll see a public parking lot.

W Thank you very much. I'll move my car right away.

Q What can be inferred from the conversation?

(a) The man parked the car for the woman.

(b) The woman won't move her car.

(c) The parking zone is unfair.

(d) The woman didn't see the no parking sign.

M: 죄송합니다만, 이곳에는 주차하실 수 없습니다.

W: 그래요? 왜 안 되는 건데요?

M: 여긴 주차 금지 구역입니다. 저 표지판 못 보셨어요?

W: 죄송해요. 이 주변에 주차할 데 있나요?

M: 저 블록을 따라 내려가시다가 우회전하시면 공공 주차장을 찾으실 수 있을 겁니다.

W: 정말 고맙습니다. 지금 당장 차를 뺄게요.

Q: 대화에서 추론할 수 있는 것은?

(a) 남자는 여자를 대신해서 주차를 했다.

(b) 여자는 자신의 자동차를 움직일 수 없을 것이다.

(c) 주차구역은 공정하지 않다.

(d) 여자는 주차 표지판을 보지 못했다.

○ 주차에 관한 내용이다. 남자가 주차 금지 표지판을 보지 못했냐고 하자(This is a no parking zone. Can't you see the sign?) 여자가 I'm sorry로 대답했다는 것은 I didn't recognize the sign이라는 의미이므로, 표지판을 보지 못했다는 (d)가 정답이다.

parking zone 주차 구역 **go down** 내려가다 **public parking lot** 공공주차장 **right away** 지금 당장, 즉시 **unfair** 부당한, 불공평한

---

10 In 1998, a small, dynamic family founded a business that did so well that in the first two years of existence it doubled in revenue. Top quality work and quick order turnaround resulted in a continuous flow of orders. The business was heavily leveraged as a result of the purchase of new equipment, and tight on cash, but the potential was great for future expansion.

Q What is the talk mainly about?

(a) A successful family business

(b) A bankrupt family business

(c) How to run a large company

(d) How to lose weight

1998년에 작고 정력적인 가족이 회사를 설립했는데 너무 잘되어서 창업 2년 만에 수입이 두 배가 되었다. 수준 높은 작업과 빠른 주문 소요시간으로 주문이 끊이지 않게 되었다. 사업은 새로운 장비의 구입과 현금부족으로 심하게 차입금에 의존하고 있지만 미래에 성장할 잠재력은 무궁무진하다.

Q: 무엇에 관한 담화인가?

(a) 성공적인 가족 사업

(b) 파산한 가족 사업

(c) 큰 회사를 운영하는 방법

(d) 살을 빼는 방법

○ did so well, doubled in revenue, continuous flow of orders, the potential was great for future expansion 등의 어구를 들었다면 빚이 많고 현금이 부족하지만 성공적인 회사임을 쉽게 알 수 있다. (a)가 정답이다.

dynamic 정력적인, 활동적인 **found a business** 회사를 설립하다 **revenue** 수입 **quick order turnaround** 빠른 주문 소요시간 **result in** 결과적으로 ~하다 **continuous flow of orders** 끊임없는 주문량 **leveraged** 차입금에 의한 **tight on cash** 현금 사정이 어려운 **potential** 잠재력 **expansion** 발전, 신장, 확장

11 The Federal Reserve's main weapon against inflation is its power to change interest rates. The Federal Reserve raises interest rates so that people will cut back their borrowing, rather than pay too much in interest. With less credit being used, consumers buy less, and prices do not rise.

Q What will happen if interest rates are raised?

(a) People will borrow more.
(b) Prices will go up.
(c) People will borrow less.
(d) People will pay less interest.

인플레이션에 대한 연방 준비은행의 주된 무기는 이자율을 변경할 수 있다는 것이다. 연방 준비은행은 이자율을 올림으로써 사람들이 이자를 너무 많이 지불하는 것보다는 차용을 줄이도록 하는 것이었다. 신용 대부가 줄면서 소비자들은 덜 사게 되고, 가격은 오르지 않게 된다.

Q: 이자율이 오르면 어떤 일이 일어날까?

(a) 사람들이 더 빌리게 될 것이다.
(b) 가격이 올라갈 것이다.
(c) 사람들이 덜 빌리게 될 것이다.
(d) 사람들이 이자를 덜 낼 것이다.

○ 두 번째 문장에서 The Federal Reserve raises interest rates so that people will cut back their borrowing, rather than pay too much in interest에서 빌리는 것을 줄인다고 했다. cut back their borrowing와 같은 의미인 borrow less를 고르면 된다.

the Federal Reserve (Bank) (미) 연방 준비은행 **weapon** 무기, 병기 **interest rates** 이자율 **cut back** 삭감하다, 줄이다 **borrowing** 차용 **rather than** ~보다는 오히려 **credit** 외상 (판매), 신용 대부 **consumer** 소비자

---

12 Truman Store certificates are only accepted at United States locations, including the Virgin Islands. There is no minimum purchase required, but change is not given for purchases less than $20. Certificates cannot be combined with other offers. They are not redeemable for cash, or entrance at any of the following: amusement parks, hotels, or other Truman owned and operated businesses. Certificates expire one year from their issue date.

Q Which is correct according to the talk?

(a) You will receive change if you buy a $10 T-shirt.
(b) You must spend more than $20 in the store.
(c) The certificate is accepted at company-run theme parks.
(d) The certificate can be used in the Virgin Islands.

트루먼 스토어 상품권은 버진 아일랜드를 포함해서 미국 내에서만 유효하다. 최소 구매 한도는 없지만, 20달러 이하 구입시 잔돈을 받을 수 없다. 다른 상품권과 함께 사용할 수 없다. 현금으로 바꿀 수 없고, 놀이공원이나 호텔의 입장권으로도 바꿀 수 없고, 트루먼 사가 소유하거나 운영하는 사업장에서 사용할 수 없다. 유효일은 발행일로부터 1년이다.

Q: 담화의 내용과 일치하는 것은?

(a) 10달러 짜리 티셔츠를 사면 잔돈을 받게될 것이다.
(b) 상점에서 20달러 이상을 사야 한다.
(c) 이 상품권은 회사가 운영하는 놀이공원에서 받는다.
(d) 이 상품권은 버진 아일랜드에서 사용할 수 있다.

○ 트루먼 스토어 상품권 안내문이다. change is not given for purchases less than $20에서 20달러 이하 구매하면 잔돈을 받지 못한다고 했으므로 (a)는 답이 될 수 없고, (b) 역시 대충 들으면 오답을 고르게 하는 함정이 된다. 놀이공원에서 입장권으로 사용할 수 없고, 회사가 운영하는 사업장에서도 사용할 수 없다고 했으므로 (c)도 정답이 되지 못한다. Truman Store certificates are only accepted ~ including the Virgin Islands에서 (d)가 정답이 된다.

certificate 증명서, 면허증 **accept** 인정하다, 용인하다 **change** 거스름돈 **combine** 결합시키다 **offer** (팔 물건의) 제공 **redeemable** 상환할 수 있는 **entrance** 입장 **expire** 만기가 되다, 끝나다 **issue date** 발행일

13 A Are you ready for the big presentation?
   B Yes, I guess so. I have already
      _____ for it.

   (a) make arrangements
   (b) made arrangements
   (c) making arrangements
   (d) having made arrangements

A: 대공연 준비는 다 됐니?
B: 그런 것 같아. 벌써 준비를 했거든.

◐ 빈칸 앞에 have라는 완료시제를 사용하므로 과거분사가 와야 한다. made arrangements 혹은 한 단어로 arranged가 정답이다.

Are you ready for ~ ? ~할 준비가 됐니? arrangement 준비, 예정

---

14 A The floor is very slippery.
   B Be careful. Hold my arm _____
      you should fall.

   (a) unless
   (b) so
   (c) despite
   (d) lest

A: 마루가 매우 미끄러워.
B: 조심해. 넘어지지 않도록 내 팔을 잡으세요.

◐ 의미상 '~하지 않도록'의 의미를 갖는 접속사가 필요하므로 lest가 와야 한다. lest절의 동사형은 (should) + 동사원형이 된다는 것도 기억해 두자.

floor 마루 slippery 미끄러운 hold one's arm 팔을 잡다

---

15 A How is your new born baby doing?
   B He does nothing but eat, sleep and
      _____.

   (a) need his diapers to change
   (b) change need of his diapers
   (c) need to change his diapers
   (d) needs his diapers changed

A: 새로 태어난 아이는 어떻게 지내요?
B: 먹고 자고 기저귀나 갈아달라고 해요.

◐ 동사를 나열할 때는 항상 병렬구조를 유의해야 한다. eat, sleep과 같은 격의 동사가 와야 하고 new born baby가 스스로 (a), (c)와 같이 기저귀를 갈아입을 수 없고 (d)처럼 수동의 의미를 갖는 갈아 입혀진 기저귀가 필요할 뿐이다.

nothing but only 단지, 오직 diaper 기저귀

---

16 A When did Mike finish these reports?
   B He _____ before he went on
      vacation.

   (a) could has finished
   (b) could have finished
   (c) could finish
   (d) could have finish

A: 마이크는 언제 이 보고서를 끝냈지요?
B: 그는 휴가 전에 일을 끝낼 수도 있었어요.

◐ 문맥상 시제가 '휴가 가기 전에 끝낼 수도 있었다'는 의미이므로 가정법 과거완료 형태가 와야 한다.

---

17 Lots of employees _____ pretty bad
   off since the bank shut down.

   (a) was
   (b) is
   (c) have been
   (d) had been

은행이 문을 닫은 이후로 많은 직원들이 생활고에 시달리고 있다.

◐ since가 나왔으므로 현재완료 시제라는 것을 알 수 있다. 현재완료는 'S + have + p.p. + since + 과거시점을 나타내는 구/절' 구조를 갖고 있다.

employee 종업원, 직원 be bad off 생활이 쪼들리다(↔ be well off) shut down 닫다, 폐점하다, 휴업하다

61

18 After _____ his opinion, Josh left the room.

(a) gave
(b) give
(c) giving
(d) has given

조시가 자신의 견해를 피력한 후에 방을 떠났다.

🔵 give는 두 개의 목적어를 갖는 4형식 동사다. 빈칸은 (Josh) was given)이 들어가야 하는데 보기 중에서는 찾을 수 없다. 빈칸 중에서는 be동사를 생략한 (c) giving이 적절한 답이다.

give one's opinion 자신의 견해를 말하다

---

19 The sign is not big enough _____ clearly.

(a) to read me
(b) for me to read
(c) that I read
(d) to me to read

그 표지판은 내가 읽을 수 있을 정도로 크지는 않다.

🔵 enough가 형용사 big을 수식하는 부사로 쓰일 경우 수식하는 단어 뒤에 온다. 부정사의 의미상의 주어 앞에는 for를 사용한다. 따라서 〈형용사 + enough + for + 의미상의 주어 + to부정사〉의 어순이 된다.

sign 표지판 **clearly** 분명히

---

20 We can only receive the calls at the office _____ 11 a.m. and 5 p.m.

(a) during
(b) for
(c) between
(d) among

오전 11시부터 오후 5시까지만 사무실 전화를 받을 수 있습니다.

🔵 둘 사이에는 between을 사용한다. between A and B는 'A와 B 사이에' 를 의미하는 관용적인 표현이다.

receive 받다

---

21 (a) A: Hello, Ultra Travel, how may I help you?
(b) B: I like a round-trip ticket to Arizona, please.
(c) A: When would you like to travel?
(d) B: Early January, right after the New Year.

A: 안녕하세요. 울트라 여행사입니다. 무엇을 도와드릴까요?
B: 애리조나행 왕복 티켓을 사고 싶은데요.
A: 언제 여행을 하고 싶으신데요?
B: 1월초, 1월 1일 바로 지나서요.

🔵 '~하고 싶다' 는 would like로 표현한다. (b)에서 I like을 I'd like으로 바꿔야 한다.

round-trip 왕복의

---

22 (a) It was a disaster. (b) There were already five cases of fire in this neighborhood in the past 2 months. (c) This lead to the fire chief to suspect that this was another case of arson. (d) But, after a thorough investigation it was determined that this fire was due to a resident smoking in bed.

(a) 그것은 천재지변이었다. (b) 지난 두달 동안 이미 우리 이웃에서는 5번의 화재가 일어났다. (c) 이번 사건은 소방서장에게 이것이 또 다른 종류의 방화사건이라는 의심이 들게 했다. (d) 그러나 철저한 조사가 이루어진 끝에 한 이웃이 침대에서 담배를 피우다가 낸 화재였다는 사실이 발견됐다.

🔵 (b)에서 2달 전부터 지금까지 계속 사건이 일어난다는 의미를 갖고 있으므로 현재완료(have + p.p.) 시제가 와야 한다. were already를 have already been로 바꿔야 한다.

disaster 천재, 재앙(calamity) **fire chief** 소방서장, 소방부장 **arson** 방화(죄) **thorough** 철저한, 완전한 **resident** 거주자, 살고 있는 사람

23 A What seems to be the problem there?

B From what I can _____, the management is weak.

(a) find
(b) say
(c) hear
(d) tell

A: 거기 뭐가 문제인 것 같니?

B: 내가 보건데, 경영진이 약한 것이 문제야.

○ tell은 구어체에서 '구분하다, 판단하다, 인식하다' 의 의미로 자주 쓰인다. '말하다' 로만 알면 안된다.

management 경영, 관리

---

24 A What do you think the biggest problem with this company is?

B The management is _____ to change anything.

(a) lame
(b) loath
(c) enthusiastic
(d) fervent

A: 이 회사의 가장 큰 문제가 뭐라고 생각합니까?

B: 경영진이 변화를 싫어해.

○ loathe는 동사로 '싫어하다' loath는 형용사로 '질색하는, 싫어하는' 의 의미이다. enthusiastic은 for와 어울린다.

lame 절름발이의 **loath** 몹시 싫어하다 **enthusiastic** 열광적인 **fervent** 열렬한

---

25 A Look at this sentence. How does it sound?

B Let me see. It doesn't make any _____ to me.

(a) sense
(b) information
(c) understanding
(d) meaning

A: 이 문장 좀 보세요. 어떻게 들리세요?

B: 어디 봅시다. 도무지 이해가 되지 않는군요.

○ make sense는 자주 사용되는 관용어구로 '뜻이 통하다, 이해되다' 는 의미이다.

make sense 뜻이 통하다, 이해되다

---

26 A Excuse me?

B Listen _____ this time, I won't repeat it again!

(a) skillfully
(b) discreetly
(c) carefully
(d) gingerly

A: 뭐라구요?

B: 이번에는 잘 들어봐, 다신 반복하지 않을 테니까!

○ 대화에서 B가 다시 한 번 반복할거라는 말을 하고 있으므로 이번에는 자신의 말에 귀를 기울여 잘 들으라는 말을 한다는 상황을 알 수 있다. '귀를 기울일 정도로' 라는 표현이 필요하므로 carefully를 정답이 된다. discreetly의 경우는 판단력과 사리분별력을 갖추고 들어주기를 원하는 단어이므로 어울리지 않는다.

skillfully 솜씨있게, 교묘하게 **discreetly** 사려[분별, 지각]있는 **gingerly** 몹시 조심스럽게, 아주 신중하게

27 **A** Excuse me, waitress. Could we get our
_____?

B Sure. I'll be right back with it.

(a) check
(b) statement
(c) invoice
(d) money order

A: 저기요, 우리 계산서 좀 갖다주시겠어요?
B: 그러죠. 금방 갖다 드릴게요.

○ restaurant에서 식사를 하고 나서 치러야 할 통과 의례인 계산서를 나타내는 말에는 check나 bill을 쓴다. invoice는 주로 물건 주문을 위한 내역과 금액이 명시되어 있는 경우에 사용된다. statement는 내역을 보여 주는 경우에 사용하므로, 주로 은행 구좌에서 거래 내역을 보여 주는 문서를 지칭할 때 사용한다. money order는 우편으로 돈을 보낼 때 현금을 대신하는 증서를 지칭한다.

be right back 금방 돌아오다 **check** 영수증, 계산서 **statement** 계산서, 대차표 **invoice** 송장 **money order** 우편환

---

28 I think it's time to _____ up the inquiry.

(a) bind
(b) tie
(c) wind
(d) wrap

조사를 마칠 시간이 된 것 같군요.

○ wrap은 '포장하다, 두르다' 라는 의미에서 wrap up은 '일을 끝내다, 결론내다' 라는 구동사로 쓰인다. wind up은 '폐업하다, 하던 일을 중단하다' 라는 뜻이다.

inquiry 조사, 연구 **bind** 묶다 **tie up** 단단히 묶다, 포장하다 **wind up** (실 등을) 다 감다, 폐업하다, 결말을 짓다

---

29 Political _____ can lead to economic turmoil in third-world countries.

(a) instability
(b) endurance
(c) anxiety
(d) enthusiasm

정치 불안정은 제 3세계 국가들에게 경제적인 혼란을 야기시킬 수도 있다.

○ transition은 사용되지 않았지만 lead to라는 표현을 통해서 이 문장은 인과 관계로 연결되어 있음을 알 수 있다. 무엇이 제 3 세계의 국가들에게 경제적인 혼란을 야기시킬 수 있겠는가를 생각해보면 된다. 정치적으로 불안정한 상태는 국가 경제를 소용돌이 속으로 몰아넣을 것이다.

instability 불안정 **turmoil** 소란, 소동, 혼란 **endurance** 인내, 견딤 **enthusiasm** 열광, 열의

---

30 Nothing is as _____ as a glass of cold smoothie on a hot day!

(a) balmy
(b) fragrant
(c) refreshing
(d) exclusive

무더운 날에 차가운 생과일 스무디 한잔 마시는 것만큼 상쾌한 것은 없다.

○ nothing is as A as B 구문은 'B만큼 A것은 없다' 라는 최상급을 나타낸다. 무더운 날에 시원한 생과일 음료가 해 줄 수 있는 역할을 생각하면, 이처럼 시원하고 기분을 상쾌하게 해 주는 것은 없을 것이다. fragrant와 balmy는 향기를 통해서 기분을 상쾌하게 해 주는 것이므로 이 문장에는 적합하지 않다.

balmy 향기로운, 상쾌한 **fragrant** 향기로운, 향긋한 **refreshing** 가슴이 후련한, 산뜻한 **exclusive** 배타적인, 독점적인

31 NASA claims to have _____ evidence of water on Mars.

(a) invented
(b) rescued
(c) inquired
(d) discovered

NASA는 화성에 물이 있다는 증거를 발견했다고 주장한다.

○ NASA가 증거를 '발명' 했거나 '구출' 했다고 말하는 것은 자연스럽지 못하다. 그러므로 증거를 발견했다고 말하는 것이 맞다.

Mars 화성 rescue 구출하다, 구조하다

---

32 His remarks on Shakespeare displayed a _____ lack of knowledge.

(a) apathetic
(b) passionate
(c) pathetic
(d) progressive

세익스피어에 대한 그의 발언은 그가 지식이 부족하다는 것을 불쌍할 정도로 보여 준 것이다.

○ 내용의 흐름상 무지를 드러냈다는 말이므로 빈칸에는 좋지 않은 의미를 가진 단어가 들어가야 한다. pathetic이 '불쌍한, 연민의' 라는 뜻을 갖고 있으므로 정답이 된다.

apathetic 무감각한, 냉담한 passionate 정열적인 pathetic 애처로운, 연민의 정을 자아내는 progressive 진보적인

READING COMPREHENSION • P.84

33 One of the most complained about topics in the city nowadays is the topic of parking and traffic. A number of problems and inconveniences that have been created by the sudden increase in cars have left several people quite angry. Yet, people seem reluctant to give up the notion of owning and driving their own motor vehicles. The daily increase in the number of cars and trucks on the city streets with virtually no place to stop and park is the cause of stress and frustration as well as

_____.

(a) insufficient transportation
(b) environmental cataclysm
(c) economic recession
(d) heavy air pollution

요즘 도시에서 가장 불평되어지고 있는 주제 중 하나는 주차와 교통문제이다. 갑작스런 차량의 증가에 의해 초래된 많은 문제들과 불편들은 여러 사람들을 꽤 화나게 만들어 왔다. 그럼에도 불구하고 사람들은 자기만의 차를 소유하고 운전하려는 생각을 포기하려 하지 않는 듯 하다. 사실상 차를 세우거나 주차할 공간이 없는데도 불구하고 도시의 거리에 승용차와 트럭의 수가 날마다 증가하는 것은 극심한 대기 오염 뿐 아니라 스트레스와 좌절감을 유발한다.

(a) 불충분한 대중교통
(b) 환경적 격변
(c) 경제적 침체
(d) 심한 대기오염

○ 자동차 증가와 사람들의 모순된 자동차 소유욕으로 인해 빚어지는 부정적인 문제들에 대해 다룬 내용이다. 빈칸 앞에 as well as(~뿐만 아니라 ~도)를 보면 stress와 frustration 만큼이나 부정적인 부산물이 빈칸에 나와야 한다. 이와 대등하게 연결되기 어려운 것부터 골라보면 우선 (a)이다. 차가 너무 많은데 교통수단의 부족이 초래된다는 것은 모순된 내용이다. (c)의 경제 침체 역시 개연성이 없다. (b)에 environmental이라는 단어가 나오기 때문에 답으로 고려될 여지도 있겠지만 그냥 environmental problem도 아니고 environmental cataclysm (환경적 대격변)이라고 한다면 본문의 내용에 비해 지나친 비약이다. 따라서 (d) 심한 대기오염이 가장 적절하다.

complained about 불평되어지는 nowadays 요즈음에는 motor vehicles 자동차 virtually 사실상, 실질적으로는 frustration 좌절, 차질, 실패 heavy air pollution 극심한 대기 오염 insufficient 불충분한 cataclysm 지변, 격변 economic recession 경제적 침체

65

34 Fiddler's Hearth – 342 W. Lincoln Way, South Bend, IN. (288–4344). This forty-year-old Irish pub and restaurant is located in the heart of the city in an old brick building that has _____ of South Bend on the edge of the St. Joseph River since 1895. It was then that a young entrepreneur named Everett Porter opened a business selling all kinds of produce, wine, and various other goods; over the following one hundred and ten years, the structure has housed almost all Irish-owned shops only.

(a) run through the heart
(b) organized the Irish community
(c) occupied the corner
(d) had too much wine

피들러의 난로(Fiddler's Hearth) – 인디애나 주 사우스벤드 링컨웨이 웨스트 324번지. 전화 (288–4344). 40년 된 아일랜드 풍 주점 겸 식당은 도시의 심장부라고 할 수 있는, 세인트 조지프 리버 가장자리에 위치한, 사우스벤드의 한쪽 구석에 있는 1895년에 지어진 오래된 벽돌 건물에 위치해 있다. 건물이 지어진 해에 에버렛 포터라는 이름의 젊은 사업가가 모든 종류의 농산품과, 와인 및 기타 제품들을 파는 사업을 시작했었고, 그 후 110년 간 그 건물에는 오직 아일랜드 계가 운영하는 가게만 들어섰다.

(a) 중심가를 가로질러 온
(b) 아일랜드 커뮤니티를 조직해온
(c) 모퉁이를 점유해 온
(d) 너무 많은 와인을 보유해온

🔵 빈칸이 속해있는 that절이 old brick building을 수식하고 있다. 건물을 적절하게 꾸며줄 수 있는 표현은 (c)의 '점유하다' 라는 의미의 occupy가 적합하다. 나머지는 무생물의 건축물이 주체가 될 수 있는 행동들이 아니므로 답이 아니다.

pub 선술집 be located in ~에 위치하다 entrepreneur 사업가 structure 건물, 구조물

---

35 The beginning of the 21st century has been christened "the Decade of the Brain" because of the vast research on the human brain being presented as an attempt to explain human behavior. Such topics as criminal tendency or homosexuality are hotspots for debate, as the brain's components _____ to reveal the mysteries of the human mind. Despite the dialogue between different groups, the study tended to eliminate the responsibility that one may have for his or her actions and places the blame firmly upon the inner workings of the brain.

(a) have been still unmanaged
(b) have been concealed
(c) have been analyzed
(d) have been completed

인간의 행동을 설명하기 위한 시도로서 인간 두뇌에 대한 광범위한 연구가 소개된 21세기의 시작은 "두뇌의 10년"이라고 명명되어져 왔다. 인간의 정신에 대한 비밀을 밝히기 위해 뇌의 구성요소들이 분석되어짐에 따라, 범죄 성향이나 동성애 성향과 같은 주제들은 뜨거운 논란거리들이다. 다양한 단체들의 대화에도 불구하고 이런 연구는 그 행동에 대해 마땅히 감수해야 할 책임은 제거해 버리고 두뇌의 내적 활동에만 그 죄과들을 강력히 전가시키려는 경향을 보였다.

(a) 여전히 다루어지지 않은
(b) 숨겨져 온
(c) 분석되어져 온
(d) 완성되어진

🔵 최근 두뇌연구가 활발한 성과를 거두며 유익도 있지만 그에 반하는 부정적인 영향도 있다는 내용의 지문이다. 빈칸 내용은 바로 그 뒤에 to reveal the mysteries of the human mind와 문맥이 통해야 한다. 그렇다면 (b) have been analyzed가 적절한 답이다. 뇌의 비밀을 밝히기 위해 뇌의 구성요소들이 연구되어져 왔다는 내용이 되기 때문이다. (a)는 연구에 상당한 진척이 있었다는 지문의 내용과 불일치하고 있다. (b)의 concealed는 숨겨 있다는 뜻이므로 (a)와 마찬가지로 지문의 문맥과 맞지 않다. (d)를 채택하면 뇌의 구성요소가 완성되었다는 말이 되는데 지문의 내용과는 무관하다.

christen 세례명을 붙이다, 명명하다 decade 10년 vast 광범위한 hotspot 분쟁지역, 뜨거운 지점 criminal tendency 범죄 성향 homosexuality 동성애 (행위) component 성분, 구성 요소 eliminate 제거하다 blame 비난 conceal 숨기다, 감추다 complete 완성하다, 완료하다

36 At times parents feel that they are in a tug-of-war with teachers for being the dominant person in the lives of their children. It is also true that teachers occasionally feel that they take better care of the children, or see themselves as substitute parents. In order to prevent this tension a clear division must be taught and seen between "parenting" and "teaching." As both come to see their separate roles, parents and teachers can work together to best raise and train the children.

Q What is the main point of the passage?

(a) Parenting and teaching are two distinct roles.
(b) Teachers like to work together with parents.
(c) Parents should appreciate teachers.
(d) Parent-teacher tensions are not desirable.

때때로 부모들은 자녀들의 삶에서 지배적인 인물이 되려고 교사들과 줄다리기를 하는 것처럼 느낀다. 또한 교사들은 종종 그들이 아이들을 더 잘 돌본다고 느끼거나 자신들을 대체부모로 본다는 것도 사실이다. 이러한 긴장을 막기 위해 '양육'과 '교수' 사이의 분명한 구분이 가르쳐지고 드러나야 한다. 부모나 교사 모두가 다른 역할을 깨닫게 될 때 아이들을 최선으로 양육하고 교육시키는데 함께 일할 수 있다.

Q: 이 글의 핵심은 무엇인가?

(a) 양육과 교수는 두 가지 다른 역할이다.
(b) 교사들은 부모들과 함께 일하는 것을 좋아한다.
(c) 부모들은 교사들을 존중해야 한다.
(d) 부모와 교사간의 긴장은 바람직하지 않다.

○ 종종 일어나는 부모와 교사 간의 긴장 또는 갈등은 부모와 교사의 서로 다른 역할을 오해하고 피차간에 경쟁심을 발휘함으로써 초래된다는 것이 지문의 내용이다. 따라서 지문의 핵심 내용은 양육과 교수라는 서로 다른 역할 간의 차이이다. 정답은 (a)이다. 그 외 사례들은 문제의 핵심에서 벗어난 주변적 사항들에 대한 언급이다.

tug-of-war 줄다리기 **dominant** 지배적인, 가장 유력한 **figure** 인물, 명사 **substitute** 대리인, 보결자[선수] **appreciate** 감사하다

---

37 Dear Mrs. Blythe,

I wanted to send you this note to let you know that everyone in White Bear is thinking of you. We were shocked and saddened beyond words by news of the crash. But we were grateful, too, that your injuries were only minor. The entire town sends their best wishes to you, and everyone's hoping for your quick and complete recovery.

Sincerely yours,
Mary Jean Roberts

Q What is the purpose of the letter?

(a) To apologize for causing an accident.
(b) To comfort someone after an accident.
(c) To inform someone of an accident.
(d) To prevent a future accident.

블라이스 부인께,

화이트 베어의 모든 사람이 당신을 얼마나 생각하는 지 알려주려고 이 편지를 씁니다. 차 사고 소식의 충격과 슬픔은 이루 말로 표현할 길이 없습니다. 그러나 당신의 부상이 심각하지 않은 것을 그나마 다행으로 여기고 있습니다. 마을 모든 사람들의 정성을 담았습니다. 그리고 모두 당신의 쾌유를 바랍니다.

메리 진 로버츠

Q: 이 편지의 목적은 무엇인가?

(a) 사고를 일으킨 것에 대하여 사과하려고
(b) 사고를 당한 사람을 위로하려고
(c) 사고 소식을 알리려고
(d) 미래의 사고를 막기 위해서

○ 마지막 문장 everyone's hoping for your quick and complete recovery을 통해 다친 사람의 쾌유를 바라는 내용임을 알 수 있다. 따라서 정답은 (b)이다.

shock 충격을 주다 **sadden** 슬프게 하다 **beyond word** 말로 표현할 수 없는, 형용할 수 없는 **crash** 폭발, 충돌 **minor** 작은 편의 **recovery** 회복 **comfort** 위안하다, 위로하다

38 Thank you for purchasing Auga window cleaner. Our brand new and improved cleaner powerfully removes grime and streaks from your windows and all glass surfaces. Its patented formula cleans, polishes, and leaves behind no soapy residue. Our window cleaner is environmentally friendly and contains no harsh chemicals or pollutants. I'm sure you will find that Auga will meet all of your glass cleaning desires.

Q Which is correct according to the advertisement?

(a) The new cleaner is toxic.
(b) The new cleaner contains deodorant.
(c) The new cleaner can be used on wood.
(d) The new cleaner has an enhanced formula.

아거 창문세제를 구입해 주셔서 감사합니다. 새롭게 더 향상된 우리 세제는 창문과 모든 유리 표면으로부터 때와 자국을 강력하게 제거합니다. 제품의 특허된 화학공식은 씻어내고 윤기를 내며 거품을 남기지 않습니다. 우리 창문세제는 친환경적이며 독한 화학약품이나 오염물질을 함유하고 있지 않습니다. 유리를 깨끗이 닦고 싶은 고객님의 마음에 아거 세제가 만족을 드릴 것이라고 자신합니다.

Q: 광고 내용과 일치하는 것은?

(a) 새 세제는 독성이 있다.
(b) 새 세제는 냄새제거제가 있다.
(c) 새 세제는 목재에도 사용될 수 있다.
(d) 새 세제는 강화된 공식을 갖고 있다.

○ 창문 닦는 세제에는 no harsh chemicals라고 했으므로 독성이 있다는 (a)는 사실이 아니다. 지문에는 냄새에 대한 언급이 전혀 없으므로 (b)도 제품의 묘사로 맞지 않다. 본 제품은 window cleaner로서 all glass surfaces에 사용될 수 있다고 했을 뿐 wood에 대한 언급은 일체 없으므로 (c)도 아니다. patented formula 즉 특허출허된 화학공식에 대한 언급이 있으므로 더 강화된 화학공식을 갖고 있다고 볼 수 있으므로 정답은 (d)이다.

grime 때, 먼지 **streak** 줄, 줄무의 **patented** 특허를 얻은 **formula** 공식, (화학)분자방정식 **polish** 광택내다, 윤기를 내다 **soapy residue** 비누 찌꺼기 **environmentally friendly** 친환경적인 **harsh** 거친, 까칠까칠한 **pollutant** 오염물질 **toxic** 독성있는 **deodorant** 냄새제거제 **enhanced** 증진된, 강화된

---

39 From the ultra-hip to the budget-minded, find it all in Buywise's shopping circular. Looking for the latest release CD's and movies or a garden hose and a snack? We have them. With a wide selection of consumer reports on everything from PC's and SUV's to tax planning and getting a haircut, you can be sure that you are getting impartial factual information to buy wisely.

Q Which is correct according to the passage?

(a) Buywise sells only high-end goods.
(b) Buywise is an Internet site.
(c) Buywise has many guides to help shoppers.
(d) Buywise sells only electronics.

최신 유행 품목에서 알뜰상품까지 바이와이즈 쇼핑 잡지에서 다 만나보십시오. 최신 발매된 CD와 영화를 찾으십니까? 아니면 정원 호스와 스낵을 원하십니까? 우리가 다 가지고 있습니다. PC에서 SUV에서부터 세금 계획 심지어 헤어커트에 이르기까지 모든 것에 대한 방대한 소비자보고서를 통해 여러분은 현명한 소비를 위한 공정하고 사실에 근거한 정보를 얻으실 것을 확신하실 수 있습니다.

Q: 이 글의 내용과 일치하는 것은?

(a) 바이와이즈는 최고급 제품만 판다.
(b) 바이와이즈는 인터넷사이트이다.
(c) 바이와이즈는 구매자들을 돕기 위한 많은 가이드를 갖고 있다.
(d) 바이와이즈는 전자기기만 판매한다.

○ 광고문을 읽어보면 바이와이즈는 사실상 모든 제품을 취급한다는 것을 알 수 있다. 따라서 (a)와 (d)는 정답이 아니다. 지문은 바이와이즈를 shopping circular라고 표현한다. circular는 주기적으로 회람되는 잡지를 의미하므로 (b)처럼 인터넷사이트는 아니다. wide selection of consumer reports는 구매자들이 제품 선택에 도움을 얻는 가이드 역할을 하므로 정답은 (c)이다.

ultra-hip 최신 유행의 **budget-minded** 알뜰 절약의 **shopping circular** 쇼핑 잡지 **consumer report** 소비자 보고서 **impartial** 치우치지 않은, 공정한 **factual** 사실적인, 사실에 근거한 **high-end** 최고급의, 고성능의

40 Although the term "climate" usually refers to large-scale phenomena, small-scale microclimates also exist. (a) Microclimates result from local differences in soil, topography, and exposure. (b) The distances involved may be small. Pockets yards apart may have different climatic conditions. (c) Soil characteristics influence microclimates by determining surface temperature range and the depth of daily and seasonal penetration. (d) Coarse, loose, and dry soils are less conducive for farming purposes.

'기후'라는 말은 광대한 규모의 현상을 두고 하는 말이지만 작은 규모의 소기후도 있다. (a) 이런 소기후는 토양과 지형, 방위 등의 지역적 차이로 생겨나는 것이다. (b) 거리와는 큰 상관이 없다. 몇 야드 떨어진 고립지대도 매우 다른 기후 조건을 가질 수 있다. (c) 토양의 특질은 표면에서의 온도 변화의 폭과, 하루하루의 온도 변화와 계절적인 온도 변화 정도에 따라 소기후에 영향을 미친다. (d) 거칠고, 푸석푸석하고, 건조한 토양은 농작 목적에 도움이 되지 못한다.

○ 이 글은 지역마다 기후가 다르게 나타나는 이유에 대해서 말하고 있는 글이다. 그 이유 중 하나로 토양의 특질(soil characteristics)을 들고 있다. (c)는 이 토양의 특질이 기후에 어떻게 영향을 미치는지를 알려준다. 그러나 (d)는 기후와의 연계성과는 상관없이 거칠고, 푸석푸석하고, 건조한 토양이 농작 목적에 맞는지의 여부를 이야기하고 있다. 따라서 (d)가 글의 흐름에 맞지 않는 문장이다.

phenomena 현상 microclimate 소기후 soil 토양
topography 지형학 pocket 고립지대 depth 깊이
penetration 침투 coarse 거친 conducive 도움이 되는

LISTENING COMPREHENSION • P.90

1 **W** Why do you look so sad?
M _____

(a) I'm not mad.
(b) Don't look at me.
(c) I got a raise!
(d) I got dumped again.

W: 왜 그렇게 슬픈 표정을 하고 있니?
M: _____

(a) 난 미치지 않았어.
(b) 날 그렇게 쳐다보지 마.
(c) 봉급이 올랐어!
(d) 여자한테 또 차였어.

🔵 슬픈 표정을 짓고 있는 이유를 묻고 있다. 여자한테 차였다는 (d)를 골라야 한다. (c)는 봉급이 인상되었으므로 슬픈 것과는 정반대의 상황이다.

mad 화난, 몹시 흥분한 **dump** (사람을) 차다, 내버리다 **raise** 봉급 인상

---

2 **W** That'll be $19.50, please.
M _____

(a) OK. Here's a five.
(b) OK. Here's a ten.
(c) OK. Here's a twenty.
(d) OK. Here's a buck.

W: 19달러 50센트입니다.
M: _____

(a) 예. 여기 5달러 있습니다.
(b) 예. 여기 10달러 있습니다.
(c) 예. 여기 20달러 있습니다.
(d) 예. 여기 1달러 있습니다.

🔵 점원이 손님에게 할 수 있는 대화로 지불할 돈이 19달러 50센트이므로 이보다는 많은 돈을 주어야 한다. 20달러가 가장 적당한 응답이 된다.

buck 달러

---

3 **M** Do you want some ice cream?
W _____

(a) I like tea better.
(b) No, thank you.
(c) Yes, I've already had some.
(d) I didn't say anything.

M: 아이스크림 먹을래?
W: _____

(a) 차가 더 좋아요.
(b) 아니, 됐어요.
(c) 예, 이미 좀 먹었어요.
(d) 아무 말도 안했는데요.

🔵 상대방에게 먹을 것을 권하는 질문에 대한 올바른 대답을 찾는 문제이다. (a)는 Which would you like better, tea or ice cream? 에 대한 대답이다. (c)는 Yes를 No로 고치면 답이 될 수 있다. (d)는 시제부터 틀렸다.

4

M I think that you look great in that dress.

W Oh, come on. You're just paying lip service to me.

M No, I really mean it. It really becomes you.

W _____

(a) Thank you. What a nice thing to say.

(b) What a rude thing to say!

(c) You are always so mean to me.

(d) I'm sorry you think so.

M: 저 드레스가 너한테 잘 어울리는 것 같아.

W: 아, 진정해. 그냥 하는 말이지.

M: 아니, 진담이야. 정말로 너한테 잘 어울려.

W: _____

(a) 고마워. 정말 기분 좋은 말이군.

(b) 정말 무례한 말이구나!

(c) 넌 항상 나한테 심술궂었어.

(d) 그렇게 생각하다니 유감인걸.

🔵 남자는 look great, becomes you 등의 말을 통해 드레스가 여자에게 잘 어울린다고 한다. 남자의 찬사에 대해 알맞은 대답을 고르면 된다. (b) 무례한(rude)이나 (c) 심술궂은(mean) 등은 내용에 어울리지 않는다.

look great in ~에 잘 어울리는 **become** ~에 어울리다
rude 무례한, 버릇없는 **mean** 심술궂은, 비열한, 인색한

5

M Good morning. My name is Ken Kesey.

W Yes, Mr. Kesey. How may I help you?

M I have an appointment with the president at 3:00.

W _____

(a) When were you appointed president?

(b) Go on in. He's been expecting you.

(c) The president is Mr. Owen.

(d) Sorry. I have a previous engagement.

M: 안녕하세요. 저는 켄 케이시입니다.

W: 예, 케이시 씨. 어떻게 도와드릴까요?

M: 사장님과 3시에 약속이 있습니다.

W: _____

(a) 언제 사장으로 임명됐습니까?

(b) 들어가세요. 기다리고 계십니다.

(c) 사장님은 오웬 씨입니다.

(d) 미안합니다. 선약이 있습니다.

🔵 appointment, president라는 단어로 미루어 특정 회사에 약속이 있어서 간 사람이 나누는 대화라는 것을 알 수 있다. appointment로 대화를 시작하는 경우는 비서와의 대화이므로 만나고자 하는 사람에게 인도되거나, 기다리니 어디로 가라는 대답이 온다.

have an appointment with ~와 약속이 있다 **appoint** 임명하다 **go on in** 들어가다

6

W Hello. Is Mike there?

M Who?

W Mike. Isn't this 723-9201?

M _____

(a) Sorry, I must have the wrong number.

(b) Would you like to leave a message?

(c) I'm sorry, but I didn't order anything.

(d) Yes, but there's nobody here by that name.

W: 여보세요. 마이크 있나요?

M: 누구요?

W: 마이크요. 723-9201 아닙니까?

M: _____

(a) 죄송합니다. 잘못 걸었나 봅니다.

(b) 메시지를 남기시겠습니까?

(c) 미안합니다만 아무 것도 주문하지 않았습니다.

(d) 맞긴 한데 그런 이름을 가진 사람은 여기에 아무도 없습니다.

🔵 Mike가 있는지 묻고 있다. 서로 반문하고 있으므로 전화를 잘못 건 것임을 추론할 수 있다. (a)는 여자가 할 수 있는 말이므로 아니다. 전화를 잘못 걸었는데 메시지를 남기겠냐는 (b)는 대화의 흐름상 옳지 않다. 그런 사람 없다는 (d)가 적당한 대답이다.

have the wrong number 전화를 잘못 걸다

7

M So how's your newborn son?

W Everything is going well, so far. Tommy's getting really big.

M That's great to hear. Guess what? We're expecting a baby, too.

W Really? Congratulations.

M Thanks. Both Nara and I are really excited.

W Are you hoping for a boy or a girl?

M It doesn't really matter to me. As long as the baby is born healthy.

Q What is the main topic of the conversation?

(a) The dangers of pregnancy
(b) The benefits of having a son
(c) The thrill of having babies
(d) The benefits of having a daughter

M: 새로 태어난 아들은 잘 크니?

W: 아직까진 무사히 잘 크고 있어. 토미는 무럭무럭 자라고 있지.

M: 반가운 소리군. 저 말야. 우리도 아이를 갖게 될 것 같아.

W: 정말이야. 축하해.

M: 고마워. 카라랑 난 정말 흥분하고 있어.

W: 아들일 것 같아, 딸일 것 같아?

M: 그건 별로 중요한 문제는 아닌 것 같아. 그저 아이가 건강하게 태어나기만 했으면 좋겠어.

Q: 대화의 주제는 무엇인가?

(a) 임신의 위험
(b) 아들을 갖는 이점들
(c) 아이를 갖는 스릴
(d) 딸을 갖는 이점들

🔵 핵심어로 newborn son, a boy or girl, baby로 보아 아이의 출산에 관한 이야기이다. 이런 문제는 내용 하나하나 보다는 전체 그림을 그리지 못하면 풀 수 없다. expect a baby라는 것은 곧 아기를 출산한다는 말이다. expect someone이라는 것은 누군가를 기다린다는 의미이다. 참고로 산모가 진통하는 것은 be into labor라고 하고 피임약은 birth control pill이다.

Guess what? 뭐라고 생각해, 맞춰봐, 저 말야. **pregnancy** 임신, 임신기간 **benefit** 이익, 이득 **thrill** 떨림, 전율

8

M You did a great job last night.

W Thanks. The first performance is always the hardest.

M I thought it was great. You're a great actor.

W Really?

M Yeah. And, the stage and costumes were fantastic.

W Thanks. The new set designer is very good.

Q What did the man think of the woman's acting?

(a) He thought it was average.
(b) He thought it was wonderful.
(c) He thought it was poor.
(d) He liked the stage and costumes better.

M: 어제 너 참 잘했어.

W: 고마워. 항상 첫 공연이 가장 어려워.

M: 훌륭했다고 생각했는데. 넌 훌륭한 연기자야.

W: 정말?

M: 그럼. 그리고 무대와 의상도 환상적이었어.

W: 고마워. 새로 온 세트 디자이너가 참 훌륭해.

Q: 여자의 연기에 대해 남자는 어떻게 생각했는가?

(a) 보통이다.
(b) 훌륭했다.
(c) 변변치 못했다.
(d) 무대와 의상을 더 좋아했다.

🔵 대화에서 남자가 여자에게 great actor라고 했으므로 (b)가 정답이다.

performance 공연 costume 의상 fantastic 환상적인

9 M So, what do you think about the party so far?

W It's okay, I guess.

M You don't sound like you're having much fun.

W It's just that I don't recognize anyone. You're the only one I recognize.

M Do you want to go somewhere else?

W Yeah, sure. Let's get out of here.

Q Which is correct according to the conversation?

(a) Both the man and woman know everyone at the party.

(b) Both the man and woman are having a fabulous time.

(c) The man agreed to leave the party with the woman.

(d) The man asked the woman to dance.

M: 이 파티 어떤 것 같니?

W: 괜찮은 것 같아.

M: 그리 재미있는 표정은 아닌 것 같구나.

W: 아는 사람이 아무도 없을 뿐이야. 내가 아는 사람은 너 뿐이라니까.

M: 다른 데 가고 싶니?

W: 응. 물론이지. 이 곳에서 나가자.

Q: 대화 내용과 일치하는 것은?

(a) 남자와 여자 둘 다 파티에서 모든 사람을 안다.

(b) 남자와 여자 둘 다 굉장한 시간을 보내고 있다.

(c) 남자는 여자와 파티를 떠나기로 동의했다.

(d) 남자는 여자에게 데이트를 신청했다.

○ 두 사람은 파티에서 아는 사람이 없어 재미없어 하다가 나가기로 결정하는 내용이다. (a)는 아는 사람이 없기 때문에 답이 될 수 없고, (b)는 아주 즐거운 시간을 보냈다고 해서 사실과 다르고 (d)는 대화에 나오지 않은 보기이다.

recognize 인지하다, 알아보다 fabulous 믿어지지 않는, 굉장한

---

10 Thomas Mun was a successful London merchant who served as one of the directors of the East India Company. In the late sixteenth and early seventeenth centuries most of the English ventures into the New World were capitalized by joint-stock companies like the East India Company. Mun's treatise, "England's Treasure by Foreign Trade," describes the theory of mercantilism, and emphasizes the importance of a favorable balance of trade in order to enhance the wealth of a nation.

Q Which of the following best describes Thomas Mun?

(a) Philosopher

(b) Economist

(c) Physician

(d) Accountant

토마스 먼은 성공한 런던의 상인으로 동인도회사의 이사 중에 한 명으로 일을 했다. 16세기 후반과 17세기 전반에 신세계로 흘러 들어간 대부분의 영국 기업들은 동인도회사와 같은 주식회사에 의해 자본화하였다. 먼의 논문인 "해외무역에 의한 영국의 재산"은 중상주의 이론을 설명하고 있고, 한 국가의 부를 올리기 위해서 수출초과의 중요성을 강조하고 있다.

Q: 토마스 먼을 가장 잘 설명한 것은?

(a) 철학자

(b) 경제학자

(c) 물리학자

(d) 회계사

○ a successful merchant(성공한 상인)에서 merchant와 연관지을 수 있는 단어는 (b) Economist와 (d) accountant로 압축될 수 있다. 그러나 Mun's treatise(먼의 논문)란 단어를 이해한다면, accountant보다는 Economist가 정답이 됨을 알 수 있다.

merchant 상인 director 중역, 이사, 감독 venture 모험적 사업, 투기적 기업 capitalize 자본화하다 joint-stock companies (미) 합자회사, (영) 주식회사 treatise (학술)논문 mercantilism 중상주의, 상업주의 emphasize stress 강조하다, 역설하다 favorable balance of trade 수출초과 enhance 높이다, 올리다, 강화하다

73

11 My mom is a waitress at a diner. I go there to see her after I finish school. Her boss lets me work too. I wipe the counters and fill the condiments. When I am done, the boss says, "Nice job, Sarah." and gives me money. I always put half of the money into a plastic bag. And when my mom comes home, I take out my bag. My mom lets me count the change from her tips, and then we also put all her change into the plastic bag.

Q Which is correct according to the talk?

(a) Sarah's mom owns a diner.
(b) Sarah's mom only keeps the change from her tips.
(c) Sarah saves all of her money.
(d) Sarah helps out at the diner.

내 어머니는 식당차에서 웨이트리스로 일한다. 나는 방과후에 그곳으로 어머니를 만나러 간다. 엄마의 사장은 나에게도 일거리를 준다. 나는 카운터를 닦고 조미료 병을 채운다. 일을 끝내면, 사장은 "잘했다, 사라" 하고 말하고, 내게 돈을 준다. 나는 항상 그 돈의 반을 비닐 가방에 넣는다. 어머니가 집으로 돌아올 때, 나는 가방을 꺼낸다. 어머니는 팁으로 받은 돈을 내가 세도록 하고, 모든 잔돈을 비닐 가방에 넣는다.

Q: 담화의 내용과 일치하는 것은?

(a) 사라의 어머니는 식당차를 갖고 있다.
(b) 사라의 어머니는 팁 중에서 잔돈만 갖는다.
(c) 사라는 자신의 모든 돈을 저축한다.
(d) 사라는 식당차에서 일을 도와준다.

◯ 사라는 어머니가 일하는 식당차에서 잔일을 돕고 푼돈을 번다. 어머니는 식당차에서 종업원으로 일하고 있으므로 (a)는 정답이 아니다. 사라는 번 돈의 반을 넣었다고 했으므로 (c)도 정답이 아니다. 식당차에서 일을 도와준다는 (d)가 정답이다.

diner 식당차 **wipe** 훔치다, 닦다 **condiment** 조미료, 양념 **take out** 꺼내다 **change** 거스름돈, 동전 **help out** 도와서 나가게 하다, (비용을) 보태주다

---

12 As can be seen in my resume, I am an experienced software designer with many years under my belt. I have designed programs for use in several companies, including a doctor's office, schools and warehouses. When I worked for a sports magazine, I created software that managed the schedules of fifty employees. With my varied expertise, I know I am an excellent fit for the advertised position.

Q What can be inferred about the speaker?

(a) He works with computers.
(b) He is a jack of all trades.
(c) He is worried he will not be good at his job.
(d) He likes working with other people.

제 이력서에서 보시다시피, 저는 소프트웨어 디자이너로서 오랜 경험을 가지고 있습니다. 저는 병원, 학교와 창고를 포함한 여러 회사에서 사용하는 프로그램을 디자인했습니다. 스포츠 잡지사에서 일할 때는 50명 직원의 일정을 관리하는 프로그램을 만들었습니다. 다양한 제 경험으로, 저는 귀사에서 광고한 업무에 적임이라고 생각합니다.

Q: 화자에 관해서 추론할 수 있는 것은?

(a) 그는 컴퓨터를 가지고 일한다.
(b) 그는 팔방미인이다.
(c) 그는 일을 잘 하지 못할 것을 걱정했다.
(d) 그는 다른 사람과 일하는 것을 좋아한다.

◯ 소프트웨어 디자이너가 면접관 앞에서 하는 이야기이다. 소프트웨어 디자이너이므로 컴퓨터를 갖고 일한다는 것을 추론할 수 있으므로 (a)가 정답이다. 팔방미인이라는 (b)나 다른 사람과 일하는 것을 좋아한다는 (d)는 담화문을 통해서 알 수 없는 지나친 억측이다.

under one's belt (자랑거리가 될 만한 것을) 경험하여, 소유하여 **warehouse** 창고, 도매점 **varied** 여러 가지의 **expertise** 전문적 기술 **fit** 적합 **jack of all trades** 팔방미인

13 A Where were you when I called last night?

B I must _____ a bath when you called.

(a) have been taking
(b) took
(c) take
(d) have taken

A: 지난 밤 내가 전화했을 때 어디 있었니?
B: 네가 전화했을 때 목욕하고 있었을 거야.

◎ 조동사 다음에는 동사원형이 와야 하므로 took은 정답이 아니다. A의 대화가 과거시제이므로 현재시제인 take도 정답이 아니다. 전화가 왔었을 때 목욕을 하고 있던 진행을 묘사하고 있으므로 완료진행형 시제가 필요하다.

take a bath 목욕하다

---

14 A Maybe the waiter will bring us some more tea.

B I wish he _____.

(a) will
(b) brings it
(c) would
(d) does

A: 웨이터가 차를 좀 더 가져오겠지요.
B: 그랬으면 좋겠네요.

◎ I wish 다음에는 가정법 과거나 과거완료가 온다. (a)는 미래, (b), (d)는 현재라서 틀렸다.

bring 가져오다, 데려오다

---

15 A Do you think these shirts will look good on me?

B Well, you can use the fitting room to _____.

(a) dress in
(b) try them on
(c) wear them on
(d) change in

A: 이 셔츠가 나한테 잘 어울리는 것 같니?
B: 글쎄, 탈의실에서 입어봐.

◎ 셔츠를 사기전에 입어보는 상황을 묘사하고 있는데 '한번 입어본다'는 (b)가 가장 적당하다. wear는 '옷을 입고 있다', dress는 '옷을 입다'는 의미이지 '한번 입어본다'는 의미가 아니다.

look good on ~에게 잘 어울리다 fitting room 탈의실 try on 한번 입어보다

---

16 A Since he lost his wife, he has changed a lot.

B Right. He is not the man _____ he used to be.

(a) what
(b) which
(c) that
(d) of which

A: 아내가 죽은 후에 그 사람, 참 많이 변했어.
B: 그래, 예전의 그가 아냐.

◎ 선행사가 the man이라는 사람이므로 관계사 that이 와야 한다. all, every, any, no, the first, the last 등이 선행사 앞에 있어도 반드시 that이 와야 한다. what은 the thing which로 선행사를 포함한 관계사이므로 what 앞에는 선행사가 있어서는 안 된다.

used to be 예전에 ~였다

---

17 She's from New Orleans, but _____ in Miami since she went to kindergarten.

(a) has lived
(b) lived
(c) lives
(d) had lived

그녀는 뉴올리언스 출신이지만, 유치원 때 이사를 온 이후로 마이애미에서 살고 있다.

◎ since가 나왔으므로 현재완료 시제라는 것을 알 수 있다. 현재완료는 'S + have + p.p. + since + 과거시점을 나타내는 구/절' 구조를 갖고 있다.

kindergarten 유치원

75

18 We _____ something if we had known earlier.

(a) had done
(b) did
(c) will have done
(d) could have done

우리가 좀 더 일찍 알았더라면 무언가 조치를 취했을 텐데.

○ 과거사실의 반대가 되는 가정법 과거완료의 형태는 If 주어 + had + p.p., 주어 + would + have + p.p.이다

19 In Korean society, politicians rarely _____ heroes for younger generations.

(a) prove to be
(b) are proving as
(c) were proof of
(d) prove as

한국 사회에서는 정치인들이 젊은 세대에게 영웅으로 입증되는 경우가 거의 없다.

○ prove는 to부정사를 목적어로 취한다. prove 외에도 want, prove, continue, choose 등이 부정사를 목적어로 취한다.

politician 정치인 rarely 거의 드물게 hero 영웅 prove 증명하다

20 _____ her low grades, she was admitted to Stanford.

(a) Although
(b) Because of
(c) Despite
(d) In spite

성적이 낮았음에도 불구하고 그녀는 스탠퍼드 대학의 입학 허가를 받았다.

○ 성적이 낮았다는 사실과 입학을 허락받은 것과의 관계를 따져서 빈칸에 들어갈 연결어를 찾아야 한다. 성적이 낮았음에도 '불구하고' 입학을 허락 받았다는 의미가 가장 적당하므로 (c)가 정답이 된다. although는 뒤에 절이 와야 하므로 정답이 아니다.

grade 성적 admit (입장, 입학, 입회를) 허락하다 despite ~에도 불구하고

21 (a) A: Is anybody watching the TV?
(b) B: Dad was, but he's not here now.
(c) A: Can I turn off?
(d) B: Sure, go ahead.

A: 누가 텔레비전 보고 있니?
B: 아빠가 보시다가 지금은 안 보시는데요.
A: 내가 꺼도 되지?
B: 그럼요, 끄세요.

○ turn off는 타동사로 목적어가 반드시 필요하다. 문맥상 목적어는 TV이므로 turn off를 turn it off로 바꿔야 한다.

turn off 끄다 go ahead 하다, 진행하다

22 (a) To learn means to humbly accept the fact what I'm not the only smart person. (b) It is so obvious that there are lots of people who are smarter than me. (c) But, I often think that I always know the best. (d) In fact, what I know is what I have learned from someone else.

(a) 배운다는 것은 나 혼자만 똑똑한 것이 아니라는 사실을 겸손히 받아들이는 것이다. (b) 나보다 앞선 수많은 사람들이 존재한다는 사실은 매우 명백하다. (c) 그러나 종종 나는 내가 항상 가장 잘 안다고 생각한다. (d) 사실 내가 잘 안다는 그것도 누군가에게서 배운 것인데 말이다.

○ (a)에서 명사 fact 다음에는 fact와 동격을 이루는 명사절이 나와야 하므로 명사절을 이끄는 접속사 that이 필요하다. 따라서 what은 that이 되어야 한다.

humbly 겸손하게 obvious 확실한

23 **A** I really _____ your help on my presentation yesterday.

B What are friends for.

(a) accepted
(b) appreciate
(c) depreciate
(d) relish

A: 어제 내 발표회를 도와줘서 정말 고마워.
B: 친구좋다는게 뭔가?

○ 고마움을 표현하는 데는 Thank you, Sure.라는 표현도 있지만, appreciate라는 표현은 다른 표현들보다 더 정중함을 표현하는 방식이다.

accept 받아들이다, 수락하다 **depreciate** 가치를 저하시키다 **relish** 좋아하다, 기쁘게 생각하다

---

24 **A** I've been looking _____ for you. Where were you?

B Sorry. I just took a walk around the park.

(a) all over
(b) anywhere
(c) somewhere
(d) overall

A: 널 찾아다녔잖아. 어디 있었던 거야?
B: 미안해. 공원주위에서 산책을 했어.

○ 빈칸에 적당한 부사를 찾는 문제이다. everywhere와 같은 의미를 가진 all over가 정답이다. anywhere는 You can't find a friend like him anywhere in the world.에서처럼 부정문에서 사용된다.

take a walk 산책을 하다

---

25 **A** What do you think about my new quilt? I made it myself.

B It is really nice. I'm all _____ when it comes to sewing.

(a) ears
(b) heart
(c) hands
(d) thumbs

A: 내 새 누비이불 어때요? 제가 직접 만든거예요.
B: 정말 좋은데요. 나는 바느질엔 정말 서툴러요.

○ all thumbs는 '손재주가 없는, 서투른'을 의미하는 관용어구로, 손가락 모두가, 엄지손가락처럼 둔하고 서툴다는 생각에서 쓰이는 표현이다.

quilt 누비이불 **be all ears** 열심히 귀를 기울이다 **all thumbs** 손재주가 없는, 서투른

---

26 **A** These are beautiful plants. Where did you grow them?

B I kept them in my _____.

(a) greenhouse
(b) pyramid
(c) aquarium
(d) studio

A: 정말 멋진 화분들이네. 어디에서 키웠어?
B: 온실에서 키웠어.

○ 명칭을 정확히 구별하는가를 묻는 문제이다. 식물 재배에 관한 대화이므로 greenhouse가 가장 적당한 단어가 된다.

greenhouse 온실 **aquarium** 수족관

27 **A** How much did you pay for that digital camera?

B $750, but I heard that the prices have come _____ since.

(a) apart
(b) away
(c) down
(d) up

A: 그 디지털 카메라 얼마 주고 샀니?
B: 750달러 줬는데 구입한 이후로 가격이 떨어졌다고 들었어.

🔵 come down은 '(더 낮은 수준으로) 떨어지다'의 의미이다. 참고로 '가격이 오르다'는 go up이다.

come down (값이) 내리다, 하락하다

---

28 Experts said the recent incident can be _____ to a supply and demand imbalance.

(a) caused
(b) contributed
(c) attributed
(d) driven

전문가들은 최근의 사건을 공급과 수요의 불균형 탓으로 돌릴 수 있다고 말했다.

🔵 빈칸 다음에 있는 to와 어울리면서 문맥상 좋지 않은 것의 원인이 무엇이라고 말해야 하므로 '무엇을 누구의 탓으로 돌리다'를 의미하는 attribute가 정답이다.

incident 일어난 일, 사건 **imbalance** 불균형 **contribute** 기부하다 **attribute** (원인을) ~의 탓으로 하다, ~덕분으로 돌리다

---

29 If the virus wipes out your hard disk, you will lose everything _____ good.

(a) to
(b) for
(c) by
(d) with

바이러스가 하드디스크를 지우면 모든 것을 영원히 잃게 될 것이다.

🔵 for good은 영원히(forever)의 의미로 자주 쓰인다.

wipe out 안을 닦다, 지우다 **for good** 영원히

---

30 The flow of _____ chemicals into reservoirs is a major health problem.

(a) noxious
(b) recalcitrant
(c) obnoxious
(d) odoriferous

유독성 화학물질이 저수지에 유입되는 것은 건강상 심각한 문제이다.

🔵 식수에 들어가면 건강에 심각한 문제를 주는 화학물질의 성질에 해당하는 형용사는 '유해한'을 의미하는 noxious가 적당하다.

noxious 유해한, 유독한 **recalcitrant** 고집센 **obnoxious** 비위 상하는, 불쾌한 **odoriferous** 향기로운

---

31 I _____ out of the dorm because I couldn't stand my roommate.

(a) fell
(b) came
(c) matched
(d) gave

나는 룸메이트를 참을 수 없었기 때문에 기숙사를 나왔다.

🔵 문맥에 맞는 동사를 선택하는 문제이다. 룸메이트와 함께 있는 것을 참을 수 없다고 했으므로 기숙사(dorm)를 나왔다는 의미가 되는 (b)가 정답이 된다.

dorm 기숙사 **stand** 참다 **come out of** ~에서 나오다

32 _____ are required to take Organic Chemistry II.

(a) Preconditions
(b) Precedents
(c) Precautions
(d) Prerequisites

유기화학 2 과정을 수강하기 위해서는 사전 이수과목이 필요합니다.

🔵 prerequisites는 '기초 필수과목' 이란 뜻으로 문맥에 어울린다.

precondition 필수 조건, 전제 조건 **precedent** 선례, 관례
precaution 조심, 경계 **prerequisite** 필요 조건

---

33 New York has always been _____, a city for which there has never been – nor ever could be – a clear consensus. Yet, millions live here, grumbling but happy, and millions more visit, curious as cats to find out what the magnificent fuss is all about. And while the inhabitants of the city will always have something to complain about, they will never allow an outsider to insult their city. They'll proudly proclaim that "New York City is the best city in the world!"

(a) a paradise of immigration
(b) a religious battle zone
(c) a storehouse of national prosperity
(d) a montage of various contradictions

뉴욕은 항상 다양한 모순의 몽타주였다. 즉 결코 단 한번도 깨끗하게 일치된 모습을 보여준 적이 없고 앞으로도 그럴 일이 없을 도시이다. 하지만 이 곳에 살고 있는 많은 시민들은 투덜거리기는 하지만 행복하게 살고 있으며, 이 곳을 방문하는 수많은 관광객들도 어디를 가나 분주하고 소란스러운 이 도시의 모습에 호기심을 갖고 있다. 그리고 뉴욕 시민들은 늘 뭔가 불평할 것들이 있겠지만, 외부인들이 뉴욕을 모욕하도록 절대 놔두지 않을 것이다. '뉴욕이 세계 최고의 도시' 라고 자랑스럽게 외칠 것이다.

(a) 이민의 천국
(b) 종교적 전쟁터
(c) 국가적 번영의 창고
(d) 다양한 모순의 몽타주

🔵 뉴욕이 어떤 곳인가 하는 정의가 빈칸에 올 것이다. 물론 아무 정의가 아니라 빈칸 바로 뒤에 설명된 뉴욕의 특징에 걸 맞는 정의여야 한다. 뉴욕이란 도시가 완전히 일치된 모습을 보여주기 어렵다는 설명과 맞는 답은 (d) a montage of various contradictions이다.

montage 몽타주 기법, 합성 사진 **contradiction** 모순, 상반, 반대 **consensus** 일치, 여론 **(as) curious as a cat[cats]** 몹시 캐기를 좋아하는 **inhabitant** 거주자 **magnificent** 훌륭한, 멋진, 장엄한 **fuss** 야단법석, 헛소동, 몸달아 설침

---

34 Effective paragraph writing is essential for any young scholar hoping to continue his or her education. Students must learn the correct techniques in order to write effective sentences and combine them into comprehensible paragraphs. The reader must be able to follow the _____ of the ideas expressed. It is imperative that the sentences have a logical sequence with the appropriate transitions and focus. The objective is to use the sentences as building blocks to build a successful paragraph.

효과적인 문단 작성은 계속 공부하려는 젊은 학도들에게 매우 중요하다. 학생은 효과적인 문장을 쓰고 그 문장들을 이해할 수 있는 문단으로 결합하기 위한 바른 테크닉을 배워야 한다. 독자가 읽을 때 작가가 글로 표현하려고 한 생각의 의도와 순서를 이해할 수 있어야 한다. 문장들이 적합한 전환과 초점이 있는 논리적 전개를 갖추는 것은 필수적이다. 글의 목표는 문장을 집짓기 나무토막처럼 사용하여 성공적인 문단을 짓는 것이다.

(a) 일관성과 긴장감
(b) 원인과 결과
(c) 주장과 반박
(d) 목적과 순서

(a) consistency and tense
(b) cause and effect
(c) argument and rebuttal
(d) purpose and order

○ 문단을 쓰는 요령에 대한 내용이다. 두 번째 문장에 comprehensible이라는 표현이 등장하고 네 번째 문장에 logical sequence라는 표현이 등장한다. 따라서 빈칸의 내용 역시 글이 말하고자 하는 내용 즉 목적과 논리적 순서가 이해되기 쉬워야 한다는 내용이어야 한다. (a)는 본 내용과 그다지 상관이 없으며 (b)의 경우 원인과 결과라는 표현이 그럴듯하게 들릴 수 있으나 글의 논리성을 표현하는 데 있어서 인과관계라는 말을 쓰는 것은 그다지 알맞지 않다. (c)의 argument는 글의 주장하는 바라는 의미에서 매우 그럴듯하게 들리지만 rebuttal이라는 단어가 함께 왔으므로 (c)의 보기는 글의 목적과 논리적 순서에 관한 내용이라기보다는 찬반 토론과 관련된 내용이다. (d)는 purpose와 order라는 단어를 분명히 명시하고 있으므로 정답이다.

comprehensible 이해하기 쉬운 imperative 필수적인 sequence 순서 transition 전환 focus 초점 objective 목적, 목표

---

35 If you're looking for something that you can match to any of your clothes, you've come to the right place. We have an abundant selection of men's silk and cotton windbreakers and jackets that are destined to become your favorite item. The perfect in-between weight, it's the _____ and can be coupled with just about any outfit in your closet. Choose from Captain's style to long trenchcoats. These items come in new spring colors: French blue, helio, sea-glass, flannel, and black. Order by phone, fax, or e-mail. All major credit cards accepted. Shipping and handling, $3.

(a) sign of generosity
(b) only weakness of this item
(c) essence of versatility
(d) mixture of two different styles

만일 당신의 어떤 옷과도 잘 어울릴 수 있는 옷을 찾고 계신다면, 제대로 찾아오셨습니다. 저희는 여러분에게 가장 선호하는 제품이 되도록 제작된 남성용 실크 및 면제품 윈드브레이커와 재킷 품목을 다량 보유하고 있습니다. 너무 무겁거나 가볍지 않은 완벽한 무게는 다목적성의 핵심으로서 여러분 옷장에 있는 어떤 옷과도 잘 어울릴 수 있을 것입니다. 캡틴 스타일에서부터 긴 트렌치코트에 이르기까지 얼마든지 골라보세요. 이들 제품은 프렌치 블루, 헬리오, 씨글래스, 플란넬, 검정색 등 새봄 색상과 함께 출시됩니다. 전화나 팩스, e-mail로 주문하세요. 각종 주요 신용카드의 카드로도 결제가 가능합니다. 발송 및 취급비는 3달러입니다.

(a) 자비로움의 신호
(b) 이 제품의 유일한 약점
(c) 다목적성의 핵심
(d) 두 가지 다른 스타일의 혼합

○ 빈칸에는 앞뒤로 광고된 옷의 특징인 적당한 무게와 어떤 옷과도 잘 어울리는 특성을 한 마디로 요약하는 표현이 나와야 한다. 다용도로 입을 수 있는 것이 옷의 장점으로 소개되었으므로 (b)는 답이 될 수 없다. (a)의 generosity는 옷의 특성을 묘사하는 데는 적절하지 않다. (d) 역시 광고 내용과 무관한 내용이다. (c)의 versatility라는 단어는 옷의 다용도성, 융통성, 어느 것과도 잘 어울리는 장점을 잘 묘사하는 단어이므로 답은 (c)이다.

windbreaker 바람막이용 재킷, 윈드브레이커 in-between 중간적인, 중간의 versatility 다재, 다예, 융통성, 다기능성 order by ~을 통해 주문하다 shipping 선적, 적하, 적송 handling 취급, 처리, 출하

36 Learning a new language shouldn't mean limiting the scope of your reading. Many great classics are well-written and easy to understand. Ernest Hemingway is a prime example of direct yet beautiful prose. He is a wonderful story teller, yet very accessible. An extensive vocabulary is not required to enjoy the exciting *The Old Man and The Sea*; and his short fiction offers a great introduction to American culture. You don't have to stick with magazines and juvenile literature. Try Hemingway and get a taste of American literature.

Q What is the topic of the passage?

(a) Classics as useful language learning tools.
(b) Hemmingway's important literary contributions.
(c) The place of American culture in classic writing.
(d) How reading Hemmingway improves vocabulary.

새로운 언어를 배우고 있다고 해서 독서의 범위에 제한을 둘 필요는 없다. 많은 훌륭한 고전들은 이해하기 쉽다. 어니스트 헤밍웨이가 직설적이면서도 아름다운 산문을 쓴 가장 좋은 예이다. 그는 이야기를 대단히 재미있게 이끌어 가면서도 동시에 이해하기도 쉽게 썼다. 〈노인과 바다〉를 읽는 데 광범위한 어휘는 필요하지 않다. 그의 단편 소설은 미국 문화를 아주 잘 소개하고 있다. 더 이상 잡지나 아동 문학을 고수할 필요가 없다. 헤밍웨이를 읽어보고 미국 문학을 음미해 보기 바란다.

Q: 이 글의 주제는?

(a) 유용한 언어 학습 도구로서의 고전
(b) 헤밍웨이의 중요한 문학적 공헌
(c) 고전에 나와 있는 미국 문화의 장소
(d) 헤밍웨이를 읽으면서 어휘를 늘리는 방법

◐ 이 글의 전체 주제문은 첫째 문장이다. 새로운 언어를 배울 때 독서의 범위에 제한을 두지 말 것을 제안하면서 고전을 읽을 것을 추천하고 있다. 그 예로 헤밍웨이를 든 것이므로 주제에 헤밍웨이의 내용만을 쓴 것은 정답이 되지 않는다. 포괄적인 내용인 (a)가 정답이다.

scope 범위 prose 산문 accessible 이해하기 쉬운 extensive 광대한, 넓은 stick with 끝까지 ~을 고수하다 juvenile literature 아동 문학 get a taste of 경험하다 improve 향상시키다

---

37 The children's book market is a $13.9 million industry. And personalized books are fast becoming a market leader. Using a home computer and a laser printer, personalized book dealers can add the recipient's name, home town, friends, and favorite activity to a variety of pre-existing exciting titles. The result is a custom book featuring the customer's child having the adventure of a lifetime. Even the least technically-savvy can learn to operate the simple equipment necessary to make these beautiful books.

Q What makes children's books so attractive?

(a) They are inexpensive.
(b) They include the child's name.
(c) They are computer generated.
(d) They are sold in malls.

아동서적 시장은 매출액 1,390만 달러 규모의 산업이다. 그 중, 개인의 이름이 들어간 책은 급속하게 시장 지배 상품으로 떠오르고있다. 개인용 컴퓨터와 레이저 프린터를 이용하여 개인의 이름이 들어간 책을 파는 사람들은 다양하고 흥미로운 기존의 제목을 갖은 작품에 수취인의 이름, 고향, 친구들과 좋아하는 활동들을 첨가시킨다. 그 결과 고객의 자녀들이 일생의 다양한 모험을 경험하도록 특별 제작된 책이 만들어진다. 기계 조작에 능숙하지 않은 사람들도, 이런 훌륭한 책을 만드는 데 필요한 간단한 장치를 조작하는 법을 배울 수 있다.

Q: 아동도서들이 이렇게 매력적인 이유는?

(a) 값이 싸다.
(b) 아이의 이름이 들어가 있다.
(c) 컴퓨터로 제작했다.
(d) 쇼핑몰에서 판매한다.

◐ 인기를 끌고 있는 이 책은 글 내용에 수취인 개인의 이름, 고향, 친구들과 좋아하는 활동들(the recipient's name, home town, friends, and favorite activity)이 들어가 있다. 따라서 이 책은 고객의 자녀가 직접 모험을 하는 것과 같은 효과를 준다. 그렇기 때문에 (b)수용자의 이름을 직접 넣는 것이 책에 매력을 주는 요인이다.

personalize ~에 자기의 이름(머리글자)을 붙이다 recipient 수취인 feature 특징을 이루다 custom 특별히 주문한 adventure 모험 savvy 이해하는 inexpensive 저렴한

38 Dear Mr. Johnson,

Thank you for making a reservation at the Sandy Claws Beach Resort. Here are the directions that you requested. From Arkville, take highway 27 to Ringgold. At the Ringgold Interchange take highway 36 east towards North Harbor. About 10 miles before North Harbor, you'll see signs for our resort. Just follow the signs and you'll arrive in minutes. See you soon!

Q Which is correct according to the letter?

(a) The resort is located in North Harbor.
(b) The Ringgold interchange is in Arkville.
(c) Highway 27 goes to North Harbor.
(d) Mr. Johnson asked for directions.

존슨 씨께,

샌디클로스 비치리조트에 예약해 주셔서 감사합니다. 귀하께서 요청하신 약도는 다음과 같습니다. 아크빌로부터 오실 때 27번 고속도로를 타고 링골드 방면으로 오십시오. 링골드 교차로에서 36번 고속도로 동쪽 방면 즉 노스 하버 쪽으로 갈아타십시오. 노스 하버 도착하기 10마일 전 지점에 저희 리조트 표지판을 보실 수 있을 겁니다. 표지판만 따라오시면 몇 분 안에 도착하실 것입니다. 그때 뵙겠습니다.

Q: 편지 내용과 일치하는 것은?

(a) 리조트는 노스 하버에 위치해있다.
(b) 링골드 교차로는 아크빌에 있다.
(c) 27번 고속도로는 노스 하버로 연결된다.
(d) 존슨이 약도를 요청했다.

🔵 존슨의 출발지는 아크빌이고 27번 고속도로를 이용, 링골드 교차로를 경유한다. 따라서 링골드 교차로가 아크빌에 있다는 (b)는 사실이 아니다. 노스 하버는 27번이 아니라 36번과 연결되어 있으므로 (c)도 사실이 아니다. 리조트는 노스 하버 도착 10마일 전 지점이므로 (a)도 사실이 아니다. Directions that you requested라고 적혔으므로 약도를 요청한 것은 존슨이다. 정답은 (d)이다.

make reservations 예약하다 **resort** 리조트, 유원지 **directions** 지시, 약도, (특정 목표지점까지의) 길안내 **interchange** (고속도로의) 입체 교차점 **ask for** 요청하다

---

39 The Vasa Hotel is located downtown, within blocks of old Stockholm, the largest city in Sweden. It is connected to both the Stockholm City Convention Center and Polar Gardens train station. Two floors of restaurants and sports facilities are features worthy of a 5-star rating. We have 400 rooms, 15 suites including 5 honeymoon suites, and 10 meeting rooms, each equipped to handle 100 people.

Q What can be inferred about the Vasa Hotel?

(a) It is only 2 stories tall.
(b) It is located in the suburbs.
(c) It has over four hundred rooms.
(d) Only sports enthusiasts stay there.

바사호텔은 스웨덴에서 가장 큰 도시인 스톡홀름 구 도시 시내에 위치해 있습니다. 이 호텔은 스톡홀름 컨벤션센터와 폴라가든 역과 연결되어 있습니다. 두 층에 걸친 식당과 스포츠시설은 오성급 시설이라 하겠습니다. 400개의 객실과 5개의 허니문스위트를 포함한 15개의 스위트룸 그리고 각각 100명씩 수용할 수 있는 10개의 회의실을 갖추고 있습니다.

Q: 바사호텔에 대해 추론할 수 있는 것은?

(a) 고작 2층짜리 건물이다.
(b) 교외 지역에 위치해있다.
(c) 400개가 넘는 객실을 갖추고 있다.
(d) 스포츠광들만 그곳에서 숙식을 한다.

🔵 Two floors는 식당과 sports facilities만 묘사한 것이므로 건물 전체가 2층뿐이라는 (a)는 사실이 아니다. 이 호텔은 시내에 있으므로 (b)도 사실이 아니다. 또한 글은 호텔에 sports facilities가 있다는 언급만 했을 뿐이므로 이 호텔을 sports enthusiasts만 이용한다는 주장은 지나친 추론이다. 호텔에 대한 사실로 맞는 것은 400개 이상의 객실을 갖췄다는 (c)이다.

be located 위치하다 **downtown** 도심지에서, 상업지구 **5-star rating** 오성, 별 다섯개짜리(호텔 등 숙박 및 요식업체에 주어지는 등급) **suburb** 교외, 변두리 **suit** 호텔 객실, 스위트룸 **enthusiast** 광, 열정가

40 In 1946, the United Nations Educational, Scientific, and Cultural Organization (UNESCO) was formed. (a) UNESCO works to promote literacy and basic training in underdeveloped nations. (b) Even in highly developed nations there are many people who lack basic reading skills. (c) UNESCO also helps the people of different nations build relationships. (d) It's educational reform efforts emphasize the importance of human rights in curriculum development and learning.

1946년 UN의 교육, 과학, 문화 기구인 유네스코가 창설되었다. (a) 유네스코는 문맹 퇴치와 후진국의 기초 훈련을 하는 역할을 한다. (b) 심지어 선진국에서조차 기본적인 읽기 능력이 부족한 사람들이 많다. (c) 유네스코는 또한 서로 다른 나라 사람들이 관계를 맺는 것을 도와준다. (d) 유네스코의 교육 개혁 노력은 발전과 학습 커리큘럼 안에서 인권의 중요성을 강조한다.

○ 유네스코의 교육과 관련한 역할을 다루는 내용이다. 유네스코는 후진국의 교육을 장려하고, 다른 나라 사람들의 관계를 맺는 것을 돕는 역할을 하는데 (b)에서 일반적인 현상을 다루고 있어서 문맥의 흐름에 어울리지 않는다. 따라서 정답은 (b)이다.

promote 증진하다, 촉진하다 **underdeveloped nation** 후진국 **emphasize** 강조하다

Actual Test

1 W Where's the wedding?

M _____

(a) I got married last year.
(b) I'll send you an invitation soon.
(c) Around the end of next month.
(d) At the Catholic church.

W: 결혼식은 어디에서 하나요?

M: _____

(a) 저는 작년에 결혼했어요.
(b) 제가 곧 초대장을 보내드릴게요.
(c) 다음달 말 무렵에요.
(d) 성당에서요.

● Where로 묻고 있으므로 장소를 답으로 골라야 한다. (a), (b), (c)는 When으로 물었을 때 가능한 대답들이다.

invitation 초대장

---

2 M I tried to call you yesterday.

W _____

(a) Let me try again.
(b) It'll work out better the next time.
(c) Sorry. I was in a meeting.
(d) You should have tried harder.

M: 어제 전화 연락하려고 애썼어요.

W: _____

(a) 다시 한 번 해보지요.
(b) 다음에 더 잘될 겁니다.
(c) 미안해요. 회의 중이었어요.
(d) 더 열심히 했어야 했어요.

● 'I tried to call ~' 이 과거시제로 묻고 있으므로 대답도 과거형이 오는 게 일반적이다. 보기 중에 과거시제는 (c)뿐이다.

work out 잘되어가다

---

3 W Is it possible to get a front-row seat?

M _____

(a) Only if you use your seat belt.
(b) It depends where you sit.
(c) We take all major credit cards.
(d) I'm afraid they're all sold out.

W: 앞 줄 좌석을 구할 수 있을까요?

M: _____

(a) 안전벨트를 매기만 하면요.
(b) 어디에 앉느냐에 달렸죠.
(c) 모든 주요 신용카드로 계산이 가능합니다.
(d) 안됐지만 모두 매진됐어요.

● 앞 줄 좌석을 구할 수 있는지 묻고 있으므로 구할 수 있다거나 구할 수 없다는 대답이 필요하다.

sold out 매진되다

4
M Is this you in this picture?
W Yeah. That was taken a long time ago.
M Wow! You used to be really slim!
W _____

(a) I know. I've gained a lot of weight since then.
(b) I know. I was really tall then.
(c) I know. I was really stout then.
(d) I know. I wasn't sure about that then.

M: 이게 당신이에요?
W: 예. 오래 전에 찍은 겁니다.
M: 와! 정말로 날씬했었네요!
W: _____

(a) 그래요. 그 이후로 몸무게를 많이 늘었죠.
(b) 그래요. 그때 정말로 키가 컸죠.
(c) 그래요. 그때는 정말로 통통했죠.
(d) 그래요. 그때는 그것에 대해 잘 몰랐어요.

❑ 마지막 대화에서 여자의 옛날 모습이 정말 날씬했다고 했으므로 지금은 체중이 늘어났다고 답하는 (a)가 가장 적절하다.

slim 날씬한 gain weight 체중이 늘다 stout 뚱뚱한, 살찐, 풍채가 당당한

5
W What's the weather like?
M I'm afraid it's no better than yesterday.
W I bet it's going to rain.
M _____

(a) Well, you can use mine.
(b) Definitely. Let's go on a picnic.
(c) Probably. You'd better take an umbrella.
(d) Right. It's sunny right now.

W: 날씨가 어떻게 된다죠?
M: 어제보다 나을 게 없는 것 같아요.
W: 비가 올 겁니다.
M: _____

(a) 글쎄요. 제 것을 쓰세요.
(b) 물론이죠. 소풍 갑시다.
(c) 아마도. 우산을 가져가는 게 좋을 거예요.
(d) 맞아요. 지금 햇볕이 밝네요.

❑ 비가 올 가능성이 있다는 말이 나오므로 (c)처럼 우산을 챙겨야 한다는 답변이 와야 한다. (a)는 앞에서 umbrella라는 단어가 사용됐다면 가능했을 것이다.

definitely 확실히 You'd better ~ ~하는 게 좋을 겁니다 sunny 햇볕이 잘 드는

6
M Sorry to bother you, but does this go to Suseo?
W No, you'll have to transfer to the yellow line.
M Where do I have to transfer?
W _____

(a) One moment. I'll transfer your call.
(b) You can exchange money at the bank.
(c) You can just follow me. I'm going that way.
(d) You can sit down over there.

M: 죄송합니다만. 이게 수서로 가나요?
W: 아니오, 빨간 선으로 갈아타셔야 합니다.
M: 어디에서 갈아탈 수 있죠?
W: _____

(a) 잠시만요. 전화를 연결해 드리겠습니다.
(b) 은행에서 환전할 수 있습니다.
(c) 저만 따라오세요. 저도 그 길로 가거든요.
(d) 저쪽에 앉아 계시면 됩니다.

❑ transfer, yellow line으로 보아 지하철에 관한 대화이다. 갈아타는 곳을 묻고 있으므로 방향을 알려 주는 대답을 골라야 한다. 자신도 같은 방향이니 따라오라는 (c)가 정답이다.

transfer 갈아타다, 이동하다 exchange money 환전하다 sit down 앉다

7　M　Hey, have you seen the new photo stickers?

　　W　No, what are they?

　　M　First you go to a photo booth and take pictures. Then the machine makes stickers with your picture on it.

　　W　That sounds cool!

　　M　Yeah. It's all the rage!

　　W　Let's go and get some photo stickers of us, too.

　　M　Okay. Let's go.

　　Q　What is the topic of the conversation?

　　　　(a) The new sounds from the photo booth
　　　　(b) A new fad, photo stickers
　　　　(c) Phone booths with cameras
　　　　(d) Going to the photographers

M: 야, 새로 나온 스티커 사진 봤니?

W: 아니, 그게 어떤 건데?

M: 우선 사진 찍는 부스에 들어가 사진을 찍는 거야. 그 다음엔 기계에서 네 사진이 스티커로 만들어지지.

W: 굉장하다!

M: 맞아. 지금 그게 대유행이야.

W: 가서 우리도 스티커 사진 찍어보자.

M: 좋아, 가자.

Q: 대화의 주제는 무엇인가?

(a) 사진 부스에서 들리는 새로운 소리

(b) 새로운 유행인 스티커 사진

(c) 카메라 달린 전화부스

(d) 사진사에게 가기

🔵 대화의 주제를 묻고 있다. 두 사람은 지금 한창 유행인 스티커 사진에 대한 얘기를 하고 있다.

take pictures 사진을 찍다　**fad** 일시적 유행　**cool** 훌륭한, 근사한　**all the rage** 대유행

8　M　Pardon me. Are you here alone?

　　W　Actually, I'm waiting for a friend.

　　M　Are you waiting for your boyfriend or just a friend?

　　W　Just a friend. I don't have a boyfriend.

　　M　Really? Would you mind if I kept you company?

　　W　No, not at all. Please sit down.

　　Q　Which is correct according to the conversation?

　　　　(a) The man is the woman's boyfriend.
　　　　(b) The woman is waiting for her boyfriend.
　　　　(c) The woman has known the man for a long time.
　　　　(d) The man is trying to pick up on the woman.

M: 실례합니다. 혼자이신가요?

W: 사실은 친구를 기다리고 있어요.

M: 애인이에요. 아니면 그냥 친구 기다리는 거예요?

W: 친구예요. 전 애인이 없거든요.

M: 정말요? 같이 동석해도 될까요?

W: 네, 그러세요. 앉으세요.

Q: 대화 내용과 일치하는 것은?

(a) 남자는 여자의 남자친구이다.

(b) 여자는 남자친구를 기다리고 있다.

(c) 여자는 남자를 오랫동안 알아왔다.

(d) 남자는 여자와 친해지려고 시도한다.

🔵 남자는 여자에게 기다리는 사람이 있는지 묻고, 남자친구가 아닌 그냥 친구를 기다린다고 하자 동석해도 되는지를 묻고 있다. 남자는 여자와 친해지려고 하는 상황이므로 (d)가 정답이 된다.

pardon me 실례합니다　**boyfriend** 남자친구, 애인　**pick up** (우연히 만난 사람과) 친해지다

9

M May I be frank?

W Sure, I prefer that you be honest.

M I think you should let me carry the box.

W Don't beat around the bush. What are you really trying to say?

M I think the box is too heavy for you.

W Don't worry, I'm stronger than I look.

Q What can be inferred from the conversation?

(a) His name is Frank.

(b) She is too weak.

(c) He likes to beat bushes.

(d) She likes to hear the truth.

M: 솔직하게 말해도 될까요?

W: 물론이죠. 난 당신이 솔직해서 좋아하는 걸요.

M: 내가 저 상자를 날라야 할 것 같아요.

W: 둘러대지 마세요. 정말로 하고 싶은 말이 뭐죠?

M: 저 상자가 당신한텐 너무 무거워 보여서요.

W: 걱정 말아요. 저, 보기 보단 힘이 세거든요.

Q: 대화에서 추론할 수 있는 것은?

(a) 남자의 이름은 프랭크이다.

(b) 여자는 너무 약하다.

(c) 남자는 둘러대는 것을 좋아한다.

(d) 여자는 사실을 듣고 싶어한다.

🔵 (a)는 '솔직한'을 의미하는 frank로 혼동을 유도하는 경우이고 (b)는 마지막에 여자가 stronger than I look 이라고 했기 때문에 답이 안되며, (c)는 beat around the bush라는 관용구를 이해하지 못했을 때 나올 수 있는 응답이다. 따라서 여자가 What are you really trying to say?라고 묻고 있으므로 (d)가 답이 된다.

frank 솔직한, 숨김없는 **beat around the bush** 넌지시 떠보다, 요점을 말하지 않다

---

10 These days many people are finding themselves high in debt due to credit card companies. This indicates that the spending habits of many consumers are based on a "buy now, pay later" line of thinking. Sooner or later, they face a huge monthly balance on their accounts. Consumers usually fail to clear their balance before making new purchases, creating a vicious cycle of mounting debt.

Q What is the main idea of the talk?

(a) People should watch how much they buy on credit.

(b) Credit cards can be convenient.

(c) Credit card accounts can be large.

(d) People like to ride bicycles.

요즈음 많은 사람들이 자신들이 신용 카드 회사에 큰 빚을 지고 있다는 사실을 발견하고 있다. 이런 현상은 많은 소비자들의 소비 습관이 "지금 사고 나중에 갚기"라는 식의 생각에 근본적인 원인이 있다는 것을 나타내준다. 얼마 못 가 사람들은 자신의 월간 잔고가 적자라는 것을 알게 된다. 소비자들은 대개 새로운 물건을 구입하기 전에 그들의 외상값을 깨끗하게 청산하지 않기 때문에 빚이 불어나는 악순환이 발생한다.

Q: 담화의 주제는 무엇인가?

(a) 사람들은 신용카드로 얼마나 많이 사는지 주의해야 한다.

(b) 신용카드는 편리할 수 있다.

(c) 신용카드 거래는 커질 수 있다.

(d) 사람들은 자전거 타는 것을 좋아한다.

🔵 credit card로 인한 부담에 대한 내용이다. high in debt, buy now, pay later, huge monthly balance를 보면 쉽게 알 수 있는 문제인데, 후에 credit card의 잔액(balance)을 고려하지 않고 물건을 사는 모습을 말해 주고 있다. 첫 문장에서도 주제를 알 수 있다. credit card의 balance(잔액), default(채무 불이행), outstanding(미불의), charge(카드로 계산하다)등의 어휘도 알아두자.

in debt 빚을 지고 있는 **indicate** 가리키다, 지시하다 **be based on** ~에 근거를 두다 **sooner or later** 조만간, 곧 **monthly balance** 월간 수지, 월간 차감 잔액 **account** 예금 계좌, 외상거래 **fail to** ~하지 않다 **clear** 해결하다, 처리하다 **vicious** 악순환하는 **mounting** 늘어나는

11 Thank you for attending our emergency meeting. As you know, our company is on the verge of going through a hostile takeover from Park Industries. The board of directors and I are doing everything in our power to prevent this from happening. Our gross sales for the quarter are also down, but that's another can of worms, which we'll get into later. Right now, let's focus on keeping the company in our hands.

Q Which of the following is the main purpose of the speaker?

(a) To discuss why their quarter earnings are down.

(b) To discuss the prevention of a hostile takeover.

(c) To discuss the sale of the company.

(d) To discuss the business philosophy of Park Industries.

긴급 회의에 참석해 주셔서 감사합니다. 여러분도 알고 계시는 것처럼 저희는 파크 인더스트리의 적대적 인수합병을 타개해야 하는 상황에 직면해 있습니다. 이사회와 저는 이런 일이 일어나는 것을 막기 위해 가능한 한 모든 조치를 다 취할 것입니다. 이번 분기 동안 우리 회사의 전체 판매량 역시 감소했습니다. 하지만 그건 별개의 문제이고 좀 나중에 이 문제를 다루고자 합니다. 지금 당장은 회사를 우리 수중에 넣는데 총력을 모읍시다.

Q: 화자의 주요 목적은 무엇인가?

(a) 분기 수익이 떨어진 이유를 토론하기 위해

(b) 적대적 인수합병을 막기 위한 토론을 위해

(c) 회사의 판매를 토론하기 위해

(d) 파크 인더스트리의 사업철학을 토론하기 위해

⊙ 두 번째 문장인 As you know, our company is on the verge of going through a hostile takeover from Park Industries에서 적대적 인수합병 위기에 놓였다는 말을 하고 있다.

on the verge of ~하기 직전에, ~에 직면하여 **hostile** 적의 있는, 적대하는 **takeover** 인계, 경영권 탈취 **in one's power** 될 수 있는 한, 수중에 **gross sales** 총판매 **quarter** 1/4분기 **can of worms** 복잡하고 귀찮은 문제[상황](=pandora's box) **get into** ~에 들어가다 **focus on** ~에 초점을 맞추다, 집중시키다 **business philosophy** 경영 철학

---

12 Throughout their history, movies have mirrored, questioned, created, and modified our understandings of ourselves and our world. Motion pictures have shown us foreign countries and cultures, bringing to life things that happened before we were alive, and they have even propelled us into outer space. They have been so much a part of our existence that it can be difficult to remember life before their existence.

Q Which is correct according to the talk?

(a) Movies are less important than other forms of drama.

(b) Movies can only show people life in their own time.

(c) Movies are our most important cultural displays.

(d) Movies shape people's understanding of their reality.

영화가 생긴 처음부터 지금까지, 영화는 우리 자신과 우리가 살고 있는 세상에 대한 우리의 이해를 비추고, 의문점을 주고, 창조하고, 수정해 왔다. 영화는 우리를 외국의 땅과 문화를 보여 주었고, 우리가 태어나기 전에 일어난 사건을 소생시키며, 심지어는 우리를 우주로 쏘아 올려준다. 영화는 우리 생활의 커다란 부분을 차지하고 있어서 영화가 발명되기 전의 생활을 기억하기 힘들 수 있다.

Q: 담화의 내용과 일치하는 것은?

(a) 영화는 다른 형태의 드라마보다 덜 중요하다.

(b) 영화는 동시대의 사람들의 일생만을 보여줄 수 있다.

(c) 영화는 우리의 가장 중요한 문화의 표현이다.

(d) 영화는 사람들의 현실에 대한 이해를 구체화한다.

⊙ 영화가 생긴 처음부터 지금까지 영화가 우리에게 끼친 영향을 다룬 내용이다. 우리가 태어나기 이전의 사건으로 우리를 안내한다고 했으므로 동시대의 사람들의 모습만을 보여 준다는 (b)는 정답이 아니다. (a)와 (c)는 지문에 나와 있지 않은 지나친 억측이다.

mirror 비추다, 반영하다 **modify** 수정하다, 변경하다 **motion pictures** 영화 **bring to life** 소생시키다 **propel** 나아가게 하다, 추진하다 **existence** 일상, 존재, 실제, 현존

13 **A** _____ to finish her Ph.D. degree this year?
   B Yes, or they will cut off her scholarship.

   (a) Does Betty have
   (b) Must Betty
   (c) Will Betty
   (d) Shouldn't Betty

A: 베티는 올해 박사학위 과정을 마쳐야 하지?
B: 응, 그렇지 않으면 장학금이 끊기게 돼.

○ 조동사 must, will, should는 다음에 동사원형이 와야하는데, 빈칸 다음에 to가 있으므로 어울리지 않는다. have to는 must의 의미로 정답이 된다.

degree 학위 cut off 끊다 scholarship 장학금

14 **A** Why did you stay up all night?
   B I had to finish _____ 'Othello.'

   (a) whole
   (b) all
   (c) the whole
   (d) the whole of

A: 왜 밤을 꼬박 새웠니?
B: 오셀로를 다 읽어야 했거든.

○ whole이 '전부, 전체'라는 명사로 쓰일 때는 정관사 the와 함께 쓰인다.

stay up all night 밤을 새우다

15 **A** When are you leaving _____ Seattle?
   B Within a week or two, I guess.

   (a) at
   (b) with
   (c) for
   (d) to

A: 언제 시애틀로 떠나십니까?
B: 아마 한 두 주 안으로요.

○ leave가 '~를 떠나다'라는 뜻으로 출발지가 뒤에 오면 전치사 없이 타동사로 쓰인다. 반대로 '~로 떠나다'라는 뜻으로 목적지가 뒤에 오면 전치사 for와 함께 오는 자동사로 쓰인다.

leave for ~로 떠나다

16 **A** You live in the dorm?
   B Yes, I chose _____ back and forth to campus anymore.

   (a) not to commute
   (b) not commuting
   (c) to not commute
   (d) not to commuting

A: 기숙사에 사니?
B: 그래. 더 이상 캠퍼스를 이러저리 통학하지 않게 선택했지.

○ choose는 부정사를 목적어로 취하는 동사이다. 부정어는 부정사 앞에 오게 되므로 not to commute가 정답이 된다.

dorm (=dormitory) 기숙사 back and forth 이리저리, 앞뒤로 commute 통학하다

17 _____ comes in last will have to run an extra mile.

   (a) Whoever
   (b) Whomever
   (c) Whatever
   (d) Whichever

마지막으로 들어오는 사람은 몇 마일 더 달리게 될 것이다.

○ 빈칸에는 주어 역할을 하는 명사가 와야 하는데 관계대명사에 -ever를 붙여서 '선행사 + 관계대명사' 역할을 해서 anyone who를 의미한다.

comes in last 꼴찌로 들어오다

18 Steven loves his brother and didn't mind _____ out and taking pictures.

(a) to stay
(b) staying
(c) to staying
(d) of staying

스티븐은 자기 동생을 사랑해서 밖에 나가서 사진 찍어주는 것을 개의치 않았다.

🔵 mind는 뒤에 동명사를 목적어로 취한다. deny, enjoy, avoid, finish 등도 동명사를 취한다.

mind 꺼려하다 plain 평범한

---

19 Mike's flight was _____ for five hours because of a big snowstorm.

(a) delay
(b) delaying
(c) to delay
(d) delayed

심한 눈보라 때문에 마이크의 비행기가 5시간동안 연착됐다.

🔵 비행기가 스스로 연착되는 것이 아니라 기상 상태가 안 좋아서 연착되어지는 것이므로 수동태로 나타내야 한다.

delay 미루다, 연기하다 snowstorm 눈보라

---

20 Remember to lock the door, _____.

(a) if you would work out
(b) if you plan to work out
(c) if you planning work out
(d) if plans to work out

운동하러 나갈 생각이라면 문을 잠그고 나가는 것을 잊지 말아라.

🔵 (a)는 if절에서 would를 사용하면 가정법 미래가 되는데, 윗 문장은 가정법 미래로 보기 어렵고 가정법 현재로서 불확실한 미래를 나타내고 있다. (c)는 be동사가 생략되어 있고 (d)는 주어가 생략되어 있으므로 틀린 표현이 된다.

remember to ~할 것을 기억하다 plan to ~할 계획이다 work out 운동하다

---

21 (a) A: Have any plans for this Thanksgiving?
(b) B: I don't know yet.
(c) A: How about going to the school camp with us?
(d) B: I don't think I will have time enough to finish my homework.

A: 이번 추수감사절에 무슨 계획이라도 있니?
B: 아직 없어.
A: 우리랑 학교 캠프 같이 안 갈래?
B: 숙제를 마칠 시간이 충분할 것 같지 않아.

🔵 형용사 enough는 수식하는 명사 앞에 와야 한다 따라서 time enough를 enough time으로 바꿔야 한다.

Thanksgiving 추수감사절

---

22 (a) Kansas City and St. Louis is Missouri's major two cities. (b) They were developed on the State's rivers, the Missouri and the Mississippi. (c) Kansas City's Toy and Miniature Museum is favored by children. (d) On the other hand, adults will surely enjoy St. Louis' sophisticated shops and the Cupples House.

(a) 캔자스 시와 세인트루이스는 미주리 주의 중요한 두 도시이다. (b) 이들은 미주리 강과 미시시피 강변에 발달하였다. (c) 캔자스시의 장난감과 모형 박물관은 아이들이 좋아하는 곳이다. (d) 반면, 어른들은 센트루이스의 세련된 가게들과 Cupples House를 감상할 것이다.

🔵 주어와 동사의 일치를 물어보는 문제이다. (a)에서 주어는 Kansas City와 St. Louis인데 동사는 is가 사용되었다. 주어가 복수이므로 are를 써야 한다.

develop 개발하다 be favored by ~의 호의를 받다 enjoy ~을 즐기다 sophisticated 세련된, 매우 복잡한

23 **A** I can't figure out how to _____ this thing.
    B Maybe you should try reading the manual.

(a) reinvent
(b) activate
(c) animate
(d) power up

A: 이걸 어떻게 사용하는지 모르겠어요.
B: 사용설명서를 읽어보도록 하세요.

◐ 대화에 어울리는 적합한 동사를 찾는 문제이다. 무활성의 물체를 '활성화시킨다'라는 의미에서 보면 activate와 animate는 비슷한 의미의 동사로 볼 수 있지만, activate는 validity(효력, 유효성)을 작동시킨다는 의미이지만, animate는 죽어 있는 물체에 활기를 불어넣는다는 표현이다.

figure out 이해하다 **reinvent** 재발명하다 **activate** 활동[작동]시키다 **animate** ~에 생명을 불어넣다. ~에 움직임을 주다 **power up** 에너지 소비량을 올리다

---

24 **A** Do you have any _____ what the rumor is about?
    B No. I haven't heard a thing.

(a) sayings
(b) verbiage
(c) inkling
(d) ears

A: 그 소문이 무엇에 관한 것인지 아니?
B: 아니, 아무것도 듣지 못했는데.

◐ inkling은 '암시, 어렴풋이 알고 있음'을 의미하는 단어이다.

rumor 소문 **saying** 속담, 격언 **verbiage** 장황, 다변 **inkling** 암시

---

25 **A** How can you be so _____?
    B I'm sorry, I didn't mean to hurt your feelings.

(a) encouraging
(b) condescending
(c) supportive
(d) despaired

A: 어떻게 그렇게 생색을 낼 수 있니?
B: 미안해. 감정을 상하게 할 생각은 아니었어.

◐ 문맥을 살펴보면 A는 B의 어떠한 태도에 대해 불쾌감을 표명하고 있다. encouraging이나 supportive는 긍정적인 의미를 주는 단어들이므로 정답에서 제외될 수 있다. despaired는 부정적인 측면을 갖고 있지만 상대방에게 불쾌감을 줄 수 있는 단어는 아니다. 이러한 긍정-부정 관계를 따져서 문제에 접근하면 condescending이라는 단어의 정확한 의미를 모르더라도 정답으로 고를 수 있게 된다. condescending은 '자신이 한 일에 대해 은근히 자랑하고 드러내는' 부정적인 태도를 나타낸다.

condescending 생색을 내는 듯한 **encouraging** 격려의, 힘을 북돋아 주는 **supportive** 부양하는, 지탱하는 **despaired** 절망하는, 자포자기하는

---

26 **A** It seems as though you work around the _____.
    B Life is too short to waste time.

(a) world
(b) clock
(c) timepiece
(d) watch

A: 당신은 잠시도 쉬지 않고 계속 일만 하시는 것 같군요.
B: 인생은 그냥 흘려 버리기엔 너무나도 짧지요.

◐ around the clock은 '하루 종일'을 의미하는 관용어구이다.

around the clock 하루종일, 주야로 **too A to B** B하기엔 너무 A이다 **timepiece** 시계

27 **A** How did you _____ across to meeting her?
B It was really a coincidence.

(a) come
(b) have
(c) said
(d) put

A: 그녀를 어떻게 만나게 됐어요?
B: 정말 우연의 일치였습니다.

○ come across는 '~를 (뜻밖에) 만나다' 라는 표현이다.

coincidence 일치, 동시에 일어남 come across ~를 (뜻밖에) 만나다, 발견하다

---

28 Large numbers of new companies expect to _____ in the red for the first few years.

(a) work
(b) go
(c) operate
(d) spend

많은 수의 신생 기업들은 사업 초기 몇 년 동안은 적자경영을 예상한다.

○ operate은 '경영(운영)되다' 라는 의미를 지니고 있다.

in the red 적자인

---

29 The museum now houses the greatest collection of _____ in the world.

(a) antiques
(b) antiquities
(c) artifacts
(d) antiquarians

그 박물관은 현재 세계에서 가장 위대한 유물 컬렉션을 보유하고 있다.

○ 문맥의 흐름상 '유물'을 소장하고 있어야 한다는 말이 필요하므로 antiquities가 정답이 된다. artifacts는 장인들이 만드는 공예품을 의미한다.

antique 골동품 antiquities (고대의) 유물 artifact 인공물, 공예품 antiquarian 골동품 수집가, 골동품 애호가

---

30 The supreme court refused to _____ the fraud charges.

(a) eliminate
(b) obliterate
(c) pass
(d) dismiss

대법원은 사기 혐의를 기각하기를 거부하였다.

○ dismiss는 '해고하다, 해산시키다' 외에도 '기각하다' 라는 의미의 법률용어로 사용된다.

fraud 사기 eliminate 제거하다 obliterate 지우다, 말살하다 dismiss 기각하다, 해고하다, 해산시키다

---

31 The Congressman's speech was not _____ enough.

(a) constant
(b) corrupt
(c) coherent
(d) consolidatory

그 하원의원의 연설은 충분히 논리정연하지 못했다.

○ 말이나 글의 논리가 일관될 때 coherent를 사용한다.

constant 불변의, 일정한 corrupt 부패한 coherent 조리가 있는 consolidatory 굳게 하는, 결합하는

32 It is not healthy for people to put _____ excess weight.

(a) forth
(b) off
(c) around
(d) on

과다하게 살이 찌는 것은 건강에 좋지 않다.

○ weight가 목적어로 왔으므로 '살이 찌다' 라는 의미를 나타낼 수 있는 표현을 선택하면 된다. 전치사 on은 '지속적으로 증가하다' 라는 의미를 함축하고 있으므로 put과 어울릴 수 있다는 것을 쉽게 알 수 있다. round도 '살이 찌다' 라는 의미를 함축하고 있으나 get과 함께 쓰인다.

put on (체중을) 늘리다, (속력을) 내다 **excess** 제한외의, 여분의

READING COMPREHENSION · P.112

33 Training for a marathon is no easy task. It takes months of hard work and dedication to prepare your body for the arduous race. It's not only the exhausting and unending run that must be considered, but also a suitable diet that can strengthen your core muscles and fuel every cell in your body. But ultimately, the most important part of your body that must be trained is your mind. Without a sound mind that is fixed upon the reward and prepared for the long journey, _____.

(a) the finish line would never become a reality
(b) the race would become a breeze for you
(c) you could be suspended from the race
(d) psychological counseling would be necessary

마라톤 연습은 쉬운 일이 아니다. 힘든 경기에 대비해 몸을 단련시키는 데에는 수개월에 걸친 고된 훈련과 노력이 필요하다. 단지 고되고 끝이 안 보이는 경기만 걱정할 것이 아니라, 핵심 근육을 강화시키고 모든 체내 세포에 에너지를 공급할 수 있는 합당한 식이요법도 신경을 써야 한다. 그러나 근본적으로 당신의 신체 중 반드시 훈련되어야 하는 가장 중요한 부위는 바로 정신이다. 상급을 바라보며 긴 여정을 위해 준비된 건강한 정신이 없이는 결승선까지 도달할 수 없을 것이다.

(a) 결승선까지 도달할 수 없을 것이다.
(b) 경기는 당신에게 손쉬운 일이 될 것이다.
(c) 당신은 경기 참여를 금지당할 수 있을 것이다.
(d) 심리 상담이 필요하게 될 것이다.

○ marathon 경기를 대비하기 위하여 몸과 마음에 어떤 준비를 해야 하는지 말하는 내용이다. 여러 신체 단련도 필요하지만 특히 정신 무장의 중요성을 끝부분에서 강조한다. 마라톤 선수에게 건강한 정신이 결여되어 있다면 그 결과는 어떤 것일까? 당연히 경기를 제대로 완주하지 못할 것이다. 경기를 완주 할 수 없을 것이라는 내용을 담은 보기는 (a) 뿐이다.

dedication to 헌신 **arduous** 고된 **not only A (but also) B** A 뿐만 아니라 B도 **fuel up** (연료 · 에너지 등을) 보충하다, 적재하다 **draw closer** 가까워지다 **sound** 건전한 **gear up for** 준비를 갖추다

34 Learning to play the stock markets is pivotal for anyone who is serious about securing his or her financial future. While there is some risk involved, the rewards greatly outweigh the risks. Individuals have made millions in recent years by researching various companies and knowing what the people want and what will flourish in the market. With _____, you should be able to learn about the stocks that will increase in value and be able to start making your own millions.

(a) a little homework
(b) bigger paychecks
(c) some bank loans
(d) lottery tickets

주식 시장을 이용하는 방법을 배우는 것은 자신의 재정적 미래를 보장하는 문제에 대해 진지한 사람에게 있어서 매우 중추적이라 하겠다. 일부 위험부담이 있긴 하지만 보상은 위험부담을 크게 능가한다. 최근 개인들은 다양한 회사에 대해 조사하고 시장 내에 사람들이 원하는 것 그리고 앞으로 시장 안에서 번성하게 될 것에 대해 앎으로써 엄청난 수입을 올렸다. 약간의 검토를 통해 당신도 그 가치가 오르게 될 주식에 대해 배워서 많은 수익을 올릴 수 있게 될 것이다.

(a) 약간의 검토
(b) 더 많은 월급
(c) 은행 융자
(d) 복권

○ 주식을 통해 미래를 위한 자산을 준비할 수 있다는 내용이다. 빈칸 앞 문장은 투자 할 대상 및 시장의 동향을 연구해서 큰 수입을 낸 사람들이 많다는 내용이며, 그 뒤에는 당신도 그렇게 할 수 있게 될 것이라는 격려이다. 따라서 이 두 내용을 가장 부드럽게 연결시킬 수 있는 표현은 (a) a little homework이다.

pivotal 중추적인 **secure** 확보하다, 보장하다 **financial** 재정적인 **risk** 위험 **outweigh** 능가하다, 중대하다 **flourish** 번창하다

---

35 Physiologists, working with both human and animal subjects, have learned much about this subject as they work with psychologists to construct and test conceptual models of the perception process. Another group, the psychoacousticians, focus on the perceptual effects of various sounds as they attempt to build theories based on the responses of the diverse subjects. Computer scientists and engineers have built computer models to make predictions about and test various theories. Musicians, from earliest times, have been concerned _____; they have (consciously or not) exploited the properties of the auditory system.

(a) to do with their ability to write music
(b) with how the listener perceives music
(c) about their housing conditions
(d) over the distribution of their music

인간과 동물을 대상으로 연구하는 생리학자들은 인지과정에 대한 개념상의 모델을 구축하고 실험하는 심리학자들과 함께 연구함으로써 이 주제에 대해 많이 알아내었다. 또 다른 집단인 정신음향학자들은 다양한 실험대상자들의 반응을 근거로 이론을 세우려 함에 따라, 다양한 소리들의 지각효과를 연구하는 데 집중한다. 컴퓨터 과학자와 엔지니어들은 컴퓨터 모델을 만들어 예측하기도 하며 다양한 이론들을 재분석하기도 한다. 음악가들은 오래 전부터 과연 듣는 사람들이 어떻게 음악을 받아들일지에 대하여 우려해 왔으며 그들은 계속적으로 의식적으로든 무의식적으로든 그들 자신의 청각 기관을 혹사시켜왔다

(a) 음악을 쓰는 능력에 관해서
(b) 듣는 사람들이 어떻게 음악을 받아들일지에
(c) 그들의 주택 상태에 관해서
(d) 그들의 음악을 배포하는 것에 관해서

○ 음악가들이 자신들의 청각기관을 혹사시켜왔다는 말은 자신들이 관심 갖는(concerned) 사안 때문에 열심히 귀로 소리를 듣는 실험을 선행했다는 뜻이다. 그렇다면 청취자가 음악을 어떻게 듣고 받아들일지가 주관심사이므로 음악가들이 먼저 소리를 많이 들었다고 말하는 것이 가장 자연스러운 흐름이다. 따라서 답은 (b)이다.

physiologist 생리학자 **neural processes** 신경계 **conceptual** 개념상의 **perception process** 인지 과정 **psychoacousticians** 신경 음향 학자 **focus on** 초점을 맞추다 **perceptual effects** 인지의 영향 **make predictions** 예측하다 **auditory system** 청각 계통 기관

36 Blue whales don't chew their food like sharks or killer whales. They don't have teeth; instead they have filters called baleen on both sides of their mouth. The baleen functions by straining food from the seawater that is taken in. Whenever a blue whale is hungry it simply opens its mouth and takes a big gulp of ocean water. The whale then closes its mouth and pushes the water back out through the baleen trapping its prey. The food is swallowed whole. The blue whale can eat 3,600 kilograms of krill and fish at a single meal.

Q What is the best title for the passage?

(a) Blue Whales, the Gentle Giant
(b) How Baleen Work
(c) Blue Whale vs. Killer Whale
(d) Where Did All the Krill Go?

흰긴수염고래는 상어나 범고래처럼 먹이를 씹지 않는다. 흰긴수염고래는 이빨이 없는 대신 입 양쪽에 있는 고래수염이라고 불리는 필터를 가지고 있다. 고래수염은 들이킨 바닷물로부터 먹이를 걸러내는 기능을 한다. 흰긴수염고래가 배고플 때마다 단지 입을 벌려 다량의 바닷물을 삼킨다. 고래는 입을 닫은 후 먹이를 가둔 고래수염을 통해 물을 뱉어내기만 하면 된다. 먹이는 통째로 삼켜진다. 흰긴수염고래는 한 끼 식사로 3천6백 킬로그램의 크릴새우와 물고기를 먹을 수 있다.

Q: 이 글이 제목으로 가장 알맞은 것은?

(a) 부드러운 거인 흰긴수염고래
(b) 고래수염은 어떻게 기능하는가?
(c) 흰긴수염고래와 범고래의 대결
(d) 그 모든 크릴새우는 어디로 갔는가?

○ 지문은 흰긴수염고래가 고래수염을 이용하여 식사를 하는 방식에 대해 자세히 설명하고 고래의 한 끼 식사량을 추가 정보처럼 주며 맺고 있다. (a)는 이빨로 씹지 않는 습성을 지나치게 확대해서 부드러운 거인이라는 표현을 쓴데다가 고래의 이름 자체는 제목으로서 지나치게 포괄적이다. (c)는 본 내용과 무관하고 (d)는 매우 사소한 항목인 크릴새우를 제목으로 잡았다. 따라서 글의 제목으로는 (b)가 가장 적당하다.

blue whale 흰긴수염고래 **killer whale** 범고래 **baleen** 고래수염 **strain** 거르다 **swallow** 삼키다 **stomach** 위, 복부, 배 **krill** 크릴새우

---

37 Doctors still don't know if exercise will prevent disease by pushing white blood cells throughout the body but a number of physicians believe it. Like Dr. Luke, they think that moderate levels of exercise can maintain a healthy body.

Q Which of the following best summarizes the passage?

(a) Dr. Luke has shown that exercise prevents disease.
(b) Exercise reduces white blood cells.
(c) Many doctors believe exercise prevents illness.
(d) The harder a person trains, the greater their protection against illness.

운동이 백혈구를 온 몸으로 퍼뜨려 질병을 막을 수 있는지에 대해 의사들도 아직은 잘 모른다. 하지만 많은 의사들은 그렇게 믿는다. 루크 박사와 같은 이들은 온건한 수준의 운동만으로 건강한 신체를 유지할 수 있다고 생각한다.

Q: 위 글을 가장 잘 요약한 것은?

(a) 루크 박사는 운동이 질병을 막는다는 것을 증명했다.
(b) 운동은 백혈구를 감소시킨다.
(c) 많은 의사들이 운동은 병을 막는다고 믿는다.
(d) 더 많이 운동하는 사람일수록 질병을 상대로 더 크게 보호한다.

○ 운동의 질병 예방효과에 대한 확실한 검증은 없지만, 운동에 대한 전문가들의 전반적인 믿음이 있다는 것이 지문의 내용이다. 운동의 질병예방 효과가 검증되었다는 내용의 (a)는 답이 아니며, (b) 내용은 지문에서 언급된 바가 없다. (d)도 언급된 내용이 아니며, 단지 지문은 온건한 운동만으로도 충분하다고 말할 뿐이다. 따라서 정답은 (c)이다.

white blood cell 백혈구 **physician** 내과의사, 보통 의사라는 표현으로도 많이 쓰임 **moderate** 적당한, 알맞은 **reduce** 줄이다, 감소시키다 **illness** 병

38 Because the challenges Covenant College graduates face is greater than economics, our programs combine core courses with optional classes across the liberal arts. Students will be expected to perform at the same level as similar majored graduate students at the best schools in the country.

Q Which is correct of Covenant College?

(a) It is the country's top school.
(b) The college is challenging.
(c) Students take classes only in their major.
(d) The school offers graduate classes.

카버넌트 대학 졸업생들이 맞닥뜨리는 도전은 경제학 그 이상이기 때문에 우리 프로그램은 핵심 과정들과 교양과목 선택강의들을 결합하고 있습니다. 학생들은 국내 최고 학교들의 유사과목 전공 대학원생들과 비슷한 수준의 실력을 발휘하도록 기대될 것입니다.

Q: 카버넌트 대학에 대해 일치하는 것은?

(a) 국내 최고 대학이다.
(b) 대학이 도전적이다.
(c) 학생들은 자기 전공과목만 공부한다.
(d) 대학이 대학원 과정을 제공한다.

🔵 지문은 카버넌트 대학을 최고 학교라고 지칭한 적이 없으므로 (a)는 정답이 아니다. Core course와 optional classes를 combine한다고 했으므로 전공만 공부한다는 (c)는 사실이 아니다. 첫 문장에 graduate는 대학원이 아닌 대학 졸업생이라는 뜻이므로 (d)도 사실이 아니다. 국내 다른 우수한 학교 대학원생들 수준의 실력을 갖도록 전공 및 교양과목 선택수업들도 철저히 공부하는 프로그램을 카버넌트 대학이 제공한다는 내용은 매우 도전적이므로 정답은 (b)이다.

graduate 졸업생 core course 핵심 과정 optional 선택적인 liberal arts 교양과목 majored 전공한, 전공 중인

---

39 There's no need to reduce the pleasure and relief you feel from smoking. Even ten-pack a day smokers agree, Fresh-Ones eliminate the negative effects of oversmoking. Try them, and you will have to agree that Fresh-Ones leave your mouth feeling clean and minty. Fresh-Ones contain a new menthol derivative that actually freshens your breath and relieves throat pain while you smoke.
If you are a committed smoker, commit yourself to Fresh-Ones.

Q What can be inferred from the passage?

(a) Regular cigarettes cause bad breath.
(b) Cigarettes are bad for your health.
(c) Fresh-Ones are less addicting than regular cigarettes.
(d) Fresh-Ones are designed for chain-smokers.

담배를 피울 때 느끼는 즐거움과 안도감을 줄일 필요가 없습니다. 하루에 10갑을 피우는 분들도 프레시원스가 흡연과다의 부정적 영향을 제거한다는 것에 동의합니다. 한 번 피워 보세요, 그러면 프레시원스가 여러분의 입을 깨끗하고 시원하게 느끼게 할 것입니다. 프레시원스는 새로운 멘톨 추출물이 있어서 담배를 피울 때 실제로 호흡을 상쾌하게 하고 목의 고통을 완화시켜줍니다. 당신이 애연가라면 프레시원스로 피워보십시오.

Q: 위 글에서 추론할 수 있는 것은?

(a) 보통 담배들은 고약한 입냄새를 남긴다.
(b) 흡연은 건강에 좋지 않다.
(c) 프레시원스는 보통 담배보다 중독성이 덜하다.
(d) 프레시원스는 줄담배 피우는 사람들을 위해 만들어졌다.

🔵 담배 광고문을 보고 내용을 추론하는 문제이다. 이 광고문은 Fresh-Ones 담배가, 많이 피웠을 때에도 불쾌한 냄새를 남기지 않기 때문에 흡연의 즐거움을 유지할 수 있다고 말하고 있다. 따라서 보통 담배가 고약한 입냄새를 남긴다는 (a)를 추론할 수 있다. 이 지문은 흡연을 권하고 장려하는 광고이기 때문에 흡연과 건강과의 관계 (b), 중독성의 문제(c)에 대해서는 언급하고 있지 않다. 또한 줄담배 피우는 사람들을 위해 만들어졌다는 말도 나와 있지 않다.

reduce 줄이다, 감소시키다 relief (고통, 걱정의) 제거, 경감 eliminate 제거하다 menthol 멘톨 derivative 파생물 relieve 덜다, 경감하다 chain-smoker 줄담배 피우는 사람

40 Throughout the study of language, people have differed considerably on their understanding of written language and oral speech. (a) For decades, written language was studied more intensively than spoken language. (b) Literature was a particularly popular medium of study, because it provided the most extensive example set. (c) The study of novels generated the most linguistic data. (d) Novels were a very popular form of entertainment.

언어 연구 전체에 걸쳐, 사람들은 문어와 구어의 이해에서 상당히 달랐다. (a) 수십 년 동안, 문어는 구어보다 좀 더 집중적으로 연구되었다. (b) 문학은 특히 연구를 위한 손쉬운 매개물이었는데, 이는 가장 광범위한 예들을 제공했기 때문이다. (c) 소설 연구는 대부분의 언어학적 데이터를 만들었다. (d) 소설은 매우 인기 있는 형태의 오락물이었다.

◑ 전체 지문에서 문맥에 어울리지 않는 문장을 찾는 문제이다. 지문 전반에 걸쳐, 언어 연구에 사용된 매개물에 대한 논의하고 있다. 구어보다는 문어가, 그리고 문학이 많이 연구되었으며, 그 중에서도 소설이 연구 데이터로 많이 쓰인 것을 설명하고 있다. 그러나 (d)에서, 소설이 대중적인 형태라는 언급은 소설의 문학적 특성을 이야기 한 부분이므로 전체 문맥과 어울리지 않는다.

oral speech 구어, 말 **intensively** 철저한, 집중적인 **literature** 문학 **medium** 매개물, 매개, 수단 **linguistic** 언어학적인

LISTENING COMPREHENSION · P.118

1 W I'm so hungry.
   M _____

(a) Me too. I could eat a horse!
(b) You look like a horse.
(c) I enjoyed your cooking very much.
(d) Come on, admit that you're famished.

M: 너무 배고파.
W: _____

(a) 나도 그래. 뭐든지 먹을 수 있을 것 같아!
(b) 너 말처럼 보인다.
(c) 요리 정말 맛있었습니다.
(d) 이봐, 굶주렸다고 인정해.

◗ 음식 얘기에서 빼놓을 수 없는 것이 배고픔에 관한 것이다. hungry 외에도 starving, starved 등이 있으므로 함께 기억해야 한다. 너무 배가 고파서 뭐든 먹겠다는 표현으로는 I could eat a horse!가 있다는 것도 알아두자. (c)는 식사를 마치고 나서야 하는 말이다.

I could eat a horse! 뭐든지 먹을 수 있을 것 같아! eat like a bird 아주 소식(小食)하다 come on 이봐, 제발, 자! admit 인정하다 famish 굶주리게 하다

2 W Any news from Eric yet?
   M _____

(a) I lost his phone number.
(b) He's working in London now.
(c) I'll see him before he leaves.
(d) I don't subscribe to any newsgroups.

W: 에릭에게서 아직 무슨 연락 없니?
M: _____

(a) 그의 전화번호를 잃어버렸어.
(b) 현재 런던에서 일하고 있어.
(c) 그가 떠나기 전에 만날 거야.
(d) 어떤 신문도 구독하고 있지 않아.

◗ 연락을 들었는지 묻고 있으므로 연락을 들었다거나 듣지 못했다는 대답이 와야 한다.

subscribe 정기구독하다

3 M Have you ever used a scanner before?
   W _____

(a) Yeah, a few times at work.
(b) Yes. I've checked everywhere.
(c) The hard disk seems to be fine.
(d) I usually read every word.

M: 전에 스캐너를 사용해 보신 적이 있나요?
W: _____

(a) 예, 직장에서 몇 번 써 보았죠.
(b) 예. 다 확인해 봤습니다.
(c) 하드디스크는 괜찮은 것 같아요.
(d) 보통 모든 단어를 다 읽죠.

◗ 경험을 묻고 있으므로 해봤다거나 해보지 못했다는 대답을 예상할 수 있다.

at work 직장에서

4
W I love watching parades.
M Me, too. I always watch them on TV.
W You mean you've never been to one?
M _____

(a) No, I hate masquerades.
(b) Yes, I love charades.
(c) No, I can never seem to find the time.
(d) Yes, I watch TV about three hours a day.

W: 난 퍼레이드를 보는 게 좋아요.
M: 저도 그래요. 난 항상 TV에서 보았거든요.
W: 한 번도 직접 보지 못했단 말이에요?
M: _____

(a) 예, 시간을 맞출 수가 없거든요.
(b) 아뇨, 전 제스처 게임을 좋아합니다.
(c) 네, 한 번도 그럴 시간이 없는 것 같아요.
(d) 아뇨, 전 TV를 하루에 세 시간 정도 봐요.

- -

▶ 남자가 퍼레이드를 TV로만 보는 것에 대한 이유가 대답으로 와야 한다. have been to 명사는 '~한 적이 있다' 는 경험을 의미이다. (a), (b)는 parades와 비슷한 단어들을 통해 혼동을 주고 있다. (d)는 엉뚱한 답변으로 옆길로 빠지고 있다.

- -

charade 제스처 게임 **masquerade** 가장 무도회

5
W You have been working really hard these days.
M I know. I have to get this big project finished.
W How is it coming along?
M _____

(a) I'd love to go with you.
(b) You can say that again.
(c) Can I give you a hand?
(d) I'm almost done.

W: 요즘 정말로 열심히 일하시네요.
M: 그래요. 이 대규모 프로젝트를 끝내야 하거든요.
W: 잘 되어가나요?
M: _____

(a) 당신과 함께 가고 싶어요.
(b) 맞는 말입니다.
(c) 도와 드릴까요?
(d) 거의 끝냈습니다.

- -

▶ project의 진행과정이 잘 되고 있는지를 묻고 있다. '끝내다' 라는 다양한 표현을 알고 있어야 한다. 대화에서는 get this big project finished를 사용했고, 대답에서는 be done을 사용했다. 거의 끝냈다는 (d)가 적당한 대답이 된다.

- -

work hard 열심히 일하다 **come along** 잘하다 **give sb a hand** 도와주다

6
M Your line was busy all morning yesterday.
W When did you call?
M About ten times between 1:00 and 3:00!
W _____

(a) Sorry. I was using the Internet.
(b) Sorry. I was out.
(c) You should have left a message.
(c) You should write more often.

M: 어제 오전 내내 통화 중이더라구요.
W: 언제 전화했나요?
M: 1시에서 3시 사이에 한 열 번요!
W: _____

(a) 미안해요. 인터넷을 쓰고 있었어요.
(b) 미안해요. 밖에 있었어요.
(c) 메세지를 남겼어야지요.
(d) 편지를 더 자주 해야지요.

- -

▶ 전화통화에 관해 대화를 하고 있다. 전화통화가 안된 이유를 골라야 한다. (a)는 전화선을 이용해 인터넷을 사용하므로 통화가 될 수 없었다는 내용이다. 자동응답기는 영어로 answering machine, 혹은 voice mail이라고 한다. (b) I was out은 외출했다는 의미이고 방금 나갔다고 할 때는 He just stepped out으로 표현한다.

- -

busy 통화 중인 **leave a message** 메시지를 남기다

7

M You are the director of marketing now, aren't you?

W Yes, sir. I like my job very much.

M How long have you been the director?

W Three years. Why?

M Well, I think it's about time we did something about that. Here's your new business card.

W Vice president? Oh, thank you, sir! You won't be disappointed!

Q What is the main idea of the conversation?

(a) The woman received a bonus.
(b) The man received a promotion.
(c) The woman got fired.
(d) The woman received a promotion.

M: 이제 영업부 부장이죠?

W: 예, 그렇습니다. 제 일을 아주 좋아합니다.

M: 부장이 된게 언제죠?

W: 3년입니다. 왜 그러시죠?

M: 음, 그것에 관해서 뭔가를 할 때라고 생각이 드는군요. 여기 새 명함이 있습니다.

W: 부사장? 아, 감사합니다! 실망시켜드리지 않겠습니다.

Q: 대화의 요지는 무엇인가?

(a) 여자는 보너스를 받았다.
(b) 남자는 승진을 했다.
(c) 여자는 해고당했다.
(d) 여자는 승진을 했다.

○ 직장에서 일어나는 대화이다. 새 명함을 받았는데 thank you라는 반응이 나온 걸로 봐서 여자가 Director에서 Vice President로 승진한 것을 의미하므로 정답은 (d)가 된다.

business card 명함 **disappoint** 실망시키다, 기대를 어긋나게 하다 **promotion** 승진 **fire** 해고하다, 파면하다

8

M Is this seat taken?

W No, please have a seat.

M This is an interesting song.

W Yes. It's very funky. Do you happen to know who it is?

M No, I've never heard it before. By the way, I'm Murphy.

W It's nice to meet you, Murphy. My name's Jessica.

Q Which is correct according to the conversation?

(a) The man is a singer.
(b) The woman thinks the song isn't interesting.
(c) The man wants to dance with the woman.
(d) The man and the woman just met.

M: 자리 있습니까?

W: 아니오, 앉으세요.

M: 재미있는 노래군요.

W: 예, 아주 펑키하군요. 누군지 아시겠어요?

M: 아니오, 전에 들어본 적이 없거든요. 그건 그렇고, 저는 머피입니다.

W: 만나서 반가워요 머피. 제 이름은 제시카입니다.

Q: 대화 내용과 일치하는 것은?

(a) 남자는 가수다.
(b) 여자는 음악이 흥미없다고 생각한다.
(c) 남자는 여자와 춤추고 싶어한다.
(d) 남자와 여자는 방금 만났다.

○ 두 사람은 처음 만나서 어색함을 없애기 위해 노래에 관한 얘기를 하고 자기 소개를 하고 있다. 아는 사람이라면 남자가 Is this seat taken?이라고 물을 수 없을 것이다. interesting song에 대해서는 서로 동의했으므로 (b)는 정답이 아니다. 남자가 가수인지(a), 남자가 여자와 춤추고 싶어하는지는 대화에 나와 있지 않다.

funky (재즈) 펑키한, 블루스조의, 소박한 **by the way** 그건 그렇고, 그런데

9 M Honey, are you ready yet?

  W Just a few more minutes, Sweetie.

  M We're already running late.

  W Okay, I'll hurry. Hold on for just a second.

  M We should have already been on our way.

  W Hold your horses! I'm coming!

Q What can be inferred from the conversation?

  (a) The woman is late for riding lessons.

  (b) The woman wants the man to hurry.

  (c) The man is going to leave without the woman.

  (d) They're late for an engagement.

M: 여보, 이제 준비 다 됐어?

W: 몇 분만 더 기다려 줘요.

M: 벌써 늦었다구.

W: 알았어요. 서두를게요. 잠깐만 기다려요.

M: 이미 가고 있어야 했다구.

W: 기다려줘요! 지금 가요!

Q: 대화에서 추론할 수 있는 것은?

(a) 여자는 승마 레슨에 늦었다.

(b) 여자는 남자가 서두르기를 바란다.

(c) 남자는 여자 없이 떠날 생각이다.

(d) 이들은 약속에 늦었다.

○ honey, sweetie라는 단어로 보아 이들은 부부 사이이다. 남자가 여자에게 서두르라고 재촉하고 있다. 약속에 늦었다는 (d)가 정답이다. Hold your horses!는 관용어구일뿐 '말' 과는 아무런 관련이 없다.

hold on 기다리다 Hold your horse! 잠깐만 기다려요! riding 승마 get going 출발하다, 나서다

10 Being a heavy smoker is a tough row to hoe. For instance, take the airport. My goodness! For somebody like me who needs to light up at least once every thirty minutes, a trip to the airport can be pure torture. I am aware that there might be a smoker's area in the airport, but it is always at the far end of the terminal and is just a closet stuffed with fellow sufferers in need. What they ought to do is put in additional facilities.

Q What is the speaker advocating?

  (a) Cigarettes should be put out for the passengers.

  (b) Adequate signs and information for smoking areas are needed.

  (c) Smokers need to get counseling.

  (d) Airports need more smoking rooms.

골초는 힘들고 괴롭습니다. 예컨대, 공항을 예로 들어보죠. 맙소사! 저처럼 적어도 30분마다 담배를 피우는 사람에게 공항에 가는 건 정말 고문입니다. 공항에 흡연구역이 있다는 것은 알지만, 늘 대합실 맨 끄트머리에 있고 절실한 애연가들로 꽉 차있습니다. 공항 당국은 추가 시설들을 설치해야만 할 것입니다.

Q: 화자가 옹호하는 것은 무엇인가?

(a) 담배는 승객들을 위해 꺼야 한다.

(b) 흡연구역을 위한 적당한 표시와 정보가 필요하다.

(c) 흡연가들은 카운슬링이 필요하다.

(d) 공항에 더 많은 흡연실이 필요하다.

○ smoker라는 말로 흡연에 관한 내용임을 알 수 있다. 흡연자에 대한 옹호인지 불평인지 아는 것이 중요한데, 공항에 흡연실이 부족하다는 얘기를 맨 마지막인 additional facilities라고 명확하게 말하고 있다. (d)가 정답이다.

heavy smoker 골초 tough row to hoe 힘들고 고된 일 for instance 예를 들어 light up 불을 켜다 torture 고문, 심한 고통 stuffed with ~으로 채운, ~으로 꽉 찬

11 Mr. Edwards, we need to talk. We have several problems to address. You have high cholesterol, and I saw a minor heart problem during your last exam. In addition, your leg condition is worsening. We must act now in order to avoid a future stroke or heart attack. It is important that you begin exercising immediately, and you must also begin dieting. And fill this prescription.

Q Which is correct according to the talk?

(a) Mr. Edwards needs to strengthen his legs.
(b) Mr. Edwards has no cholesterol problems.
(c) Mr. Edwards needs treatment to prevent a heart attack.
(d) The doctor is a heart surgeon.

에드워즈 씨, 얘기 좀 합시다. 몇 가지 문제를 말씀드리겠습니다. 당신의 콜레스테롤 수치는 매우 높고, 지난번 검사 동안에 심장에 약간의 문제가 있는 것을 봤습니다. 게다가 당신의 다리 상태는 나빠지고 있습니다. 앞으로 닥칠 뇌졸중이나 심장마비를 피하기 위해 지금 당장 무언가를 해야 합니다. 지금 당장 운동을 시작하는 게 중요하며, 또한 다이어트도 시작해야 합니다. 그리고 이 처방전을 받으십시오.

Q: 담화와 일치하는 것은?

(a) 에드워즈 씨는 자신의 다리를 강하게 해야 할 필요가 있다.
(b) 에드워즈 씨는 콜레스테롤 문제를 갖고 있지 않다.
(c) 에드워즈 씨는 심장마비를 방지하기 위해 치료를 받아야 한다.
(d) 의사는 심장외과의이다.

🔵 의사가 환자에게 처방을 내리고 있는 내용이다. your leg condition is worsening에서 다리 상태가 나빠지고 있다고 했는데, 다리를 강하게 해야 할 필요가 있다는 (a)는 지나친 확대해석으로 볼 수 있다. You have high cholesterol에서 (b)가 정답이 아닌 것을 알 수 있다. 심장외과의라는 말도 나오지 않았으므로 (d)도 정답이 되지 못한다.

minor 사소한, 작은 stroke 뇌졸중 prescription 처방전 strengthen 강하게 하다, 튼튼하게 하다

---

12 How do you know if you are getting enough sleep? It may be news to you, but if you need two alarms to rouse you from your slumber, you need more sleep. And if you are tired all day long during that boring meeting in a warm room, researchers would say you need to catch some extra z's. If you get enough sleep, boring meetings and heavy lunches would leave you restless or sluggish but not sleepy. That kind of drowsiness is a result of sleep deprivation.

Q What can be inferred from the talk?

(a) Being well-rested can prevent daytime drowsiness.
(b) Being bored in meetings is a sign of sleep deprivation.
(c) Being well-rested is part of a healthy lifestyle.
(d) There is no relationship between daytime sleepiness and sleep deprivation.

당신은 충분한 수면을 취하고 있는지 어떻게 알 수 있는가? 이런 말 들어보지 못했을지 모르겠지만 잠에서 깨어나기 위해 자명종이 두 개나 필요하다면, 이는 잠이 더 필요하다는 것이다. 그리고 따스한 방에서 하는 지루한 회의 시간 내내 피곤하다면 연구원들의 말로는 당신은 잠을 더 자야한다는 것이다. 수면을 충분히 취하면 지겨운 회의나 점심을 잔뜩 먹어도, 침착하지 못하거나 몸이 둔해질 수는 있어도 결코 졸리는 일은 없다. 그런 종류의 졸음은 수면 부족의 결과이다.

Q: 담화로부터 추론할 수 있는 것은?

(a) 충분한 휴식은 낮 동안의 졸음을 방지할 수 있다.
(b) 회의에 지루하게 느껴지면 수면 부족의 신호이다.
(c) 충분한 휴식은 건강한 생활 양식의 부분이다.
(d) 낮에 졸린 것과 수면 부족 사이에는 아무런 관련이 없다.

🔵 아침에 자명종을 울려야 일어날 수 있다거나 회의 시간 내내 졸음이 온다면 그것은 수면 부족 때문이라는 것이 이 지문의 내용이다. 따라서 충분히 쉬면 졸음을 방지할 수 있다는 (a)가 정답이다. (b)는 회의 시간에 지루한 것이 아니라 피곤하면 수면 부족의 신호라고 했으므로 정답이 아니다.

rouse 깨우다, 눈뜨게 하다 slumber 잠 boring 지루한, 따분한 restless 침착하지 못한 sluggish 기능이 둔한, 활발하지 못한 drowsiness 졸음, 나른 deprivation 박탈, 상실, 부족

13 A Did you buy the new iPod?
B No, I didn't, but now I think I
_____ it.

(a) had bought
(b) should have bought
(c) must have bought
(d) might have bought

A: 새로 출시된 아이팟 구입했니?
B: 아니 사지 않았어, 하지만 지금은 '구입했어야 하는데' 하고 후회
하고 있어.

◯ 해석을 해 보면, 샀어야 했는데 사지 않아서 후회된다는 과거 사실
의 반대이므로 가정법 과거완료가 와야 한다.

---

14 A Anna is always well dressed.
B I know. She wears _____ nice clothes.

(a) so
(b) such a
(c) so much
(d) such

A: 애나는 늘 옷을 잘 입어.
B: 알아. 그녀는 정말 멋진 옷을 입지.

◯ 셀 수 있는 명사의 단수형이 오는 경우 such a beautiful girl 혹
은 so beautiful a girl의 어순으로 쓰인다. 셀 수 없는 명사나 복수
형이 올 때는 such beautiful girls처럼 'such + 형용사 + 명사'로
쓰인다.

well dressed 옷을 잘 입는

---

15 A Mark topped the class this year.
B He must be very proud of
_____.

(a) him
(b) self
(c) himself
(d) others

A: 마크가 올해 전교 1등을 했어요.
B: 자기 자신이 매우 자랑스러울 거야.

◯ 마크가 전교 1등을 차지해서 스스로를 자랑스러워한다는 것인데,
주어가 목적어나 보어와 같으므로 빈칸에는 재귀대명사인 himself가
와야 한다.

top 선두를 차지하다 **be proud of** ~을 자랑스럽게 여기다

---

16 A What are you going to do this weekend?
B _____, I'm going to stay home.

(a) If it rained.
(b) If it has rained
(c) If it has been raining
(d) If it rains

A: 이번 주말에 뭘 할 생각입니까?
B: 비가 오면 집에 있을 생각입니다.

◯ 가정법 시제문제이다. 주절에서 going to stay가 가정법 현재시
제이므로 빈칸인 If절은 가정법 현재가 와야 한다.

stay 머무르다

---

17 Joe apologized _____ ending a 10-year feud with his father.

(a) hoping
(b) in hopes of
(c) hoping for
(d) hoping to

조는 아버지와의 10년간의 불화를 끝내고 싶어서 사과했다.

◯ 빈칸 앞뒤로 두 문장을 hope라는 단어로 연결하고 있는데 문맥상
'~을 희망하면서'라는 의미가 온다. in hopes of라는 전치사구로
연결하는 것이 가장 자연스럽다.

feud 불화, 다툼 **in hope of** ~을 희망하고

18 If you _____, we'll give you a free car wash coupon.

(a) fill out with 10 gallons of gas
(b) filled up with 10 gallons of gas
(c) fill up with 10 gallons of gas
(d) fills out up to 10 gallons of gas

기름 10갤런을 채우시면 무료 세차 쿠폰을 드립니다.

🔵 if절의 동사가 현재형으로 보아 가정법 현재임을 알 수 있다. 가정법 현재 혹은 단순 가정에서 뒤에 오는 주절에는 will/shall 등의 현재형 조동사가 오게 되므로 (b)는 제외된다. fill out은 '문서를 처음부터 끝까지 기입한다'는 의미이며 fill up은 '~을 채운다'는 의미이므로 경우는 fill up이 되어야 하므로 정답은 (c)가 된다.

fill out 문서를 기입하다 **fill up** ~으로 채우다

---

19 Work is getting _____ all the time.

(a) busy and busier
(b) more and more busy
(c) busier and busier
(d) busier and busiest

일이 계속 바빠지고 있다.

🔵 비교급 + 비교급'은 '점점 더 ~하다'는 의미를 갖고 있다.

---

20 _____ what to say, I became blushed with embarrassment.

(a) To know not
(b) To not know
(c) Knowing not
(d) Not knowing

무슨 말을 해야 할지 모른 채 난 당황해서 얼굴이 벌개졌다.

🔵 부정어를 포함하는 분사구문에 대한 문제이다. 내용상 동시 상황을 나타내고 있으므로 빈칸에는 to부정사가 아니라 분사구문이 와야 한다. 부정어 not은 동명사나 분사의 앞에 온다.

blush 얼굴을 붉히다 **embarrassment** 당황함, 난처함

---

21 (a) A: What are your plans for after graduation?
(b) B: I went on a trip to Italy.
(c) A: Where will you stay?
(d) B: Probably at a youth hostel to save money.

A: 졸업 후에 뭘 할 생각이야?
B: 이탈리아로 여행이나 가려고.
A: 어디에서 지낼 건데?
B: 돈을 절약하려면 아마도 유스호스텔에 머물러야겠지.

🔵 A가 B에게 가까운 미래를 묻고 있으므로 '~할 예정이다'는 의미인 I'd like to ~를 사용해야 한다. I went를 I'd like to go로 바꿔야 한다.

graduation 졸업 **save money** 돈을 절약하다

---

22 (a) Even though gas stations are basically for the motorist, there are many other services to be offered. (b) The air pump for automobile tires can also use on bicycles, (c) Many people feel happy about getting air put into their tires by the smiling gas station attendant. (d) So when we are low on gas, so we drive into a gas station to buy some.

(a) 기본적으로 주유소가 운전자들을 위한 시설일지라도 그 외에 제공되는 서비스들이 많다. (b) 자동차 타이어용의 공기 펌프는 자전거에도 사용될 수 있다. (c) 많은 사람들이 웃는 얼굴의 주유원이 타이어에 공기를 넣어주는 것에 기뻐한다. (d) 그래서 우리는 휘발유가 떨어지면 주유소에 사러 간다.

🔵 자동차 타이어용 공기 펌프가 자전거에 사용하는 것이 아니라 사용될 수 있다는 수동의 의미를 갖고 있으므로 use를 be used로 고쳐야 한다.

gas station 주유소 **motorist** 자동차 운전자 **attendant** 안내원, 시중드는 사람

23 A Excuse me. Is there a garage around here?

B I don't know. I'm _____ here myself.

(a) foreign
(b) new
(c) strange
(d) unknown

A: 실례합니다. 근처에 자동차 수리점이 있나요?
B: 잘 모르겠는데요. 전 여기 살지 않습니다.

○ 비슷한 의미를 가진 형용사의 뜻을 구별하는 문제이다. 근처에 자동차 수리점(카센터)이 있는지 물음에 대해서 응답자도 잘 모르는 상황이므로 (b)가 정답이다. (c)는 a stranger라고 해야 맞다.

garage 자동차 수리점 **foreign** 외국의 **unknown** 알려지지 않은, 미지의

---

24 A Tony, why didn't you come last night?

B I'm sorry, something urgent _____ up unexpectedly.

(a) went
(b) happened
(c) came
(d) sprang

A: 토니, 어제 저녁엔 왜 안 왔어요?
B: 미안해요. 뜻하지 않은 급한 일이 일어났습니다.

○ '(뜻하지 않은 어떤 일이) 생기다, 발생하다'는 come up을 사용한다. 약속에 가지 못하게 되었을 때 가장 많이 쓰는 표현이다. 빈칸 뒤에 있는 up이 없다면 happened도 정답이 될 수 있다.

come up 생기다, 발생하다 **spring up** (건물 따위가) 생기다, 나타나다

---

25 A I don't _____ it. How could he do such a thing?

B Don't ask me. It's crazy.

(a) do
(b) find
(c) get
(d) take

A: 이해가 안 되요. 그가 어쩌면 그런 일을 저지를 수 있죠?
B: 나한테 묻지 마. 정신나간 것이야.

○ 구어체에서 '이해가 가다'를 의미할 때는 understand보다 get it을 사용한다.

I don't get it. 이해가 안 되요.

---

26 A Have you posted any new pictures online?

B No, I just want to _____ for a little while.

(a) hide
(b) lurk
(c) loiter
(d) sit

A: 새로운 사진을 온라인에 올렸니?
B: 아니, 잠시 동안 가만히 있고 싶어.

○ lurk는 '숨어 기다리다, 잠복하다'는 의미로 쓰는 단어이다. hide도 '숨기다'라는 비슷한 의미를 갖고 있지만 '시야에서 안 보이게 두다'라는 뜻이므로 쓰임새가 다르다.

hide 숨기다, (감정을) 드러내지 않다 **lurk** 숨다, 숨어 기다리다, 잠복하다 **loiter** 빈둥거리다

27 **A** Hello. I'd like to order a Cheese pizza, please.
B Will that be for pick-up or _____.

(a) shipment
(b) freight
(c) conveyance
(d) delivery

A: 여보세요. 치즈 피자를 주문하고 싶은데요.
B: 와서 가져가실 건가요, 아니면 배달해 드릴까요?

◐ 전화로 주문하고 나서 시간이 되면 주문한 사람이 직접 가져가는 경우는 pick-up이라고 하고 집까지 배달하는 경우는 delivery라고 한다. conveyance는 수화물이나 기계 부품들의 운반을 나타낼 때 쓰는 단어이다.

delivery 배달, 배달물 **shipment** 선적, 발송 **freight** 화물, 운송 **conveyance** 운반, 수송

---

28 There were seventeen _____ and hundreds of people injured in the train wreck.

(a) wounds
(b) calamities
(c) obituaries
(d) fatalities

기차 충돌로 17명의 사망자와 수백명의 부상자가 발생했다.

◐ 정도를 나타내는 단어를 구별하는 문제이다. 기차 충돌 사고에서 예상할 수 있는 것은 사망자와 사상자이다. 부상을 당한 사람들은 the injured가 나타내고 있으므로 17명의 부상자 (wounds)를 다시 언급할 필요가 없을 것이다. 또한 wounds는 상처를 입은 정도의 부상자를 나타낼 때 쓰며, 상해를 입은 경우는 injured라고 나타낸다. 사망자는 fatalities나 casualties로 나타낸다. calamities는 disasters와 마찬가지로 큰 재난을 표현할 때 사용한다.

fatality 사망자수, 죽음 **wreck** 충돌, 파괴, 난파 **calamity** 재난, 참화 **obituary** 사망기사, 사망자 명부

---

29 The statement _____ yesterday was a shock to the employees of the company.

(a) volleyed
(b) announced
(c) unearthed
(d) perceived

어제 발표된 성명은 회사의 직원들에겐 충격이었다.

◐ 직원들에게 충격을 준 어제의 성명은 어떻게 되었을까? 성명은 누군가의 입으로 통해서 발표되는 것이므로 announced가 와야 한다.

volley (욕설 등을) 연발하다, 일제 사격하다 **unearth** 발굴하다, 파내다 **perceive** 지각하다, 인지하다

---

30 I usually don't _____ guests when I am not feeling well.

(a) have in
(b) hire off
(c) train in
(d) adopt

난 보통 몸이 좋지 않을 때는 손님을 들이지 않는다.

◐ 몸이 좋지 않을 때는 손님을 들어오게 하지 않는다는 의미가 문맥에 어울리므로 '사람을 들이다' 라는 의미를 갖는 have in이 적당한 대답이다.

have in 들이다, 부르다 **adopt** 채용하다, 고르다

---

31 In spite of being _____ with most chores, Craig has the ability to produce wonderful oil paintings.

(a) proficient
(b) clumsy
(c) average
(d) skillful

크레이그는 대부분의 일상적인 일에는 서툴지만 훌륭한 유화 작품을 만들어 내는 재주가 있다.

◐ In spite of(~임에도 불구하고)가 나온 것으로 봐서, 빈칸에는 '능력이 있다' 와 반대되는 말이 와야 한다. 따라서 '서투른' 을 뜻하는 clumsy가 가장 잘 어울린다.

chores 일상의 자질구레한 일 **proficient** 능숙한, 숙련된 **average** 평균의, 보통의 **skillful** 솜씨 좋은

32 As Ben pulled at the rope, the strands began to _____ apart.

(a) tie
(b) make
(c) come
(d) comb

벤이 밧줄을 잡아당기자, 꼬아진 끈이 풀리기 시작했다.

○ strands는 이미 꼬여 있는 실이므로 문제에서 요구하는 표현은 '풀다'이다. comb이 엉킨 데를 풀다는 의미가 되려면 comb off가 되어야 한다. apart와 어울리는 단어는 come이다.

pull at 끌다, 잡아끌다 **strand** (새끼의) 가닥, 외가닥으로 꼰 끈 **come apart** 낱낱이 흩어지다, 무너지다 **comb** 빗질하다

---

33 Available for rent starting September 23: a cosy three-bedroom cabin tucked away by one of the most beautiful beaches on the Eastern coast. The cabin is located _____. A ten-minute walk to town where all local groceries and even a movie theatre are available. Fully furnished with central heating and air conditioning. Two full baths and a modern kitchen with a dishwasher and a microwave. Pets are welcome. If interested, please contact James at Hidden Gems Realty, 555-4704.

(a) right next to Hidden Gems Realty
(b) in an unfavorable situation
(c) between a grocery store and a movie theatre
(d) right on the beach

동부 해안에서 가장 아름다운 해변 중 한 곳에 숨겨진 아늑한 방 3개를 갖춘 오두막이 9월 23일부터 임대 가능. 오두막은 바로 해변에 위치함. 마을까지는 도보로 10분 거리이며 마을에는 온갖 상점들과 영화극장까지 있음. 중앙난방과 에어컨을 포함, 모든 가구 완비. 2개의 넓은 욕실과 식기 세척기와 전자레인지가 있는 현대식 부엌. 애완동물 환영. 관심 있는 분은 555-4704로 히든 젬스 부동산의 제임스에게 연락 바랍니다.

(a) 히든 젬스 부동산 바로 옆에
(b) 좋지 않은 환경에
(c) 식료품점과 영화관 사이에
(d) 해변에 바로

○ 임대 매물로 나온 오두막의 위치가 어디인지 파악하는 문제. 본문은 Hidden Gems 부동산으로 연락을 하라고 했지 집이 그 옆에 있다고 말한 적 없으므로 (a)는 오답이다. 동부 해안가에 가장 아름다운 해변 풍경 속에 숨겨진(tucked away) 집이므로 좋지 않은 환경이라는 (b)도 답이 아니다. 집에서 동네까지는 도보로 10분이므로 동네 안에 있는 상점과 극장 사이에 위치했을 리 없기에 (c)도 아니다. 바로 해변에 있다는 (d)가 정답이다.

available 이용할 수 있는 **rent** 임대, 임차 **tucked away** (어떤 지형 지물 또는 풍경 속에) 숨겨진, 잘 감추어진(=전망이 좋은) **grocery stores** 식료품점 **furnished** 장치가 붙은 **dishwasher** 식기 세척기 **microwave** 전자레인지 **pet** 애완동물 **realty** 부동산(real estate)

107

35 The Department of Defense reports a 300% increase in bombings on American soil within the last decade. In 2008, 2489 bombings resulted in 293 deaths and an estimated $103 million in damaged property. The DOD believes that the bombings had a range of motives from terrorism and revenge to curiosity. _____ actual bombs, there were also many threats and pranks, such as unmarked packages left in public places. However, these too were taken seriously by bomb squad personnel.

(a) In addition to
(b) Including
(c) Instead of
(d) As a result of

국방부는 지난 10년간 미국에서 폭탄 사고가 300% 증가했다고 발표했다. 2008년에 2489번의 폭탄 사고는 293명의 사상자를 냈고 재산 피해액은 1억3백만 달러에 이른다. 국방부는 폭탄 사고의 동기는 테러와 원한에서부터 호기심에 이르기까지 다양하다고 생각한다. 진짜 폭탄뿐 아니라, 공공 장소에 있는 눈에 띄지 않는 꾸러미와 같은 가짜 경고와 장난도 많다. 그러나 이 모든 경우 또한 폭탄 제거반에 의해 진지하게 다루어진다.

(a) ~뿐 아니라
(b) 포함해서
(c) 대신에
(d) 결과적으로

🔵 미국 내에서 일어난 폭탄 사고에 대해 다루는 글이다. 빈칸의 앞부분은 폭탄 테러의 동기를 다루고 있는데, 그 범위는 테러와 원한부터 호기심에 이르기까지(a range of motives from terrorism and revenge to curiosity) 라고 했다. 그 후의 문장은 이 여러 동기에서 나온 실제적 폭탄 사건의 설명이다. 앞 문장에서 추론하여 볼 때, 테러와 원한에서 오는 실제 폭탄 사고도 있지만, 호기심에서 오는 장난도 함께 언급되어야 한다는 것을 알 수 있다. 뒤의 부분을 첨가하기 위해서 (a) In addition to가 정답이 된다.

Department of Defense 국방부 **soil** 국토, 나라, 흙 **property** 재산 **revenge** 보복, 원한 **curiosity** 호기심 **threat** 협박 **prank** 못된 장난 **unmarked** 눈에 띄지 않는 **squad** 분대, 팀

---

36 Lattes are ubiquitous. It seems that on every block there is a coffee shop offering lattes and other specialty coffee drinks. What is a latte? It is just a shot of espresso with steamed milk and topped with milk foam. Some people who don't like the flavor of coffee and replace it with either green tea or chai, which is a spiced tea. For a trendy yet simple drink, get yourself a latte and enjoy its rich complex flavor.

Q What is the main point of the passage?

(a) How to make a latte at home
(b) Making coffee taste better
(c) Coffee shops are popular
(d) What is a latte?

라떼는 어디에나 있다. 매 블록마다 라떼와 다른 전문 커피 음료를 제공하는 커피숍이 있는 듯하다. 라떼란 무엇인가? 뜨거운 증기를 쐰 우유를 섞고 위에 우유거품을 얹은 에스프레소 한 잔일 뿐이다. 어떤 사람들은 커피향을 싫어하여 커피 대신 녹차나 향신료가 들어간 차인 차이를 주문하기도 한다. 유행이지만 간단한 음료를 원한다면, 라떼를 마시며 그 풍부하고 복합적인 맛을 즐겨보라.

Q: 이 글의 핵심은 무엇인가?

(a) 집에서 라떼를 만드는 법
(b) 커피 맛을 더 좋게 하기
(c) 커피숍은 대중적이다.
(d) 라떼가 무엇인가?

🔵 지문은 어느 곳에서나 만날 수 있고 유행하는 라떼가 무엇인지 설명하고 있다. 커피숍의 대중성은 부차적인 내용이므로 (c)는 정답이 아니다. 집에서 만드는 법은 언급조차 안 되어 있으므로 (a)도 정답이 아니다. 지문에도 등장한 문장인 (d)가 지문의 핵심이다.

ubiquitous 어디에나 있는 **shot** 한 잔 **steamed** 증기를 쐰 **topped with** ~을 얹은 **foam** 거품 **chai** 향신료와 홍차와 함께 섞어 마시는 인도식 차 **trendy** 유행하는

37 Synthetic detergents were a leading cause of water pollution in the 1950's. Unlike natural soaps, which are biodegradable, synthetic detergents do not break down into simpler substances. Because of this they would create residual foam in the watersupply. Although we don't have to deal with this particular problem in the 21st century, we still have to consider the impact our choice of detergents has on our waterways. We must look for the biodegradable logo on detergents when purchasing cleaning products.

Q What is the difference between synthetic and natural soaps?

(a) Synthetic soaps break down into simpler substances.
(b) Synthetic soaps remain complete in the water supply.
(c) Synthetic soaps are better cleaning products.
(d) Natural soaps are cheaper to produce.

합성 세제는 1950년대 수질 오염의 주된 원인이었다. 미생물에 의해 무해 물질로 분해되는 천연비누와 달리 합성세제는 더 이상의 단순 물질로는 분해될 수가 없기 때문에 세제가 물에 풀리면 거품이 남아 있게 된다. 21세기에는 이런 문제를 처리할 필요는 없지만, 세제의 선택이 수로에 끼치는 영향은 고려해야만 한다. 세제 용품을 구입할 때도 생분해성이 있는 성분을 썼다는 표시가 있는지 주의 깊게 살펴봐야 한다.

Q: 합성비누와 천연비누의 차이점은 무엇인가?

(a) 합성비누는 더 간단한 물질로 분해된다.
(b) 합성비누가 물에 풀리면 그대로 남아 있다.
(c) 합성비누가 더 나은 세제 용품이다.
(d) 천연비누는 만드는 데 비용이 적게 든다.

○ 합성 세제는 분해되지 않아서 물에 풀어지면 그대로 남아 있는다. 따라서 (a)는 정답이 아니고, (b)가 정답이다. (c)에서처럼, 두 제품의 비교 내용은 나와 있지 않고, (d)의 천연 비누에 관한 내용은 이 글에 나와 있지 않다.

synthetic detergent 합성세제 biodegradable 생물 분해성이 있는 break down 분해하다 residual 남은, 나머지의 impact 영향 waterway 수로 content 내용, 내용물

---

38 Keep toys designed for older children out of the hands of little ones. Teach older children to keep their toys away from younger siblings. Even uninflated and broken balloons can choke or suffocate children who try to swallow them. More children have suffocated on uninflated balloons and pieces of broken balloons than on any other type of toy. Electric toys that are improperly constructed, wired or misused can shock or burn. Electric toys must meet mandatory requirements for maximum surface temperatures, electrical construction and prominent warning labels.

Q Which is correct according to the passage?

(a) Airless balloons are the most dangerous toys.
(b) Electric toys are more dangerous than balloons.
(c) Young children can play with toys for older children.
(d) Older children should share their toys.

작은 아이들이 큰 아이들용 장난감을 만지지 않도록 조심하라. 큰 아이들에게 장난감을 어린 동생들이 만지지 못하게 잘 치우도록 주의를 주라. 바람이 빠지거나 터진 풍선도 어린아이들이 삼키면 질식할 수 있다. 다른 장난감보다 터졌거나 바람 빠진 풍선에 의한 질식 사고가 더 많이 일어난다. 제대로 조립되지 않았거나 전선이 노출되었거나 잘못 사용된 전기 장난감은 감전 사고를 일으키거나 화상을 입힐 수 있다. 전기 장난감은 표면의 최고 온도와 전기와 관련된 조립 내용과 눈에 잘 띄는 경고 표시를 필수적으로 갖추어야 한다.

Q: 이 글의 내용과 일치하는 것은?

(a) 공기가 빠진 풍선은 가장 위험한 장난감이다.
(b) 전기 장난감은 풍선보다 더 위험하다.
(c) 작은 아이들은 큰 아이용 장난감을 갖고 놀아도 된다.
(d) 큰 아이들은 그들의 장난감을 공유해야 한다.

○ 네 번째 문장에서 보면 터졌거나 바람 빠진 풍선이 다른 어떤 종류의 장난감보다(than on any other type of toy) 질식 사고가 더 많음을 보여주고 있다. 따라서 (a)가 옳은 문장이고 (b)가 틀린 문장이다. 또한 첫 번째 문장에서 작은 어린아이들이 큰 아이들의 장난감을 갖고 놀지 않도록 조심하라는 내용이 나왔으므로 (b), (c)도 틀렸다는 것을 알 수 있다.

out of ~하지 않은 sibling 형제, 자매 uninflated 부풀려지 않은 choke 질식시키다 suffocate 질식시키다 swallow 삼키다 burn 태우다 meet 충족시키다 mandatory 필수적인 maximum 최고의, 최대의 prominent 눈에 띄는

39 The next time you have a minute, consider how you are breathing. The way that you breathe will give you a good indicator of your stress level. While most people know this, what is not as well known is that the way you breathe may also control your mood. Not sure? Try this. First take a deep breath. Hold it for a few seconds and let it out slowly. As you breathe out, think about the tightness in your muscles leaving your body. Feel any different?

Q What can be inferred from the passage?

  (a) The author is a quack.
  (b) Depressed people breathe slower.
  (c) Controlled breathing can change your mood.
  (d) Breathing quickly is stressful.

다음에 잠깐 시간이 있다면 당신이 어떻게 호흡하는지 살펴보라. 당신이 호흡을 하는 방식은 당신의 스트레스 정도의 지표를 제공할 것이다. 대부분의 사람들이 이 점에 대해서는 알지만, 당신이 호흡하는 방식이 당신의 기분을 조절한다는 사실은 잘 알려져 있지 않다. 잘 모르겠는가? 그럼 시도해보라. 먼저 깊이 숨을 들이쉬라. 몇 초간 숨을 멈춘 후 천천히 내쉬라. 숨을 내뱉을 때 당신 근육에 있는 긴장이 당신의 몸을 빠져나간다고 생각을 해 보라. 차이가 느껴지지 않는가?

Q: 위 글에서 추론할 수 있는 것은?

(a) 저자는 돌팔이다.
(b) 우울한 사람은 천천히 숨을 쉰다.
(c) 호흡조절은 당신의 기분을 바꿀 수 있다.
(d) 빠른 호흡은 스트레스를 유발한다.

○ 심호흡을 하면서 몸에 있는 긴장을 나가게 하여 mood를 바꿀 수 있다는 것이 글의 요지이다. 내용 중에 우울한 사람의 호흡이나 빠른 호흡과 스트레스의 관계성에 대한 정보는 전혀 드러나고 있지 않다. 글쓴이가 돌팔이라는 문장은 글 내용과 전혀 개연성이 없다. 정답은 (c)이다.

indicator 척도, 표지 **tightness** 긴장 **quack** 돌팔이 의사, 사기꾼

---

40 A week's length was originally decided based on the needs of the time. (a) For instance, the Romans would work seven days sowing their crops and have an eighth day of rest, creating an eight day week. (b) In 300 A.D. Emperor Constantine converted to Christianity. (c) At the same time, the Roman Empire switched to the Old Testament 7-day week. (d) The Jewish holy day is traditionally celebrated on Saturdays.

일주일의 길이는 원래 시간의 필요에 근거하여 결정되었다. (a) 예를 들어, 로마인들은 그들의 농작물에 씨를 뿌리면서 7일을 일했고 8일째 휴식을 가져, 주 8일을 만들었다. (b) A.D. 300년에 콘스탄틴 황제는 기독교로 개종했다. (c) 동시에, 로마 제국은 구약 성경의 7일의 일주일로 바꾸었다. (d) 유대인들의 성일은 전통적으로 토요일에 기념한다.

○ 전체 지문에서 문맥에 어울리지 않는 문장을 찾는 문제이다. 일주일이라는 기간이 시간의 필요에 의해 결정되었다는 내용을 서두로, 일주의 기간을 결정하게 된 경위를 콘스탄틴 황제와 로마제국의 경우를 예를 들어 설명하는 내용이 (a), (b), (c)에서 부연설명으로 이어진다. 그러나 (d)는 유대의 성일에 초점을 둔 내용이므로 전체 맥락과는 어울리지 않는 문장이다.

crop 농작물 **convert** 개종하다 **switch to** ~로 전환하다 **Old Testament** 구약 성경 **jewish** 유대인의, 유대교의

LISTENING COMPREHENSION · P.132

1 M Where should I sign my name?

W _____

(a) In the newspaper.
(b) With a ball-point pen.
(c) In Korean is fine if you want.
(d) In the right hand corner.

M: 이름을 어디에 써야 하죠?

W: _____

(a) 신문에요.
(b) 볼펜으로요.
(c) 원하시면 한글로 쓰셔도 됩니다.
(d) 오른쪽 모퉁이 쪽에 쓰시면 됩니다.

➲ 장소를 묻는 Where로 묻고 있으므로 (a)와 (d)가 답으로 가능한데, 신문은 서명할 만한 곳은 못 된다.

sign 서명하다 ball-point pen 볼펜

---

2 W Do you have an appointment?

M _____

(a) I have a reservation for two.
(b) Yes, at 1:30 p.m.
(c) No, only by mail.
(d) Yes, I want to make one for tomorrow.

W: 예약하셨나요?

M: _____

(a) 2시에 예약되어 있습니다.
(b) 예, 오후 1시 30분에요.
(c) 아니오, 우편으로만 가능합니다.
(d) 예, 내일을 위해 예약하고 싶군요.

➲ 약속이 있는지 묻고 있으므로, 약속을 했거나 약속이 없다는 식의 대답을 예상할 수 있다.

appointment 시간 약속 reservation 예약

---

3 M Great movie, wasn't it?

W _____

(a) It sure was.
(b) I prefer to rent videos.
(c) Let me buy the tickets.
(d) I could take a nap.

M: 멋진 영화였지?

W: _____

(a) 정말 그랬어.
(b) 비디오를 빌리는 게 낫겠어.
(c) 표를 사드리지요.
(d) 낮잠을 잘 수 있을텐데.

➲ 질문의 시제는 과거이다. 보기 중에 과거의 시제를 갖고 있는 것은 (a)뿐이다. 의문사 외에도 시제, 인칭도 주의해서 들어야 한다.

prefer 선호하다 nap 낮잠

4
W   What seems to be the problem, officer?
M   May I see your driver's license, please?
W   Did I do anything wrong?
M   _____

(a) You should have run a red light.
(b) Will you please pull over?
(c) You were exceeding the speed limit.
(d) You were overspeeding.

W: 무슨 문제라도 있어요, 경찰관님?
M: 운전면허증 좀 보여 주시겠어요?
W: 제가 뭘 잘못했나요?
M: _____

(a) 빨간불에서 신호를 무시하고 달렸어야 했습니다.
(b) 차를 길가에 대시겠어요?
(c) 제한속도를 초과하셨습니다.
(d) 고속 운전을 했습니다.

❷ officer, license 등의 단어를 통해 경찰과의 대화라는 것을 쉽게 짐작할 수 있다. 교통경찰과의 대화에서 가장 많이 등장하는 것이 속도위반이다. 속도 위반의 경우 exceeding the speed limit보다는 간단히 speeding으로 자주 쓴다. overspeeding이라고 하지 않는다는 것에 주의한다.

run a red light 정지 신호를 무시하다 **pull over** (차를) 길가에 대다 **exceed** 초과하다, 넘다 **speed limit** 제한 속도

5
M   Pardon me. Do you know where the First Bank is?
W   Sure. Just go down the street and turn left.
M   Will I be able to see it?
W   _____.

(a) No, it's right in front of you.
(b) You can make a deposit.
(c) Of course, it'll be just on your left.
(d) Would you like to come along?

M: 실례지만, 제일 은행이 어디 있는지 아십니까?
W: 그럼요. 저 길을 따라 죽 내려가시다가 좌회전하세요.
M: 거기서 보이나요?
W: _____

(a) 아뇨, 바로 선생님 앞에 있습니다.
(b) 저금할 수 있습니다.
(c) 물론이죠. 선생님 왼편에 보일 거에요.
(d) 같이 갈래요?

❷ 길을 찾는 내용의 대화는 찾고 있는 것이 무엇인지, 어디에 있는지에 중점을 두고 들어야 한다. (a)의 경우는 뒤에 나오는 위치는 가능하지만 앞에 no가 있어 논리적으로 어색하고 (b)는 은행에서 할 수 있는 것이므로 대화의 내용과 다르고 (c)가 답이 된다.

make a deposit 예금하다 **come along** 함께 가다

6
W   What's wrong, Edward?
M   I haven't had a thing to eat today.
W   Would you like to eat some of my sandwich?
M   _____

(a) Let's go and get something to eat.
(b) Would you like a sip?
(c) I am starving.
(d) Would it be okay?

W: 뭐가 잘못됐어요, 에드워드?
M: 오늘 아무 것도 먹질 못했어요.
W: 이 샌드위치 좀 먹을래요?
M: _____

(a) 나가서 뭐 좀 먹자.
(b) 한 모금 마셔보시겠어요?
(c) 배고파 죽겠어요.
(d) 그래도 돼요?

❷ 배고픈 상태에서 샌드위치를 먹어보겠냐고 묻고 있으므로 Thank you very much. It's so nice/sweet of you. 등의 응답이 보통이다. (d)처럼 '그래도 돼요?' 라고 해도 자연스러운 대답이 된다.

sip 조금씩 마시다 **starving** 몹시 배고픈

7
M Why do you look so gloomy?
W I have to move this weekend and nobody will help me.
M Don't worry. I'm free this weekend, so I'll give you a hand.
W Really! That would be wonderful!
M No problem. It's my pleasure. What are friends for?
W You really are a great friend! Thanks!

Q Which of the following best summarizes the conversation?

(a) The man's feeling gloomy because of the weather.
(b) The man volunteered to help the woman move.
(c) The man and the woman are planning to become friends.
(d) The woman is going on vacation this weekend.

M: 왜 그렇게 우울해 보여?
W: 이번 주말에 이사를 해야 하는데 도와줄 사람이 아무도 없어.
M: 걱정마. 이번 주말에 내가 시간이 있으니까 도와줄 수 있어.
W: 정말! 잘됐다!
M: 별 것 아냐. 내가 즐거운걸. 친구좋다는 게 뭐야?
W: 넌 정말로 좋은 친구야! 고마워!

Q: 대화를 가장 잘 요약한 것은?

(a) 남자는 날씨 때문에 기분이 우울하다.
(b) 남자는 여자의 이사를 도와주는 데 자원했다.
(c) 남자와 여자는 친구가 될 계획이다.
(d) 여자는 이번 주말에 휴가를 갈 것이다.

○ 남자가 우울해 보이는 이유를 묻자 여자는 이사를 가는데 도와줄 사람이 없다고 대답한다. 그러자 남자는 도와주겠다고 하고 여자는 몹시 기뻐하고 있다. 날씨와 관련된 내용은 아니므로 (a)는 정답이 아니고, 휴가를 간다는 말도 없으므로 (d)도 정답이 아니다. 남자가 먼저 나서서 도와준다고 했으므로 자원해서 도와주겠다는 (b)가 이 대화를 잘 요약하고 있다.

gloomy 우울한, 침울한 move 이사하다 give sb a hand 도와주다

8
W Funny weather we're having.
M I'll say. It seems like winter will never come.
W I know. It's usually pretty cold by Thanksgiving.
M So, do you think global warming is for real?
W Yes, I heard yesterday that this was the hottest year in at least a hundred years.
M It's really a problem because it could raise sea levels around the world.

Q What does the man think of the warm weather?

(a) He thinks it's a big problem.
(b) He thinks that it will pass soon.
(c) He thinks that it is good for agriculture.
(d) He thinks that winter is coming soon.

W: 날씨 참 이상하지?
M: 정말 그래. 겨울이 오지 않는 것 같아.
W: 그래. 보통은 추수감사절 즈음에는 추운데 말야.
M: 그래서 너는 지구 온난화 현상이 사실이라고 생각하니?
W: 그래. 어제 듣기로는 올해가 적어도 100년 내 가장 더운 해였어.
M: 세계 해수면 높이를 올리기 때문에 이건 정말 큰 문젠데.

Q: 남자는 더운 날씨에 대해 어떻게 생각하는가?

(a) 큰 문제라고 생각한다.
(b) 곧 지나갈 것으로 생각한다.
(c) 농업에 좋다고 생각한다.
(d) 겨울이 곧 올 것이라고 생각한다.

○ 남자의 마지막 대화에 'It's really a problem ~'에서 큰 문제라고 했으므로 (a)가 정답이 된다.

I'll say. (맞장구) 맞는 말이야. global warming 지구 온난화 sea level 해수면 agriculture 농업

9 M Mom, what happened to King? He's okay, right?

W Not quite, honey. The vet tried everything he could...

M So then he's okay, right?

W Why don't we talk about this later?

M No! I want to know now. I'm old enough to take it like a man.

W I'm sorry, honey. King's gone to doggy heaven.

M No! I didn't want to hear that!

Q Which is correct according to the conversation?

(a) The vet was able to save King.
(b) The boy wants another dog.
(c) The mother gave the boy some honey.
(d) The boy thought he could handle the truth.

M: 엄마, 킹한테 무슨 일 있었어요? 괜찮은 거죠?

W: 그다지 좋지 않단다, 얘야. 수의사가 최선을 다했는데 말이야…

M: 그래서 괜찮은 거죠?

W: 나중에 말하는 것이 어떨까?

M: 싫어요! 지금 알고 싶어요. 저도 어른처럼 그런 일을 받아들일 수 있을 만큼 컸다구요.

W: 미안하다, 얘야. 킹은 저 세상으로 떠났단다.

M: 안돼요! 그런 얘길 듣고 싶은 건 아니었다구요!

Q: 대화 내용과 일치하는 것은?

(a) 수의사는 킹을 살릴 수 있었다.
(b) 남자아이는 다른 개를 원한다.
(c) 엄마는 남자아이에게 꿀을 약간 주었다.
(d) 남자아이는 진실을 감당할 수 있다고 생각했다.

🔾 여자가 한 말인 Spot's gone to doggy heaven.에서 개가 죽었다는 의미이므로 수의사가 살렸다는 (a)는 틀린 보기이다. 남자아이가 다른 개를 원한다는 (b)는 대화에 나와있지 않다. (c)는 honey만을 대충 잘못 들었을 때 고를 수 있는 함정이다. I'm old enough to take it like a man. Give it to me straight.에서 사실을 받아들일 수 있을 거라고 얘길 했으므로 (d)가 가장 적당한 대답이 된다.

vet (=veterinarian) 수의사 **give it to me straight** 사실대로 말하다 **doggy** 개의, 개를 좋아하는

---

10 Warning! International laws prohibit passengers from carrying luggage that they did not pack themselves. Due to the increased threat of terrorist activities, we are required to check all luggage that was tampered with or packed by persons other than the passenger. If you have been approached by a stranger asking you to carry their bags, please notify airport security immediately.

Q What is the main point of the warning?

(a) Do not let other people pack your bags.
(b) Terrorists will steal things from your luggage.
(c) Passengers should carry all of their luggage.
(d) Airport security will check all luggage.

경고합니다. 국제법은 승객 여러분이 직접 싸지 않은 짐을 휴대하는 걸 금지합니다. 테러리스트 활동의 위험이 증가하기 때문에 손댄 흔적이 있거나 승객 여러분 아닌 다른 사람이 싼 모든 수화물을 검사해야 합니다. 만일 낯선 사람이 당신에게 짐을 들어주겠다고 접근하면, 공항경비대에 즉시 알려 주십시오.

Q: 경고의 주제는 무엇인가?

(a) 다른 사람이 당신의 짐을 싸게 하지 마라.
(b) 테러리스트들이 당신의 짐에서 물건을 훔칠 것이다.
(c) 승객들은 자신의 짐을 전부 휴대해야 한다.
(d) 공항경비대가 모든 짐을 확인할 것이다.

🔾 warning이라고 시작을 하기 때문에 경고임은 확실하다. 무엇을 경고하는지가 관건이므로 그 부분에 초점을 맞추어 듣도록 한다. 처음에 they did not pack themselves, 또 맨 끝에, packed by persons other than the passenger라고 해서 승객이 직접 싸야 하며 다른 사람이 싸면 안 된다는 것을 거듭 얘기하고 있다. 따라서 (a)가 정답이다.

prohibit sb from -ing ~가 ~를 못하게 금하다 **luggage** 수화물 **pack** 꾸리다, 포장하다 **due to** ~ 때문에 **threat** 위험 **tamper with** 변경하다

11 One afternoon Joe and some pals took a drive to the country for a day of relaxation. In their truck they had a huge balloon. When they arrived in the country, they filled the balloon with hot air and attached it to a basket. Then they sat in the basket and let the balloon rise. At first the balloon barely moved, but soon they began to float. They saw many sights as the balloon rose. It was a lovely day.

Q Which is correct according to the talk?

(a) Joe attached the balloon to a small box.
(b) The balloon could not lift off the ground.
(c) Joe and his friends had a wonderful time.
(d) Joe drove to a lake.

어느 오후 조와 친구들은 휴식을 취하러 차를 몰고 교외로 나갔다. 그들은 트럭에 큰 기구를 가지고 갔다. 교외에 도착하자, 그들은 뜨거운 공기로 기구를 채우고 바구니에 기구를 맸다. 그런 다음 그들은 바구니에 올라타 기구의 뜨게 했다. 처음에 기구는 가까스로 올라갔지만, 곧 그들은 하늘로 떠오르게 됐다. 그들은 기구가 올라감에 따라 많은 것들을 보았다. 기분이 상쾌한 하루였다.

Q: 담화의 내용과 일치하는 것은?

(a) 조는 기구를 작은 상자에 매달았다.
(b) 기구는 땅에서 떠오를 수 없었다.
(c) 조와 친구들은 아주 좋은 시간을 가졌다.
(d) 조는 호수로 운전했다.

○ 기구를 타고 나는 과정을 설명하고 있다. 기구를 매단 것은 바구니이므로 (a)는 정답이 아니다. 기구는 하늘로 떠올랐다고 했으므로 (b)도 정답이 아니다. 조가 운전해 간 곳은 호수가 아닌 교외이다. 따라서 (d)도 정답이 되지 못한다. 조와 친구들은 즐거운 시간을 보냈다는 (c)가 정답이다.

relaxation 휴양, 기분 전환 attach 붙이다, 달다 barely 간신히, 가까스로 float (가스나 기구 등을) 떠오르게 하다 lift off 떠오르다

---

12 Carcinogens convert healthy cells into cancerous ones. Tests have now been created that can determine whether something will cause the growth of cancer cells. Strangely enough, red wine and tea seem to cause cancer more easily than white wine and coffee. But the most well-known carcinogens are ultraviolet radiation and mustard gas.

Q What can be inferred from the talk?

(a) Carcinogens are deadly.
(b) Carcinogens can be found in small amounts in many common foods.
(c) People should have frequent tests to check for cancer.
(d) People should limit their intake of red wine and tea.

발암물질은 건강한 세포를 암세포로 바꾼다. 어떤 것이 암세포를 자라게 하는지 결정할 수 있는 검사가 시험방법들이 만들어졌다. 이상하게도, 적포도주와 차가 백포도주와 커피보다 더 쉽게 암을 일으키는 것으로 보인다는 것이다. 하지만 가장 잘 알려진 발암물질로는 자외선과 이페릿이 있다.

Q: 담화로부터 추론할 수 있는 것은?

(a) 발암물질은 치명적이다.
(b) 발암물질은 많은 평범한 음식에서 소량으로 발견될 수 있다.
(c) 사람들은 암 검사를 자주 받아야 한다.
(d) 사람들은 적포도주와 차의 섭취를 제한해야 한다.

○ 발암물질에 관한 내용으로 적포도주와 차가 백포도주와 커피보다 더 쉽게 암을 일으키는 것 같다는 말이 나오므로 적포도주와 차 섭취를 줄여야 한다는 것을 추론할 수 있다. 따라서 정답은 (d)이다.

carcinogen 발암물질 convert 전환하다, 변하게 하다 cancerous 암에 걸린, 불치의 ultraviolet 자외선의 radiation 발광, 복사, 방사물 mustard gas 이페릿 (미란성 독가스) deadly 치명적인, 치사의 intake 섭취

13 **A** What if you had a million dollars?
B I _____ everything to relief facilities.

(a) donate
(b) would donate
(c) donated
(d) will donate

A: 1백만 달러가 있다면 뭘 할 거니?
B: 한 푼도 빠짐없이 구호시설에 기부할 거야.

○ A의 if절 동사(had)가 과거이므로 가정법과거이다. 따라서 B는 '조동사의 과거형 + 동사원형' 으로 답을 해야 한다.

donate 기부하다 **relief facility** 구호시설

---

14 **A** What happened to you?
B _____ for a bus, a brick fell on my head.

(a) Waiting
(b) Having waited
(c) As I was waiting
(d) While I had been waiting

A: 무슨 일이야?
B: 버스를 기다리고 있었는데, 벽돌이 내 머리로 떨어졌어.

○ 주절의 주어는 a brick이므로 버스를 기다리는 의미상 주어 I가 나와야 한다. 또한 '~하고 있을 때' 라는 의미의 접속사 as도 절 형태로 표현하려면 필요하다.

brick 벽돌 **fall** 떨어지다

---

15 **A** Why is Lucy so talkative today?
B I think she's not _____ today.

(a) herself
(b) her
(c) one
(d) other

A: 왜 루시가 그렇게 말이 많지?
B: 내 생각에 루시는 오늘 제 정신이 아냐.

○ 두 번째 문장은 오늘 루시가 평소 같지 않다는 표현이다. 앞에서 she가 나와 있으므로 빈칸에는 재귀대명사인 herself가 와야 한다. be not oneself는 평소 자신과 같지 않다는 관용적인 표현으로 컨디션이나 기분이 안 좋다는 것을 의미이다.

talkative 말이 많은, 수다를 떠는 **be oneself** 제정신인

---

16 **A** Is the old Planet Theater still standing?
B No, it _____ two years ago.

(a) torn down
(b) was torn down
(c) had been torn down
(d) will have been torn down

A: 플래닛 극장은 아직도 있니?
B: 아니, 2년 전에 철거되었어.

○ 빈칸 뒤에 ago라는 과거를 나타내는 단어가 나오므로 과거시제를 보기에서 골라야 한다.

standing 서 있는 **tear down** (건물) 헐다, 해체하다

---

17 I remember _____ my calculator here yesterday but can't find it.

(a) put
(b) to put
(c) putting
(d) to have put

어제 여기에 계산기를 둔 기억이 나는데 찾을 수가 없어.

○ remember와 forget은 목적어로 -ing가 오면 '(과거에 한 일을) 기억하다/잊다' 라는 의미가 되고, 목적어로 to+동사원형이 오면 '(앞으로 할 일을) 기억하다/잊다' 라는 의미이다. 계산기를 어제 여기에 둔 것을 기억하는 것이므로 동명사가 필요하다.

18 If the president _____, he would have fired Frank.

   (a) had known
   (b) have known
   (c) had know
   (d) known

사장님이 알았다면, 프랭크를 해고했을 거야.

◐ 주절의 would have p.p로 보아 가정법 과거완료를 나타내고 있다. 가정법 과거완료는 과거 사실의 반대를 의미하며 'If + S + had + p.p, S + 과거형 조동사 + have + p.p'가 기본형이다. 그러므로 빈칸에는 had known이 필요하다. 사장님이 알지 못해서 해고당하지 않았다는 의미이다.

fire 해고하다

---

19 _____ were destroyed by the earthquakes in China last year.

   (a) Thousand of houses
   (b) Thousand houses
   (c) Thousands of house
   (d) Thousands of houses

지난해 중국에서는 수천 가구가 지진으로 파괴됐다.

◐ thousands of는 '수천'을 의미하는 형용사로 명사 houses를 수식하는 역할을 한다.

earthquake 지진

---

20 The Korean economy is _____ from the recently stabilized exchange rate.

   (a) on benefit
   (b) a benefit
   (c) benefiting
   (d) benefit

한국 경제는 최근 안정된 환율로부터 혜택을 받고 있다.

◐ benefit from은 '~로부터 혜택을 얻다'의 의미이다.

benefit 혜택, 이익 recently 최근에 exchange rate 환율

---

21 (a) A: Excuse me, I'm ready to ordering.
   (b) B: Yes, sir. What would you like to have?
   (c) A: I'll have pancakes and coffee.
   (d) B: I'm sorry but we are out of pancakes now.

A: 여기요. 주문할 준비되었습니다.
B: 예, 무엇을 주문하시겠습니까?
A: 팬케이크하고 커피요.
B: 죄송하지만 팬케이크는 다 떨어졌습니다.

◐ be ready to + 동사원형 혹은 be ready for + 명사의 형태가 되어야 한다. ordering을 order로 바꿔야 한다.

out of ~이 (소진되어) 없다

---

22 (a) While I'm waiting for a helicopter to arrive, I'm taking advantage of the time to write you a quick letter. (b) Let me go back to the beginning. (c) Having been spent a couple of days in Kathamandu, we took a bus to a little village where our porters were assembled. (d) It was wonderful to get on the trail.

(a) 헬리콥터가 도착하기를 기다리는 동안 당신에게 짧은 편지를 씁니다. (b) 처음부터 말하자면 (c) 카타만두에서 이틀을 보낸 후에 우리는 짐꾼들을 모집했던 작은 마을로 가는 버스를 탔습니다. (d) 오솔길을 달리는 것은 정말 멋진 일이었습니다.

◐ (c)에서 Having been spent ~는 we took a bus ~와 같은 주어를 갖는다. 즉 we가 카타만두에서 2~3일 정도 묵고난 후 버스를 탔기 때문에 spend a couple of days라는 표현은 수동태가 아닌 능동태 Having spent ~로 바꾸어야 한다.

take advantage of ~을 이용하다, ~을 틈타다 assemble 모으다, 집합시키다, 소집하다 trail 작은 길, 오솔길, 산길

23 A Could you tell me about your
  educational _____?
  B Well, I graduated from Michigan
  University in 2002.

  (a) leverage
  (b) career
  (c) background
  (d) story

A: 학력에 대해 말씀해 주시겠습니까?
B: 2002년에 미시건 대학교를 졸업했습니다.

○ educational background는 '학력'의 의미로 쓰인다.

leverage 지레 장치, 수단, 효력 **career** 경력 **background** 배경, 경력, 학력

---

24 A How do you _____ up with
  changes so well?
  B I never stop learning.

  (a) stay
  (b) keep
  (c) do
  (d) move

A: 어쩌면 그렇게 변화에 잘 적응해 나가지?
B: 늘 연구하거든요.

○ 빈칸 다음에 오는 up with와 연결되는 것은 stay와 keep인데, '변화에 잘 따라간다[적응한다]'는 의미가 되는 것은 (b)이다.

keep up with 뒤지지 않다 **stay up** 잠을 자지 않고 있다

---

25 A Are you doing anything this weekend?
  B Yeah, I have to _____ for my
  chemistry final.

  (a) push
  (b) crash
  (c) cram
  (d) crush

A: 이번 주말에 뭐 할거니?
B: 응, 기말 화학 시험을 대비해서 벼락치기 공부해야 해.

○ cram은 '(좁은 곳에) 채워넣다'라는 1차적인 의미에서 '벼락치기 공부를 시키다'라는 확대된 의미로 쓰는 단어이다.

crash 충돌하다 **cram** 벼락치기하다 **crush** 눌러 부수다, 뭉개다

---

26 A What kind of exercise do you
  recommend?
  B Anything but _____ exercise.

  (a) strong
  (b) strenuous
  (c) severe
  (d) serene

A: 어떤 종류의 운동을 추천해 주시겠어요?
B: 격렬한 운동만 빼고 다 좋아요.

○ anything but(~을 빼고)이 나왔으므로 문맥의 흐름상 '격렬하고 힘든 운동'에 해당되는 단어가 적절하다.

strenuous 격렬한 **severe** 엄한, 엄격한 **serene** 고요한, 침착한

---

27 A How were you able to think up such
  lovely lyrics?
  B I just came up with it _____.

  (a) by the skin of my teeth
  (b) on the tip of my tongue
  (c) by a hair's breadth
  (d) off the top of my head

A: 어떻게 그런 아름다운 서정시를 생각해낼 수 있죠?
B: 그냥 머릿속에서 갑자기 떠올랐어요.

○ 신체 부위를 이용한 관용어구들 중에서 적절한 보기를 고르는 문제이다.

by the skin of my teeth 아주 미세한 차이로, 간신히 **on the tip of my tongue** 혀끝에서 맴도는 **by a hair's breadth** 아슬아슬하게 **off the top of my head** 즉석에서, 준비없이

28 The documentary _____ a day in the life of an adopted Asian teen.

(a) misses
(b) portrays
(c) produces
(d) spends

그 다큐멘터리는 입양된 어느 아시아계 십대의 하루를 그리고 있다.

▶ 이 다큐멘터리는 한 사람의 일상을 화면에 담아낸 것이다. 따라서 알맞은 동사는 '그리다, 표현하다' 라는 뜻의 portray이다. produce 는 '만들어내다, 창작하다' 라는 뜻이므로 적절하지 않다.

adopt 입양하다 portray 그리다, 표현하다

---

29 The invention of Post-It came _____ by accident.

(a) about
(b) around
(c) back
(d) to

포스트잇의 발명은 우연히 이루어졌다.

▶ by accident(우연히)와 함께 어울리는 표현을 찾아야 한다. come around는 '배회하다', come to는 '회복하다' 라는 의미이므로 문장에 어울리지 않고, come about은 '발생하다' 라는 의미이므로 적합한 표현이 된다.

invention 발명 come about 일어나다, 발생하다 come around 원기를 회복하다, 소생하다, 방향이 바뀌다, 의견을 바꾸다 come back 돌아오다, 회복하다, 복귀하다 come to 의식을 회복하다, 정신이 들다, 합계 ~이 되다, 결국 ~이 되다

---

30 My secretary is leaving this Friday because she is getting _____.

(a) traveled
(b) schooled
(c) engaged
(d) married

내 비서는 결혼할 예정이어서 이번 금요일에 그만 둘 예정이다.

▶ 주절과 종속절이 인과 관계로 연결되어 있으므로 비서가 일을 그만두어야 할 이유가 될 만한 동사를 찾으면 된다. travel은 get과 함께 수동의 의미를 나타낼 수 없다. 약혼보다는 결혼으로 인해 퇴사하는 경우가 더 나은 대답이 될 것이다.

secretary 개인비서 engage 약혼시키다

---

31 It's summer already, and the monsoon _____ is upon us.

(a) era
(b) span
(c) season
(d) spell

벌써 여름이다. 우기가 우리에게 다가온다.

▶ 시기나 한때를 나타낸다는 의미에서 era를 답으로 생각해볼 수 있으나 monsoon이 기후를 나타내는 표현이므로 season과 함께 사용된다. 기후가 지속적으로 계속되는 경우에는 spell이라는 표현을 사용한다.

monsoon season 장마철 era 연대, 시기 span 기간, 잠깐, 잠시 interval 간격, 틈

---

32 The aggressive manager always took the _____ in starting new programs.

(a) alternative
(b) initiative
(c) delay
(d) hesitation

의욕적인 부장은 늘 새로운 프로그램을 시작하는 데 있어서 주도권을 잡았다.

▶ 부장이 의욕적인 사람이라는 것으로 보아 새로운 프로젝트 착수에 있어 언제나 주도권을 잡았다는 내용이 적절하다. take the initiative 가 '주도권을 잡다' 는 의미이다.

aggressive 의욕적인, 적극적인 take the initiative 주도권을 잡다 alternative 대안

33 In his new book, AGM chairman and CEO Harris Karmine interprets the relationship between technology and business and discusses how technology that can create successful business plans will transform the nature of business in the near future. Karmine stresses the need for bright computer-trained managers, who understand that technology should not be considered as overhead but as a strategic asset, and he _____ from Microsoft, GM, Dell, and many other successful companies.

(a) shows detailed examples
(b) is unusually sarcastic
(c) has returned his philosophy
(d) plans to work

AGM의 회장이자 CEO인 해리스 칼마인은 기술과 비즈니스의 관계를 해석하면서, 기술이 성공적인 비즈니스 계획을 창출해 낼 수 있는 방식이 가까운 미래에 비즈니스의 성격을 바꾸어 놓을 것이라고 논하고 있다. 칼마인은 기술이 일반비용이 아닌 전략적 자산으로 간주되어야 함을 이해하는, 컴퓨터처럼 명석한 두뇌를 갖춘 경영인들의 필요성을 강조하면서, 마이크로소프트, GM, 델 등과 같은 많은 성공한 기업들의 상세한 사례들을 제공하고 있다.

(a) 상세한 사례들을 제공하고 있다
(b) 유별나게 풍자적이다
(c) 자신의 철학으로 돌아왔다
(d) 일할 계획을 갖다

🔵 향후 산업계의 변화를 가져올 기술과 비즈니스의 밀접한 관계를 이해하고 경영해야 성공한다는 내용이다. 빈칸 앞뒤 문장은 and로 연결되어 있다. 따라서 두 구문 모두 한 맥락에 놓여있다. 이례적으로 냉소적이라는 (b)는 답이 될 수 없고, (c)는 대입해도 work from이라는 부자연스런 표현이 되므로 답이 아니다. (c)의 philosophy에 대한 언급은 맥락과 동떨어져 있음으로 앞 문장 내용의 사례를 보여준다는 (a)가 정답이다.

CEO 최고 경영자 (chief executive officer) **transform** 변화시키다 **overhead** (경제용어) 일반비용 **strategic** 전략적인 **asset** 자산 **sarcastic** 냉소적인

---

34 Life always provides choices. You can stay or leave the goldfish bowl. When you lose your job, you begin an internal process of transition. When you've fully grieved and dealt with your confusion and distress, move forward. You have everything to gain and nothing to lose. You now know the truth about the world of work and are free to _____ to find your ideal job. Let change be a companion rather than a crisis in your life.

(a) risk making changes
(b) return to your old job
(c) continue feeling depressed
(d) file for unemployment

인생은 항상 선택의 연속이다. 어항에 남아 있을 수도, 떠날 수도 있다. 당신이 실직을 했을 때, 마음의 변화가 일어나기 시작한다. 당신이 충분히 슬퍼하고 걱정을 추스렸다면 앞으로 나아가라. 당신은 얻을 것만 있고 잃을 것은 남아 있지 않다. 당신은 이제 직업 세계의 실상을 알고 당신의 이상적인 직업을 찾기 위해 자유롭게 변화를 감행한다. 변화를 인생의 위기가 아닌 동료로 생각하자.

(a) 변화를 감행한다
(b) 이전 직장으로 되돌아간다
(c) 우울한 감정을 이어간다
(d) 실직을 신청한다

🔵 빈칸 앞 문장에서 실직을 했을 경우 잃을 것은 남아 있지 않다고 했으므로, 이상적인 직업을 찾기 위해 자유롭게 변화를 꾀할 수 있다는 (a)가 가장 잘 어울린다. 특히, 바로 뒤의 문장에서 변화를 위기(crisis)가 아닌 동료(companion)로 생각하자는 표현이 있으므로, 긍정적인 답을 선택하는 것이 옳음을 한 번 더 확인 할 수 있다.

goldfish bowl 어항 **internal** 내면적인, 내부의 **transition** 변화 **grieve** 몹시 슬퍼하다 **confusion** 혼란 **distress** 고뇌, 고통 **be free to** 자유로이 ~할 수 있는, 마음대로의 **companion** 동료, 친구

35 A personal trainer is great to have, but what if one doesn't have the money or schedule to accommodate a trainer? There are other methods to become fit. One can always whip oneself into shape by first reading up on health and diet. Then, by following a strict regimen of regular exercise and eating habits, one can have that desired figure in a matter of weeks. The trick is not to _____ once one reaches the desired level of health. Just like a car needs to be well-oiled and maintained to run smoothly, the human body also needs to be maintained consistently.

(a) go to the gym
(b) exercise harder
(c) let it slide
(d) find a good trainer

개인 트레이너를 두는 게 좋긴 하지만, 만일 트레이너를 쓸 돈이나 시간이 없다면? 훌륭한 몸매를 만들 수 있는 방법은 여러 가지가 있다. 먼저 건강과 식이요법에 대한 책을 읽음으로써 몸매 관리를 할 수 있다. 그런 다음, 규칙적인 운동과 식습관의 엄격한 섭생법을 따름으로써, 약 몇 주 후면 원하는 몸을 만들 수 있다. 일단 원하는 건강 수준에 도달했다고 해서 신경 쓰기를 멈추지 않는 것이 비결이다. 마치 자동차가 매끄럽게 잘 굴러가려면 기름도 잘 쳐야 하고 유지도 해야 하듯, 인간의 몸 역시 지속적인 관리가 필요하다.

(a) 헬스클럽에 가다
(b) 더 열심히 운동하다
(c) 내버려두다
(d) 좋은 트레이너를 찾다

🔵 원하는 수준의 건강을 이룩한 이후 하지 말아야 할 일이 빈칸에 답으로 적합하다. 빈칸이 있는 문장을 보충 설명해 주는 바로 다음 문장은 자동차가 그렇듯 사람도 maintained 되어야 한다고 말한다. 따라서 빈칸에는 maintain을 게을리 하는 행동을 묘사하는 보기가 정답이다. 따라서 답은 그대로 두는 (c) let it slide이다.

whip into shape ~을 형체를 갖추게 하다, ~을 애써 이룩하다 read up 연구하다, 복습하다 strict 엄격한 regimen (식사, 운동 등에 의한) 섭생, 양생법 regular 규칙적인 figure 모습, 종종 사람의 몸매 in a matter of weeks 약 몇 주 후에는 trick 비결, 요령 let it slide 상관하지 않다, 되는대로 맡겨 두다 gym 실내체육관, (종종) 헬스클럽 desired 바랐던, 희망했던 maintain 유지하다

---

36 It was during the 1950's, that mass-produced baked goods replaced homemade bread. The factory-made bread had benefits for bakers, such as uniformity of shape and size and benefits for sandwich makers as it came pre-sliced. The bread, however, had little flavor and even less nutrients.

Q What is the best title for the passage?

(a) Making bread the easy way
(b) 1950's food industry
(c) Sandwich making made easier
(d) Ease vs. Nutrition: the great bread debate

집에서 만든 빵이 대량으로 구어진 제품으로 교체된 것은 1950년대였다. 공장에서 만들어진 빵은 빵의 모양과 크기의 균일성에 있어서 제빵사들에게 유익이었고, 미리 잘려져 나오는 측면에서 샌드위치 제작자들에게도 유익이었다. 하지만 빵은 맛이 덜했을 뿐만 아니라 영양도 덜했다.

Q: 이 글의 제목으로 가장 알맞은 것은?

(a) 빵을 쉽게 만드는 방법
(b) 50년대 음식산업
(c) 샌드위치 제작이 더 쉬워짐
(d) 용이함과 영양: 빵의 중대한 논란

🔵 지문은 50년대 미국의 빵 생산이 공장식 대량생산으로 바뀌면서 얻은 그 유익과 문제점을 동시에 언급하고 있다. 유익은 빵의 제작이 용이해 진 것이며 문제점은 영양과 맛의 부족이다. 이 내용을 잘 아우르는 가장 적합한 제목은 (d)이다.

homemade 집에서 만든 uniformity 통일성 flavor 향, 맛 nutrient 영양분

37 It is in junior high school that boys begin distinguishing themselves from girls in the science classroom. As one teacher explained, "Most of the girls were unwilling to perform the frog dissection in the human anatomy lesson, but the boys were excited because it is something they have been doing in their backyards all of their lives." The textbooks continue to create a distinction, drawing on the common experiences of boys, such as examples about the speed of a baseball pitch. My own daughter nearly flunked science class.

Q Which of the following best summarizes the above passage?

(a) Girls need to be involved in more experiments.
(b) Boys do better because science interests them only.
(c) Girls are uninterested in science.
(d) Boys are naturally better at science.

과학시간에 남자아이들이 여자아이들과 차이를 나타내기 시작하는 때는 중학교 때이다. 한 교사의 설명대로, "대부분의 여학생들은 해부학 수업 시간에 개구리 해부를 감행하려 하지 않았지만 남학생들은 이미 뒤뜰에서 늘 했던 것이라 매우 신나했다." 교과서조차도 던진 야구공의 속도에 대한 예처럼 남자아이들의 일상적인 경험을 이용함으로써 그런 차이를 계속 만들어 낸다. 내 딸은 과학수업에서 간신히 낙제를 모면했다.

Q: 이 글을 가장 잘 요약하고 있는 것은 무엇인가?

(a) 여자아이들은 더 많은 실험에 참여할 필요가 있다.
(b) 남자아이들이 더 잘하는 이유는 과학이 남자아이들의 흥미만 끌기 때문이다.
(c) 여자아이들은 과학에 흥미가 없다.
(d) 남자아이들은 선천적으로 과학을 더 잘한다.

○ 지문의 핵심은 남자아이들이 여자아이들보다 과학을 더 잘 하는 이유가 현재 과학 교육이 남자아이들에게 친숙하고 흥미로운 소재거리로만 접근하기 때문이라는 것이다. 따라서 글의 요약으로 가장 알맞은 것은 과학이 남자아이들의 흥미만 끌기 때문에 남자아이들이 과학을 더 잘한다는 (b)이다.

distinguish 구별하다, 차이를 나타내다 be unwilling to 마지 못해 하는 dissection 절개, 해부 anatomy 해부학 distinction 구별 draw on ~을 이용하다 flunk 낙제하다

---

38 People have known for many years that electricity can be made my rubbing certain things together. For example, if you rub your shoes along a carpet and touch a metal object you can get a shock. Also, if you rub a balloon on your hair several times, it will stick. This is caused by electrical buildup. This form of electricity is known as "static" electricity. There is no usefulness as it is not an electric current. To produce a current you need either a battery or a generator.

Q What is correct about static electricity?

(a) It has been known about for a long time.
(b) People are currently studying its practical uses.
(c) It is produced by batteries.
(d) It can be stored in a generator.

특정 물체들을 비빔으로써 전기가 생성될 수 있음은 사람들이 오랫동안 알았던 사실이다. 예를 들어 당신이 신발을 카펫에 대고 문지른 후 금속 제품을 만지면 당신은 전기충격을 느낄 수 있다. 또 풍선으로 당신의 머리털을 문지르면 달라붙을 것이다. 이는 전기적 축적에 의한 것이다. 이런 형태의 전기는 '정' 전기라고 알려져 있다. 전류가 없는 한은 효용성이 없는 것이다. 전류를 생산하기 위해서는 전지나 발전기가 필요하다.

Q: 정전기에 관하여 일치하는 것은?

(a) 오랜 시간동안 알려져 있었던 것이다.
(b) 그것의 실용적인 사용을 위해 사람들이 현재 연구 중에 있다.
(c) 전지에 의해 만들어진다.
(d) 충전기에 축적될 수 있다.

○ 지문은 people have know for many years라고 시작하면서 정전기에 대한 이야기를 시작한다. 정답은 바로 (a)이다. (c)와 (d)는 정전기가 아닌 전류에 대한 이야기이다.

rub 비벼대다 electricity 전기 get a shock 충격을 받다 static electricity 정전기 electric current 전류 battery 전지 generator 발전기

39 Within the last thirty years, children's organized sports have spread rapidly. And while many parents reminisce about their own days in Little League baseball or on the traveling soccer team, these days, participation in such sports can become a burden on the children involved. Overly competitive parents and coaches who place too many demands on the children can render participation in such activities harmful to the children involved.

Q Which is correct according to the passage?

  (a) Children's leagues should be more competitive

  (b) Children's leagues were started by parents

  (c) Children's sports are increasing in popularity

  (d) Parents should push children to participate in team sports

지난 30년 동안 어린이로 조직된 스포츠가 빠른 속도로 퍼져나갔다. 많은 부모들이 어린 시절 리틀리그 야구나 순회 축구팀에 대한 추억을 떠올리지만, 요즘은 그런 스포츠 활동이 참여하는 아이들에게 부담이 될 수도 있다. 지나치게 경쟁적인 부모와 감독이 아이들에게 너무 많은 요구를 부여함으로써 그러한 활동 참여가 해당 아이들에게 해로운 것이 될 수도 있다.

Q: 이 글의 내용과 일치하는 것은?

(a) 어린이 리그가 더 경쟁성을 띠어야 한다.

(b) 어린이 리그는 부모들에 의해 시작되었다.

(c) 어린이 스포츠의 인기도가 커지고 있다.

(d) 아이들이 팀 스포츠에서 활동하도록 부모가 강요할 필요가 있다.

❍ 지문의 내용은 어린이 스포츠의 빠른 보급이 가지는 부정적인 면, 즉 지나친 경쟁성으로 인한 아이들의 부담을 지적하고 있다. 따라서 (a)나 (d)는 지문의 내용과 정 반대이다. 부모 역시 어린 시절 어린이 리그에 대한 추억이 있다고 했지 부모들이 만들었다는 내용은 없으므로 (b)도 답이 아니다. 어린이 스포츠가 빠르게 퍼졌다는 것은 인기도가 높아졌다는 뜻이므로 (c)가 정답이다.

rapidly 빠르게 **reminisce** 추억하다 **burden** 부담, 무거운 짐 **overly** 지나치게, 몹시 **render A B** A를 B가 되게 하다

---

40 African-American music like blues and jazz grew in popularity in the 1920s. (a) Blues music developed from slave songs and rhythmic chanting. (b) The latest musical craze from the black community is gangsta hip-hop. (c) In the '20s black singers were recording their songs with major labels. (d) Jazz began to gain influence about a decade later when African-Americans began moving north.

블루스와 재즈와 같은 흑인 음악은 1920년대에 인기가 상승했다. (a) 블루스 음악은 노예 음악과 리드미컬한 노래에서 발전했다. (b) 흑인 사회에서 가장 최근의 음악적 열광은 갱스터 힙합이다. (c) 1920년대, 흑인 가수들은 그들의 음악을 주요 음반사와 녹음하고 있었다. (d) 재즈는, 흑인들이 북쪽으로 이동하던 때인 약 10년 후에 영향력을 얻기 시작했다.

❍ 전체 지문에서 문맥에 어울리지 않는 문장을 찾는 문제이다. 1920년대에 블루스와 재즈 같은 흑인 음악의 인기에 대한 내용을 주로 다루고 있다. (a),(c),(d)는 이 흑인음악이 어떻게 발전하고 영향력을 얻게 되었는지의 과정을 설명한 내용으로 일관성을 이루고 있으나 (b)는 가장 최근의 흑인 음악을 다루는 내용으로 전체 문맥에는 어울리지 않는 문장이다.

African-American 아프리카계 미국인, 흑인 **blues** 블루스 **popularity** 인기 **chant** 노래, 창가 **craze** 열광 **gangsta hip-hop** 갱스터 힙합 **label** 라벨, (레코드 회사 따위의) 상표 (trademark), 호칭

10

Answer·Key

Actual Test

1 M What do you do?
W _____

(a) I am surfing the Internet.
(b) I'm a chiropractor.
(c) Fine, thanks. How about you?
(d) I'm a vegetarian.

M: 무슨 일을 하십니까?
W: _____

(a) 인터넷을 뒤지고 있습니다.
(b) 척추지압사입니다.
(c) 네, 고맙습니다. 당신은요?
(d) 채식주의자입니다.

➡ What do you do?는 직업을 묻는 표현인데 '무엇을 하나?' 는 의미로 잘못 이해하면 (a)를 고를 수 있다.

chiropractor 척추지압사

2 W I can't find an envelope.
M _____

(a) I didn't use any.
(b) The stamps are on the desk.
(c) They're in the desk drawer.
(d) That's a little big, don't you think?

W: 봉투가 어디 있는지 하나도 안 보이네.
M: _____

(a) 나는 하나도 안 썼어요.
(b) 우표는 책상 위에 있어요.
(c) 책상 서랍에 들어 있어요.
(d) 그건 좀 큰 것 같은데, 그렇게 생각하지 않아요?

➡ 여자가 봉투를 찾고 있으므로 봉투가 있는 장소를 말해 주는 (c) 가 적절한 대답이다.

envelope 봉투 stamp 우표 drawer 서랍

3 M Make sure not to forget your user ID.
W _____

(a) I don't remember what it is.
(b) I'll have to get a new one.
(c) Where do I get one?
(d) OK, but what if I do?

M: 사용자 ID를 잊어버리지 않도록 하세요.
W: _____

(a) 그게 무엇인지 생각이 안 나는데요.
(b) 새로 하나 만들어야겠어요.
(c) 어디에서 ID를 부여받아야 하죠?
(d) 알았어요, 그런데 만약 잊어버리면 어떡하죠?

➡ "~하지 않도록 조심하라" 는 'Make sure not to ~' 의 적당한 대답은 '알았다' 고 하는 OK, All right, No problem 등으로 시작하는 것이 일반적이다.

Make sure ~ 반드시 ~하도록 하다 **forget** 잊다, 망각하다

4
  M Are you waiting for someone, miss?
  W Yes, my friend will be joining me soon.
  M What time is your reservation?
  W _____

(a) At 6:30 p.m.
(b) At 6 degrees.
(c) 3 reservations.
(d) A reservation for four.

M: 기다리시는 분이 있습니까?
W: 예, 친구가 곧 올 예정입니다.
M: 예약 시간이 언제죠?
W: _____

(a) 오후 6시 30분입니다.
(b) 6도입니다.
(c) 3개 예약입니다.
(d) 4명 예약입니다.

❍ 식당에서 예약에 관해 나누는 이야기이다. 마지막 사람이 What time으로 묻고 있기 때문에 시간을 나타내는 (a)가 정답이다.

wait for 기다리다 **degree** 도, 정도, 등급

5
  M What brings you here?
  W My son has a high fever and has no appetite.
  M How long has he been like this?
  W _____

(a) Since he was born.
(b) Since last week.
(c) Since I am his mother.
(d) Since you looked at him.

M: 여기 왜 오셨죠?
W: 아들이 열이 높고 입맛이 없어요.
M: 얼마나 오래 그랬죠?
W: _____

(a) 태어날 때부터요.
(b) 지난주부터요.
(c) 엄마가 된 후부터요.
(d) 당신이 아들을 본 후부터요.

❍ fever, no appetite라는 단어를 통해 병원과 관련된 것을 짐작할 수 있다. 이 문제는 보기가 모두 since로 시작하므로 정답을 쉽게 고르지는 못하지만 병원이 배경이라는 것을 안다면 (b)만이 논리상 적합하다는 것을 알 수 있다.

high fever 고열 **appetite** 입맛, 식욕 **look at** 쳐다보다

6
  W How many credit cards do you have?
  M Way too many.
  W How do you manage all your bills?
  M _____

(a) I rob Peter to pay Paul.
(b) Peter, Paul and I make money.
(c) My money is spent.
(d) It's time for a bank job.

W: 신용카드는 몇 개나 갖고 계십니까?
M: 아주 많이요.
W: 청구서는 어떻게 처리하세요?
M: _____

(a) 여기저기서 꿉니다.
(b) 피터, 폴과 제가 돈을 법니다.
(c) 제 돈은 사용했습니다.
(d) 은행을 털 시간입니다.

❍ I rob Peter to pay Paul.은 폴에게 갚으려고 피터에게서 빼앗는다는 표현은 여기저기서 꾼다는 얘기로 결국 '돈이 없다'는 의미이다. Way too many.에서 way는 부사로 '꽤, 아주'의 의미로 사용된다.

rob Peter to pay Paul 빚으로 빚을 갚다, 한 쪽에서 빼앗아 다른 쪽에 주다

7 M I'm starving! What time did we order that pizza?

W 6 o'clock. Why? What time is it now?

M It's 7:15! I'm going to call them up.

W I wish you would. We could have gone out to eat.

M I know, but I wanted to watch the baseball game at home for a change.

W Yeah, but the game starts in 15 minutes. We could have gone out and been back by now!

Q What is the main idea of the conversation?

(a) The man and woman are going to a baseball game

(b) The man and woman are going out to eat

(c) The man and woman ordered a pizza, but it hasn't arrived yet

(d) The man and woman are enjoying a pizza at home

M: 배고파 죽겠네! 피자를 시킨 게 언제지?

W: 6시 정각이에요. 왜요? 지금 몇 시죠?

M: 7시 15분이야! 전화를 해야겠어.

W: 그렇게 했어야죠. 밖에서 먹었어도 되었을거에요.

M: 나도 알아. 하지만 난 기분전환으로 집에서 야구경기를 보고 싶었다고.

W: 예, 하지만 경기는 15분에 시작한다구요. 지금쯤이면 밖에 나가서 먹고 왔을 거에요!

Q: 대화의 요지는 무엇인가?

(a) 여자와 남자는 야구를 보러 간다.

(b) 여자와 남자는 외식을 하러 간다.

(c) 여자와 남자는 피자를 주문했는데 아직 도착하지 않았다.

(d) 여자와 남자는 집에서 피자를 즐기고 있다.

🔿 이들은 6시에 피자를 주문했는데 7시 15분인데도 아직 오지 않고 있다. I'm starving!을 들었다면 배가 고픈 상태이므로 피자가 오지 않았음을 알 수 있다. 남자는 집에서 피자를 시켜 먹으면서 야구 경기를 볼 생각이었으므로 (c)를 정답으로 고를 수 있다.

I'm starving. 배고파 죽겠다. call up 전화로 불러내다. ~을 불러내다, 상기시키다 go out to eat 외식하다, 먹으러 밖으로 나가다 for a change 기분전환으로, 변화를 위하여

---

8 W My husband got me a diamond necklace for my birthday!

M That was very nice of him. I've never given my wife anything like that.

W What did you give her for her birthday?

M A box of chocolate and a dozen roses.

W There's nothing wrong with that!

M There will be once you tell her what you got!

Q Which is correct according to the conversation?

(a) The man's wife received a diamond necklace.

(b) The woman's husband bought her roses.

(c) The woman thinks she has an exceptional husband.

(d) The man and the woman want to get divorced.

W: 남편이 생일 선물로 다이아몬드 목걸이를 사주었어.

M: 정말 자상한 남편이구나. 난 지금까지 아내에게 그런걸 준 적이 없거든.

W: 생일에 뭘 주었는데?

M: 초콜릿 한 상자하고 장미 12송이.

W: 아무런 문제가 없는데!

M: 네가 뭘 받았는지 얘기하면 문제가 있을 거야!

Q: 대화 내용과 일치하는 것은?

(a) 남자의 아내는 다이아몬드 목걸이를 받았다.

(b) 여자의 남편은 아내에게 장미를 사줬다.

(c) 여자는 특별한 남편을 가졌다고 생각한다.

(d) 남자와 여자는 이혼을 원한다.

🔿 여자가 남편에게서 다이아몬드 목걸이를 선물로 받았다고 했으므로 (a)는 틀린 보기이고, 장미를 준 것은 남자가 자기 아내에게 주었으므로 (b)도 틀린 보기이다. 남자와 여자가 이혼하겠다는 말은 전혀 없으므로 (d)도 틀린 보기이다. 여자가 한 말인 I'm so lucky to have him for my husband!에서 (c)가 정답임을 알 수 있다.

There's nothing wrong with ~ ~에 아무런 문제가 없는 exceptional 예외적인, 특별한 divorce 이혼

9 M Excuse me. Can you tell me how to find Ben Smith's office?

　　W You've found it. Please come in.

　　M Thank you. I have an appointment with Mr. Smith.

　　W Have a seat, please. I'm sure he's expecting you.

　　M Is he with somebody right now?

　　W Not that I know of. Just a moment and I'll check.

Q What can be inferred from the conversation?

　　(a) The man has some kind of emergency.

　　(b) The man may have to wait for 30–45 minutes.

　　(c) The man came much too early.

　　(d) The man can probably meet with Mr. Smith soon.

M: 실례합니다. 벤 스미스 씨의 사무실에 어떻게 가야 합니까?

W: 여깁니다. 들어오시죠.

M: 고마워요. 스미스 씨하고 선약이 있는데요.

W: 잠깐 앉으시죠. 기다리고 계실 거예요.

M: 지금 누구하고 같이 있나요?

W: 제가 알기로는 아닌데요. 잠깐만 기다리세요. 확인해볼게요.

Q: 대화에서 추론할 수 있는 것은?

(a) 남자는 약간 급한 일이 있다.

(b) 남자는 30~45분을 기다려야 한다.

(c) 남자는 너무 일찍 왔다.

(d) 남자는 스미스 씨와 곧 만날 것이다.

○ 지금 누군가를 만나고 있냐는(Is he with somebody right now?) 질문에 Not that I know of라고 말해서 자신이 알기로는 그렇지 않다고 말하는 있으므로, 곧 만나게 될 것이라는 (d)가 정답이 된다.

appointment 약속 expecting 기대하고 있는 emergency 위급

---

10 The new Rollerglide pen from Rorco. Never worry about writer's cramp again! The Rollerglide's new, space age design fits your hand like an old glove. Experience for yourself how words literally flow from the patented 'flowball' tip. No more messy ink spots on your important documents. No more frustrating interruptions in the flow of your work. The new Rollerglide from Rorco – throw away the rest, you've found the best!

Q Which of the following best describes the Rollerglide pen?

　　(a) It is large and cheap.

　　(b) It is comfortable to use and writes well.

　　(c) It is attractive and disposable.

　　(d) It comes with a free pair of gloves.

로르코에서 롤러글라이드 펜이 새로 나왔습니다. 다시는 글을 쓸 때 손에 쥐가 날 것을 걱정하실 필요가 없습니다. 롤러글라이드의 최첨단 미래형 디자인은 오랫동안 끼고 있던 장갑처럼 꼭 맞을 것입니다. 특허 받은 '플로볼' 끝에서 말 그대로 흘러나오는 글자들을 경험해 보십시오. 이제 중요한 서류에 너절한 잉크 자국을 남기는 일이 없을 겁니다. 작업 도중에 일을 중단하는 일도 없을 겁니다. 새로 나온 로르코의 롤러글라이드, 다른 건 다 버리십시오. 최고의 제품입니다!

Q: 롤러글라이드를 가장 잘 설명한 것은?

(a) 크고 싸다.

(b) 사용하기에 편안하고 잘 써진다.

(c) 매력적이고 다 쓰면 버릴 수 있다

(d) 공짜 장갑과 함께 준다.

○ 손에 쥐날 걱정도 없고, 손에 딱 맞고, 잉크 자국을 남기지도 않는 최고의 펜이라고 했다. 이것을 달리 표현하면 사용하기 편하고 잘 써진다는 (b)가 된다. 청취가 잘 안되는 상황에서 대충 듣다보면 pen의 편리함을 비유한 glove란 단어 때문에 (d)를 고를 수도 있다.

worry about 걱정하다 writer's cramp 글을 쓸 때 손에 나는 쥐, 서경(書痙) fit 꼭 맞다, 알맞다 experience 경험하다, 체험하다 literally 정말로, 사실상, 문자 그대로 flow from ~에서 흘러나오다, 흐르다 patented 특허 받은, 독특한, 신기한 tip point 끝, 첨단 messy 지저분한, 너절한, 흐트러진 ink spot 잉크로 인한 얼룩 frustrating baffling, defeating 당황하게 하는 interruption 중단, 방해 throw away 버리다 the rest 다른 것들 disposable 사용후 버릴 수 있는

11 Jane is out driving when she hears a strange noise from under the hood of her car and the vehicle stops. She becomes frightened. A man is walking towards her, but she cannot see his face well because of the position of the sun and his baseball cap. In his hand is something long and dark. Initially, Jane believes he has come to help, but she changes her mind. He looks like trouble, so she tries to start her car again and then locks her doors and rolls up her window.

Q Which is NOT correct according to the talk?

(a) Jane thinks the man is dangerous.
(b) Jane's car needs repairs.
(c) Jane recognizes the man.
(d) Jane decides to close the windows.

제인이 운전을 하고 있었는데 후드 아래서 이상한 소리가 나더니 차가 멈춰 섰다. 그녀는 겁에 질렸다. 한 남자가 제인에게 다가오고 있었지만, 태양의 위치와 야구 모자 때문에 그의 얼굴을 볼 수 없었다. 그는 길고 검은 뭔가를 손에 들고 있었다. 처음에, 제인은 그가 도와주러 온다고 생각했지만, 그녀는 마음을 바꿨다. 그는 골칫거리처럼 보였고, 그래서 그녀는 시동을 다시 걸어 보고 문을 잠그고 창문을 올렸다.

Q: 담화의 내용과 일치하지 않는 것은?

(a) 제인은 남자가 위험하다고 생각한다.
(b) 제인의 자동차는 수리를 필요로 한다.
(c) 제인은 남자를 알아봤다.
(d) 제인은 창문을 닫기로 결정했다.

○ 차가 고장나 멈췄는데 수상한 사람이 다가오는 상황이다. 남자가 손에 쥐고 있는 게 위험한 것일지 모른다고 생각으로 창문을 닫고 시동을 걸려고 한다. 야구 모자와 태양의 위치 때문에 남자가 누군지를 알아보지 못했다고 했으므로 (c)가 일치하지 않음을 알 수 있다.

hood 자동차의 보닛 frighten 별안간 두려워지게 하다 initially 처음의 roll up 말아 올리다 repair 수리

---

12 This school has always encouraged the pursuit of knowledge. Before my graduation in 1980, I was always encouraged to explore and experiment. The teachers expected much from us and gave even more in return. This school is living proof of the importance of education for civic development. It is an example of what public schools can accomplish when given gifted teachers, high expectations, an encouraging environment and hard-working students.

Q What can be inferred from the talk?

(a) The school has classes in civic involvement.
(b) The school is an elite institution.
(c) The speaker's children attend the school.
(d) The speaker is proud of the school.

이 학교는 항상 지식 추구를 장려했습니다. 1980년도 졸업하기 전에, 전 끊임없이 탐구하고 실험하도록 격려를 받았습니다. 선생님들은 저희들에게서 많은 것을 기대하셨고 더 많은 것을 답례로 주셨습니다. 이 학교는 시민 발전에 대한 교육의 중요성을 보여 주는 살아 있는 증거입니다. 뛰어난 교사들, 높은 기대, 격려하는 분위기와 열심히 공부하는 학생들이 있을 때 공립학교들이 무엇을 성취할 수 있는지 본보기가 되고 있다.

Q: 담화로부터 추론할 수 있는 것은?

(a) 이 학교는 시민이 참여하는 수업이 있다.
(b) 이 학교는 엘리트 시설이다.
(c) 화자의 아이들은 이 학교를 다닌다.
(d) 화자는 이 학교를 자랑스럽게 생각한다.

○ 한 공립학교 졸업생이 자신이 졸업한 학교와 공립교육 시스템에 대해 호의적인 평가를 내리고 있다. 따라서 자신이 다녔던 학교를 자랑스럽게 생각한다는 것을 추론할 수 있으므로 정답은 (d)이다. (a), (b), (c)는 담화문에서 나오지 않는 내용들이다.

encourage 장려하다, 격려하다 pursuit 추구, 추적 graduation 졸업 explore 탐구하다 experiment 실험 in return 답례로 civic 시민의 public school 공립학교 hard-working 열심히 공부하는 institution 공공시설

13 A Do you prefer classical or rock music?

  B I dislike _____ music in general.

  (a) to listen to
  (b) listening at
  (c) listen to
  (d) listening to

A: 클래식이 좋니 록 음악이 좋니?
B: 난 대체로 음악 듣는 것을 싫어해.

◐ dislike는 동명사를 목적어로 취하는 동사이다. listen 다음에는 전치사 to가 오므로 (d)가 정답이 된다.

classical music 클래식, 고전 음악 in general 일반적으로

---

14 A Please, help me. I'm in trouble now.

  B If you _____ to me, you wouldn't be in this situation.

  (a) had listened
  (b) has listened
  (c) will listen
  (d) would listen

A: 제발 나 좀 도와줘. 문제가 생겼어.
B: 네가 진작 내 말을 들었다면, 네가 이런 상황에 빠져 있지는 않았을거야.

◐ B의 가정법 문장은 조건절과 주절의 시제가 서로 다르다. 조건절은 과거 사실의 반대이고 주절은 현재 사실의 반대이다. 이런 경우 조건절이 가정법 과거완료(had + p.p.)라도 현재로 귀결되면 주절은 과거시제 would/should/could/might + 동사원형 형태가 된다.

in trouble 문제에 봉착한

---

15 A Which one do you love more, your son or daughter?

  B I love _____ equally.

  (a) the both children
  (b) children both
  (c) both children
  (d) either children

A: 아들이랑 딸 중에 누굴 더 사랑하니?
B: 난 두 아이 다 똑같이 사랑해.

◐ '똑같이'를 의미하는 equally가 있으므로 둘 중 어느 하나를 선택하는 either는 의미상 적합하지 않다. 형용사 both는 명사 children을 수식하므로 both children의 어순이 된다.

equally 똑같이

---

16 A Did you say that you are taking five classes this term?

  B No. I'm taking three, all of _____ are chemistry related.

  (a) them
  (b) which
  (c) what
  (d) whom

A: 이번 학기에 다섯 과목을 수강한다고 했어?
B: 아니, 세 과목만 들어. 세 과목 모두 화학과 관련된 거야.

◐ 두 문장이 연결될 때는 접속사가 필요한데 (a)의 경우는 접속사 없이 두 문장이 연결이 될 수가 없으므로 정답에서 제외된다. 빈칸에는 접속사와 대명사가 생략된 계속적 용법의 관계대명사가 들어가야 한다. 선행사는 three (classes)이므로 which가 정답이 된다.

take class 수강하다 chemistry 화학

---

17 The apartment complex _____ by the exterminators next Monday.

  (a) had been fumigated
  (b) is being fumigated
  (c) will be fumigated
  (d) has been fumigated

아파트 단지는 다음주 월요일에 해충 구제 회사에서 소독하게 될 것이다.

◐ 건물은 스스로 소독하는 것이 아니라 소독이 되는 것이므로 수동태가 되어야 하고, next Monday가 있기 때문에 시제는 미래가 된다. 시제를 고를 때는 next Monday와 같은 시간을 나타내는 부사구에 주의하면서 고르는 것이 가장 빠르다.

fumigate 향을 피우다, 훈증 소독하다 exterminator 근절자, 구제약, 건물 해충 구제업자[회사]

129

18 Don't be silly! That _____ possibly be Britney Spears!

(a) can't
(b) mustn't
(c) shouldn't
(d) won't

바보같이 굴지 마! 저 사람이 브리트니 스피어스일 리 없어!

⊙ '~일 리가 없다' 라는 강한 부정의 확신이므로 can't가 정답이다.

possibly (부정문) 아무리 해도, 도저히 ~못하다

---

19 He thinks the political party hasn't been _____ about reducing the budget deficit.

(a) kind of serious
(b) serious kind
(c) serious enough
(d) enough serious

그는 정당이 예산 적자를 줄이는 데 충분히 진지하지 못했다고 생각한다.

⊙ enough는 형용사를 수식할 때는 kind enough, serious enough처럼 뒤에서 수식하고, 명사를 수식할 때는 enough money처럼 앞에서 수식한다.

political party 정당 **reduce** 삭감하다 **budget deficit** 예산 적자

---

20 At least _____ is required from Los Angeles to San Francisco.

(a) eight hours driving
(b) eight hours to drive
(c) eight hours of driving
(d) drive eight hours

로스앤젤레스에서 샌프란시스코까지는 최소한 8시간의 운전이 요구된다.

⊙ 주어는 hours부터 is 앞까지인데, hours를 수식하는 알맞은 말을 찾아야 한다. 시간(hours)은 어떤 시간을 말하는가? of로 연결해서 eight hours＝driving라는 동격관계가 가장 적절하다

at least 적어도 **required** 요구되는

---

21 (a) A: I couldn't get any sleep last night.
(b) B: Neither did I.
(c) A: But you look fine to me.
(d) B: Although I look good, I felt sick.

A: 어젯밤에 한잠도 못 잤어.
B: 나도 마찬가지야.
A: 하지만 괜찮아 보이는데.
B: 겉으로는 멀쩡해 보이지만, 몸이 아파.

⊙ 어젯밤에 잠을 한숨도 못 잤다는 사실에 대해 내가 멀쩡해 보여도 아프다는 의미이므로 마지막 문장은 although가 이끄는 절과 마찬가지로 현재시제인 felt를 feel로 고쳐야 한다.

sleep a wink 한잠도 안 자다 **be up and about** (환자가 자리를) 털고 일어나 앉다, (건강해져서) 활동하다 **all the time** 그간 줄곧

22 (a) Deciding John F. Kennedy's place in American history has been somewhat difficult. (b) His presidency was too short to see all his programs enacting. (c) His foreign policy record showed dangerous crises barely prevented. (d) And it's hard to say that there were decisive gains in the Cold War, though the Limited Test Ban Treaty seemed an accomplishment to many people.

(a) 미국 역사에서 존 F 케네디의 위치를 결정하는 것은 어떤 의미에서 어려운 일이 되어 왔다. (b) 그의 대통령 임기는 그의 모든 정책들이 실행되는 것을 확인하기에는 너무 짧았다 (c) 그의 외교 정책 기록들은 간신히 방지한 위험한 위기들만 보여 준다. (d) 그리고 제한적인 핵실험 금지조약이 많은 이들에게 업적으로 여겨지긴 했지만, 그래도 냉전에서 결정적인 소득이 있었다고 말하기는 어렵다.

◐ 현재분사와 과거분사의 의미를 묻는 문제이다. (b)에서 케네디의 모든 정책들이 실행되는 것을 보지 못했다는 말에서, 정책들은 스스로 실행하는 것이 아니라 실행되는 것이므로 all his programs enacting이 아닌 all his programs enacted 라고 해야 옳다.

presidency 대통령직, 대통령임기 **enact** 실행하다 **foreign policy** 외교 정책 **decisive** 결정적인 **Limited Test Ban Treaty** 제한적인 핵실험 금지조약

VOCABULARY • P.151

23 A How was your trip to Denver?
B Awesome! Everyone _____ me very well.

(a) treated
(b) dealt with
(b) greeted
(c) received

A: 덴버 여행은 어땠나요?
B: 정말 좋았습니다. 모두가 아주 잘 대접해 주었습니다.

◐ '접대하다' 에 해당하는 동사로는 treat가 쓰인다. '식사를 사다' 는 의미로도 쓴다.

treat 대접하다

24 A How do you like this place?
B I really like it. Matter of fact, it couldn't be _____.

(a) less
(b) bad
(c) better
(d) best

A: 이곳 어떠세요?
B: 정말 맘에 들어요. 사실 이보다 더 이상 좋을 수가 없네요.

◐ 'It couldn't be better.' 는 빈번히 사용되는 일상 표현으로 '더할 나위 없이 좋다' 라는 의미이다. 비교급 형용사가 부정어 not, never 와 어울리면 최상급을 나타낸다.

It couldn't better. 더할 나위 없이 좋다.

25 A I think that drinking _____ one's health.
B Of course, it can also cause damage in your liver.

(a) is making
(b) takes away from
(c) has taken
(d) gives away from

A: 전 음주가 건강을 해친다고 생각합니다.
B: 물론이죠. 간에도 피해를 줄 수 있습니다.

◐ 동사구를 제대로 알고 있는지 묻고 있다. B가 동의하고 있듯이 음주가 간(liver)에 피해를 줄 수도 있으므로, A는 음주가 건강을 '해친다' 고 말하고 있다. take away from은 '~을 제거하다' 라는 의미의 동사구이므로 문제에서 요구하는 답이다.

liver 간 **take away from** ~을 제거하다

26 **A** How's your new pickup?
    B Its V8 engine has much _____, but very low gas millage.

(a) power
(b) stamina
(c) finesse
(d) endurance

A: 네 새 픽업트럭 어때?
B: 8기통 엔진 덕에 힘은 넘치는데, 연비가 매우 낮아.

🔵 자동차의 성능에 관해서 질문하고 있다는 사실과 엔진의 힘에 의해 추진력이 좌우되는 것을 감안한다면 당연히 답은 power임을 쉽게 찾을 수 있을 것이다. 다만 기계에 관한 질문일 경우에 내구성이 얼마나 되는가를 물어보는 경우에는 endurance가 아니라 durability가 자주 쓰인다는 사실도 참고로 알아두자.

pickup (truck) 뒤에 짐 싣는 칸이 있는 소형 트럭 **gas millage** 자동차 연비 **endurance** 지구력, 내구성 **finesse** 술책, 솜씨, 기교

---

27 **A** Can't you go a little faster! We are really late.
    B The _____ is already all the way down!

(a) brake
(b) accelerator
(c) steering wheel
(d) speedometer

A: 좀 빨리 갈 수 없니! 우리 정말로 늦었어.
B: 벌써 액셀러레이터를 밟을 대로 다 밟았어.

🔵 A는 늦었다며 속력을 더 낼 것을 요구하고 있고, B는 accelerator를 최대로 밟아서 이미 바닥에 닿았다(down)고 하는 상황이다. steering wheel은 흔히 '핸들'이라고 표현하는 운전대이다. speedometer는 차의 속도를 나타내는 계기판이다.

accelerator 가속장치, 액셀러레이터 **all the way** 도중 내내, 먼길을 무릅쓰고 **steering wheel** 운전대 **speedometer** 속도계

---

28 The new highway project is _____ to cost over $2 billion.

(a) accepted
(b) estimated
(c) settled
(d) omitted

새로운 고속도로를 건설하는 계획에는 20억 달러가 넘는 돈이 소요될 것으로 추정된다.

🔵 상황에 적합한 단어를 고르는 문제이다. 신 고속도로에 관한 계획과 비용이 산출되는 행위는 계획에 필요한 견적을 산정하는 행위가 될 것이다. 그러므로 '견적을 내보다'라는 의미를 지닌 estimate가 답이다.

estimate 추정하다, 견적하다 **omit** 생략하다, 빼다

---

29 It is important to increase the _____ of time that you spend with your family.

(a) section
(b) partition
(c) portion
(d) compartment

당신의 가족과 함께 보내는 시간을 늘리는게 중요합니다.

🔵 선택지의 단어들은 모두 '부분'을 나타내는 말이지만, 쓰임은 모두 다르다. section은 책이나 회사에서 나뉜 부분이나 부서를 지칭할 때, compartment는 기차 등에서 나뉘어진 부분(식당칸, 휴게실, 객실 등)을 지칭할 때 사용되고, partition은 건물 안에서 얇은 판으로 나뉘어 있는 부분을 지칭할 때 주로 사용된다. portion은 전체에서 얼마의 양을 뜻하는 부분을 나타낼 때 사용된다. 주어진 지문에서는 수입의 얼마를 나타내는 부분이므로 portion이 가장 적합한 표현이다.

portion 부분, 일부 **section** 부분, 구획 **partition** 분할, 분배 **compartment** 구획, 칸막이

30 The manager took Mike _____ to tell him he was fired.

(a) aside
(b) again
(c) apart
(d) about

부장은 마이크를 데리고 나와 그가 해고되었다고 알려 주었다.

◐ 문맥에 맞는 숙어적인 표현을 고르는 문제이다. take는 aside와 apart를 취할 수 있으나 take apart는 '(사물들을) 분해하다'의 의미이므로 Mike라는 사람을 목적어로 취할 수 없다. 그러므로, 위의 지문에서는 '~를 한 편으로 데리고 가다'라는 의미의 take somebody aside가 답이 된다.

take aside (귓속말을 하기 위해) 옆으로 데리고 가다 **be fired** 해고되다 (=be dischárged)

---

31 We need to make _____ two hundred copies of this document.

(a) adjacent
(b) approximately
(c) closely
(d) somewhat

이 문서를 대략 200부 복사해야 합니다.

◐ '대략'이라는 의미로 about이나 approximately를 주로 쓴다. '근사치'라는 의미는 closely나 adjacent도 갖고 있지만 대충 어림잡아서 이야기한다는 표현과는 달리 거리상으로 가깝다는 의미의 근사치를 뜻한다.

adjacent 이웃의, 인접한 **approximately** 대략, 대체로 **closely** 밀접하게, 친밀하게 **somewhat** 얼마간, 약간, 다소

---

32 You shouldn't _____ your anger on your family and friends.

(a) take out
(b) yell
(c) make in
(d) keep in

가족과 친구들에게 화풀이해선 안 된다.

◐ take out on은 '~에게 화풀이하다'라는 구어체 표현이다. yell은 anger를 목적어로 취할 수 없으므로 답이 될 수 없다.

take out one's anger on ~에게 화풀이하다 **make in** ~에 들어가다 **keep in** (감정을) 억제하다, (집안에) 가두다, 집안에 틀어박히다

READING COMPREHENSION • P.154

33 People with large and violent dogs _____. They must make sure their dogs are taught to behave and receive the proper training and care. Training and care-taking are essential to a harmonious relationship between humans and animals. Dogs are undeniably smart; however, when left undeveloped physically or mentally, they can attack humans. When treated well, dogs will forever be "man's best friend."

몸집이 크고 공격적인 개를 키우는 사람들은 그들의 애완견의 행동에 대해 책임을 져야 한다. 그들은 개가 올바로 행동하고 합당한 조련과 보살핌을 받도록 해야 한다. 사람과 동물 사이의 조화로운 관계에 있어서 조련과 보살핌은 필수적이다. 개는 분명히 영리하다. 그러나 육체적으로 그리고 정신적으로 훈련받지 않은 상태로 남아 있다면 개가 사람을 공격할 수도 있다. 잘 보살핌 받는다면 개는 언제까지나 '사람의 가장 친한 친구'가 될 것이다.

(a) 사고방식에 있어서 서로 비슷하다.
(b) 애완동물의 행동에 책임을 져야 한다.
(c) 애완동물들의 필요에 무감각하다.
(d) 공공장소에서는 애완동물을 묶어 두어야 한다.

(a) are similar in their mentalities
(b) are responsible for how their pets behave
(c) are unaware of their pets' needs
(d) are required to leash their pets in public

○ 빈칸 문장은 지문의 주제문장이나 마찬가지이다. 그 다음 문장에 애완견의 주인들이 개들을 훈련시키고 돌보는 일을 확실히 해야 한다는 내용이 나오므로 그와 같은 맥락의 내용이 빈칸에 나와야 한다. (a)와 (c)는 동물을 훈련시키는 것과 비교적 무관한 내용이다. (d)는 애완견이 적절히 행동하도록 훈련시키기보다는 묶어 놓으라는 말만 하므로 지문 전체의 핵심에서 벗어나있다. 애완동물들에 대해 책임을 져야 한다는 (b)가 정답이다.

proper 적절한, 예의 바른 undeniably 부인하기 어려운, 명백한 undeveloped 개발되지 않은, 발전되지 않은 leash (애완동물 등을) 묶어두다, 속박하다

---

34 Americans are starting to follow a new trend of traveling: by RV. _____ the "Arks of the Aged," these convenient vehicles are more and more often seen on the roads being piloted by young people. A trip to Las Vegas or an excursion to a huge concert or music festival seems to be enhanced by renting an RV. All along the highways, one can see groups of twenty-something travelers utilizing the recreational vehicle as an affordable alternative to hotel bills and car rental rates.

(a) Differently applied
(b) Once thought
(c) Even still considered
(d) Recently enrolled

미국인들이 새로운 여행 트렌드, 즉 RV(레저용 자동차) 여행에 동참하기 시작하고 있다. 한때는 '노인들의 전유물'처럼 여겨졌던 적도 있으나 도로에서 이 편리한 자동차를 운전하는 젊은이들이 더욱 자주 눈에 띈다. 라스베이거스 관광이나 대형 콘서트 또는 음악축제로의 여행이 RV 렌탈에 의해 향상된 듯 하다. 호텔비와 렌터카 비용을 아낄 수 있는 적절한 대안으로 레저용 차를 이용하는 20대 여행자들을 고속도로 내내 볼 수 있다.

(a) 다르게 적용되었던
(b) 한때 여겨졌던
(c) 여전히 고려되는
(d) 최근에 등록한

○ RV(Recreational Vehicle)는 자동차 뒤에 이동숙박시설이 설치된 트레일러를 부속으로 갖고 있거나 혹은 대형차 전체가 숙박이 가능하게 설비된 차량으로서 camper라고도 한다. 이를 'Arks of the aged'라고 부르는 이유는 Arks가 '노아의 방주' 혹은 '구시대적인 물품'을 지칭하는 표현이기 때문이다. 빈칸 문장은 RV가 노인들의 차량으로 불렸던 사실과 20대 젊은이들이 RV를 많이 이용한다는 사실이 대조를 이루고 있다. 빈칸의 내용은 이처럼 서로 상반된 관계를 반영해야 한다. (a)와 (d)는 본문 내용과 전혀 어울리지 않은 보기들이다. (c)를 대입해 볼 경우 처음에는 말이 되는 듯 보이지만 RV가 여전히 노인의 전유물로 간주되는 상황에서 동시에 젊은이들이 RV를 애용한다는 말은 서로 모순되므로 성립되지 않는다. 따라서 한 때는 노인들의 전유물로 생각되어졌으나 지금은 더 이상 그렇지 않다는 뜻이 성립되는 (b) Once thought가 정답이다.

RV 레크리에이션 차 ark 방주, 크고 모양 없는 차[집, 배] twenty-something 20대의, 스물 몇 살인가의 excursion 소풍, 짧은 여행 enhance 개선하다 utilize 이용하다 alternative 대안, 다른 방도

35 Productivity can be pricey. This is especially true if it uses new technology. New equipment costs money. In the long run, though, it is believed that the resulting increase in efficiency will make up for the cost. Workers sometimes argue that technology has human costs. They see machines performing tasks once done by workers, but new machines also _____. Workers are needed to build the machines, to operate them, and to fix them. New technology can be an opportunity for workers. They can learn new skills and use their old skills in new ways.

(a) can create solutions
(b) can create problems
(c) can take away jobs
(d) can create jobs

생산성을 향상시키는 데는 그에 대한 비용이 든다. 새로운 기술을 사용할 때는 특히 그러하다. 비록 결과적으로는 효율 증대를 통해서 그 비용을 다시 벌어들이지만, 새 기계를 들이는 데는 비용이 든다. 때때로 노동자들은 새 기술이 도입되면 노동력이 필요 없게 된다고 주장한다. 그들은 사람이 하던 작업을 기계가 수행한다고 알고 있다. 그러나 새 기계의 도입으로 일자리가 생길 수도 있다. 기계를 조립하고 작동, 장치하는 데는 노동력이 필요하기 때문이다. 또한 새로운 기술은 노동자에게 기회가 될 수 있다. 노동자들은 새 기술을 익혀서 옛 기술을 새로운 방법으로 활용할 수 있다.

(a) 해결책이 있을 수 있다
(b) 문제가 나타날 수 있다
(c) 직업이 박탈될 수 있다
(d) 일자리가 생길 수 있다

○ 빈칸의 앞부분은 몇몇 노동자들은 새 기계를 도입했을 때 노동력이 필요 없게 되어질 수 있다고 생각한다는 내용이고, 빈칸의 뒷부분은 기계 도입 시, 창출될 수 있는 새로운 분야의 일자리를 구체적으로 쓴 내용이다. 따라서 빈칸의 내용은 뒤의 구체적 내용을 포괄적으로 표현한 내용이어야 한다. 따라서 새로운 일자리가 생길 수 있다는 (d)가 정답이다.

pricey 비싼 equipment 기계 장비 in the long run 결과적으로 efficiency 효율 make up for 보상하다, 벌충하다 perform 수행하다 opportunity 기회

---

36 Traditional Korean mask dancing is commonly misunderstood in the West. It is generally believed that the masks are used to frighten away evil spirits or to keep their identities secret from the demons. In truth, this dance tells elaborate stories, often comical with each mask representing a village character that mocks the leaders and that reduces tension within the community.

Q What is the best title for the passage?

(a) Exorcism in Korea
(b) Korean Halloween Traditions
(c) The Truth of Mask Dancing
(d) East is East, West is West

한국 전통 탈춤은 서양에서 의례 오해를 받는다. 보통은 탈이 악령을 겁주어 쫓아내거나 악령으로부터 자신들의 신분을 비밀로 감추는 데 사용되는 것으로 믿어진다. 사실 이 춤은 정교한 이야기를 말해 주는데, 흔히 동네 주민을 상징하는 각종 탈이 지도자들을 조롱하여 공동체 내에 긴장을 완화시켜주는 코믹한 내용이었다.

Q: 이 글의 제목으로 가장 알맞은 것은?

(a) 한국의 축귀 현상
(b) 한국식 할로윈 전통
(c) 탈춤의 진실
(d) 동양은 동양, 서양은 서양

○ 한국의 탈춤에 대해 소개하는 글이다. 타문화에서의 탈, 즉 마스크의 기능과는 달리 한국의 탈춤은 스토리를 전개하는 풍자와 코미디 예술 형태임을 설명하고 있다. 가장 적합한 제목은 (c)이다.

frighten away 놀라게 하여 쫓다 identity 신분 demon 귀신, 악마 elaborate 정교한, 공들여 만든 comical 익살스러운 mocking 조롱하는 tension 긴장 exorcism 귀신 쫓아내기

37 The floor they dance on is of paramount importance to travelling ballet companies. The construction, the angle, and the surface of the dance floor all affect dancers' bodies and performance ability. Some theatre floors are laid over crossbars to promote flexibility. However, many theaters have floors that rest upon concrete, making them less pliant. The impact after a leap on such a floor can put excessive stress on the body, resulting in injury.

Q According to the passage, what causes some floors to be harder than others?

(a) Concrete underlaying
(b) Floor construction
(c) Excessive dancer movement
(d) Cheap construction materials

순회 발레단에게 춤을 추게 될 마루 바닥은 그들에게 가장 중요한 관심사였다. 마루의 구조, 각도, 표면, 이 모든 것들이 댄서들의 신체와 공연 실력에 영향을 주는 것이다. 몇몇 공연장들은 마루 바닥에 유연성을 증진시켜주는 크로스바를 씌웠다. 그러나 많은 공연장들은 바닥이 유연하지 않은 콘크리트로 만들어졌었다. 이런 바닥에서 뛰어올랐다 내리면 신체에 굉장한 충격을 주어서, 부상의 원인이 될 수도 있었다.

Q: 일부 마루 바닥이 다른 것보다 더 단단한 이유는?

(a) 표면 바로 밑의 콘크리트
(b) 마루 구조
(c) 과도한 무용수의 움직임
(d) 값싼 구조물 재료

○ 콘크리트로 만들어진 마루는 바닥이 유연하지 않게 된다(that rest upon concrete, making them less pliant). 따라서 유연함을 증진시키는 크로스바를 씌운 마루보다 더 단단해진다.

paramount 최고의, 주요한 company 극단 prime 중요한 angle 각도 affect 영향을 끼치다 lay over 씌우다, 장식하다 crossbar 가로대 flexibility 유연성 pliant 유연한, 휘기 쉬운 impact 충격 leap 뛰어오르다

---

38 The giraffe is the only mammal that lacks a voice. Humans and dolphins share the ability to laugh. Despite the fact we can neither translate nor even understand the languages used by monkeys and apes, we do recognize it exists. We know that growls and howls of wild animals and the barks and mews of our pets have special meaning. Yet humans are the only species with a codified language.

Q Which is correct according to the passage?

(a) Humans are the only species with language.
(b) Many animals have the ability to communicate.
(c) Giraffes communicate by moving their necks.
(d) Animals have a universal language.

기린은 음성이 없는 유일한 포유동물이다. 인간과 돌고래는 웃는 능력을 공유한다. 원숭이와 유인원이 사용하는 언어를 통역하거나 이해할 수는 없지만 우리는 그런 언어가 존재한다는 것은 인식한다. 우리는 야생동물의 으르렁거림과 애완동물들의 멍멍 야옹 소리가 특별한 의미를 갖고 있음도 안다. 하지만 인간은 체계화된 언어를 가진 유일한 종이다.

Q: 이 글의 내용과 일치하는 것은?

(a) 인간은 언어를 가진 유일한 종이다.
(b) 많은 동물들이 의사소통을 하는 능력을 갖고 있다.
(c) 기린은 목을 움직임으로써 의사소통을 한다.
(d) 동물은 보편적인 언어를 갖고 있다.

○ 지문 전체는 모든 동물들이 나름대로 의사소통의 수단인 언어를 갖고 있다고 전제한다. 단지 인간이 통역하거나 이해할 수 없을 뿐이다. 그래서 (a)는 정답이 아니다. 기린에게 음성이 없다고 했을 뿐 어떻게 의사소통 하는지는 언급이 없으므로 (c)도 정답이 아니다. 모든 동물들이 쓰는 universal language에 대한 언급도 일체 없으므로 (d)역시 사실이 아니다. 단지 각 종류의 동물들이 자기들끼리는 통하는 언어가 있는 듯 하다. 따라서 정답은 (b)이다.

mammal 포유류 despite ~에도 불구하고 ape 유인원 growls and howls 동물들의 으르렁거림 barks and mews 멍멍 야옹 (개와 고양이 의성어) species 종 codified 체계화된 universal 보편적인

39 Folwell Hall's dorm food is not of the quality to justify the University's excessive prices. I wasn't surprised when I saw one student wrinkle her nose in disgust as she brought a spoonful of the soup de jour to her mouth. Sarah, like most students, waited twenty minutes before she finally got her tray. After paying $10 for her soup and a soda, it was clear that she was dissatisfied with her meal.

Q What can be inferred from the passage?

(a) Students are overcharged for poor quality meals.
(b) There is only one cafeteria on campus.
(c) The dorm's new menu is affordable.
(d) The dorm has a wide variety of meal plans.

폴웰홀 기숙사 음식은 비싼 학비를 합리화할 만한 품질을 갖고 있지 않다. 한 학생이 그날의 수프를 한 숟갈 떠서 입안에 넣을 때 메스꺼운 표정으로 코를 찡그린 것을 보았을 때 난 그다지 놀라지 않았다. 다른 많은 학생들처럼 사라도 자신의 식판을 받을 때까지 20분이나 기다렸다. 수프와 탄산음료 하나를 위해 10달러를 지불한 후 그녀가 식사에 대해 불만을 품은 것은 명백했다.

Q: 위 글에서 추론할 수 있는 것은?

(a) 학생들은 값싼 음식에 대해 지나친 가격을 요구당하고 있다.
(b) 캠퍼스에는 오직 하나의 구내식당만 있다.
(c) 기숙사의 새 메뉴는 가격이 알맞다.
(d) 기숙사는 폭넓고 다양한 식사 계획을 갖고 있다.

○ 지문은 대학 기숙사 음식의 싸구려 품질과 그에 비해 턱없이 비싼 음식값에 대해 고발하고 있다. 이에 맞는 예문은 (a)이다.

dorm 기숙사(=dormitory) **excessive** 지나친 **justify** 정당화하다 **wrinkle** 찡그리다 **disgust** 혐오감, 메스꺼움 **soup de jour** (서양식 식당에서 제공하는) 오늘의 수프 **tray** 쟁반 **soda** 탄산음료, 사이다 **dissatisfied** 불만스러운 **overcharged** 과한 값을 요구당한, 바가지 쓴 **cafeteria** (회사, 학교 등의) 구내식당 **affordable** (가격이) 알맞은

---

40 Watching TV and using the computer are two habits that begin in childhood and stay with us throughout our lives. (a) First, we support children's interests in "educational" computer games and TV shows. (b) Next, we use their favorite videos to give us a moment of peace or allow us to perform household chores. (c) Some parents make a gift of a personal TV or gaming system for a birthday or other holiday. (d) Inactivity can cause serious health-risks later in life.

텔레비전 시청과 컴퓨터 사용은 아이일 때 시작해서 사는 내내 우리와 함께 하는 두 가지 습관이다. (a) 처음에, 우리는 아이들에게 '교육적인' 컴퓨터 게임과 TV 프로그램에 흥미를 갖도록 권장한다. (b) 다음은 우리가 평화로운 시간을 갖기 위해서 혹은 집안 허드렛일을 하려고 아이들이 좋아하는 비디오를 사용한다. (c) 몇몇 부모들은 생일이나 명절에 개인용 TV나 게임기를 선물로 사주기도 한다. (d) 무기력은 말년에 심각한 건강 문제를 일으킬 수 있다.

○ 사람들이 텔레비전과 가정용 컴퓨터에 빠져드는 원인을 가정 생활에서 찾아서 설명하고 있다. 자녀가 어릴 때부터 부모가 텔레비전과 컴퓨터를 권장하고 있다는 것이다. (a), (b), (c)는 모두 부모가 자녀에게 텔레비전과 컴퓨터를 권장하는 환경을 만들고 있는 것을 구체적으로 묘사하고 있다. 그러나 (d)는 무기력이 야기하는 건강 문제를 말하고 있으므로 글의 흐름과 상관없는 글이다.

allow 허락하다 **perform** 수행하다, 실행하다 **household chore** 집안 허드렛일 **inactivity** 무기력, 게으름, 무활동

11

Answer·Key
Actual Test

1 M I have an interview tomorrow.
    W _____

(a) Please keep your fingers crossed for me.
(b) Lucky me. So am I.
(c) Wish me good luck.
(d) Give it your best shot.

M: 내일 면접이 있어요.
W: _____

(a) 제게 행운을 빌어주십시오.
(b) 잘 됐네요. 저도 그래요.
(c) 제게 행운을 빌어주세요.
(d) 최선을 다 하세요.

◑ (a)와 (c)는 남자가 이어서 할 수 있는 말이므로 적당하지 않다. (b)의 Lucky me.는 반어적으로 보아 '나도 그렇다'고 이어지면 되는데, So do I.가 되어야 한다.

keep your fingers crossed 행운을 빌다

2 W I really enjoyed every minute of the party.
    M _____

(a) I'm not free for the party on Friday.
(b) I waited over 30 minutes for my meal.
(c) Sorry, the party was cancelled.
(d) I am glad you had a good time.

W: 파티 정말 즐거웠어요.
W: _____

(a) 난 금요일 파티에 시간이 없어.
(b) 30분 넘게 식사를 기다렸어요.
(c) 미안합니다. 파티는 취소됐습니다.
(d) 재미있었다니 정말 다행이네요.

◑ minute만 듣고 (b)를 답으로 고르거나, party와 관련시켜 (c), (c)를 답으로 혼동하지 말아야 한다. 여자가 말한 enjoyed와 (d)의 had a good time은 같은 의미로 적절한 대답이 된다.

every minute 순간순간 meal 식사 cancel 취소하다

3 M When do you plan to pay me back?
    W _____

(a) I'm sorry that I am flat.
(b) Sorry, I'll pay you back as soon as I can.
(c) It's payback time.
(d) I've been broken in.

M: 빌린 돈을 언제 갚을 건가요?
W: _____

(a) 가슴이 작아서 미안해요.
(b) 미안해요. 가능한 한 빨리 갚을게요.
(c) 이제 되갚아 줄 때다.
(d) 나는 길들여졌다.

◑ When이 나왔으므로 '시기, 시간'과 관련된 대답을 찾아야 한다. (b)만 해당된다. (a)는 '빈털터리인'을 의미하는 flat broke에서 flat만 넣어서 혼동을 유발하고 있다.

pay back 돈을 갚다 flatten 때려눕히다, 발딱 넘어뜨리다
break in 길들이다

4 W We are having a party at my house tonight.
 M Really? Sounds great.
 W What are you doing tonight?
 M _____

(a) Well, would you mind if I stopped by later?
(b) Let's have dinner together at a nice restaurant.
(c) So what do you want?
(d) No problem at all.

W: 우리 집에서 오늘밤 파티가 있어.
M: 정말? 좋은 생각이야.
W: 오늘 밤 뭐 할건데?
M: _____

(a) 글쎄, 나중에 들러도 될까?
(b) 근사한 식당에서 같이 식사해요.
(c) 그래서 뭘 원하는데?
(d) 아무런 문제없어.

◆ party at my house라는 말이 나오고 있다. party에 초대하고 싶어하는 대화이므로 답변은 기꺼이 가겠다든지(I'd love to, Sure, Thanks), 가는 걸 전제로 조금 늦게 가도 되겠냐고 묻는 대답을 예상할 수 있다. 바빠서 못간다는 말도 가능할 것이다. 또한 질문에 대한 답이 항상 yes, no가 아닐 수 있고 의문으로 받을 수 있다는 것을 명심하자.

have a party 파티를 열다 **would you mind if ~** ~해도 되는가

---

5 M I want to set up a new business.
 W Fantastic! So where should we start?
 M First, we need to make a business plan.
 W _____

(a) It's headed for trouble already.
(b) Why do you want to do that?
(c) It is not worth my time.
(d) What can I do to help?

M: 새로운 사업을 수립하고 싶어요.
W: 멋있는데! 그래, 어디서부터 시작하면 되죠?
M: 먼저, 사업계획을 짜야 해요.
W: _____

(a) 이미 문제가 생길 징조가 보이고 있어요.
(b) 왜 그걸 원하는데요?
(c) 시간을 낼만한 가치가 없군요.
(d) 제가 뭘 할 수 있을까요?

◆ Part II에서는 마지막 사람이 한 말이 문제 푸는 핵심이 될 때가 많다. 마지막에서 남자가 사업계획을 구상해야 한다고 했다. 뭘 하면 도움이 될지를 묻는 (d)가 가장 적당한 대답이 된다.

set up (사업을) 수립하다 **business plan** 사업계획

---

6 W Hello, can I help you?
 M Yes, I'd like to buy a nice used car.
 W What price range are we looking at?
 M _____

(a) I'll sell it for $2,000.
(b) Between $50 and $100.
(c) Around seven million dollars.
(d) What do you have for up to $3,000?

W: 안녕하세요. 도와드릴까요?
M: 예, 괜찮은 중고차 한 대 사고 싶은데요.
W: 어떤 가격대를 원하십니까?
M: _____

(a) 2천 달러에 팔겠습니다.
(b) 50에서 100달러 사이를 생각하고 있어요.
(c) 7백만달러 정도로요.
(d) 3,000달러까지 어떤 차가 있습니까?

◆ 중고차 시장에서의 대화이다. (a)는 자동차 딜러가 하는 말이다. (b), (c)는 터무니없는 가격대를 제시하고 있다.

used car 중고차 **price range** 가격대 **look at** 구하다, 찾다 **up to** ~까지

7

M Do you think that we'll win the case?

W I'm your attorney, so I'll try my best, but I can't make any promises.

M It seems like the whole world is against me.

W Don't worry too much. I'm still on your side.

M I can't help but worry though!

W I know you're going through a tough time. Hang in there. I'll be fighting for you.

Q What is the main point of the conversation?

(a) The woman is on trial.

(b) The man is confident he will win his case.

(c) The man has doubts about winning his case.

(d) The man is the woman's attorney.

M: 그 소송에서 우리가 이길 거라고 생각하세요?

W: 전 당신의 변호사예요. 그리고 전 최선을 다할 거구요. 하지만 장담을 해 드릴 순 없어요.

M: 온 세상이 저한테 적대적인 것 같아요.

W: 너무 걱정하지 마세요. 난 지금도 당신 편이니까요.

M: 하지만 걱정이 되는 걸요.

W: 저도 당신이 힘든 시기를 겪고 있다는 것은 알아요. 하지만 좀 참으세요. 전 당신을 위해 싸울 거라는 걸.

Q: 대화의 요지는 무엇인가?

(a) 여자는 소송중에 있다.

(b) 남자는 소송에서 이길 것을 확신하고 있다.

(c) 남자는 소송에서 이길 것에 의심을 갖고 있다.

(d) 남자는 여자의 변호사이다.

🔵 남자는 소송에서 이길 자신이 없어 하고 변호사인 여자가 계속 격려하는 내용이다. 정답은 (c)이다. 화자만 혼동하지 않으면 나머지 보기들은 답이 될 수 없음을 쉽게 알 수 있다.

attorney 변호사, 대리인 **try one's best** 최선을 다하려고 노력하다 **make a promise** 약속하다 **go through** 겪다, 경험하다 **hang in there** 곤란을 견디다, 버티다 **trial** 공판, 재판, 심리

8

M How have things been?

W A little slow. It's the slow time of the year.

M That must be good for you.

W Yeah, but I don't know how good it is for business.

M What do you mean?

W We haven't been making much money recently.

Q How does the woman feel about her work?

(a) She is worried about slow business.

(b) She thinks it's boring.

(c) She likes it a lot.

(d) She is trying to find another job.

M: 일 잘 되가니?

W: 다소 내려. 지금이 비수기거든.

M: 너한텐 좋겠다.

W: 그래, 하지만 사업에는 유익한지 모르겠어.

M: 그게 무슨 소리니?

W: 최근에 우리는 큰돈을 벌지 못했거든.

Q: 여자는 자기 일에 대해 어떻게 생각하는가?

(a) 사업이 지지부진한 것에 대해 걱정하고 있다.

(b) 지겹다고 생각한다.

(c) 일을 매우 좋아한다.

(d) 다른 일자리를 찾으려고 한다.

🔵 여자가 한 말인 'Yeah, but I don't know how good it is for business.' 와 'We haven't been making much money recently.' 에서 소득이 적은 것을 걱정하고 있는 사실을 알 수 있다.

boring 지겨운 **worried about** ~에 대해 걱정하는

9 M Here's my ticket and passport.

W How many pieces of luggage are you checking in?

M I have two to check in and one carry-on.

W That's fine.

M Will I make my connection in Boston without any problem?

W Yes, and there's also a two-hour delay for your connection in Boston.

Q What can be inferred from the conversation?

(a) There is nothing to eat on this flight.

(b) This is a direct.

(c) The man definitely won't miss that connection.

(d) The woman won't have any time to make her connection then.

W: 항공권하고 여권 여기 있습니다.

M: 수화물을 몇 개나 체크인 하실거죠?

W: 체크인할 게 두개 있고 갖고 탈 게 하나 있습니다.

W: 좋습니다.

M: 보스턴에서 아무런 문제 없이 갈아탈 수 있을까요?

W: 예. 그리고 보스턴에서 연결편은 2시간 늦어지게 될 겁니다.

Q: 대화에서 추론할 수 있는 것은?

(a) 이 비행편에는 먹을 것이 아무 것도 없다.

(b) 직항편이다.

(c) 남자는 분명히 연결편을 놓치지 않을 것이다.

(d) 여자는 연결편을 갈아탈 시간이 없을 것이다.

○ passport, luggage, check in 등의 단어만으로도 비행기 수속에 관한 내용임을 알 수 있다. 마지막 대화에서 연결편이 두 시간이나 늦게 출발한다고 하니 시간이 충분해서 비행기를 놓칠 리가 없다는 것을 추론할 수 있다.

----

carry-on 휴대하는 connection 연결편

----

10 This Saturday only! Nissan is having a gigantic, one-day-only, factory clearance sale! Come and visit our showrooms and enjoy incredible savings. You may never get another chance to purchase a new car at these rock bottom prices. Hurry up and get moving to your nearest Nissan dealer now!

Q What is the main point of the talk?

(a) Showrooms cost a fortune to maintain.

(b) Nissan is going out of business.

(c) Take advantage of the savings while you can.

(d) Your nearest Nissan dealer is moving soon.

이번 주 토요일뿐입니다! 닛산 자동차는 단 하루 동안만 대규모 창고 정리 세일을 실시합니다. 오셔서 우리 전시장을 둘러보시면서 보유하고 있는 엄청난 돈을 절약하세요. 이렇게 최저 가격으로 새 차를 구입하는 기회를 갖기는 힘드실 겁니다. 서두르세요. 그리고 지금 당신이 계신 곳에서 가장 가까운 닛산 자동차 매장으로 가세요.

Q: 담화의 주제는 무엇인가?

(a) 전시장은 유지하는 데 비용이 많이 든다.

(b) 닛산은 파산할 것이다.

(c) 절약할 수 있는 기회를 이용하다.

(d) 당신의 가까운 닛산 딜러가 곧 움직일 것이다.

○ 단 하루만 대규모 세일을 하니 와서 구입하면 돈을 절약할 수 있다는 내용이다. (a), (b)는 나오지 않은 말이고, (d)는 마지막에서 닛산 딜러에게 가라는 말이지 딜러가 고객에게 간다는 말이 아니므로 정답이 아니다.

----

gigantic 거대한, 거창한 one-day-only 단 하루만의 clearance sale 창고정리판매, 염가 판매 showroom 진열실, 전시실 incredible 놀라운, 믿을 수 없는 savings 저금, 저축액 rock-bottom price 최저의[최하의] 가격 take advantage of ~을 이용하다

11 Keep in mind that failure to anticipate important issues can lead you in to blunders that while educational, can lead to expensive cost-overruns or into making promises that you can't keep. In other words, your success will be directly proportional to your ability to anticipate problems.

Q Which of the following does the talk refer to?

(a) Hindsight
(b) Foresight
(c) Trustworthiness
(d) Character

중요한 문제들을 예상하지 못하면 큰 실수를 저지를 수 있다는 점을 명심해라. 그러한 것들은, 한편으로 교육적이긴 하지만, 과도한 비용을 치르게 하거나 지키지 못할 약속을 하게 할 수 있다. 다시 말해, 당신의 성공은 문제를 예측하는 당신의 능력과 정확히 비례할 것이다.

Q: 담화문이 언급하고 있는 것은?

(a) 가늠자
(b) 선견지명
(c) 신뢰할 수 있음
(d) 특성

🔵 마지막에 말한 your ability to anticipate problems를 제대로 알아들으면 쉽게 답을 고를 수 있다. 문제를 예측하는 능력에 해당하는 단어는 (b) foresight이다. making promises that you can't keep만 대충 듣고 (c) trustworthiness를 답으로 고르지 않도록 한다.

keep in mind 유념하다, 마음속에 넣다 **anticipate** 예상하다, 예견하다 **lead** 이끌다, 인도하다 **blunder** 큰 실수 **expensive** 값비싼, 고가의, 비용이 드는 **cost-overrun** 비용이 넘는 **promises** 약속, 서약 **proportional** 비례하는(to)

---

12 Seals are similar to other mammals in five respects. They are warm-blooded, they give birth to live babies, feed their babies breast milk, breathe air, and have fur. They live both on land and in the sea, and while they spend much of their lives in the water, they also need land, separating them from whales and dolphins. Occasionally, they go on land to rest and lay in the sun. And during the breeding season each year, they leave the water to breed and later give birth.

Q Which is correct according to the talk?

(a) Seals are mammals.
(b) Seals spend all of their lives in the water.
(c) Seals have no fur.
(d) Seals are just like dolphins and whales.

바다표범은 다른 포유류들과 다섯 가지 면에서 비슷하다. 그들은 온혈동물이고, 새끼를 낳으며, 새끼에게 젖을 먹이고, 공기로 숨을 쉬며, 털이 나 있다. 이들은 육지와 바다 모두에서 살고, 삶의 대부분을 물 속에서 보내지만 육지에 의존하는 것이 고래, 돌고래와 구별된다. 이따금 그들은 휴식을 취하고 일광욕을 하려고 육지로 나온다. 매년 번식기에는 새끼를 낳고 기르려고 바다에서 나온다.

Q: 담화의 내용과 일치하는 것은?

(a) 바다표범은 포유류다.
(b) 바다표범은 모든 생을 물 속에서 산다.
(c) 바다표범은 털이 없다.
(d) 바다표범은 돌고래나 고래와 거의 같다.

🔵 첫 문장 Seals are similar to other mammals in five respects에서 바다표범은 포유류라는 말을 하고 있으므로 (a)가 정답이 된다. They live both on land and in the sea에서 육지와 물 속 모두에서 산다고 했으므로 (b)는 정답이 아니고, 털이 있다(have fur)는 말을 했으므로 (c)도 정답이 아니다. separating them from whales and dolphins에서 돌고래와 고래와는 구별하게 한다고 했으므로 (d)도 정답이 아니다.

seal 바다표범, 바다사자, 강치, 물개 **mammal** 포유류 **respect** 점, 내용 **warm-blooded** 온혈의 **fur** 모피 **separate A from B** A를 B로부터 분리하다 **occasionally** 때때로, 가끔 **breeding season** 번식기 **breed** (새끼를) 낳다

13 A Is Mary still here?
B No, She was the first _____.

(a) to move out
(b) in moving
(c) in removing
(d) to remove

A: 메리가 아직도 여기 있나요?
B: 아뇨, 그녀가 제일 먼저 떠났죠.

○ B의 본래 문장은 She was the first (woman) to move out.이다. (d) remove는 의미상 어울리지 않는다.

remove 제거하다

---

14 A By the way, _____ you something.
B Okay. Go ahead.

(a) allow me asking
(b) let me to ask
(c) allow me ask
(d) let me ask

A: 그런데, 뭐 좀 물어봅시다.
B: 예, 어서 하세요.

○ 어떤 질문이나 진술을 자청해서 시작할 때 'let me + 동사' 구문을 사용한다.

by the way 그런데, 그건 그렇고 **go ahead** 어서 하세요

---

15 A I'm really hungry.
B There are _____ sandwiches in the fridge.

(a) a little
(b) a few
(c) a few of
(d) a lot

A: 정말 배고파.
B: 냉장고에 샌드위치가 좀 있어.

○ sandwiches는 셀 수 있는 명사이므로 양을 나타내는 little로 따질 수 없다. a few, a lot of가 정답이 될 수 있다.

hungry 배고픈 **fridge** 냉장고

---

16 A I think your room needs _____.
B I know. It's just that I'm too lazy.

(a) to clean
(b) being cleaned
(c) to be cleaned
(d) of cleaning

A: 방 좀 청소해야겠다.
B: 나도 알아. 내가 너무 게을러서 그래.

○ need는 다음에 to부정사를 취하며 주어는 your room이고, 방은 청소되어지는 수동의 관계이므로 수동태가 되어 needs to be cleaned가 되어야 한다.

lazy 게으른, 나태한

---

17 _____ by successive storms, the bridge was no longer safe.

(a) Weakening
(b) It being weakened
(c) Having weakened
(d) Having been weakened

잇따른 폭풍으로 약해졌기 때문에, 그 다리는 더 이상 안전하지 않았다.

○ 주절의 시제가 과거형이므로, 종속절은 과거 또는 과거완료형이 필요하다. 폭풍에 의해서 다리가 약해졌기 때문에 수동형이 와야하므로 (Having been) weakened가 정답이 된다.

successive 연속되는 **bridge** 다리 **weaken** 약해지다

18 She _____ already when he went to the hospital in a hurry.

(a) had passed away
(b) passed away
(c) was passing away
(d) is passing away

그가 급히 병원에 도착했을 때 이미 그녀가 세상을 떠난 후였다.

⊙ already라는 단어가 나오고 있어서 주절의 시제보다 앞서야 하므로 빈칸에는 과거완료 시제가 필요하다.

pass away 세상을 떠나다 **in a hurry** 급하게

---

19 I was really _____ by the efficiency of your company's operations.

(a) impress
(b) impressed
(c) impressive
(d) impressing

귀사의 효율적인 회사 경영방식에 깊은 감명을 받았습니다.

⊙ 경영방식에 감명을 받았다는 의미이므로 과거분사형이 와서 수동태로 쓰여야 한다.

impressive 감동적인 **impress** 감동을 주다 **efficiency** 효율

---

20 Poor hygiene has always been _____ causes of infectious disease.

(a) ones greatest
(b) one of the greatest
(c) the greatest ones
(d) one of a greatest

열악한 위생상태가 늘 전염병의 원인이 되어 왔다.

⊙ '원인들 중의 하나' 이므로 one of의 형태가 나와야 하고 causes를 한정하는 the가 앞에 나와야 한다.

hygiene 위생, 건강법 **infectious** 전염성의, 전염병의

---

21 (a) A: Where do your parents live?
(b) B: They died while I was ten.
(c) A: Oh, I'm sorry.
(d) B: That's OK.

A: 부모님은 어디에 사시니?
B: 제가 10살 때 돌아가셨어요.
A: 오, 미안하구나.
B: 괜찮아요.

⊙ while은 '어떤 길이를 지닌 기간(~하는 동안에)'을 의미하고, when은 '어떤 특정한 시점(~때)'을 나타낸다. while을 when으로 고쳐야 한다.

parents 양친, 어버이

---

22 (a) It is a generally accepted idea in many societies that cartoons are basically for children. (b) This leading to serious problems, because some TV animations are clearly adult. (c) Some popular cartoons contain political humor and even sexual references. (d) However, some networks never hesitate to air them to children right after school, since cartoons are thought to be children's stuff.

(a) 만화가 주로 어린이용이라는 생각은 많은 사회에서 통념으로 받아들인다. (b) 이것은 심각한 문제를 일으키는데, TV에서 방영되는 일부 만화가 분명히 성인용이기 때문이다. (c) 몇몇 유명한 만화는 정치적인 유머를 다루기도 하고 심지어는 성관련 언급도 한다. (d) 하지만 만화가 어린이 것이라고 생각되는 한 일부 방송사는 이런 만화를 주저 없이 방과 후 시간대에 아이들을 대상으로 방영한다.

⊙ (b)에 be 동사가 빠진 채 leading만 있어서 문장 전체에 동사가 없는 격이 되었다. leading 앞에 is가 있어야 한다.

generally accepted idea 통념 **contain** 담고 있다, 포함하다 **reference** 언급, 참고 **network** (라디오·TV) 방송망, 네트워크 **hesitate** 망설이다, 주저하다

23 A Did they find the missing girl yet?
  B No. The rescue team is still _____ for him.

(a) ransoming
(b) recurring
(c) searching
(d) browsing

A: 실종된 여자아이는 찾았대?
B: 아니. 수색팀이 아직도 그 아이를 찾고 있어.

🔵 missing girl은 '실종된 여자아이' 라는 표현이며 the rescue team이 나왔으므로 구조대가 실종된 아이를 '찾고 있다' 가 문제에서 요구하는 표현이다. ransom은 납치범들이 몸값을 요구하는 것이므로 상식적인 차원에서 따져도 구조대가 아이의 몸값을 요구하지는 않을 것이다. 그러므로 정답은 search for가 된다.

rescue 구조대 **ransom** 배상하다, 되찾다 **recur** 되돌아가다, 회상하다 **browse** 띄엄띄엄 읽다

24 A Could you _____ in for me tomorrow?
  B Sure, I'd be glad to.

(a) put
(b) work
(c) stay
(d) fill

A: 내일 나를 대신해 줄 수 있겠니?
B: 물론이지. 기꺼이 해줄게.

🔵 '대신하다' 를 의미하는 표현은 fill in이다. fill in은 '양식을 작성하다' 는 의미로도 쓰인다.

put in 넣다, 신청하다, 제출하다 **fill in** 대신하다

25 A Anything I should be careful of?
  B Religion is a pretty _____ subject.

(a) touchy
(b) loud
(c) talkative
(d) fighting

A: 내가 조심해야 할 일이 있나요?
B: 종교는 아주 민감한 주제입니다.

🔵 touchy는 '조심스러운, 민감한' 의 뜻으로 자주 쓰인다. A의 be careful of와 같은 뜻으로 touchy를 사용했다.

touch 조심스러운, 민감한 **loud** 시끄러운 **talkative** 수다스러운

26 A What was your favorite _____ in that movie?
  B When the hero saved the Earth in the end.

(a) play
(b) sketch
(c) scene
(d) era

A: 그 영화에서 네 마음에 들었던 장면은 뭐야?
B: 영웅이 마지막에 지구를 구해 준 장면이지.

🔵 scene은 영화에서 '장면' 을 나타내거나, 막과 장으로 구분된 연극에서 '장' 을 나타낼 때 사용한다. 대화에서는 영화에 관한 내용이므로 정답은 scene이 된다.

favorite 좋아하는 **scene** 장면, 신 **era** 연대, 시기

27 **A** Excuse me, where can I find this book?

B Would you tell me when it was _____.

(a) broadcasted
(b) renewed
(c) proofread
(d) published

A: 실례합니다, 이 책을 어디서 찾을 수 있을까요?
B: 언제 출판됐는지 말씀해 주시겠어요?

🔵 책을 찾고 있어서 시기(when)를 묻고 있으므로 문제에서 요구하는 답은 published가 된다. proofread는 쓰여진 글이나 책의 오류를 바로 잡기 위한 교정 작업을 의미한다.

broadcast 방송하다 **renew** 갱신하다 **proofread** 교정보다

---

28 That shooting was not an accident, but a _____ attempt to kill the First Lady.

(a) subconscious
(b) qualifying
(c) deliberate
(d) registered

그 총기 난사 사건은 우발적인 사고가 아니라 영부인을 죽이려는 의도적인 시도였다.

🔵 총기 난사 사건이 우연히 일어난 사고가 아니라고 하였으므로 빈칸에는 반대 의미인 '의도적' 이라는 단어가 와야 알맞다. 정답은 (c) deliberate이다.

qualify 자격을 취득하다, 자격[권한]을 부여하다 **deliberate** 의도적인, 고의의, 계획된 **register** ~을 (공식으로) 기록[등록·등기·기재]하다

---

29 All the blame _____ on me when my father saw the broken headlight.

(a) made up
(b) came down
(c) talked up
(d) came off

아버지는 깨진 헤드라이트를 보자 나를 호되게 꾸짖었다.

🔵 come down on은 '호되게 꾸짖다' 라는 표현이다.

make up 수선하다, 벌충하다, 만회하다 **come down on** ~을 호되게 꾸짖다 **come off** 가 버리다, (단추) 떨어지다, (페인트) 벗겨지다, (일이) 실현되다, (사업) 성취되다, 상연을 중지하다

---

30 The _____ were full of grief for their dead twins.

(a) belied
(b) bereaved
(c) beset
(d) besieged

유가족은 쌍둥이의 죽음으로 슬픔에 빠져 있었다.

🔵 죽은 쌍둥이 때문에 슬픔에 잠겨 있는 사람을 가리키는 말이 와야 한다. '가족이나 친구를 여읜 사람들'을 정관사 the를 붙여 the bereaved라고 한다.

belie 잘못[거짓] 전하다 **bereaved** (친구·가족 등을) 여읜 **the bereaved** 유가족 **beset** 습격하다, 괴롭히다 **besiege** 포위하다; (질문 등을) 퍼붓다

---

31 The exchange rates will seriously _____ our profits this year.

(a) deny
(b) underscore
(c) undermine
(d) undo

환율이 올해 우리의 이익을 크게 떨어뜨릴 겁니다.

🔵 환율과 이윤 사이의 관계를 파악해야 한다. 환율로 인해 이윤이 줄어들거나 증가한다는 뜻이 되어야 하므로 undermine이 정답이 된다.

exchange rate 환율 **deny** 부정하다 **underscore** (=underline) 밑줄을 치다, 강조하다 **undermine** 손상시키다, 침식하다 **undo** 원상태로 돌리다

32 The Oxford Encyclopedia has become a powerful _____ of information for many in the past.

(a) source
(b) remnant
(c) back-load
(d) derivation

옥스퍼드 백과사전은 과거에 많은 부문의 정보를 얻을 수 있는 강력한 원천이 됐다.

○ 백과사전은 온갖 정보를 담고 있는 사전이므로 문제에서는 이러한 백과사전이 정보를 얻을 수 있는 '원천'이었음을 나타내는 단어를 요구한다.

remnant 나머지, 잔여 derivation 끌어냄, 유도

READING COMPREHENSION • P.168

33 Mother Teresa was the epitome of a selfless and compassionate human being. She earned a name for her work in helping the poor living in India. Throughout her life, she received many humanitarian awards, including the Nobel Peace Prize, and was recognized on many occasions by a wide range of admirers. Yet her words and letters were never about herself, but a call to action to help those around her. She was _____ those that had any desire to help those in need: her life truly stirred compassion in the hearts of many.

(a) a stumbling block to
(b) an inspiration to
(c) a peacemaker between
(d) a combatant against

테레사 수녀는 이타적이고 자비로운 인간의 축소판이었다. 그녀는 인도에서 살면서 가난한 사람들을 돕는 일을 통해 유명해졌다. 그녀는 평생 동안 노벨 평화상을 포함, 많은 인도주의 상을 받았고, 여러 부류의 찬미자들로부터 수 차례 표창도 받았다. 그러나 그녀의 말과 글은 결코 자신에 대한 것이 아닌, 그녀 주변에 있는 사람들을 돕는 실천으로의 소명에 대한 것이었다. 그녀는 도움이 필요한 사람들을 돕고자 하는 사람들에게 영감(靈感)이었다. 그녀의 삶은 많은 이들의 마음속에 연민의 정을 진정으로 일깨웠다.

(a) ~에게 장애물
(b) ~에게 영감
(c) ~사이에서 중재자
(d) ~을 상대로 한 투사

○ 빈칸이 있는 문장은 테레사 수녀는 도움이 필요한 사람들을 돕고 싶어하는 사람들에게 어떤 존재였는가를 이야기하는 문장이다. 바로 그 뒤 문장을 보면 그녀의 삶이 많은 이들의 가슴속에 연민의 정을 불러 일으켰다고 말하고 있다. 따라서 테레사 수녀는 누군가를 돕고 싶어하는 사람들에게 어떤 모범, 독려, 영감이 되는 존재였다는 것이 빈칸에 나올 내용임을 알 수 있다. (d)는 테레사를 투사로 묘사하므로 문맥에 전혀 어울리지 않는다. (a) 역시 테레사를 장애물이라 하므로 전혀 의미가 통하지 않는다. (c)에 peacemaker는 좋은 말이긴 하지만 테레사가 선한 일을 하려는 사람들 사이에서 중재자로 활동했다는 내용은 성립되지 않으므로 답이 아니다. 따라서 (b) an inspiration to가 답이다.

epitome 축도(縮圖), 대표적인 모범 compassionate 연민을 품은, 자비로운 call 소명 inspiration 영감(靈感), 감화, 격려가 되는 사람 those in need 도움이 필요한 자들 stir 자극하다, 일깨우다 stumbling block 장애물 peacemaker 중재자 combatant 투사

147

34 I embrace a semiotic understanding of culture. Human's understandings are self-created. Culture is _____ the way we make internal connections and assign significance to the world around us. In other words, culture is a way to organize our understandings. Culture also acts to categorize our world, including the most basic ideas upon which it is founded. Through culture, humans create physical and emotional manifestations of their world.

(a) controlled by
(b) irrelevant to
(c) separate from
(d) a way to view

나는 문화의 기호학적 이해를 수용한다. 인간의 이해는 자기창조적이다. 문화는 우리가 주변 세상과의 내적 관계들을 만들고 의미를 부여하는 방식을 바라보는 한 방법이다. 다시 말해서 문화는 우리의 이해를 정리하는 방식이다. 또한 문화는 기초가 되는 가장 기본적인 개념들을 포함한 우리 세상을 분류하는 일도 한다. 문화를 통해 인간은 그들의 세상에 대한 물질적, 정서적 발현을 창조해낸다.

(a) ~에 의해 주관된다
(b) ~과는 무관하다
(c) ~으로부터 분리되어 있다
(d) 바라보는 한 방법이다

🔘 빈칸의 문장은 바로 그 다음 문장에 의해 해설이 되어 있다. 즉 우리가 세상을 이해하는 방식을 정리하는 방법이 바로 문화이다. 앞 문장에서는 우리의 이해를 우리가 세상과 내적 관계를 맺으며 의미를 부여하는 방식으로 풀어 말하고 있다. 그렇다면 빈칸에는 그런 방식을 정리하는 방법과 같은 의미의 표현이 놓여야 한다. 그러므로 답은 (d) a way to view이다.

embrace 수용하다 semiotic 기호(언어)학의 self-created 자기 창조적인 assign 부여하다 significance 의미 categorize 분류하다 manifestation 표명, 발현, 형태화 irrelevant to 무관계한

---

35 Dear Office of Tourism

I am planning a camping and backpacking trip in Yosemite National Park during the month of July. I would appreciate if you could send me some information about California's national and state parks. Do you have hiking trail maps? If you have a guide to special events in the month of July, I would like to have a copy. I have never been to California and would appreciate any booklets or brochures that _____ so that I can choose the area for my backpacking trip. Thank you very much.

Yours sincerely,
Laura Hauenstein

(a) offer information about campgrounds
(b) tell about the state's history
(c) list discounted hotel rates
(d) advertise good local restaurants

관광청 귀중

저는 7월 중에 요세미티 국립 공원에서 야영을 하면서 배낭 여행을 하려고 계획하고 있습니다. 캘리포니아의 국립, 주립 공원에 대해 가지고 계신 정보를 보내 주시면 정말 고맙겠습니다. 혹시 등산로를 표시한 지도를 가지고 계십니까? 7월의 특별행사에 대한 안내서가 있으면, 한 부 얻고 싶습니다. 저는 캘리포니아에 가 본 적이 없는데 캘리포니아 주에서 야영을 할 수 있는 곳에 대한 정보가 담긴 소책자나 팜플렛을 보내 주시면 배낭 여행지를 결정하는 데 아주 유용할 것입니다. 대단히 감사합니다.

로라 하우엔슈타인 드림

(a) 야영지에 관한 정보를 제공하다
(b) 주의 역사를 알려주다
(c) 호텔 할인율을 나열하다
(d) 좋은 지역 레스토랑을 선전하다

🔘 야영을 하면서 배낭 여행(a camping and backpacking trip)을 하는 것이므로, 배낭 여행지는 야영 가능한 지역을 따라 선택하게 될 것이다. 따라서 필자가 가장 필요한 자료는 야영지에 대한 정보가 담긴 것일 것이다. 따라서 정답은 (a)이다.

backpacking trip 배낭여행 trail 오솔길, 산길 booklet 소책자 brochure 홍보용 소책자, 팸플릿

36 In presentations, there are six major types of illustrations that people use. The six are: tables, charts, diagrams, graphs, maps and photographs. Tables are used to organize bits of information in an organized fashion. Charts are used to create information in a visual display. Diagrams show relationships between different pieces of information. Graphs show comparisons and contrasts. Maps provide information about location and aid in navigation.

Q What is the topic of the passage?

(a) How to make a better presentation
(b) Data
(c) Ways that graphics can be used
(d) The difference between a graph and a chart

프레젠테이션에서 사람들이 사용하는 일러스트로는 대략 6가지 유형이 있다. 그 6가지 유형은 일람표, 도표, 도식, 그래프, 지도, 사진이다. 일람표는 자료들을 정돈된 방식으로 배치하는데 사용된다. 도표는 시각적 표현으로 정보를 창출할 때 사용된다. 도식은 정보의 서로 다른 조각들의 관계성을 보여준다. 그래프는 유사와 대조를 보여준다. 지도는 위치에 대한 정보를 제공하고 길을 찾는데 도움을 준다.

Q: 이 글이 주제는 무엇인가?

(a) 더 좋은 프레젠테이션 만들기
(b) 자료
(c) 그래픽 아트가 사용될 수 있는 방법
(d) 그래프와 도표의 차이

○ 본문은 프레젠테이션에 사용되는 6가지 일러스트 유형들을 설명하고 있다. 즉 사진을 제외한 나머지 유형의 그래픽 아트들이 각각 어떤 용도로 쓰이는지 서술하고 있다. 따라서 가장 적절한 주제는 (c)이다.

table 일람표 chart 도표 diagram 도식 visual 시각의, 시각에 호소하는 contrast 대조

---

37 The northern areas of the country will experience a wild mix of rain and wind throughout the early week. Thunder showers will be crossing the East Coast and snow will fall in the central areas mid-week. The West will see rain and snow by the weekend. The Southwest will see sun and mild temperatures.

Q Which of the following best summarizes the weather forecast?

(a) Mild weather is expected across the country.
(b) Most of the nation will experience some precipitation.
(c) Most of the nation will have snow.
(d) The Southwest is a good place to take a vacation.

우리나라 북부 지방은 이번 주 초 내내 사나운 비바람을 맞이하겠습니다. 천둥번개를 동반한 소나기는 동해안을 지나가고 이번 주 중반에는 중부지방에 눈이 내리겠습니다. 서부지방에서는 주말 즈음에서 비와 눈을 볼 수 있겠습니다. 남서지방은 해를 볼 수 있으며 온도도 온화하겠습니다.

Q: 기상예보를 잘 요약한 것은?

(a) 온화한 날씨가 전국에 걸쳐 예상된다.
(b) 전국 대부분에서 강수를 경험할 것이다.
(c) 전국 대부분 지역에서는 눈을 보게 될 것이다.
(d) 남서지방은 휴가지로 좋은 장소이다.

○ 일기예보를 들으면 각 지방마다 날씨가 크게 다름을 알 수 있다. 그러나 일부 지역을 제외하고는 전체적으로 보면 비와 눈 등 일종의 강수량을 기록하게 될 것이다. 남서지방에서 햇빛을 볼 수는 있어도 휴가를 가도 좋다는 의미는 아니므로 (d)는 정답이 아니다. 눈은 중부지역만 해당되므로 전국의 눈을 이야기한 (c)도 정답이 아니다. 따라서 눈이든 비든 강수를 경험하게 될 것이라는 (b)가 정답이다.

thunder 천둥 shower 소나기 precipitation 강수

38 Babies can't talk about their feelings or needs but they can communicate through signals to their caregivers. Some of the ways they communicate are: sounds, body movement, eye contact, and facial expressions. As babies establish trusting relationships with their caregivers, they will communicate even more. Parents and others who meet emotional and physical needs help the children learn to feel secure and confident.

Q Which is correct according to the passage?

(a) Babies make unreasonable demands.
(b) All babies develop speech at the same age.
(c) Babies can't express themselves.
(d) Trust is established through interaction.

아기들은 자신의 감정과 필요를 이야기할 수 없지만 신호를 통해 양육자와 의사소통을 할 수는 있다. 아기들이 의사소통하는 방법으로는 소리, 몸 움직임, 눈맞춤, 얼굴표정 등이다. 아기들이 양육자와 신뢰관계를 구축함에 따라 더 많은 의사소통을 할 것이다. 부모 그리고 감정과 물질적 필요를 만나 주는 다른 사람들은 아이들이 안정감과 자신감 느끼기를 배우도록 도와준다.

Q: 이 글의 내용과 일치하는 것은?

(a) 아기들은 불합리한 요구를 한다.
(b) 모든 아기들은 동일한 나이에 언어발달을 한다.
(c) 아기들은 자기표현을 못한다.
(d) 신뢰는 상호작용을 통해 구축된다.

◑ Unreasonable demand와 유사한 표현은 지문에 등장하지 않으므로 (a)는 사실이 아니다. 지문은 아기의 speech development보다 communication 자체에 관한 글이다. 따라서 (b)도 지문과 상관 없는 내용이다. 또한 지문은 아기들이 can't talk한다고 했지 can't express라고 하지 않았으며, 오히려 sounds, body movement, eye contact, facial expression 등 아기의 다양한 표현법을 소개한다. 마지막으로 글은 trusting relationship과 communication을 함께 연관시키고 있으므로 정답은 (d)이다.

signal 신호 caregiver 돌보는 사람 facial expression 얼굴표정 secure 안전한 unreasonable 부당한, 불합리한 interaction 상호작용

---

39 According to Plato, the world was a flawed attempt at divine perfection, an unclear and disordered reproduction of a celestial ideal. Thus, the poet's work was viewed as an artful imitation of the imitation that is life. In Plato's mind poetry could not bring one to an absolute truth. Aristotle responded to this argument in *Poetics*, where he explained that poetry's truth lay in the art of its imitation. Neoplatonic philosophers believed that because it was based on a divine master plan, poetry was the greatest type of imitation.

Q Which is correct according to the passage?

(a) According to Aristotle, poetry's imitation is a type of truth.
(b) According to Plato, poetry is a divine truth.
(c) According to Aristotle, the world is based on a heavenly ideal.
(d) According to Plato, the world is perfect and true.

플라톤에 의하면 세계는 신성한 이상의 불완전한 시도이자 천상 원형의 흐릿하고 혼란스러운 재생이었다. 따라서 시인의 작품은 인생이라는 모사품의 예술적 모방으로 간주되었다. 플라톤의 생각에 시는 절대적 진리로 인도할 수 없었다. 아리스토텔레스는 『시학』을 통해 이러한 주장에 응답했는데, 그는 시의 진리는 그것이 가진 모방의 예술에 놓여 있다고 설명했다. 신플라톤주의 철학자들은 신성한 근본 계획에 근거한 바 시야말로 가장 위대한 형태의 모방이라고 믿었다.

Q: 이 글의 내용과 일치하는 것은?

(a) 아리스토텔레스에 의하면 시의 모방은 진리의 한 유형이다.
(b) 플라토에 의하면 시는 신성한 진리이다.
(c) 아리스토텔레스에 의하면 세계는 천상의 이상향에 근거해 있다.
(d) 플라톤에 의하면 세계는 완벽하고 진실하다.

◑ 플라톤은 세상이 천상의 이상의 불완전한 모방 또는 흐릿한 재생이라고 여겼으며 그런 세상 또는 인생을 그린 시는 모방을 모방한 것이므로 진리에서 더 멀어진다고 여겼다는 것이 지문의 핵심이다. (b)와 (d)는 플라톤의 주장과 반대되므로 답이 아니다. (c)는 아리스토텔레스가 아닌 플라톤의 주장이므로 답이 아니다. 지문에도 시가 가진 모방적 예술에 진리가 담겨져 있다는 아리스토텔레스의 주장이 언급되어 있으므로 답은 (a)이다.

flawed 흠 있는 divine 신성한 celestial 하늘의, 천상의 artful 솜씨 있는, 기교가 뛰어난 imitation 모방, 모사

40 Fifteen years ago, the US Department of Energy and the National Institute of Health began a program called the Human Genome Project. (a) The program plans to label and study the 80,000 genes that make up human DNA, as well as the 3 billion pairs that make up DNA. (b) DNA is mapped in genomes. (c) Genetic analysis is currently pricey and therefore not available to most people. (d) Even though it is not yet complete, the Human Genome Project is already an incredible resource for understanding ourselves and our bodies.

15년 전, 미국의 에너지부와 국립보건연구소는 인간 게놈 프로젝트라는 프로그램을 시작했다. (a) 이 프로그램은 DNA를 구성하는 30억 쌍 뿐만 아니라 인간의 DNA를 구성하는 8만 개의 유전자를 분류하고 연구할 계획이다. (b) DNA는 게놈으로 지도화 되었다. (c) 유전자 분석은 현재 비싸서 모든 사람들이 이용할 수 있는 것은 아니다. (d) 인간 게놈 프로젝트가 아직 완벽하지는 않지만, 그것은 이미 우리와 우리의 신체를 이해하는 데 놀라운 자원이 되고 있다.

○ 인간 게놈 프로젝트에 관한 내용의 글이다. 게놈 분석을 통해 개인의 유전학적 정보를 얻을 수 있으므로, 이 프로젝트가 우리와 우리의 신체를 이해하는 데 놀라운 자원이 되고 있다는 것이다. 그러나 (c)는 유전자 분석의 가격에 관한 이야기이므로 게놈 프로젝트와는 관련이 없다.

label 분류하다, 식별하다 genome 게놈(염색체의 1조)
pricey 비싼 incredible 놀라운, 엄청난

LISTENING COMPREHENSION · P.174

1 W Edward, I didn't know you smoked!
  M _____

(a) I've been a smoker since I was 18.
(b) Sorry, I'll put it out.
(c) You are a chainsmoker.
(d) Of course I mind if you smoke.

W: 에드워드, 네가 담배 피우는 줄 몰랐어!
M: _____

(a) 18살 때부터 담배를 피웠어.
(b) 미안합니다, 끌게요.
(c) 넌 줄담배를 피우는구나.
(d) 당연히 담배 피우는 게 싫어요.

○ smoked가 핵심어이지만 이 단어 하나만으로는 보기를 듣고도 문제를 풀 수가 없다. 담배 피우는 줄 몰랐다는 사람에게 피운 지 오래 됐다는 얘기를 하고 있는 (a)가 답이 된다. (b)는 '담배 피우면 안된다'는 You're not supposed to smoke here.의 대답으로 적당하다.

put out 끄다 **chainsmoker** 줄담배 피우는 사람

2 M Are you free later tonight?
  W _____

(a) Yes, but only before lunch.
(b) No, I have nothing to do tonight.
(c) Sorry. I have a previous engagement.
(d) No, I don't do anything for free.

M: 오늘 늦은 저녁에 시간 있으세요?
W: _____

(a) 응, 그런데 점심시간 전까지만이야.
(b) 아뇨, 오늘밤엔 할 일이 하나도 없어요.
(c) 미안해요. 선약이 있어요.
(d) 아뇨, 전 공짜로는 아무것도 하지 않습니다.

○ 계획을 묻는 표현은 Are you free + 시간?, What are you doing/going to do + 시간? 등이 있다. 자신의 계획이 있다면 그 얘기를 할 것이고 그렇지 않으면, nothing to do가 가장 기본적인 긍정의 대답이 되겠으나 앞에 No가 있어서 (b)는 정답이 될 수 없고 (c)가 정답이 된다.

previous engagement 선약 **for free** 공짜로, 무료로

3 W Could you change the channel?
  M _____

(a) Which channel do you want to watch?
(b) There is not a remote chance.
(c) Changing the channels is not hard work.
(d) I need more training in remote areas.

M: 다른 채널로 돌려 줄래?
W: _____

(a) 몇 번 채널을 보고 싶나요?
(b) 기회가 희박하지 않아요.
(c) 채널을 바꾸는 것은 힘든 일이 아닙니다.
(d) 외딴 곳에서 좀 더 훈련이 필요합니다.

○ channel이 나왔으므로 TV와 관련된 대화임을 아는 것은 쉽다. (b), (d)는 리모컨을 영어로 remote control이고 줄여서 remote라고 한다는 것으로 혼동을 주고 있다.

remote chance 희박한 기회 **hard work** 힘든 일 기회
remote area 외딴 지방

4 **M** This model is our best one yet.
  W I prefer the older model. It's sleeker.
  M Perhaps, but the newer one is roomier.
  W _____

(a) I want a room.
(b) Can I have a look at it, then?
(c) Well, I can show you something cheaper.
(d) What about this one? It's the best we have here.

M: 이 모델은 지금까지 나온 것 중 최고입니다.
W: 난 구형 모델이 더 좋아요. 더 산뜻해서요.
M: 아마도 새차가 더 넓을 겁니다.
W: _____

(a) 난 방을 원해요.
(b) 그럼, 좀더 저렴한 것을 보여드리죠.
(c) 그럼 한번 볼까요?
(d) 이건 어떠세요? 우리가 갖고 있는 것중에 최고입니다.

◐ (a)는 roomier와 room의 발음 혼동을 유도하고 있다. (c), (d)는 자동차 딜러가 할 수 있는 말이므로 적당하지 않다.

prefer (오히려) ~을 좋아하다 sleek 맵시 나는 roomier 더 넓은

---

5 **M** What a surprise to meet you here!
  W Yes, I usually don't come to this part of town.
  M So, what brings you here?
  W _____

(a) I took the express bus this morning.
(b) A rare visit to my mother-in-law.
(c) I was brought up by my grandmother.
(d) I didn't bring anything.

M: 여기서 널 만나다니 정말 놀라운데!
W: 그래. 난 이 지역엔 거의 오지 않거든.
M: 그런데 왜 여기 온 거야?
W: _____

(a) 아침에 고속버스를 탔어.
(b) 오랜만에 시어머님 뵈러 왔어.
(c) 할머니가 날 키우셨어.
(d) 아무 것도 가져오지 않았어.

◐ What brings you here?의 의미부터 정확히 알아야 한다. 미국인들은 Why로 직접 묻기보다는 What으로 간접적으로 묻는 것을 좋아한다. 왜 왔는지 묻고 있으므로 방문한 목적이 나온 보기를 정답으로 골라야 한다. 따라서 visit이 들어간 (b)가 답이 된다.

rare 드문, 희박한 mother-in-law 장모, 시어머니 bring up 양육하다, 키우다

---

6 **M** Would you like soup or salad with that?
  W What kind of soup do you have?
  M Oyster Soup and Cream of Broccoli.
  W _____

(a) I'll have a T-bone steak.
(b) I'll have the salad.
(c) Medium rare, please.
(d) I've waited almost 30 minutes to order.

M: 수프나 샐러드도 가져다 드릴까요?
W: 어떤 수프가 있죠?
M: 굴 수프와 브로콜리 크림이 있습니다.
W: _____

(a) 티본 스테이크로 하겠습니다.
(b) 샐러드로 하겠습니다.
(c) 중간정도로 익혀주세요.
(d) 주문하려고 거의 30분이나 기다렸습니다.

◐ 식당에 관련된 문제는 예약, 안내, 주문, 계산 등으로 크게 나눌 수 있다. 수프의 종류를 물어본 후 마음에 드는 것이 없으니 샐러드로 고른 것이다. (a)의 T-bone steak, (c)의 Medium rare는 고기와 관련된 표현들이므로 적당하지 않다.

oyster 굴 medium rare 절반만 익힌

7　**M**　I really wish I could go on a vacation. But I have too much work to do.

　　W　Why don't you take some time off and go? I'm sure your work can wait a few days.

　　M　Well, I don't know ...

　　W　You only live once. Don't let the world pass you by.

　　M　Maybe you're right. I will take a little break.

　　W　Good for you. You deserve it.

Q　What is the main point of the conversation?

　　(a) Work must never take a back seat to anything.

　　(b) Only cats have nine lives.

　　(c) Everyone needs a break from work once in a while.

　　(d) Vacations should only be a few days long.

M: 휴가 갈 수 있다면 정말 좋을 것 같아요. 하지만 할 일이 너무 많아요.

W: 시간 좀 얻어서 쉬러 가는 게 어때요? 일은 며칠쯤 연기할 수도 있는 거잖아요.

M: 잘 모르겠어요.

W: 세상은 한 번 사는 거라고요. 시간을 그냥 흘려보내지 말아요.

M: 당신 말이 맞는 것 같아요. 좀 쉬어야겠어요.

W: 잘 하는 거예요. 당신은 그럴만한 자격이 있어요.

Q: 대화의 요지는 무엇인가?

(a) 직장은 어떤 것보다 하위에 있어선 안된다.

(b) 고양이만 목숨이 아홉 개가 있다.

(c) 모든 사람은 이따금 직장에서 휴가를 가질 필요가 있다.

(d) 방학은 며칠만 있어야 한다.

🔵 대화의 주제를 묻는 질문이다. 여자가 쉬면서 일하라고 하자 남자가 맞는 말인 것 같다며 동의를 했다. (c)가 정답이다.

come on 자, 이리 와, 덤벼라, 말도 안 된다　pass by 지나가다, 간과하다　take a break 휴식하다, 쉬다　Good for you 잘 한다, 됐어　deserve ~할 만하다, ~할 값어치가 있다　take a back seat to 하위에 있다　Cats have nine lives 구사일생으로 살아남다

8　**M**　How did you do on that midterm?

　　W　I don't think I did very well.

　　M　Me, neither. It was really difficult.

　　W　I didn't mean that literally!

　　M　I know. I was just playing with you.

　　W　Well, at least you kept your sense of humor after that test!

Q　Which is correct according to the conversation?

　　(a) The midterm was extremely easy.

　　(b) The man thinks literature is difficult.

　　(c) The woman was able to play with her sense of humor after the test.

　　(d) The man and woman both agree that the test was hard.

M: 중간고사는 어떻게 치렀니?

W: 잘 본 것 같지 않아.

M: 나도 그래. 정말 어려웠어.

W: 정말 그랬다는 것은 아니야!

M: 나도 알아. 나도 너랑 장난치는 것 뿐이야.

W: 적어도 넌 시험을 보고 나서도 유머감각은 유지하고 있구나!

Q: 대화 내용과 일치하는 것은?

(a) 중간고사는 아주 쉬웠다.

(b) 남자는 문학이 어렵다고 생각한다.

(c) 여자는 시험이 끝난 후 유머감각으로 장난치고 있다.

(d) 남자와 여자는 둘 다 시험이 어려웠다고 동의한다.

🔵 시험이 어땠는지에 대해서 여자가 I don't think I did very well.라고 하자 남자도 Me, neither. It was really difficult.라고 하고 있으므로 시험이 쉬웠다는 (a)는 틀린 보기이다. (b)는 literally(정말로)와 literature(문학)의 혼동을 유도하고 있다. 유머감각을 유지하고 있는 것은 남자이므로 (c) 역시 틀린 보기이다.

midterm 중간고사　literally 정말로, 사실상　play with 농담하다, 장난치다　sense of humor 유머감각　hard 어려운, 힘든

9

M Why did you leave your last job?

W My supervisor and I had personal differences.

M I see. Would you have any problem working here?

W No, as long as my supervisor isn't too picky.

M OK, Ms. Jones. We'll call you if we need you.

W OK, thanks for the interview.

Q What can be inferred from the conversation?

(a) The woman will be hired.

(b) The couple are in a personal relationship.

(c) The woman's employment background is suspect.

(d) The man isn't a strong supervisor.

M: 저번 직장은 왜 그만뒀습니까?

W: 상사와 개인적으로 안 맞았거든요.

M: 알겠습니다. 여기서 일하는 데 별 문제가 없습니까?

W: 없습니다. 제 상사만 너무 까다로운 분이 아니라면요.

M: 좋습니다. 존스 씨. 채용이 결정되면 전화 드리죠.

W: 알겠습니다. 면접볼 기회를 주셔서 감사합니다.

Q: 대화에서 추론할 수 있는 것은?

(a) 여자는 고용될 것이다.

(b) 두 사람은 친분 관계이다.

(c) 여자의 직장 경력이 의심스럽다.

(d) 남자는 강한 상사가 아니다.

○ My supervisor and I had personal differences.에서 여자는 이전 직장에서 상사와 관계가 좋지 않았고, No, as long as my supervisor isn't too picky.에서 까다로운 상사가 아니면 좋겠다는 말을 하는 걸로 봐서 상사와 원만한 관계를 유지하는 데 어려움이 있는 것으로 보이므로 (c)가 정답이 된다. 여자가 고용될 것인지는 알 수 없는 추측일 뿐이다.

supervisor 감독자, 지휘자, 관리인 differences 의견 차이, 불화 picky 성미 까다로운 background 배경 suspect 의심하다, 믿지 못하다

---

10 When setting limits for your children, make sure the limits are clear and firm. Also, try to give justifications for these limits whenever possible. Children are much more likely to adhere to limits if they understand why they are in place. In addition, it is important not to sound like a broken record. Constant nagging will only result in your child tuning you out.

Q Which of the following best summarizes the talk?

(a) Children need limits so they don't commit crimes.

(b) Parents should replace broken records with CDs.

(c) Children are unable to understand your reasoning.

(d) Children will listen if you are clear, honest and firm with them.

아이들에게 행동지침을 줄 때는 그 한계선이 명확하고 단호해야 한다는 것을 명심하라. 또한 가능할 때마다 이 규약들에 대해 정당한 이유를 부여하도록 노력하라. 아이들은 자기들이 왜 적소에 있어야 하는지를 이해하면 훨씬 더 규약을 잘 지키는 경향이 있다. 게다가 지켜지지 않은 약속같이 들리지 않게 하는 것이 중요하다. 계속된 잔소리는 아이들이 당신에게 등을 돌리게 하는 결과만을 낳을 것이다.

Q: 담화문을 가장 잘 요약한 것은?

(a) 아이들은 범죄를 저지르지 않도록 제한이 필요하다.

(b) 부모는 깨진 레코드판을 CD로 교체해야 한다.

(c) 아이들은 당신의 논법을 이해하지 못한다.

(d) 아이들은 당신이 분명하고 정직하고 단호할 때 귀를 기울일 것이다.

○ 아이들에게 행동지침을 줄 때 주의사항을 얘기하고 있다. 한계선을 명확하게 정하고 단호해야 아이들이 규약을 지키는 경향이 있다는 말을 하고 있으므로 (d)가 정답이 된다.

set limits 제한을 정하다 adhere to 집착하다, 고집하다 be in place 적소에 있다, 적절하다 in addition 게다가, 더구나 nag 성가시게 잔소리하다, 들볶다 turn out 좇아내다, 버리다

11 I would now like to focus on our complex responses to technological development. Most people view these changes as positive. We are progress-driven. However, we simultaneously criticize the lack of user-friendly technology. We crave consistency while also demanding innovation, creativity and progress. Thus researchers and developers must balance a fine line when considering the whims and demands of the general consumer.

Q Which is correct according to the talk?

(a) People want technology to be cutting edge and accessible.
(b) Complex technology is the most easy to use.
(c) Technological advances are always positive.
(d) Researchers always consider the needs of the consumer.

저는 기술 개발에 대한 우리의 복잡한 반응에 초점을 맞추고자 합니다. 대부분의 사람들은 이러한 변화를 긍정적으로 봅니다. 우리는 진보를 추구합니다. 하지만, 우리는 동시에 사용자 친화적인 기술의 부족을 비난해야 합니다. 연구원들과 개발자들은 일반 사용자들의 변덕과 요구를 고려할 때 균형을 잘 맞춰야만 합니다.

Q: 담화의 내용과 일치하는 것은?

(a) 사람들은 최첨단이면서 이해하기 쉬운 기술을 원한다.
(b) 복잡한 기술이 사용하기에 가장 쉽다.
(c) 기술적인 진보는 항상 긍정적이다.
(d) 연구원들은 항상 소비자의 요구를 생각해야 한다.

○ 접속사 however 앞뒤로 진보를 추구하기도 하지만, 사용자 친화적인 기술의 부족을 비난해야 한다는 말이 나오고 있다. 최첨단이면서 이해하기 쉬운 기술을 원한다는 (a)가 가장 적합하다. (d)는 마지막 문장에서 소비자의 요구뿐만 아니라 변덕까지도 고려해야 하므로 정답으로 볼 수 없다.

response 반응, 대답 simultaneously 동시에 criticize 비난하다 user-friendly 사용자 친화적인 crave 열망하다 consistency 일관성 innovation 혁신 whim 변덕 cutting edge 최첨단 accessible 손에 넣기 쉬운, 이해하기 쉬운

---

12 We live in an age where technological advancement seems to have made our lives much easier. Communication has become faster, home appliances have become more versatile and computers have become indispensable for tapping into a wealth of information like the Internet. Meanwhile, suicide rates remain the same, more people are diagnosed with depression and overall stress levels are higher than ever. It seems we have less and less time to get things done faster and faster. Technology may have advanced, but mankind's ability to deal with stress has not.

Q What can be inferred from the talk?

(a) Mankind has learned to control stress.
(b) Computers have the answers to everything we need.
(c) We have more time to enjoy life.
(d) Technology can't solve all our problems.

우리는 과학기술상의 진보가 우리의 삶을 보다 편리하게 해 주는 것 같은 세상을 살아가고 있다. 통신은 점점 빨라지고, 가전제품도 훨씬 다용도로 사용되고 있으며, 컴퓨터는 인터넷과 같은 막대한 양의 정보를 얻는데 없어서는 안 된다. 이런 와중에도 자살율은 변함이 없고, 더 많은 사람들이 우울증 진단을 받고 있으며, 총체적인 스트레스 수치는 예전보다 훨씬 높아졌다. 그것은 상황은 점점 빨리 변해 가는데 우리에게 주어진 시간은 점점 더 줄어들기 때문인 것 같다. 과학기술은 향상됐지만 스트레스를 처리하는 인간의 능력은 퇴보했다.

Q: 담화로부터 추론할 수 있는 것은?

(a) 인류는 스트레스를 제어할 수 있도록 배웠다.
(b) 컴퓨터는 우리가 필요한 모든 정답을 갖고 있다.
(c) 우리는 인생을 즐길 시간이 더 많다.
(d) 기술이 우리의 모든 문제들을 해결할 수 없다.

○ 첫 문장에서 기술 진보가 우리 삶을 보다 편리하게 만들었다고 했으나, 마지막 문장에서 기술은 진보했으나 스트레스의 대처 능력은 그렇지 않다라는 주제를 말해 주고 있다. 이것은 과학으로 인해 문제가 발생할 수도 있음을 보여 준다는 (d)의 내용과 일치한다. 그리고 담화문 중간에 meanwhile은 내용을 반전시키는 경우가 많다.

home appliance 가전제품 versatile 다목적으로 쓰이는, 다용도의 indispensable 없어서는 안 되는 a wealth of 풍부한, 다양한 tap (지식의 원천 등을) 열다, 개척하다 suicide rates 자살율 diagnose 진단하다 depression 의기소침, 우울 overall 전부의, 전체에 걸친

13 **A** I don't understand why Alice got an F
in Linear Algebra.

B _____.

(a) So can I.
(b) So can't I.
(c) Neither can I.
(d) Neither can't I.

A: 메리가 왜 선형대수에서 F 학점을 받았는지 이해할 수가 없어.
B: 나도 마찬가지야.

○ 맞장구를 칠 때는 so나 neither로 표현하기도 하는데 so + V + S는 앞의 말이 긍정일 때 쓰는 표현이고, 앞의 말이 부정일 때는 neither + V + S로 표현한다. 대화에서 don't understand가 나오고 있으므로 neither can I로 대답해야 한다.

physics 물리학, 물리적 현상

---

14 **A** What did you think of Stuart's project?
B The more we heard about it,
_____ we got.

(a) more excited
(b) the more excited
(c) most excited
(d) the most excited

A: 스튜어트의 계획에 대해서 어떻게 생각하니?
B: 들으면 들을수록 흥분된다.

○ '~하면 할수록 ~하다'는 the more ... the more ... 용법을 묻고 있다. 보기 중에 the more가 포함된 것은 (b)이다.

excite 흥분시키다

---

15 **A** Is your cat upset?
B Don't worry. She's not used to
_____.

(a) be petted
(b) being petted
(c) pet
(d) petting

A: 고양이가 화가 난 거니?
B: 걱정 마. 쓰다듬어주는데 익숙하지 않아서 그래.

○ be used to 다음에는 (동)명사가 나온다. 또한 고양이는 쓰다듬어 주는 것을 받는 입장이므로 수동형이 나와야 한다.

pet 귀여워하다, 애무하다

---

16 **A** Do you like living alone?
B Yes, and now I _____ for
myself.

(a) used to cook
(b) used to cooking
(c) am used to cooking
(d) am used to cook

A: 혼자 사는 게 좋니?
B: 응. 이제 혼자 요리하는데도 익숙해졌어.

○ used to + 동사원형은 '과거에는 했지만 지금은 아니다'라는 의미이고, 'be used to + (동)명사는 '~에 익숙하다'라는 의미이다.

alone 홀로

---

17 _____ a Web cafe can be as simple
as writing an e-mail message.

(a) To create
(b) Creating
(c) Creation
(d) Created

인터넷 카페를 만드는 것은 이메일을 쓰는 것처럼 간단하다.

○ 빈칸은 a Web cafe를 목적어로 취하면서 명사 주어의 역할을 할 수 있는 단어가 와야 한다. 목적어를 취하면서 명사 역할을 동시에 하는 대표적인 것은 동명사이다.

create 창조하다

157

18 What is the difference _____ a number and a numeral?

(a) among
(b) between
(c) for
(d) of

수와 숫자의 차이점은 무엇입니까?

○ 수와 숫자의 차이를 묻는 질문이므로 between A and B 구문이 가장 적절하다.

difference 차이, 차이점 **number** 수 **numeral** 숫자

---

19 Patricia Green _____ lung cancer.

(a) triumphs
(b) has triumphed in
(c) triumphed over
(d) will triumph out

패트리샤 그린은 폐암을 극복했다.

○ 암을 이겨낸 상황을 말하는 것이므로 단순과거형이 적절하다. 또한 triumph와 어울리는 전치사는 over이므로 답은 (c) triumphed over이다.

triumphed over ~을 극복하다, 승리하다

---

20 This novel is so long that I _____.

(a) haven't finished it yet
(b) still have finished it
(c) haven't finished it already
(d) been finishing it

이 소설은 너무나 길어서 아직 다 읽지 못했다.

○ 문맥상 '책의 양이 너무 많아서 못 읽었다'는 의미이므로 (b)는 아니다. 부정문에서는 yet이 어울리고 긍정문에서는 already가 어울리므로 (c)도 정답이 아니다.

finish 끝내다

---

21 (a) A: Let's wait until the rain will stop.
(b) B: We might be late to work. We need to hurry.
(c) A: I know. Maybe you'll catch a cold in this rain.
(d) B: I had better not call in sick the next day.

A: 비가 그칠 때까지 기다리자.
B: 그럼, 회사에 지각할텐데. 서둘러야 해.
A: 나도 알아. 비 때문에 감기 걸릴지도 몰라.
B: 그래도 내일 아파서 결근하겠다고 전화하는 것보다 나.

○ 시간과 조건을 나타내는 부사절은 현재시제가 미래시제를 대신한다. until 이하는 비가 그칠 때까지라는 미래를 나타내고 있지만 until the rain stops로 표현해야 한다.

work 직장 **catch a cold** 감기에 걸리다 **call in sick** 병으로 결석하겠다고 전화로 알리다

---

22 (a) There is no doubt that fairy tales are unreal. (b) In the same time, however, fairy tales are quite realistic. (c) The magic in them especially heightens the realism. (d) It makes us wonder how we would react in similar circumstances.

(a) 동화가 비현실적이라는 데에는 의문의 여지가 없다. (b) 그러나 동시에 동화는 매우 사실적이기도 하다. (c) 특히 동화 안에 마술은 사실성을 고조시킨다. (d) 그것은 비슷한 상황에서 우리라면 어떻게 반응할 것인가를 생각해 보도록 한다.

○ (b)에서 '동시에'를 의미하는 전치사구는 in the same time이 아니라 at the same time이다.

realistic 현실적인, 사실주의의 **at the same time** 동시에 **heighten** 높이다 (형용사 high의 동사형) **circumstances** 주위의 사정, 환경, 요인

23 A Wow! That _____ looks really
good on you.
B Thanks for the compliment.

(a) outfit
(b) set
(c) formal
(d) fashion

A: 와! 그 옷 참 잘 어울린다.
B: 칭찬해 줘서 고마워.

➔ outfit은 '장비, 의장' 등의 뜻으로 쓰이지만 구어체에서는 '의상
한 벌, 복장' 등의 뜻으로 자주 쓰인다

look good on 어울리다 **compliment** 칭찬, 찬사, 아첨

---

24 A My car broke down again!
B It's no surprise. You should _____
it with a new one.

(a) buy
(b) bargain
(c) replace
(d) return

A: 차가 또 고장났어!
B: 놀랄 일도 아냐. 새 차로 바꾸도록 해.

➔ break down은 기계나 특히 차가 고장나는 경우에 사용하는 표현
이다. 차가 고장났을 때 해줄 수 있는 조언은 여러가지가 있겠지만
new one이 있으므로 새 차로 바꾸라는 것이 B가 A에게 해 주는 조
언이다. 이런 경우에 replace A with B의 구문을 기억해내는 것이
중요하다. 즉, 'A를 B로 교체하다'라는 말은 새 차를 구입하라는 조
언을 하는 것이다.

break down 부서지다, 고장나다 **replace** 교체하다, 갈다
bargain 계약하다, 흥정하다

---

25 A When will you start building your
house?
B As soon as I get the _____ light
from the county.

(a) bright
(b) red
(c) green
(d) black

A: 당신집 언제부터 짓기 시작할 겁니까?
B: 허가가 나면 곧바로 시작할 것입니다.

➔ the green light는 교통신호등에서 응용된 표현으로 '허락을 받
아내다'라는 의미이다.

(get) the green light (대개 윗사람이 주는 허락) 허락을 받아
내다

---

26 A Could you _____ aside what you
are doing right now and help me?
B I'm sorry, I'm very busy myself.

(a) shoot
(b) put
(c) give
(d) choose

A: 지금 하는 일 잠시 멈추고 나 좀 도와줄 수 있겠니?
B: 미안해, 지금 너무 바쁘거든.

➔ put aside는 '제쳐놓다, 저축하다' 등의 의미를 지니고 있으므로
지금 하는 일 '잠시 멈추고' 나 좀 도와달라는 A의 문장에 적합한 표
현이 될 수 있다. 보기에서 주어진 동사들 중에 aside와 어울리는 것
은 put밖에는 없다는 사실도 알아두자.

put aside 제쳐놓다, 치우다, 저축하다

27 A The bar across the street was closed down for hiring minors.

B I just heard it yesterday. They can't run it again until _____ notice.

(a) advanced
(b) overt
(c) further
(d) farther

A: 길 건너 술집이 미성년자를 고용했다고 문을 닫았어.
B: 나도 어제 이야기 들었어. 추가 통보를 받을 때까지는 술집을 다시 운영할 수 없데.

○ 미성년자들을 고용한 게 걸려서 잠시 문을 닫아야만 한다. '이 일이 있은 후에 이어질 통보가 올 때까지는' 이라는 의미가 그 뒤에 자연스럽게 이어질 수 있다. further와 farther를 구분할 필요가 있다. further는 '시간'의 개념에서 정도의 의미를 나타내며, farther는 '거리' 개념에서 정도를 나타내므로 문제에서 요구하는 것은 시간의 개념을 함축하고 있는 추후 통보(further notice)가 더 적합한 표현이 된다.

close down 문을 닫다 **further notice** 추가 통보[통지] **advanced** 진보한, 진보적인 **overt** 명백한, 공공연한

---

28 The urgent and unplanned work is really _____ up these days.

(a) building
(b) piling
(c) stacking
(d) standing

요즘 급하고 계획에도 없던 일들이 쌓이고 있다.

○ 일이 쌓이고 있다는 의미가 되므로 piling이 빈칸에 필요하다. build up은 '건설하다, 만들다', stack up은 물건을 쌓아서 잘 정돈해 놓은 것을 말하므로 어울리지 못한다.

urgent 긴급한, 촉박한 **build up** 건설하다, 만들다 **pile up** 쌓이다 **stack up** (산더미 같이) 쌓이다 **stand up** 서다, 바람맞히다

---

29 I need time to think before I _____ what to do.

(a) decide
(b) determine
(c) figure out
(d) resolve

난 무엇을 해야 할지 결정하기 전에 생각할 시간이 필요해.

○ decide, determine, resolve가 모두 '결정하다, 결심하다' 라는 의미를 갖고 있지만 차이가 있다. decide는 간단하게 '무엇을 하기로 결정하다' 는 뜻이다. determine은 '어떤 문제를 이것 저것 고려해서 심각하게 결정하다' 는 의미이므로 어울리지 못한다. resolve는 지금까지 해왔던 일을 다른 방향으로 선회해서 하기로 결심하는 것으로 의미하므로 정답이 아니다.

decide 결정하다, 결심하다 **determine** 결정하다, 결심하다 **figure out** 알아내다, 해결하다 **resolve** 결정하다, 결심하다

---

30 Jason's _____ personality helps him in his job as an automobile dealer.

(a) apathetic
(b) languid
(c) torpid
(d) vivacious

제이슨의 쾌활한 성격은 자동차판매업자라는 그의 직업에 많은 도움이 된다.

○ languid(무기력한), torpid(둔한), apathetic(무감각한)은 salesperson으로의 자질로 보기엔 많이 어울리지 못하는 성격이다. 따라서 정답은 '활발한' 을 의미하는 vivacious가 된다.

apathetic 무감각한, 냉담한 **languid** 노곤한, 무기력한, 맥없는 **torpid** 움직이지 못하는, 둔한, 무신경한 **vivacious** 생기있는, 활발한

31 The company's improved _____ is starting to show up in increased profits.

(a) deficiency
(b) scarcity
(c) efficiency
(d) poverty

회사의 개선된 효율은 이윤 증대로 나타나기 시작했다.

🔵 회사의 이윤이 늘어나게 만든 것은 deficiency, scarcity(부족, 결핍), poverty(가난)보다는 efficiency(효율)가 되어야 의미가 통한다.

show up 나타나다 **deficiency** 부족, 결핍 **scarcity** 부족, 결핍 **efficiency** 효율, 능률 **poverty** 빈곤, 가난

---

32 You have to read _____ the lines to understand the nutritional information on the package.

(a) among
(b) between
(c) into
(d) through

포장지의 식품정보를 이해하려면 행간의 의미를 읽을 줄 알아야 한다.

🔵 read between the lines는 '글이나 말 속에 숨겨진 본래의 의미를 파악하다'라는 의미이다.

read between the lines 행간의 의미를 읽다

READING COMPREHENSION • P.182

33 The University's second History of East African Nomads seminar will be held in Folwell Hall at 3:15 p.m. on Wednesdays. Dr. Abdi Rahman will be presenting his latest research on Somali tribal existence. Every student must attend seven of the ten speeches. You can find a detailed list of the lecture topics and information about the speakers in your course syllabus. Additional questions should be directed to your TA. For each talk that you attend, you must submit _____ to your TA by the following class.

(a) a five-page paper
(b) a reason for your absence
(c) a class syllabus
(d) a list of speeches

동아프리카 유목민의 역사에 관한 두 번째 대학 세미나가 폴웰에서 수요일 오후 3시 15분에 열릴 예정입니다. 아브디 라흐만 박사님은 소말리아 부족의 생활에 대한 그의 최근 연구에 관해 발표할 것입니다. 모든 학생들은 10개의 강연 중에 7개를 참석해야만 합니다. 여러분은 강의계획표에서 강연 주제에 대한 세부적 리스트와 강연자에 대한 정보를 보실 수 있습니다. 추가적인 문의 사항은 여러분의 담당 조교에게 직접 물어보시기 바랍니다. 다음 수업까지 여러분이 참석하는 각각의 발표에 관한 5페이지 분량의 보고서를 담당 조교에게 제출해야 합니다.

(a) 5페이지 분량의 보고서
(b) 결석에 관한 사유서
(c) 강의 시간표
(d) 강의 목록

🔵 이 글은 세미나 강좌에 관한 공지사항이다. 이 세미나는 'Every student must attend seven of the ten speeches'에서 알 수 있듯이, 모든 학생들이 꼭 들어야하는 강의로 구성되어 있다. 빈칸이 있는 문장을 보면, 참석한 강의에 대하여 학생들은 무엇인가를 제출하여야 한다(you must submit ~). 강의에 참석한 학생이 제출하는 것이므로, (b)는 정답이 아니다. 참석한 강의에 대한 것이므로 (c), (d) 또한 정답이 될 수 없다. 가능한 정답은 (a)이다.

present 발표하다 **tribal** 부족, 종족의 **existence** 존재 **detailed** 상세한 **syllabus** (강의의) 개략, 요강 **TA** 조교 (teaching assistant) **submit** 제출하다

34 With the massive economic growth in the 1960s came increasing opportunities for women in the workplace. Within a decade, women accounted for 38% of workers. Yet, even with these gains and their increasing levels of education, women found themselves shut out of many jobs. They also were paid less than their male counterparts. Women began to _____. The women's rights movement that began among women of the American middle class quickly transplanted itself in other Western nations.

(a) increase their working hours
(b) leave the workforce in large numbers
(c) silently accept their situation
(d) organize protests against these injustices

1960년대의 거대한 경제성장은 직장 여성들에게 기회를 넓혀 주었다. 10년 만에 여성들은 노동력의 38%를 차지했다. 그러나 이러한 증진과 그들의 높아진 수준의 교육에도 여성들에게는 많은 직업의 문이 닫혀 있었다. 그들은 또한 같은 지위에 있는 남성들에 비해 적은 봉급을 받았다. 여성들은 이러한 부당함에 대하여 항의를 조직하기 시작했다. 미국의 중산층 여성들 사이에서 시작된 여성들의 인권 운동은 다른 서구 국가들로 곧 파고들었다.

(a) 그들의 노동시간을 증가시키기
(b) 많은 수의 노동인력을
(c) 그들의 상황을 묵시하기
(d) 이러한 부당함에 대한 항의를 조직하기

🔵 전체 내용의 문맥을 파악해야 하는 문제이다. 내용의 흐름을 이해하는데 도움이 되는 단서는 'Yet, even with these gains and their increasing levels of education ~'에서 찾을 수 있다. 1960년대에 들어 여성의 일자리 기회와 교육향상에도 불구하고 여성은 남성에 비해 불평등한 대우를 받게 되었다는 내용이다. 따라서 이러한 불의에 대한 항의를 조직했다는 내용이 적절하다.

account for (~의 비율을) 차지하다 counterpart 동(同)자격자, 상대 transplant (제도 등을) 이식하다 workforce 노동 인구 organize protest against ~에 대한 항의를 조직하다

---

35 The latest trend on everyone's wine list seems to be the Beaver Lake Pinot Noirs. These bottles are a must-have for any wine aficionado and it seems that no matter what bottle you find in the store, it's priced as though it were a Chateau Margaux or some other fantastic label. It's true that Beaver Lake, Oregon has been producing wonderful volumes from this grape. _____, wine buyers must remember that Pinot Noir does well in cold weather and the Oregon summers can be very inconsistent. Certain years will always triumph over others in this market.

(a) Therefore
(b) Plus
(c) But
(d) By the way

최근 모든 사람들의 와인 리스트를 보면 비버레이크의 피노누아가 대세이다. 피노누아로 만들어진 와인은 와인 애호가라면 누구든지 반드시 구입해야 할 와인이다. 상점에서 어떤 병을 집어 보던지 간에 피노누아 라벨에도 샤또 마고나 다른 유명 포도주 라벨에서 볼 수 있는 것과 비슷한 가격이 붙어 있다. 오리건 주 비버레이크가 피노누아 품종을 가지고 엄청난 양의 포도주를 생산해온 것은 사실이다. 그러나, 와인소비자들은 피노누아가 추운 날씨에서 잘 자란다는 것과 오리건 주의 여름 날씨가 매우 불규칙적일 수 있다는 점을 기억해야 한다. 어떤 해에는 다른 품종이 이 시장에서 점유율을 높일 가능성이 있는 것이다.

(a) 따라서
(b) 더하여
(c) 그러나
(d) 그건 그렇고

🔵 우선 Pinot Noir가 포도품종이라는 사실을 아는 것이 중요하다. 빈칸 앞 문장은 오리건 주의 비버레이크가 피노누아 품종으로 와인 생산을 성공적으로 해왔다는 내용을 말하고 있다. 빈칸 뒤 문장은 오리건 주 여름날씨의 불규칙성을 언급하는데 이는 앞에서 언급된 오리건 주의 성공적인 와인 대량 생산에 좋지 않은 영향을 주는 요인이다. 따라서 빈칸에는 앞뒤 내용이 서로 상반된 관계임을 보여주는 단어가 와야 한다. 따라서 답은 (c) But이다.

trend 동향, 경향 aficionado 애호가 a great deal of 다량의, 상당량의 triumph over 성공하다, 이기다

36 Everyday the average human creates 3.5 pounds of trash. Sounds like a challenge? It's easier to do than you think. Brush your teeth, rinse, toss the paper cup. Shave with a disposable razor. Comb your hair – oops, a couple of comb teeth snapped off: into the garbage the comb goes. For breakfast, a single-serving cereal box and a juice-in-a-box. There's no time to do dishes, so use a paper bowl and plastic spoon. Off to work, buying a cup of coffee and newspaper on the way. And on through the day...

Q What is the topic of this passage?

(a) Meeting a quota
(b) Producing too much waste
(c) Reducing human's garbage
(d) Overeating and not exercising

사람들은 평균적으로 매일 3.5파운드 쓰레기를 배출한다. 쉬운 일이 아닌 것처럼 들릴 수도 있겠지만 이 할당량을 채우는 것은 생각보다 쉬운 일이다. 이를 닦고, 헹구고, 종이컵을 던져 버린다. 일회용 면도칼로 면도한다. 머리를 빗는다 — 저런! 빗살이 톡 부러졌군. 그러면 쓰레기통에 버리고. 아침식사로 한 끼용 콘플레이크와 팩에 든 주스. 설거지할 시간이 없으니 종이 그릇과 플라스틱 스푼을 사용한다. 출근하면서 오는 길에 커피 한 잔과 신문을 사 온다. 그리고 하루종일 계속…

Q: 이 글의 주제는?

(a) 할당량을 채우는 것
(b) 너무 많은 쓰레기를 만드는 것
(c) 사람의 쓰레기를 줄이는 것
(d) 과식과 운동하지 않는 것

○ 첫 문장은 하루에 사람들이 평균적으로 배출해내는 쓰레기의 양을 나타낸다. 이후에 나오는 모든 문장들은 계속해서 사람들이 하루 동안 그 많은 쓰레기를 어떻게 배출하고 있는지를 보여주고 있다. 따라서 (b)가 정답이 된다. 쓰레기를 줄이는 대책은 전혀 나오지 않고 있으므로 (c)는 정답이 아니다.

trash 쓰레기 quota 할당량 disposable 일회용인 comb 빗질하다 single-serving 일인분, 혼자 먹을 수 있는 양 off to 출발하다

---

37 You can hike in the Alaskan wilderness for a week and see nothing but the spectacular wildlife without a soul in sight. You can see caribou and moose in their native habitat. Yet, a quick turn off the trail will bring you into a town for a hot cup of coffee or a bed to sleep on. Still, it is possible to be alone with your thoughts in America's last great frontier.

Q Which of the following agrees with the ideas of the writer?

(a) The Alaskan wilderness is very lonely.
(b) Towns are great places to visit.
(c) People are crowding out the Alaskan wilderness.
(d) The Alaskan wilderness is a place for rest and solitude.

당신은 일주일 간 알래스카의 자연 속을 여행하며 사람은 전혀 찾아볼 수 없는 오직 웅장한 야생만을 볼 수 있습니다. 천연서식지에 삼림순록과 말코손바닥사슴을 볼 수 있습니다. 하지만 산길 옆으로 조금만 빠져나가도 뜨거운 커피와 잠을 청한 침대가 있는 마을로 나갈 수 있습니다. 그러나 여전히 미국의 마지막 위대한 미개척지에서 홀로 사색에 잠길 수 있습니다.

Q: 다음 중 어떤 글이 필자의 생각과 동일한가?

(a) 알래스카의 자연은 매우 외롭다.
(b) 마을은 가보기 훌륭한 곳들이다.
(c) 알래스카 야생에는 사람들로 붐빈다.
(d) 알래스카의 자연은 안식과 고독에 합당한 곳이다.

○ 필자는 인적이 드문 알래스카의 자연을 만끽하는 장면을 묘사하고 있다. 그런 곳에서 홀로 보내는 시간을 매우 낭만적이고 편안하게 그리고 있다. 이상의 내용과 일치하는 예문은 (d)뿐이다.

wilderness 황야, 황무지 without a soul in site 아무도 없는 (soul은 사람을 지칭) wildlife 야생 caribou 순록 moose 말코손바닥사슴 native habitat 천연서식지 alone with (one's) thoughts 홀로 생각에 빠진, 홀로 사색에 잠긴 frontier 미개척지 solitude 고독

38 The Vietnam War changed American values in numerous ways. Along with the loosening of moral attitudes and an increased idea of individualism, demonstrations over the war increased the idea of "people power." Daily media coverage challenged viewers to face the full effects of war. Finally with the United States pullout and the Communist victory, people saw that the U.S. could be defeated – something that could never have been believed before.

Q Which is correct according to the passage?

(a) Before the Vietnam War, few imagined the U.S. could lose a war.
(b) Demonstrations had little impact on society.
(c) There was little coverage of the war.
(d) The war strengthened conventional morals.

베트남 전쟁은 미국인들의 가치관을 여러 면에서 바꿔놓았다. 도덕성의 해이와 개인주의적 관념의 성장과 함께 '대중의 힘'이라는 개념이 전쟁을 반대하는 시위를 통해 증진되었다. 언론의 일일보도는 시청자들이 전쟁의 생생함을 직면하도록 도전했다. 마침내 미국의 철수와 공산당의 승리와 함께, 종전에는 믿어지지 않았던 사실, 미국도 패배할 수 있다는 사실이 증명되었다.

Q: 이 글의 내용과 일치하는 것은?

(a) 베트남 전쟁 전, 미국이 전쟁에 질 것이라고 상상한 사람은 거의 없었다.
(b) 시위는 사회에 거의 영향을 미치지 않았다.
(c) 전쟁에 대한 보도는 미미했다.
(d) 전쟁은 기존 도덕성을 강화했다.

🔵 우선 반전 demonstration이 people's power를 증진시킬 정도로 영향을 미쳤으므로 (b)는 사실이 아니다. 언론의 전쟁 보도는 전쟁의 full effect를 시청자에게 잘 보여주었다고 하므로 (c) 역시 사실이 아니다. 또한 지문은 도덕성이 loosening(느슨해짐)했다고 말한다. 그와 반대로 말하는 (d)도 정답이 아니다. 정답은 지문 맨 마지막 줄과 내용이 일치하는 (a)이다.

numerous 셀 수 없이 많은 **loosen** 느슨해지다
individualism 개인주의 **demonstration** 데모, 시위 운동
pullout 철수 **be defeated** 패배하다 **impact** 영향, 효과
conventional 기존의, 일반적인

---

39 When it comes to polishing wood, there are many options but the three most important are French polish, oil polish and wax polish. While all of these can be bought in a store, all can be made simply in the workshop. French polish is made by dissolving 3/4 of a cup of shellac with 1 1/4 cups of alcohol. Oil polish is simply boiled flax oil. Wax polish is turpentine which has beeswax dissolved in it.

Q What can be inferred about French polish?

(a) It is hard to make.
(b) Its ingredients are alcohol and shellac.
(c) It is difficult to gather materials.
(d) It is less well known than oil polish.

목재 광택 작업을 할 때 많은 선택사항이 있겠지만 가장 중요한 세 가지는 프랑스 광택제, 오일 광택제 그리고 왁스 광택제이다. 이 모든 광택제들을 상점에서 구입할 수도 있지만 작업실에서도 쉽게 만들 수 있는 것들이다. 프랑스광택제는 셸락 4분의 3컵을 알코올 1과 4분의 1컵에 녹여 만들 수 있다. 오일 광택제는 한마디로 끓여진 아마오일이다. 왁스 광택제는 밀랍이 녹아있는 송진이다.

Q: 프랑스 광택제에 대해 추론할 수 있는 것은?

(a) 만들기 어렵다.
(b) 성분은 알코올과 셸락이다.
(c) 재료를 모으는 것이 어렵다.
(d) 오일 광택제보다 덜 알려져 있다.

🔵 프랑스산 광택제를 포함한 재료들은 made simply하므로, 그것을 만들기 어렵다거나 재료를 모으는 것이 어렵다는 (a)와 (c)는 사실이 아니다. 프랑스 광택제가 오일 광택제보다 인지도가 더 있는지 없는지는 글이 제공하지 않으므로 (d)의 사실 여부는 확인 불가하다. 대신 글은 셸락을 알코올로 녹여서 프랑스 광택제를 만든다고 했으므로 답은 (b)이다.

polish 윤내다, 닦다; 광택제 **dissolve** 용해하다, 분해하다
shellac 셸락 도료 **flax** 아마 **turpentine** 송진 **beeswax** 밀랍 **ingredient** 성분, 원료, 재료

40 The average American child is exposed to three or four hours of television per day. (a) Research shows that prolonged exposure to violence on television can promote aggression in children. (b) Studies have found similar aggressive behaviors in children who play violent videogames. (c) Instead, parents should encourage their children to read books or become involved in sports. (d) Young children in particular often imitate what they see on television.

보통 미국 아이들은 매일 서너 시간 동안 텔레비전에 노출되어 있다. (a) 연구 결과에 따르면 아이가 텔레비전에서 폭력을 오랫동안 보게 되면, 공격성이 커지는 것을 보여준다. (b) 연구 결과들은 폭력적인 비디오게임을 하는 아이들에게서 비슷한 공격적인 행동을 발견했다. (c) 그 대신에, 부모들은 아이들이 책을 읽거나 운동을 하도록 격려해야 한다. (d) 특히 어린아이들은 텔레비전에서 본 것을 자주 흉내낸다.

◐ 텔레비전에서 보여주는 폭력이 아이들에게 끼치는 나쁜 영향에 대한 내용이다. 폭력적인 텔레비전과 비디오게임이 아이들의 공격성을 기르는 예로 나열되고 있는데 (c)는 폭력성이나 공격성과는 다른 내용이 나오고 있다. 따라서 (c)가 정답이다.

expose 노출하다, 드러내다   **prolonged** 장기의, 오래 끄는
aggression 호전성, 공격성   **encourage** 격려하다, 장려하다
imitate 모방하다, 흉내내다

LISTENING COMPREHENSION · P.188

1 W I heard that your family lost everything.

M _____

(a) We don't have a chance.
(b) The pickpocket was wearing black.
(c) Yeah, we're totally bankrupt now.
(d) Your pockets look empty.

W: 당신 가족이 모든 걸 잃었다면서요?

M: _____

(a) 우리는 기회가 없다.
(b) 소매치기는 검은색을 입고 있었다.
(c) 예, 우린 완전히 파산 상태입니다.
(d) 당신의 주머니가 빈 것처럼 보입니다.

○ lost everything은 '파산한 상태'를 의미한다. '파산했다'는 표현에는 I'm bankrupt, I don't have a red cent. 등이 있다. (d)는 My pockets are empty.라고 했으면 정답이 되었을 것이다.

totally bankrupt 완전히 파산한 **pickpocket** 소매치기범 **empty** 텅 빈, 없는

2 W Mr. Frank, what can I do to help my daughter at home?

M _____

(a) I'm just glad I found her at the park.
(b) Well, perhaps you can get her a tutor.
(c) Her grades are very poor.
(d) I think she needs to go to school.

W: 프랭크 씨, 집에서 딸아이를 도와주려면 어떻게 해야 할까요?

M: _____

(a) 공원에서 딸아이를 찾아서 기쁠 뿐입니다.
(b) 글쎄요, 가정 교사를 구해 주셔도 될 거예요.
(c) 아이 성적이 형편없습니다.
(d) 아이가 학교에 가야 할 것 같아요.

○ 학부모가 자녀를 걱정하면서 선생님한테 조언을 구하는 상황이다. (a)는 help, daughter만 대충 들으면 고를 수 있는 대답이고, (c)는 학부모가 할 말이므로 적당하지 않다.

tutor 가정 교사 **grate** 성적

3 W Professor Garriet, could you explain that again?

M _____

(a) I will explain this in more detail later on.
(b) I don't know what you men want.
(c) I still don't understand your explanation.
(d) You are taking too much time explaining.

W: 게리엇 교수님, 그걸 다시 한번 설명해 주시겠어요?

M: _____

(a) 이것은 나중에 좀 더 자세히 설명하겠네.
(b) 자네가 뭘 원하는지 모르겠네.
(c) 아직도 교수님의 설명을 이해하지 못하겠습니다.
(d) 교수님은 설명하는데 너무 많은 시간이 걸립니다.

○ 학교 수업과 관련된 표현을 묻는 문제이다. 수업 중에 내용 설명을 반복해달라는 요청을 표현했다. (c), (d)는 학생이 할 수 있는 말이지 그 말을 받은 교수가 할 수 있는 말이 아니다. 나중에 상세히 설명해주겠다는 (a)가 가장 적당한 대답이다.

in detail 상세히 **take too much time -ing** ~하는 데 너무 많은 시간이 걸리다

4 **W** Do you need a few more minutes to decide?

M _____

(a) No, we're ready to order now.
(b) No, I haven't made my decision yet.
(c) Yes, It's up to you to decide.
(d) I'm alright, thanks.

W: 결정하는 데 시간이 좀 더 필요하세요?

M: _____

(a) 아니요, 지금 주문할 겁니다.
(b) 아니요, 아직 결정을 내리지 못했습니다.
(c) 예, 결정하는 것은 당신에게 달려있습니다.
(d) 전 좋습니다, 고맙습니다.

○ 주문할 것을 결정했는지를 묻고 있다. 결정했으면 그렇다고 하든지, 아니면 좀더 시간을 달라는 답이 가능하다. 이 문제는 약간의 함정이 있는데, 뭘 먹을지 결정했느냐가 아니라 결정하는데 시간이 더 필요하냐고 묻고 있어서 yes와 no가 반대로 연결된다는 것이다. 따라서 (b)와 같은 경우는 표현을 완벽하나 앞의 No와 뒤의 응답이 맞지 않아 답이 될 수 없다.

decide 결정하다

---

5 **M** I would like to file a letter of complaint to the head of our department.

W _____

(a) You don't have much experience in this field.
(b) I don't think it will get you anywhere.
(c) Look in the file cabinet.
(d) The department head has no complaints.

M: 부장님께 탄원서를 제출하고 싶습니다.

W: _____

(a) 자넨 이 분야에서 경험이 많지 않아.
(b) 그런다고 해서 달라지는 것은 없을 거네.
(c) 파일 캐비닛을 찾아보세요.
(d) 부서장은 불만이 없습니다.

○ (d)는 앞에 말한 유사한 어휘들로 함정을 만들고 있다. 동일한 단어가 다시 나오는 경우 답이 아닌 경우가 많지만 항상 그런 것은 아니므로 주의 깊게 들어야 한다. 탄원서를 낸다고 할 때의 응답은 불만이나 문제가 무엇인지(What seems to be the problem?)를 묻는게 일반적인데, 여기서는 그래도 소용없다고 하는 (b)가 된다.

file 제출하다 **complaint** 불평(거리) **head of department** 부서장 **field** 분야

---

6 **W** What kind of flowers did you have in mind, Sir?

M _____

(a) I'd like a floral arrangement.
(b) Short-stemmed flowers are too expensive.
(c) What would you like the card to say?
(d) I love to see the flowers grow each day.

W: 어떤 꽃을 마음에 두고 계신가요, 손님?

M: _____

(a) 꽃꽂이 된 걸 사고 싶어요.
(b) 짧게 가지 친 꽃들은 너무 비싸요.
(c) 카드에 뭐라고 적어드릴까요?
(d) 꽃이 매일매일 자라는 걸 보는 게 좋아요.

○ 꽃가게(florist)에서 일어나는 대화이다. have something in mind는 '~를 맘에 두고 있다, 염두에 두고 있다' 는 의미로 선물가게 등 물건 사러 갔을 때 점원에게서 흔히 듣는 말이라고 하겠다. 염두에 두고 있는 것을 말하면 되므로 (a)가 적절한 대답이 된다.

floral arrangement 꽃꽂이 **short-stemmed** 짧게 가지 친

7 **M** What's the going rate for condos on Lake Shore Drive?

   W _____

   (a) They're all sold out.
   (b) That neighborhood has more apartments than condos.
   (c) They're selling like hot cakes.
   (d) Anywhere from $150,000 to $3,500,000.

M: 레이크 쇼 드라이브에 있는 콘도의 현 시가는 얼마죠?
W: _____
(a) 매진입니다.
(b) 그 인근지역은 콘도보다 아파트가 더 많습니다.
(c) 그것들은 날개돋친 듯 팔립니다.
(d) 15만 달러에서 350만 달러에 이르기까지 다양합니다.

🔵 rate는 '비율'을 나타내지만 '요금'을 가리킬 때도 자주 쓰인다. 호텔의 객실 요금, 전화 요금, 우편 요금 등도 rate를 사용한다.

going rate 현 시가 sold out 매진되다 sell like hot cakes 날개돋친 듯 팔리다

---

8 **W** I'm using the keyboard, but nothing is happening.

   M _____

   (a) Perhaps you should take it to the repair center.
   (b) Perhaps you should use the mouse.
   (c) I don't think you can help me.
   (d) How much is the repair estimate?

W: 키보드를 사용하고 있는데, 아무 반응이 없어요.
M: _____
(a) 수리점에 갖고 가야 할 것 같군요.
(b) 마우스를 사용해야 할 것 같군요.
(c) 당신이 날 도와줄 수 있을 것으로 생각하지 않아요.
(d) 수리비는 얼마나 나왔나요?

🔵 이 대화에서 nothing is happening은 '키보드가 안 먹어요'를 의미한다. 고장 났을 때는 고치는 방법을 알려 주는 것이 보통이고 이 문제처럼 다른 경우는 수리점에 가져가라고 하는 것이 일반적인 대화일 것이다.

nothing is happening 아무 반응도 일어나지 않다 repair center 수리점

---

9 **M** That movie was great!
   W Really? I thought it was terrible.
   M Why?
   W _____

   (a) The locations and set design were excellent.
   (b) The acting was great.
   (c) The soundtrack was incredible.
   (d) The story was so boring.

M: 저 영화는 정말 재미있었어!
W: 정말? 난 형편없었다고 생각했는데.
M: 왜?
W: _____
(a) 야외 촬영과 무대 디자인도 훌륭했어.
(b) 연기가 좋았어.
(c) 사운드 트랙이 엄청났어.
(d) 스토리가 정말 지루했어.

🔵 영화가 terrible한 합당한 이유가 와야 한다. 가장 좋지 않은 이유를 골라야 한다. '좋다'는 표현에는 great, terrific, incredible, awesome, cool 등을 사용한다.

terrible 형편없는, 지독한 terrific 훌륭한 incredible 놀라운, 엄청난, 믿겨지지 않는 boring 지겨운

10 **W** Don't worry about a thing, Mr. and Mrs. Wood.

  M I trust that my kids are in good hands with you.

  W Yeah, I'll take good care of them.

  M _____

  (a) Oh, and if anyone calls, please take a message.
  (b) Don't come here again!
  (c) Can you baby-sit for us tonight?
  (d) Do you get the message?

W: 너무 걱정하지 마세요, 우드 내외분.
M: 당신이 제 아이들을 잘 돌볼 거라 믿어요.
W: 예, 아이들을 잘 돌보겠어요.
M: _____

(a) 아, 그리고 어디서 전화가 오거든 메세지를 받아 주세요.
(b) 다시는 여기 오지 말아요!
(c) 오늘밤 우리 대신해서 아기를 봐줄 수 있어요?
(d) 메시지 받으셨나요?

❍ 빈칸에는 베이비시터에게 아이를 맡기고 가면서 부모가 할 말이 나와야 한다. (b)는 맡기고 가는 입장에서 반대 상황이므로 역시 어울리지 않는다. (c)는 이미 맡긴 상태이므로 해당되지 않는 말이다.

be in good hands ~가 잘 돌보고 있다 **baby-sit** 아이를 봐주다 **take a message** 메모를 받아 두다

---

11 **W** Did you drop my suit off at the cleaners?

  M Yeah, on my way home from the supermarket.

  W When can I pick it up?

  M _____

  (a) They'll pick you up at 3:00.
  (b) I can pick it up at noon.
  (c) Anytime tomorrow after 11:00.
  (d) Did you buy any vegetables?

W: 내 옷을 세탁소에 맡겨 놓았나요?
M: 응, 슈퍼마켓에서 집에 오는 길에 맡겼어.
W: 언제 찾을 수 있죠?
M: _____

(a) 그들이 당신을 3시에 마중 나갈거야.
(b) 정오에 찾을 수 있어.
(c) 내일 11시 넘어서 아무 때나.
(d) 채소는 좀 사왔나요?

❍ 세탁소와 관련된 대화이다. drop something off는 '~을 맡기다' 혹은 '~을 중간에 내려주다' 라는 의미로 사용된다. pick up은 '맡긴 것을 찾아온다' 는 의미 외에도 '차로 마중 나가다' 는 의미로도 사용된다. 세탁 맡긴 것을 언제 찾을 수 있는지 시간을 묻고 있으므로 (c)가 정답이 된다.

drop off 맡기다, 내려놓다 **pick up** (차로 사람을) 마중 나가다

---

12 **W** I can't believe how terrible your work has been lately!

  M Really? I thought I was doing okay.

  W Hardly. Your work is headed for the junk heap!

  M _____

  (a) Please don't give me junk.
  (b) That's just someone else's junk.
  (c) You need to quit this job.
  (d) So you want me to quit?

W: 지난번에 당신이 한 일은 정말 끔찍했습니다!
M: 그래요? 난 잘 했다고 생각했는데.
W: 전혀 아닙니다. 당신이 한 일은 완전히 쓸모 없다고요.
M: _____

(a) 제발 시시한 일을 제게 주지 마세요.
(b) 그건 다른 사람들이 버린 물건입니다.
(c) 당신은 이 일을 그만둘 필요가 있습니다.
(d) 그래서 제가 그만두길 원하시나요?

❍ 문맥을 파악할 수 있는 키워드는 terrible, junk heap이다. (a)는 junk라는 단어를 통해 혼동을 주고 있고, (b)는 엉뚱한 대답이다. Never mind.는 Just forget it. It was nothing.과 같은 의미이다.

terrible 끔찍한 **head for** ~로 향하다 **junk heap** 엉망 **junk** 시시한 일, 폐물 **quit** (직장, 일을) 그만두다

13
M I think we should use paper clips instead of stapling everything.
W Why? Staples are a lot cheaper than paper clips, aren't they?
M Yes, but we can reuse the paper clips.
W _____

(a) I guess you have a point there.
(b) My stapler is gone somewhere.
(c) Please don't waste so much paper.
(d) I agree. We should buy staplers.

M: 내 생각엔 우리가 스테이플러 대신 클립을 사용해야 할 것 같아요.
W: 왜죠? 스테이플러가 클립보다 훨씬 싸지 않나요?
M: 예, 하지만 클립은 재사용할 수 있어요.
W: _____

(a) 당신의 말이 맞는 것 같군요.
(b) 내 스테이플러가 어디로 사라졌어요.
(c) 그렇게 많은 종이를 낭비하지 마세요.
(d) 동의합니다. 스테이플러를 사야 합니다.

🔵 남자는 재사용할 수 있다는 이유로 stapling보다 paper clip을 사용해야 한다고 말하고 있다. '제대로 지적했다'는 대답인 (a)가 정답이다.

instead of ~ 대신에 **stapler** 스테이플러용 철심, 스테이플러로 고정시키다

14
M Hi. Can I help you?
W I hope so. I lost my purse in your store the other day.
M That's terrible. What does it look like?
W _____

(a) It has a great sense of humor.
(b) It's black and has a blue handle.
(c) I think I was here on Thursday.
(d) He is about 3 feet tall and has long hair in a ponytail.

M: 안녕하세요. 도와드릴까요?
W: 그래요. 지난번에 이 가게에서 핸드백을 잃어버렸거든요?
M: 그거 안됐군요. 어떻게 생겼나요?
W: _____

(a) 유머감각이 넘쳐나요.
(b) 검은색이고 파란색 손잡이가 달려 있습니다.
(c) 목요일에 이곳에 있었던 것 같습니다.
(d) 키는 약 3피트 정도이며 머리는 길게 뒤로 땋았습니다.

🔵 여자가 핸드백을 분실했고 남자는 핸드백 모양이 어떤지를 묻고 있다. (c)는 핸드백의 모양을 설명하는 것이 아니라 Where and When did you put it?에 대한 대답이다.

purse 핸드백 **sense of humor** 유머 감각 **ponytail** 뒤에서 묶어 아래로 드리운 머리

15
W Hi, honey. How was your day at work?
M Terrible. It was one of the worst days of my life.
W Why? What happened?
M _____.

(a) I was promoted to director.
(b) I can't believe what you are saying.
(c) I was fired.
(d) I want you to work today.

W: 어서 와요. 회사 일은 어땠어요?
M: 형편없었어. 내 생애 중 최악의 날 중 하루였어.
W: 왜 그래요? 무슨 일인데요?
M: _____

(a) 이사로 승진했어.
(b) 당신이 한 말을 믿을 수가 없어.
(c) 나 해고됐어.
(d) 당신이 오늘 일하길 원해.

🔵 퇴근 후 직장에서의 하루에 대해 묻는 대화다. Terrible, the worst days of my life이라는 말이 나왔으므로 What happened?에 대한 대답으로는 많이 안 좋은 말이 나와야 한다.

work 직장 **terrible** 끔찍한 **promote** 승진하다 **fire** 해고하다

16 M I'm sorry for being late. My daughter was sick this morning, so I had to take her to the doctor.
W Oh, I'm sorry to hear that. Is she okay?
M Yes. She's feeling much better, but she has to take medication.
W Maybe you should take the day off.
M Are you sure that's okay?
W Don't worry about it. Go take care of your daughter. I understand.

Q What is the main point of the conversation?

(a) The woman should never be late to work.
(b) If you're late to work, you'll get the day off.
(c) The doctor told her to be late.
(d) A child's health is more important than work.

M: 늦어서 죄송합니다. 오늘 아침에 딸아이가 아파서 병원에 좀 데리고 가느라구요.
W: 저런, 안됐군요. 이제 애는 괜찮나요?
M: 네. 훨씬 나아졌어요. 하지만 약은 먹어야 하나 봅니다.
W: 하루 쉬는 게 나을 것 같네요.
M: 정말 그렇게 해도 괜찮겠습니까?
W: 걱정 말고 가서 딸아이나 잘 돌봐주세요. 다 이해하니까요.
Q: 대화의 주안점은 무엇인가?

(a) 여자는 회사에 늦어선 안된다.
(b) 지각하게 되면, 하루를 결석하게 된다.
(c) 의사가 지각하라고 말했다.
(d) 아이의 건강이 일보다 더 중요하다.

◆ 회사에서 지각한 상황이다. late, daughter, doctor 등이 핵심어이다. take the day off 는 하루 쉬다는 의미. take the rest day off는 조퇴하다라는 의미이다. medication은 통칭으로 약이고 medicine은 병을 위한 구체적인 약품을 칭한다.

take medications 약을 먹다 **take a day off** 하루 쉬다 **take care of** 돌보다

---

17 M I heard a rumor that Hillary Clinton was running for president.
W It's not a rumor. It's true.
M How do you know for sure?
W I met Hillary Clinton at a Democratic fund-raiser last week.
M What did she say? Did you hear it straight from the horse's mouth?
W She told me that she was absolutely sure of running.

Q Which of the following best summarizes the conversation?

(a) The man is discussing his candidacy for president.
(b) The woman wants to learn how to ride horseback.
(c) The woman is confirming the rumor of Clinton's candidacy.
(d) Hillary Clinton is running against the man.

M: 소문을 들어보니 힐러리 클린턴이 대통령에 출마한다던데.
W: 소문이 아니야. 사실이야.
M: 확실한지 어떻게 알았니?
W: 지난주 민주당 기금을 모을 때 힐러리 클린턴을 만났거든.
M: 뭐라고 말했니? 직접 들었다는 얘기야?
W: 분명히 출마한다고 나한테 말했어.
Q: 다음중 대화를 가장 잘 요약한 것은?

(a) 남자는 자신의 대통령 출마에 관해 논의하고 있다.
(b) 여자는 말타는 법을 배우고 싶어한다.
(c) 여자는 클린턴의 출마 소문을 확인시켜주고 있다.
(d) 힐러리 클린턴은 남자와 대결한다.

◆ 대화는 Hillary Clinton이 대통령에 출마한다는 내용을 확인하는 내용이다. 남자가 출마한다는 (a), 여자가 말타는 법을 배우고 싶다는 (b), 힐러리 클린턴이 남자와 대결한다는 (d)는 대화의 내용과 거리가 멀다.

rumor 소문 **Democratic** 민주당 **straight from the horse's mouth** 직접 본인한테서 **candidacy** 입후보 **ride horseback** 말타는 것을 배우다 **confirm** 확실하게 하다

18 W I'm sorry, but I can't find your reservation.

M I'm sure I made a reservation two weeks ago.

W What was your last name again?

M Johnston. That's J-O-H-N-S-T-O-N.

W Thank you. Oh, yes, here it is. We have you confirmed for a single room for two nights.

M Thank you.

Q What happened to the man's reservation?

(a) It was cancelled.
(b) It got lost.
(c) The clerk had his name wrong.
(d) It was changed to a double room.

W: 미안합니다만 당신의 예약기록을 찾을 수 없군요.

M: 두 주 전에 확실히 예약을 했는데요.

W: 성이 뭐라고 하셨는지 다시 말씀해 주실래요?

M: 존스턴입니다. J-O-H-N-S-T-O-N이죠.

W: 감사합니다. 아, 여기 있군요. 이틀 동안 싱글룸 사용하시는 것으로 예약 확인됐습니다.

M: 감사합니다.

Q: 남자의 예약에 어떤 문제가 생겼는가?

(a) 취소되었다.
(b) 예약되었는지 찾을 수 없었다.
(c) 직원이 이름을 잘못 알았다.
(d) 더블룸으로 바뀌었다.

🔵 예약한 손님이 호텔의 front desk에서 확인을 하는데 이름을 잘 찾지 못하는 상황이다. (a)처럼 취소됐다면 Oh, yes, here it is.라는 말이 나올 수 없다. That's J-O-H-N-S-T-O-N.이라는 말에 We have you confirmed for a single room for two nights.에서 예약이 되었음을 확인했으므로 호텔 직원이 이름을 착각했음을 알 수 있다.

reservation 예약 confirm 확인하다 cancel 취소하다

---

19 W Do you know a good health club in town?

M Mine is pretty good. It's called the FitnessWay.

W What do you like about it?

M Everything. The facilities are good, the people are friendly, and it's not very expensive.

W How much is it?

M Thirty dollars a month.

Q What does the man like about his health club?

(a) The pool is big.
(b) Transportation is convenient.
(c) The people are friendly.
(d) It offers good classes.

W: 도심에 있는 좋은 헬스클럽 아니?

M: 내가 다니는 곳이 아주 좋은데. '피트니스웨이'라고 하지.

W: 거기 뭐가 좋은데?

M: 다 좋아. 시설도 좋고, 사람들도 친절하고, 비싸지도 않아.

W: 얼만데?

M: 한 달에 30달러.

Q: 남자가 자신이 다니는 헬스클럽을 좋아하는 이유는?

(a) 풀장이 크다.
(b) 교통이 편리하다.
(c) 사람들이 친절하다.
(d) 강습을 잘해 준다.

🔵 The facilities are good, the people are friendly, and it's not very expensive.에서 좋아하는 이유를 말하고 있다.

facility 시설 expensive 비싼 convenient 편리한

172

20 **M** Your customs declaration form says that you have nothing to declare.

W Uh, yes, that's right. Just some cheap souvenirs.

M Open this suitcase up if you would.

W No problem.

M Five cartons of cigarettes, four bottles of whiskey, and two furs.

W Oh, my! I completely forgot that I'd purchased those things!

M Of course, ma'am. You can pay your fine and the duty on these items over there.

Q Which is correct according to the conversation?

(a) The woman lied to the customs officer.
(b) The woman had nothing to declare.
(c) The woman missed her plane.
(d) The woman missed her train.

M: 세관신고서에는 신고할 게 없다고 나와 있군요.

W: 아, 예, 맞아요. 몇 가지 싸구려 기념품밖에 없어요.

M: 이 여행가방 좀 열어 주시겠습니까?

W: 그러죠, 뭐.

M: 담배 다섯 상자, 위스키 네 병, 그리고 모피 두 벌이군요.

W: 어머, 이런! 이 물건들을 산 걸 까맣게 잊어먹었어요!

M: 물론 그러시겠죠. 저쪽에서 이 물건들에 대한 벌금을 내시고 세금을 납부하시면 됩니다.

Q: 대화 내용과 일치하는 것은?

(a) 여자는 세관원에게 거짓말을 했다.
(b) 여자는 신고할게 하나도 없다.
(c) 여자는 비행기를 놓쳤다.
(d) 여자는 기차를 놓쳤다.

○ customs declaration form, nothing to declare로 공항에서 나누는 대화임을 알 수 있다. 신고할게 없다고 했는데 발각되서 벌금을 내고 세금을 내라고 했으므로 세관원에게 거짓말을 했다는 (a)가 정답이다.

customs declaration form 세관신고서 nothing to declare 신고할 것이 없는 cheap souvenirs 싸구려 기념품들 carton of cigarettes 담배 한 보루 furs 모피 purchase buy 구입하다 fine 벌금 duty 관세, 세금

21 **M** That's a really nice coat. That must have been expensive.

W It was. I got it at Stacy's Department Store.

M I have to look for sales. I hate department stores.

W Me, too, but I don't have time to run around the city looking for cheaper prices.

M You are busy, but you do make a lot of money.

W Yeah, but I spend a lot, too!

Q Which of the following is correct of the woman?

(a) She does not make a lot of money.
(b) She rarely buys clothing on sale.
(c) She likes to wear men's clothing.
(d) She loves to drive around the city.

M: 정말 예쁜 코트네요. 비싸겠어요.

W: 그랬죠. 스테이시 백화점에서 샀어요.

M: 전 세일을 찾고 있어요. 백화점은 싫거든요.

W: 저도 그래요. 하지만 싼 가격을 찾아서 시내를 돌아다닐 시간이 없어요.

M: 바쁘시군요. 돈을 많이 버시나봐요.

W: 그래요. 하지만 많이 쓰죠!

Q: 대화 내용과 일치하는 것은?

(a) 여자는 돈을 많이 벌지 못한다.
(b) 여자는 좀처럼 세일에서 옷을 사지 않는다.
(c) 여자는 남자 옷 입는 것을 좋아한다.
(d) 여자는 시내 주위로 운전하는 것을 좋아한다.

○ department store, sale 이라는 말로 이 대화가 백화점에 관한 것이라는 것을 알 수가 있다. 여자는 시간이 없어서 세일을 기다리지 않고 맘에 드는 물건을 바로 구입한다.

expensive 비싼 look for 찾다 hate 싫어하다, 미워하다 run around 돌아다니다 rarely 좀처럼 ~않는, 드물게

22 M Mmm. It really smells good in here. What are you cooking?

W I'm making lasagna with meat sauce.

M Wow! It looks great. Where did you learn to cook lasagna?

W My mother-in-law is Italian. Don't you remember?

M Oh, right! So did you learn how to cook from her?

W Just the Italian dishes.

Q Which is correct according to the conversation?

(a) The woman learned how to cook Italian food from her mother-in-law.

(b) Lasagna with meat sauce is hard to cook.

(c) The woman's mother-in-law is Korean.

(d) The woman taught the man how to make lasagna.

M: 음, 여기서 진짜 좋은 냄새가 나는군. 뭘 만드는 거예요?

W: 고기 소스를 뿌린 라자냐를 만들고 있는 중이에요.

M: 와! 굉장한데요. 어디서 라자냐 요리법을 배웠어요?

W: 시어머니가 이탈리아 분이시거든요. 기억 안 나세요?

M: 아, 맞아요. 시어머니한테서 요리법을 배우셨겠군요?

W: 이탈리아 음식만요.

Q: 대화 내용과 일치하는 것은?

(a) 여자는 시어머니에게서 이탈리아 음식 요리하는 법을 배웠다.

(b) 고기 소스를 뿌린 라자냐는 만들기 어렵다.

(c) 여자의 시어머니는 한국인이다.

(d) 여자는 남자에게 라자냐 만드는 법을 가르치고 있다.

○ lasagna, meat sauce, Italian dishes로 보아 음식에 관한 이야기이다. My mother-in-law is Italian. So did you learn how to cook from her? Just the Italian dishes. 등을 제대로 이해했다면 시어머니에게서 음식을 배웠다는 (a)를 쉽게 정답으로 고를 수 있다.

meat 고기 mother-in-law 장모, 시어머니

---

23 M Do you think that Owen would be offended if I got him some deodorant for his birthday?

W Maybe, but somebody has to drop that guy a hint. I think it's a good idea.

M I'm glad you approve.

W Hey, why don't I get him some cologne?

M Not a bad idea!

W You're telling me. I have to sit next to him during meetings, you know.

Q What can be inferred from the conversation?

(a) Owen doesn't go out very much.

(b) Owen doesn't bathe regularly.

(c) Owen is married.

(d) Owen is very popular.

M: 오웬의 생일에 냄새제거제를 주면 기분이 상할 것 같나요?

W: 아마도, 하지만 누군가 조한테 암시를 주어야 해요. 좋은 생각인 것 같아요.

M: 당신이 찬성해서 다행이야.

W: 이봐요, 내가 오웬한테 화장수를 주면 어떨까요?

M: 나쁜 생각은 아니군요!

W: 맞는 말입니다. 당신도 알지만, 전 회의 동안에 오웬 옆에 앉아야 한다구요.

Q: 대화에서 추론할 수 있는 것은?

(a) 오웬은 외출을 자주 하지 않는다.

(b) 오웬은 목욕을 정기적으로 하지 않는다.

(c) 오웬은 결혼했다.

(d) 오웬은 인기가 많다.

○ deodorant의 의미를 모르면 어려울 수도 있는 문제다. 뒷부분에 cologne이 나오기 때문에 체취와 관련된 것이고, 맨 마지막에 여자가 I have to sit next to him during meetings라는 말에서 옆에 앉아서 힘들다는 것을 우회적으로 표현하고 있다. 따라서 몸에서 냄새가 나는 가장 흔한 이유는 잘 씻지 않아서라고 생각할 수 있다.

offend 감정을 상하게 하다, 성나게 하다 deodorant 냄새제거제, 탈취제, 방취제 drop a hint 암시를 주다 cologne 오드콜로뉴, Cologne 원산의 화장수 next to 곁에, 옆에 regularly 규칙적으로, 정기적으로

24 A smile creates happiness in the home, fosters good will in business, and is the sign of friendship. It brings rest to the weary, cheer to the discouraged, and happiness to the sad. Yet it cannot be bought, begged, borrowed, or stolen, for it is something that is of no value to anyone until it is given away. Some people are too tired to give you a smile. Give them one of yours, because nobody needs a smile more than someone who doesn't have one to give!

Q What is the main idea of the talk?

(a) Smiles are not cheap
(b) Smiles are a great thing
(c) Smiles put some people to sleep
(d) Smiling is bad for business

미소는 가정에는 화목을 가져다주고, 사업을 할 때는 단골을 확보해 준다. 그리고 미소는 우정의 표시이기도 하다. 미소는 지친 사람들을 안심시켜 주고, 용기 잃은 사람들에게 기운을 북돋아 주고 슬퍼하는 사람들에게는 행복을 갖다 준다. 그러나 그것은 살수도, 구걸할 수도, 빌릴 수도, 훔칠 수도 없다. 왜냐하면 그것을 나누기 전까지 그것은 가치가 없는 것이기 때문이다. 어떤 사람들은 너무 지쳐서 당신에게 미소를 보낼 수가 없다. 그들에게 당신이 미소를 보내라. 미소를 받지 못한 사람에게는 미소보다 더 좋은 것이 필요 없다.

Q: 담화의 주제는 무엇인가?

(a) 미소는 싸게 아니다
(b) 미소는 멋진 것이다
(c) 미소는 여러 사람을 잠들게 한다
(d) 미소는 사업에 나쁘다

○ 미소의 여러 장점을 열거하고 있다. happiness in the home, good will in business, the sign of friendship. rest to the weary, cheer to the discouraged, and happiness to the sad 등으로 미소의 장점을 열거하고 있으니 미소가 멋진 것이라는 것은 두말할 나위가 없다. (b)가 정답이다.

foster 촉진[조성]하다 good will 신용, 단골, 영업권 of no value 가치 없는 give away 나누어주다

---

25 Many times, I've seen money and greed destroy perfectly sound friendships. For example, I once lent by best friend from college $5,000. I gave him ample time to pay me back, but he never did. Of course, I still consider him my friend, but his monetary obligation to me put a tremendous strain on our friendship. My friend now avoids me at almost any cost, and I can't help but think he's doing it on purpose to avoid paying me back.

Q What is the main point of the talk?

(a) Don't expect interest when loaning money to a friend.
(b) College friends should never be trusted.
(c) Friendship is a beautiful thing.
(d) Never lend your friend money.

여러 번, 난 돈과 탐욕이 완전하게 건전한 우정을 망치는 것을 보아 왔다. 예를 들어, 난 가장 친한 친구에게 대학교에 다닐 적에 5천불을 빌려준 적이 있다. 난 갚을 시간을 충분히 주었지만 그는 갚지 않았다. 물론, 난 아직도 그를 가장 친한 친구로 생각하고 있지만, 그의 금전상의 채무관계는 우리의 우정에 큰 부담을 주고 있다. 내 친구는 거의 항상 날 피하고 있고, 난 그가 돈 갚는 것을 피하려고 일부러 그런다는 것을 생각하지 않을 수 없다.

Q: 담화의 주제는 무엇인가?

(a) 친구에게 돈을 빌려줄 때는 이자를 기대하지 마라.
(b) 대학 친구는 신뢰할 수 없다.
(c) 우정은 아름다운 것이다.
(d) 친구에게 돈을 빌려주지 마라.

○ 돈을 빌려준 친구가 갚지 않고 피하고 있다는 내용이다. 일부러 피한다는 생각을 갖게 한다고 했으므로 이런 상황을 겪지 않으려면 친구에겐 돈을 빌려주지 말라는 (d)가 정답이 될 것이다.

greed 탐욕 perfectly 완전히, 이상적으로 sound 건전한 lend 돈을 빌려주다 ample 충분한 pay back 갚다 monetary 금전상의 obligation 채무 tremendous 대단한 strain 큰 부담 friendship 우정 avoid 피하다 I can't help but ~ 어쩔 수 없다 on purpose 일부러

26 There are many differences between Western ideology and Eastern ideology. One of these differences is that the uniqueness of the individual is highly valued in Western ideology, whereas, conformity to a group is highly valued in Eastern ideology. Westerners are encouraged to be "their own person," whereas, easterners are bound by their responsibilities and duties to a group.

Q Which of the following best summarizes the talk?

(a) Eastern ideology is valued over western ideology.
(b) Westerners value individualism and easterners value conformity.
(c) "Rugged individualism" is an eastern trait.
(d) Responsible communities allow for freedom of expression.

서양과 동양의 이데올로기 사이에는 많은 차이가 있다. 차이점 중에 하나는 개인의 독창성이 서양의 이데올로기에서는 높이 평가를 받는 반면, 동양의 이데올로기에서는 단체와의 일치가 높이 평가받는다는 점이다. 서양인들은 자기 자신의 독창성을 격려 받는 반면, 동양인들은 단체에의 책임감과 의무에 속박을 받게 된다.

Q: 담화문을 가장 잘 요약한 것은?

(a) 동양의 이데올로기는 서양의 이데올로기보다 가치가 크다.
(b) 서양인들은 개인주의를 소중히 하고 동양인들은 일치를 소중히 한다.
(c) 엄한 개인주의는 동양의 특성이다.
(d) 책임감 있는 사회는 표현의 자유를 허락한다.

○ 동서양의 이데올로기 차이점을 소개하는 내용이다. 서양은 개인의 독창성을 높이 평가받고, 동양은 일치단결을 높이 평가한다고 했으므로 (b)가 담화문을 가장 잘 요약하고 있다.

difference 차이점 ideology 관념 형태, 이데올로기 uniqueness 독창성 conformity 적합, 일치, 비슷함 encourage 격려하다 be bound by 의무가 있는, 속박된 responsibility 책임감 duty 의무

---

27 I hated high school. I was very shy and more like a hermit than a regular student. To say the least, I took a lot of abuse. One boy in particular made my life a living hell. He made fun of me, drew horrible pictures of me and showed them to everyone, told an entire bus load of people some embarrassing story about me, and hit me on a regular basis. It got to the point where I was in constant fear of seeing him, and even more so, of him seeing me.

Q Why did the speaker hate high school?

(a) He was afraid of a bully.
(b) He was not a smart student.
(c) He was outgoing and popular.
(d) He did not have a car.

나는 고등학교를 싫어했다. 나는 아주 수줍었고 보통 아이들과는 달리 사교성이 없는 아이 같았다. 줄잡아 말하자면, 난 많이 시달림을 당했다. 특히 한 아이가 나에게 생지옥 같은 삶을 살게 했다. 걔는 날 놀렸고, 끔찍하게 나를 그린 그림들을 모든 아이들에게 보여 주고 다녔다. 또 사람들로 꽉 찬 버스에서 내가 곤란해질 말을 했고, 정기적으로 나를 때렸다. 나는 그를 보는 것, 더 정확하게 말하면 그가 나를 보는 것을 끊임없이 두려워하는 지경에까지 이르렀다.

Q: 화자가 고등학교를 싫어한 이유는?

(a) 약한 사람을 괴롭히는 아이를 두려워했다.
(b) 그는 영리한 학생이 아니었다.
(c) 외양적이고 인기 있었다.
(d) 자동차가 없었다.

○ 고등학교 시절을 회상하며 I was very shy and more like a hermit에서 수줍었고 사교성이 부족했다는 말을 하고 있다. 또한 한 아이가 자신을 끔찍하게 괴롭혔다는 말을 했으므로 괴롭히는 아이(bully)를 두려워했다는 (a)가 정답이 된다.

hermit 은둔자 to say the least (of it) 줄잡아 말하더라도 abuse 학대, 혹사 make one's life living hell 생지옥 같은 생활을 하다 make fun of 놀리다 horrible 무서운, 끔찍한, 소름끼치는 embarrassing 당혹스러운, 난처한, 곤란한 on a regular basis 규칙적으로, 정기적으로 to the point of ~라고 해도 좋을 정도까지 constant 불변의, 끊임없이 계속하는 in fear of ~을 무서워하여, 염려하여 bully 약한 자를 괴롭히는 사람

28 Attention all passengers bound for Minneapolis on Amtrak 701. We regret to inform you that there will be a delay in the regularly scheduled 10 o'clock AM departure time. Due to unexpected heavy snowfall in the greater Minneapolis area, inbound tracks have been temporarily shut down until emergency snow removal crews can make them safely passable. The snow removal process generally takes approximately one hour. The updated departure time will be announced shortly. Amtrak apologizes for any inconvenience caused by this delay.

Q Which is correct according to the talk?

(a) An accident has caused a delay.
(b) Bad weather has caused a delay.
(c) A strike has caused a delay.
(d) Snow removal crews have caused a delay.

미네스폴리스 발 앰트랙 701편을 탑승하실 손님들은 모두 주목해 주십시오. 어느 때와 마찬가지로 오전 10시에 출발할 예정이었던 비행기의 연착 소식을 알려드리게 된 것을 유감스럽게 생각합니다. 미네스폴리스의 상당지역에 예상치 못한 폭설이 내린 관계로 폭설 제거반 비상요원들이 안전하게 통행할 수 있도록 눈을 치울 때까지 일시적으로 귀항 노선 운항이 중단됩니다. 눈이 치워지려면 대개 1시간 정도가 소요됩니다. 새로운 출발 시간을 곧 알려드리겠습니다. 앰트랙 항공은 이번 운항 지연으로 빚어질 불편한 사항들에 관해 사과 드립니다.

Q: 담화의 내용과 일치하는 것은?

(a) 사고가 연착하게 만들었다.
(b) 나쁜 날씨가 연착하게 만들었다.
(c) 파업이 연착하게 만들었다.
(d) 폭설 제거반 요원들이 연착하게 만들었다.

○ 예기치 못한 폭설로 인해 열차가 연착된다는 사과 안내방송이다. delay, shut down, apologizes for any inconvenience가 핵심 어이다. The snow removal process generally takes approximately one hour로 보아 복구 시간은 한 시간이 걸린다는 말이다.

bound for ~행의 **regret** 유감으로 생각하다 **regularly** 정기적으로 **departure** 출발, 발차 **unexpected** 예기치 않은, 뜻밖의 **snowfall** 강설 **inbound** 본국행의, 귀항의 **temporarily** 일시적으로, 임시로 **shut down** 폐점하다, 휴업하다 **passable** 통행할 수 있는 **shortly** 곧 **apologize** 사과하다 **inconvenience** 불편함

29 If your bicycle has seen better days, then bring it down to the Riverfront Park this Saturday. Local bike shops are sponsoring a Bikes-for-Kids program to benefit disadvantaged youth in our city. Just bring your old clunker down and hand it over to the city's bicycle specialists. The mechanics will fix it up and see that it ends up in the hands of a needy kid. Your donation is tax deductible.

Q Which is correct according to the talk?

(a) Disadvantaged youth will swim in the river.
(b) Local bike shops are donating bicycles.
(c) Citizens are asked to give their bicycles away.
(d) Bicycles should be in good condition.

만일 당신의 자전거가 낡은 퇴물이라면, 리버프론트 공원으로 이번 주 토요일에 가져 나오십시오. 동네 자전거 가게들이 우리 도시의 혜택받지 못한 청소년들을 위해서 Bikes-for-Kids 프로그램을 후원하고 있습니다. 오래된 낡은 자전거를 갖고 오셔서 시의 자전거 전문가에게 주시면 됩니다. 기술자들이 고쳐서 가난한 아이들에게 넘겨줄 것입니다. 당신의 기부는 세금을 공제할 수 있습니다.

Q: 담화의 내용과 일치하는 것은?

(a) 혜택받지 못한 청소년은 강에서 수영할 것이다.
(b) 동네 자전거 가게들이 자전거를 기부한다.
(c) 시민은 자전거를 버려달라는 부탁을 받고 있다.
(d) 자전거는 좋은 상태여야 한다.

○ 혜택받지 못하는 청소년들에게 줄 자전거 기부를 얘기하는 내용이다. 낡은 자전거를 가져오면 전문가들이 고쳐서 가난한 아이들에게 나눠준다고 했으므로 (c)가 정답이다.

has seen better days 한때 좋은 시절을 보냈던, 한물 간 **bring down** 가져오다 **sponsor** 후원하다 **benefit** 혜택을 주다 **disadvantaged** 혜택받지 못한 **clunker** 낡은 기계 **hand over** 넘겨주다 **specialist** 전문가 **mechanics** 수리공 **fix it up** 해결하다 **end up** 결국 ~이 되다 **needy** 매우 가난한 **donation** 가난한 **tax deductible** 세금을 공제할 수 있는

30 Some people think a trip to Las Vegas or Atlantic City wouldn't be complete without some fun at a black jack table or a roulette wheel. To this type of person, gambling is a type of relaxation or amusement. Problem gamblers, however, can't walk away. They have been known to spend every penny of their hard-earned money at the tables. They often gamble secretly, putting their careers and families at risk. Much like an alcoholic, a problem gambler can not control his or her urge. This type of person needs professional help to stop gambling.

Q What can be inferred about problem gambling?

   (a) It is a disease.
   (b) It is a good hobby.
   (c) It is relaxing.
   (d) It is amusing.

어떤 사람들은 블랙잭이나 룰렛 같은 게임을 즐기지 않고는 라스베가스나 미국 동부에 있는 도시들을 완벽하게 여행했다고 생각하지 않는다. 이런 유형의 사람들에게는 도박이 일종의 기분 전환거리나 오락거리일 뿐이다. 그러나 문제가 많은 도박꾼들은 그 곳을 떠날 수가 없다. 그들은 힘들게 번 돈을 도박 테이블에 모두 탕진하는 것으로 알려졌다. 직업이나 가정에 누를 끼칠까 봐 때로는 몰래 도박을 하는 경우도 있다. 알콜 중독자들과 아주 흡사하게 도박에 미친 사람들은 자기 자신이나 도박에의 충동을 통제할 수가 없다. 이런 유형의 사람들은 도박에서 손을 떼는 데 전문적인 도움이 필요하다.

Q: 도박중독에 관해서 추론할 수 있는 것은?

(a) 이것은 질병이다.
(b) 좋은 취미이다.
(c) 편안하게 한다.
(d) 기분좋은 것이다.

🔵 도박에 대한 설명을 하고 있다. relaxation or amusement의 수단으로 처음에는 묘사하다가 이 글의 주제인 problem gambler로 넘어가면서 많은 단점을 나열하고 있다. spend every penny of their hard-earned money at the tables, putting their careers and families at risk, 또한 addictive(중독성)된다는 것이다. 그러므로 도박은 일종의 질병이다.

black jack table 블랙잭(카드놀이) **roulette wheel** 룰렛(도박에 쓰이는 기구) **gambling** 노름, 도박 **a type of** 일종의 **relaxation** 기분전환, 휴양 **amusement** 오락, 즐거움, 위안 **walk away** (~을 내버려두고) 떠나다 **hard-earned** 애써서 번 **at risk** 위험한 상태에 **urge** (강한) 충동, 자극

GRAMMAR • P.191

31 A Bungee jumping is a lot of fun.
   B But, it must be _____ to do it for the first time.

   (a) fright
   (b) frighten
   (c) frightening
   (d) frightened

A: 번지점프는 정말 재미있어.
B: 하지만, 처음에는 두려울 거야.

🔵 진주어 to do it for the first time은 남에게 두려움을 받는 게 아니라 주기 때문에 능동형인 frightening을 사용한다.

frightening 놀라운, 불안을 주는

---

32 A These pants are too cheap.
   B May I show you more expensive _____?

   (a) one
   (b) ones
   (c) others
   (d) another

A: 이 바지들은 너무 싸요.
B: 좀 더 비싼 걸 보여드릴까요?

🔵 these pants(복수)를 대신하는 대명사는 ones이다. another는 여러 개 중 또 다른 하나(one more)를 의미하고, others는 3개 이상 중에서 나머지 것들을 가리킨다.

cheap 싼 **expensive** 비싼

33 **A** I really don't like walking. How much _____ is it?

B We have about a mile left.

(a) long
(b) longer
(c) far
(d) further

A: 난 걷는 게 정말 싫어. 얼마나 더 가야 하는 거야?
B: 1마일 정도 남았어.

➲ 거리, 시간, 공간의 '정도'를 표현할 때 further를 사용한다. longer는 부정문에서 강조용법으로 사용되거나 long의 비교급으로 사용된다.

far 멀리

---

34 **A** It's snowing again. It's been snowing ever since I got here.

B It usually _____ a lot at this time of year.

(a) snows
(b) will snow
(c) will be snowing
(d) has snowed

A: 다시 눈이 오네. 내가 이곳에 온 이후 계속 눈이 와.
B: 보통 이맘때면 눈이 많이 와.

➲ B가 말하는 '이 시기에는 대개 눈이 많이 내린다'는 일반적인 사실이므로 현재형이 와야 한다. 일반적인 사실, 자연법칙 등은 항상 현재형을 사용해야 한다.

get here 이곳에 오다, 이곳에 도착하다

---

35 **A** Are you going to quit your job?

B I don't know. I _____.

(a) might do
(b) might
(c) will
(d) can do

A: 일 그만 둘거니?
B: 잘 모르겠어. 그럴지도 모르지.

➲ 생략형 문장에서 조동사 다음에는 본동사를 쓰지 않는다. (a), (d)에 쓰인 do는 조동사 다음에 나온 본동사로 quit을 받을 수 없다. 문맥상 일을 그만둘지 갈피를 못잡는 상태이기 때문에 의지를 나타내는 조동사 will도 정답이 될 수 없다.

quit 그만두다

---

36 **A** Did you buy the digital camcoder you wanted?

B No, I didn't, but now I wish I _____ it.

(a) had bought
(b) buy
(c) bought
(d) have bought

A: 네가 원하는 디지털 캠코더를 샀니?
B: 아니, 하지만 하나 샀으면 좋겠다는 생각을 지금 하고 있어.

➲ I wish 다음에는 가정법 과거나 과거완료 형태가 나온다. 문맥상 지금 없지만 '전에 하나 사두었으면 지금 좋을텐데'라는 과거 사실의 반대를 의미하므로 과거완료 형태를 쓰는 것이 옳다.

---

37 **A** Are you going to stay up late tonight?

B Yes, I have to finish this report _____ Wednesday.

(a) until
(b) by
(c) for
(d) on

A: 오늘 밤 늦게까지 잠자지 않을 거니?
B: 응, 수요일까지 이 리포트를 다 써야 하거든.

➲ until과 by는 '~까지'를 의미하지만 차이가 있다. until은 '~할 때까지'의 지속성 의미하는데 반하여, by는 '~할 때까지' 완료의 의미를 갖는다. 대화에서도 수요일까지는 끝내야 한다는 완료의 의미를 말하고 있으므로 by가 와야 한다.

stay up late 밤늦게까지 자지 않다

38 A Did you see my red purse that I bought on last Monday?

B I think I saw it __________ on this table this morning.

(a) laid
(b) to lie
(c) laying
(d) lying

A: 지난 월요일에 내가 산 빨간 핸드백 봤어?
B: 오늘 아침에 이 탁자 위에 놓여 있는 걸 본 것 같은데.

핸드백이 놓여있는 걸 봤다는 내용이 되어야 하므로 '놓여 있다'는 뜻의 자동사인 lie가 필요하다. 또한 see는 지각동사이기 때문에 to 부정사를 목적어로 가질 수 없고, 동사원형이나 현재분사를 목적어로 가져야 한다.

purse 핸드백 lie 놓여있다, 드러눕다

---

39 A What's the name of the woman __________ a hat with flowers on it?

B Her name is Alice.

(a) whose
(b) who's wearing
(c) which is worn
(d) and her

A: 꽃 장식 모자를 쓰고 있는 저 여자 이름이 뭐죠?
B: 엘리스예요.

관계대명사로 woman의 용모를 묘사하고 있다. 선행사가 사람인 the woman을 받을 수 있는 것은 (b)의 who이다.

wear 쓰다, 신다

---

40 A May I help you?

B Yes, I'm looking for __________.

(a) an mp3 player
(b) mp3 player
(c) the mp3 players
(d) the mp3 player

A: 도와드릴까요?
B: 예, mp3 플레이어를 사고 싶은데요.

mp3 player는 셀 수 있는 단수명사이므로 단수 명사 앞에 관사가 와야 한다. 문맥상 특정한 것이 아니라 막연한 mp3 플레이어를 찾는 것이므로 정관사 the는 오지 못한다.

look for 찾다

---

41 None of us __________ taken a day off this month.

(a) has
(b) have
(c) was
(d) were

우리 중 이번 달에 하루라도 쉰 사람은 아무도 없다.

지시대명사 none은 의미하는 내용에 따라 동사가 단수 혹은 복수가 된다. '한 사람 조차도 ~이 아닌'의 의미로 쓰일 경우에는 단수로 쓰이고, '~중에는 누구도 아닌'의 의미로 사용될 경우에는 복수로 쓰인다. 위 예문에서는 한 사람조차도 쉬지 않았다는 의미이므로 단수로 쓰인다.

take a day off 하루 휴가를 얻다, 하루 쉬다

---

42 Albert cannot speak Japanese, __________ Chinese.

(a) any more
(b) any less
(c) still more
(d) still less

앨버트는 일본어는 물론 중국어도 못 해.

문맥의 흐름상 일본어도 못하지만, 중국어 역시 못한다는 말이 어울리므로 '하물며 ~도 아니다'라는 still less가 가장 적절하다.

still more 하물며, 더군다나 still less 하물며[더군다나] ~아니다

43 The teacher taught the scouts _____ a fire without matches.

(a) to light
(b) to light how
(c) how to lighting
(d) how to light

선생님은 스카우트 단원들에게 성냥없이 불을 켜는 방법을 가르쳤다.

🔵 learn은 타동사이므로 뒤에 목적어가 와야 하고, 문맥상 동사 light와 함께 '불을 켜는 방법' 이 되어야 한다. '의문사 + to 부정사' 가 문장 내에서 목적어 역할을 하므로 (d) how to light이 된다.

light a fire 불을 붙이다 **match** 성냥

---

44 It will be lovely if you _____ me a business card of yours.

(a) give
(b) gave
(c) will give
(d) would give

당신의 명함 한 장 주신다면 고맙겠습니다.

🔵 주절의 시제가 과거형(would)이므로 종속절인 if절 이하도 과거 또는 과거완료형이 필요하므로 (b)와 (c)가 답이 될 수 있지만, (c)의 경우 will/would는 주어의 강한 의지를 나타내므로 문맥상 어울리지 않는다.

appreciate 감사하다, 고맙게 여기다

---

45 Many people believed that the presidential office _____ by Barack Obama.

(a) was won
(b) was going to win
(c) would be won
(d) could be win

많은 사람들은 바락 오바마가 대통령직을 차지할 것이라고 예상했다.

🔵 that절 이하에서 the presidential office가 주어이고, by 이하로 보아 수동태임을 알 수 있다. 수동태 구문은 보통 'be + 과거분사 + by 행위자' 의 형식을 가지고 있고 주절의 동사가 과거형인 believed 이므로 that절 이하도 과거가 되어야 한다.

presidential office 대통령직

---

46 _____ I had one thousand dollars more, I could have purchased a top-of-the-line Corvette.

(a) Had
(b) As
(c) When
(d) While

내게 1천 달러만 더 있었다면, 콜벳 최고급 모델을 살 수 있었을 텐데.

🔵 주절이 '조동사 + have + p.p.' 이므로 가정법 과거완료임을 알 수 있다. 종속절에 if가 있어야 하는데 없으므로 if를 생략하고 도치한 문장이므로 빈칸에는 Had가 와야 한다.

purchase 구입하다 **top-of-the-line** 최고급품의 **Corvette** 미국 스포츠카의 일종

---

47 He was convicted of _____ murder.

(a) attempt
(b) attempts
(c) attempting
(d) attempted

그는 살인 미수 유죄 판결을 받았다.

🔵 '~ 미수' 는 범죄 행위를 가리키는 명사 앞에 attempted가 온다.

convicted of ~에 대해 유죄판결을 받다 **murder** 살인

48 _____, romantic comedies such as All about Love began to become popular.

(a) In the early 1980s
(b) There were in the early 1980s
(c) The early 1980s
(d) If in the late 1980s

1980년대 초에 All about Love 같은 로맨스 코미디가 인기를 끌기 시작했다.

○ 빈칸은 부사, 부사구, 부사절의 자리이다. (a)가 '전치사 + 명사구'의 형태로 부사구를 이루고 있다.

romantic 로맨틱한 popular 인기 있는

---

49 You should apologize to her _____ she will never forgive you.

(a) and
(b) or
(c) but
(d) so

넌 그녀한테 사과해야만 해. 그렇지 않으면 그녀가 널 용서하지 않을 거야.

○ 명령문 + or는 '~해라, 그렇지 않으면 …'을 의미하고 명령문 + and는 '~해라, 그러면 …'을 의미하는 구문이다. 문맥을 따지면 빈칸에는 or가 정답이 된다.

apologize 사과하다, 사죄하다 forgive 용서하다, 봐주다

---

50 Experiments on mental patients _____ in the 1950s are now against the law.

(a) taken place
(b) took place
(c) that took place
(d) when they took place

1950년대에 발생한 정신질환자들에 대한 실험은 현재의 법으로는 위법이다.

○ 이 문장의 동사는 are이다. (a), (b)는 접속사가 있어야 동사 역할을 할 수 있는데 접속사가 없으므로 답이 될 수 없다. 선행사 experiment를 받는 적절한 관계사는 that이므로 (c)가 정답이 된다.

experiment 실험 mental 정신의 against ~에 반대하여

---

51 (a) A: What are you going to take this semester?
(b) B: I have to take Chemistry, Biology and Physics.
(c) A: Chemistry? Didn't you take it last semester?
(d) B: I did. But I flunked them because I didn't go to any of lectures.

A: 이번 학기에 어떤 과목을 수강할 거니?
B: 화학이랑, 생물학이랑, 물리학을 들을 거야.
A: 화학이라구? 지난 학기에 수강하지 않았어?
B: 했지. 그런데 강의를 듣지 않아서 낙제했거든.

○ (d)에서 them은 Chemistry를 대신하고 있으므로 it으로 바꿔야 한다.

semester 학기, 6개월 chemistry 화학 biology 생물학, 생태학 physics 물리학 flunk (시험을) 잡치다, 실패하다

---

52 (a) A: You really are good at playing the piano.
(b) B: I was given lessons since I was six years old.
(c) A: No wonder you play it so well.
(d) B: I've playing the piano for 20 years, since I'm 26 now.

A: 너 피아노 정말 잘 친다.
B: 여섯 살 때부터 레슨을 받았어.
A: 그렇게 잘하는게 놀랄 일도 아니구나.
B: 지금 26살이니까, 피아노를 친 지 20년이 됐네.

○ for 20 years(20년 동안)이라는 말이 나오고 있으므로 과거에 시작한 동작이 지금도 계속 진행중인 의미이므로 현재완료진행형이 필요하다. playing을 been playing으로 고쳐야 한다.

no wonder 놀랄 일도 아니다

53
(a) A: How is your roommate doing these days?
(b) B: I think he had better be having some problems with his studies.
(c) A: Then you should give him a hand.
(d) B: Yeah, I should.

A: 네 룸메이트는 요즘 어떻게 지내?
B: 공부하는 데 문제가 좀 생긴 모양이야.
A: 그럼 네가 도와줘야지.
B: 그래, 그래야겠어.

○ (b)에서 문맥상 '~하는 게 낫다'라는 의미의 had better보다 추측을 나타내는 might가 와야 한다.

out of sorts 활기가 없는, 풀죽은, 기분이 언짢은

54
(a) There's three types of advertising. (b) One type of advertising is creating an image of a product in the minds of the public over a long period of time. (c) Another type is to create an awareness of a new product or changes in an existing one. (c) The last type encourages immediate action, which includes ads for items at bargain prices and for other types of special offers.

(a) 세 가지 유형의 광고가 있다. (b) 한 유형은 대중의 마음속에 장기간 제품 이미지를 창조하는 것이다. (c) 또 다른 유형의 광고는 신제품을 인식시키거나 기존 상품이 어떻게 변했는지를 인식시키는 것을 목표로 한다. (d) 마지막 유형은 즉각적인 행동을 조장하는 광고로, 할인가격에 파는 품목 및 기타 특별한 가격에 파는 품목에 대한 광고를 포함한다.

○ (a)에서 주어는 three types이므로 there is가 아닌 there are가 되어야 한다.

advertising 광고 **offer** 매긴 값, 부르는 값

55
(a) I have invited as best man at my cousin's wedding in June. (b) I am very excited about it, of course, but, I've never been someone's best man in a wedding. (c) I don't really know the responsibility of best man. (d) A good thing is that my cousin has scheduled the rehearsal for his wedding in this weekend.

(a) 나는 6월에 있을 내 사촌의 결혼식에 들러리로 초대받았다. (b) 물론 매우 신나는 일이지만 난 한 번도 결혼식에서 누군가의 들러리가 되어 본 적이 없다. (c) 들러리가 해야 할 일이 무엇인지 알고 있는 것이 없다 (d) 다행스러운 것은 사촌이 이번 주말에 결혼식 리허설 일정을 잡아놓았다는 사실이다.

○ 동사의 태와 관련된 문제이다. 필자는 결혼식에 초대받은 것이지 초대한 것이 아니므로 수동태로 써야 한다. 그러므로 (a)의 I have invited는 I have been invited가 되어야 한다.

best man 들러리 **schedule** 일정, 일정을 잡다 **rehearsal** 예비 연습, 리허설

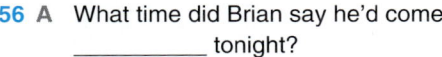

VOCABULARY · P.197

---

56 A What time did Brian say he'd come _____ tonight?
B Actually, he said he couldn't come today, and apologized for his late notice.

(a) across
(b) after
(c) by
(d) down

A: 브라이언이 오늘 밤 몇 시에 들른다고 했니?
B: 실은 오늘밤 올 수 없다고 했어. 늦게 알려줬다고 사과도 했고.

○ '들르다'는 의미를 갖는 표현으로는 come by와 drop by가 있다.

come by 들르다 **apologize for** ~에 대해 사과하다, 해명하다 **notice** 통지, 통보

57 A Do you want to me to _____ his latest e-mail message to you?

 B Yes, I'd appreciate it.

(a) circulate
(b) forward
(c) transfer
(d) transmit

A: 제가 그의 최근 이메일 메시지를 당신께 전송해 드릴까요?
B: 그래주시면 고맙겠습니다.

◐ forward는 인터넷으로 받은 편지를 '보내다, 전송하다' 는 의미로 자주 쓰인다.

circulate 순환하다 forward 보내다, 전송하다 transfer 전근 가다, 갈아타다 transmit 부치다, 전달하다

---

58 A Your father looks quite upset today.

 B I don't know why, but he has been in a bad _____ all day long.

(a) feeling
(b) taste
(d) condition
(d) mood

A: 당신 아버지 기분이 언짢아 보이네요.
B: 이유는 잘 모르겠는데, 하루 종일 기분이 별로 안 좋으셨어요.

◐ 한국어를 생각해서 feeling을 골라선 안 된다. bad mood는 하나의 덩어리로 알아두어야 한다. 참고로 be in good condition은 '건강한' 을 의미한다.

upset 불편한, 엉망인 taste 맛, 미감

---

59 A Those swimmers sure are amazing!

 B Absolutely! It takes tremendous _____ to swim across the lake.

(a) stiffness
(b) sophistication
(c) tendon
(d) stamina

A: 저 수영선수들은 확실히 대단한 선수들이야.
B: 맞아! 호수를 수영해서 건너려면 대단한 정력이 필요하지.

◐ 대화의 흐름을 파악하는 것이 요구되는 문제이다. 또한, B는 공감을 표현하면서 A의 견해를 뒷받침하는 사실을 지적하는 것이므로 우리가 생각할 것은 강을 수영해서 건너기 위한 엄청난 무엇이 필요한가를 생각하고 답을 고르면 된다.

amazing 놀랄만한, 굉장한 absolutely 정말 그래!
tremendous 거대한, 대단한 stiffness 단단함, 딱딱함
sophistication 지적 교양, 세련 tendon 힘줄, 건(腱)

---

60 A What's the problem, officer?

 B I pulled you over because you went _____ a red light at the intersection.

(a) beyond
(b) over
(c) past
(d) through

A: 무슨 문제가 있나요, 경관님?
B: 사거리에서 정지 신호를 무시하고 달려서 세웠습니다.

◐ go through a red light는 '정지 신호를 무시하고 달리다' 는 의미의 교통 관련 일상적인 표현으로 run a red light로 바꾸어 쓸 수 있다.

pull over (차를) 세우다 past ~를 지나서

61
A Hey, I really like that cardigan you're wearing.
B No kidding! This thing is so old that the threads are loose and it's about to _____ apart.

(a) come
(b) slip
(c) tear
(d) unravel

A: 이봐, 네가 입고 있는 가디건 정말 마음에 드는데!
B: 농담하지 마! 이건 너무 오래 돼서 올이 다 풀리고 곧 뜯어질 지경인 걸.

● 의류가 낡아서 못 입게 된 상태를 표현할 때는 come apart 또는 fall apart를 사용한다. unravel은 전치사나 뒤에 부사를 취하지 않고 사용된다.

thread 실 loose 풀린, 헐거운 tear apart (건물 따위를) 허물다, 해체하다 come apart 뜯어지다 unravel (엉킨 실 등을) 풀다, 해결하다

62
A What did you think of the movie?
B Let me _____ it this way: I slept through it.

(a) leave
(b) put
(c) say
(d) tell

A: 그 영화에 대해서 어떻게 생각해?
B: 이렇게 말하지. 처음부터 끝까지 잤어.

● Let me put it this way는 I'll explain it with another way와 같은 의미를 갖는 표현이다.

sleep through 한 번도 깨지 않고 자다

63
A Wow, is that your new oven?
B Yes, I bought it last weekend. It has a whole bunch of high-tech _____.

(a) fundamentals
(b) functions
(c) looks
(d) information

A: 와! 이게 새로 산 오븐이니?
B: 응, 지난 주말에 샀어. 첨단 기능들이 잔뜩 내장돼 있어.

● 오븐의 외장에 대해서 만족하는 내용이라면 "It has good looks."가 되겠지만, '많은'이란 의미를 지니고 있는 whole bunch of를 볼 때 쉽게, 여러가지 첨단기능을 갖추고 있음을 시사하는 표현이 들어간다는 것을 알 수 있다.

a bunch of 수 많은 fundamental 기본적인, 기초의

64
A Why are you upset with Kate?
B Her output simply doesn't _____ my expectations.

(a) match
(b) fit
(c) reach
(d) meet

A: 왜 케이트에게 화가 났니?
B: 케이트의 결과물이 내 기대에 미치지 못해서 그래.

● meet은 '기대나 욕구를 충족시키다'는 의미로 구어체에서 자주 쓰인다.

upset with ~에 화나다 expectation 기대 match 어울리다 fit 알맞다 reach 도달하다

65
A Brian was very _____ back there, helping that lady from the danger.
B That's Brian. He can't just ignore things like that.

(a) courageous
(b) conspicuous
(c) congenial
(d) carnal

A: 거기서 위험에 처한 여성을 구하다니 브라이언은 정말 용감해.
B: 그게 브라이언이야. 브라이언은 그런 일이 벌어질 때 그냥 지나칠 수가 없어.

○ 위험에 처한 여성을 구한 행위를 치하한 상황이므로 courageous가 가장 적당한 답이 된다. 하지만 conspicuous에 대해 정확히 알아 둘 필요가 있다. 이 단어는 주로 시각적으로 눈에 띈다는 의미에서 두드러지는 것이지, 행위에서 다른 사람의 모범이 된다는 의미는 아니다.

courageous 용기있는, 담력 있는 **conspicuous** 확실히 보이는, 두드러진 **congenial** 취미가 같은, 같은 성질의 **carnal** 육체의, 육감적인

66
A What will your elder brother do when he finds out that you totaled his car?
B He will go through the _____.

(a) space
(b) rocket
(c) roof
(d) ceiling

A: 만약 네 형이 네가 자기 차를 완전히 박살낸 사실을 알게 되면 어떻게 할까?
B: 노발대발하겠지.

○ go through the roof는 '노발대발하다' 라는 의미의 관용어구이다.

total 박살내다 **go through the roof** 노발대발하다

67
A Don't forget to open the windows so that the air can _____ the room.
B No problem. I won't forget it.

(a) invigorate
(b) ventilate
(c) purify
(d) exhale

A: 통풍이 되게 창문 열어 놓는 거 잊지 마.
B: 문제없어. 잊지 않을 테니까.

○ 통풍이나 호흡과 관련된 의미를 지닌 단어는 ventilate와 exhale이지만, exhale은 사람이 숨을 내뱉는 것을 나타낼 때 쓰는 단어이며, 공기가 원활하게 소통되는가를 나타낼 때에는 ventilate를 사용한다. (c)는 purified였다면 정답이 되지만 purify는 타동사이므로 뒤에 목적어가 와야 하므로 정답이 되지 못한다.

invigorate 기운나게 하다. 상쾌하게 하다 **ventilate** 통풍이 잘 되게 하다, 환기하다 **purify** 깨끗이 하다, 정화하다 **exhale** 숨을 내뿜다. 발산(방출)하다

68
A It's raining like hell out there!
B Where have you been? It's been _____ like this for the whole week.

(a) sprinkling
(b) drizzling
(c) pouring
(d) watering

A: 바깥에 비가 억수같이 쏟아지고 있어.
B: 그동안 어디 다른 데 살다 왔어? 일주일 내내 이렇게 심하게 비가 쏟아지고 있잖아.

○ 비가 마구 온다(raining like hell)며 놀라하자 상대는 그런 반응이 새삼스럽게 들린다는 듯 '다른 곳에 살다 왔나(where have you been?)' 며 핀잔을 주고 있다. 이렇듯(like this) 비가 마구 오기를 지난 일주일 내내 지속되었다는 대답을 참고해 볼 때 빈칸에는 비가 퍼붓는다는 pour가 가장 적당하다.

pour 억수같이 퍼붓다 **sprinkle** 흩뿌리다. 끼얹다 **drizzle** 이슬비[가랑비]가 내리다 **water** ~에 물을 대다. 물을 뿌리다

69 The President has lost his _____ after the sex scandal.

(a) belief
(b) credibility
(c) honesty
(d) trust

대통령은 섹스 스캔들 사건 이후에 신용을 잃었다.

○ 문맥의 흐름상 국민들에게 신뢰성을 잃어버린 것이므로 credibility가 옳다.

belief 믿음, 신뢰 credibility 신용 honesty 정직 trust 신임, 신뢰

---

70 This medicine might _____ side effects on the reproductive system.

(a) stimulate
(b) induce
(c) make
(d) stir

이 약은 생식기 계통에 부작용을 낳을 수 있다.

○ '야기하다, 낳다' 의 의미를 가진 단어는 induce이다.

side effects 부작용 reproductive 생식의 stimulate 자극하다 induce 야기하다, 유발하다 stir 휘젓다

---

71 The flight attendant _____ her apron after all the drinks were served.

(a) took off
(b) took away
(c) gave round
(d) took around

승무원들은 마실 것을 모두 제공한 후에 앞치마를 벗었다.

○ 문맥에 맞는 표현을 선택하는 문제이다. 음식을 모두 제공한 후라고 했으므로 앞치마를 '벗다' 를 의미하는 take off가 적당하다.

flight attendant 비행기 승무원 take off 벗다 apron 앞치마, 행주치마

---

72 When you save money for a _____ day, you protect yourself and your family.

(a) snowy
(b) sunny
(c) rainy
(d) windy

어려운 때를 대비해서 돈을 저축하면, 당신과 당신의 가족을 보호하는 것이다.

○ 경제적으로 어려운 때를 대비해서 돈을 저축하는 것을 save something for a rainy day라고 한다.

protect 보호하다, 지키다 windy 바람이 센

---

73 Keep a _____ of your expenses, including drink money and other entertainment expenses.

(a) chronicle
(b) recording
(c) memory
(d) record

음료수나 다른 유흥비를 포함해서 쓴 비용을 기록해두라.

○ keep a record of는 '~을 기록하다' 는 의미로 쓰인다.

expense 지출, 비용 entertainment 유흥, 오락 chronicle 연대기 memory 기억

---

74 Politicians _____ the importance of the amendment of the Constitution.

(a) befriend
(b) belittle
(c) bemuse
(d) bespeak

정치인들은 헌법 개정의 중요성을 하찮게 여긴다.

○ 접두가 be-가 붙으면 '~하게 하다' 는 의미를 준다. belittle은 '하찮게 여기다, 얕잡아보다' 는 의미로 쓰인다.

befriend ~의 편을 들다, ~을 돕다 belittle 얕보다, 흠잡다 bemuse 어리벙벙하게 하다 bespeak 나타내다, ~이라는 증거이다

75 The tunnel was closed after fire _____ out on a freight train.

(a) broke
(b) burned
(c) sprung
(d) turned

화물열차에 불이 난 후에 터널이 폐쇄되었다.

○ '(사건, 화재 등이) 발생하다' 는 break out을 쓴다.

freight 화물 break out 발생하다 burn out 태워버리다 turn out 밝혀지다

---

76 People with a good _____ of humor and a positive attitude are usually more successful.

(a) character
(b) feeling
(c) sense
(d) taste

훌륭한 유머감각과 긍정적인 태도를 가진 사람들이 대개 더 성공한다.

○ '유머감각' 은 sense of humor이다. 하나의 덩어리로 알아두어야 한다.

character 인격, 품성 taste 맛, 미각

---

77 The _____ decision regarding layoffs made the workers very angry.

(a) ominous
(b) omnipotent
(c) auspicious
(d) unfavorable

정리해고에 관한 불리한 결정은 직원들을 아주 화나게 했다.

○ 정리해고에 관한 결정이 직원들이 가질 만한 느낌에 가장 적합한 형용사는 unfavorable이다.

layoff 정리해고 ominous 불길한, 나쁜 징조의, 험악한 omnipotent 전능한, 절대력을 가진 auspicious 경사스러운, 길조의 unfavorable 불리한, 불운한

---

78 Our office manager was _____ to another department.

(a) adopted
(b) haggled
(c) remised
(d) transferred

우리 사무실 부장은 다른 부서로 전근되었다.

○ 회사 내 다른 부서로 옮기는 것은 transfer를 사용한다.

adopt 입양하다 haggle 끈질기게 깎다, 옥신각신하다 remise 양도하다, 포기하다 transfer 이동[이전]하다

---

79 I can't understand where you're coming _____; I just don't understand you sometimes.

(a) away
(b) down
(c) from
(d) off

나는 당신이 어디에서 왔는지 알 수 없다. 그리고 당신을 이해할 수 없을 때도 있다.

○ come from은 '~ 출신이다' 라는 표현으로 민족이나 가문, 인종을 나타내지만, 단순히 지역을 나타낼 때도 사용된다.

come from ~ 출신이다 come away 떨어지다 come off 떨어지다, 빠지다, 벗겨지다

80 The Los Angeles City Council
_____ approved anti-gun
ordinances on Wednesday.

(a) alone
(b) individually
(c) separately
(d) unanimously

LA 시위원회는 수요일 총기소유 반대 법안을 만장일치로 승인하였다.

○ unanimously는 '만장일치로' 의 뜻으로 사용되고 있다.

alone 홀로, 외로이 individually 개인적으로 separately 따로따로 unanimously 만장일치의

READING COMPREHENSION · P.203

81 One interest group that has become one
of the largest and most powerful in the
United States is the American Association
of Retired Persons (AARP). Through its
lobbying efforts, the AARP has helped to
create better medical care and healthier
lifestyles, so that Americans can live
longer and healthier lives. Each year, the
percentage of the population that consists
of senior citizens rises higher and higher.
In fact, one of the biggest topics in the
elections each year is Social Security. The
politicians realize that they have to keep
the members of the AARP happy in order
_____.

(a) of age and height
(b) to benefit from their voting power
(c) to honor senior citizens
(d) to earn their love

미국 최대 규모로 성장하여 가장 강력한 영향력을 행사하고 있는 이 해집단은 전미퇴직자연합(AARP)이다. 로비 활동을 통해 AARP는 미국인들이 더 오래 건강히 살 수 있도록 더 나은 의료혜택과 더 건강한 생활양식을 창출하는 것을 도왔다. 매년 전체 인구 중에 노령 인구가 차지하는 비중은 점점 높아지고 있다. 사실 매년 선거바다 가장 큰 주제 하나는 사회보장이다. 정치가들은 AARP 회원들의 투표력의 득을 보기 위해 그들을 만족스럽게 해 주어야 한다는 사실을 인식하고 있다.

(a) 나이와 키의
(b) 그들의 투표력으로부터 득을 보기 위한
(c) 노인들을 공경하기 위해
(d) 그들의 사랑을 얻기 위해

○ 빈칸 바로 앞에는 in order라는 단어가 있으며 바로 앞 문장은 선거와 정치인들을 언급하고 있다. 따라서 in order 뒤에 정치인들이 목표로 하는 것은 선거와 관련된 것이며, 보기 중에서 선거와 직접 관련된 예는 (b) to benefit from their voting power 뿐이다.

interest group 이익단체 medical care 치료, 의료 social security 사회보장 제도 population 인구 senior citizen 노인 election 선거 benefit from ~에서 이득을 얻다

82 Every year, through various events and ceremonies, people who have had a profound influence on their countries and people are honored through various methods. These people can truly be considered "great" by their countrymen. Among those great people on whom we bestow this honor are Presidents, Kings and Queens, Statesmen and War Heroes. Many of the significant and popular events that we _____ usually pertain to military actions or observances of birthdays. At any rate, it's important to remember these important people and events in history.

(a) give occasion to
(b) give distance to
(c) plan to protest against
(d) take for granted

매년 다양한 행사를 통해 국가와 국민에게 심오한 영향을 끼쳤던 사람들이 다양한 방식으로 기념된다. 이들은 자국민들에 의해 참으로 '위인'으로 간주될 수 있을 것이다. 우리가 이러한 영예를 부여하는 위인들 중에는 대통령, 국왕, 여왕, 정치가와 전쟁 영웅이 있다. 우리가 특별한 의미를 부여하는 의미 있고 대중적인 기념들은 대부분은 보통 군사적 행동이나 탄생일과 관련되어 있다. 어쨌든 중요한 것은 역사상 이처럼 중요한 인물들과 사건들을 기억하는 것이다.

(a) 특별한 의미를 부여하는
(b) 밀리 하는
(c) 반대 할 계획을 세운
(d) 당연한 것으로 받아들이는

○ 빈칸 전후에서는 경축일 및 각종 기념일에 대한 설명이 있다. 전체 문맥은 위대한 사람들과 역사적 사건들을 경축일 및 기념일을 통해 기리는 것의 중요성에 대한 이야기다. 따라서 빈칸에는 그 주어인 we가 이와 같은 기념일과 경축일을 대하는 일반적인 태도를 묘사하는 표현이 알맞다. 구체적으로는 빈칸 문장의 앞 문장에서 나온 bestow this honor와 같은 맥락의 어구가 채워져야 한다. (b)의 give distance to는 '~과 거리를 두다'라는 뜻이므로 맞지 않고 (c)는 protest한다는 말이므로 전체 문맥과 정 반대의 입장을 표명하므로 역시 답이 아니다. (d) take for granted는 '~을 당연히 여기다'라는 뜻이므로 특별히 의미를 부여하며 기념한다는 맥락과 맞지 않다. 답은 '~에 특별한 의미를 부여하다'라는 뜻인 (a) give occasion to 이다.

certain 특정한, 일정한 profound 심오한, 깊은 influence 영향, 영향력 method 방법 bestow 주다, 수여하다 give occasion to ~특별한 근거를 부여하다 observance (기념일 또는 의식 등을) 준수, 축하, 제의 pertain 속하다, 관계하다 at any rate 좌우간, 하여튼 간에 protest 저항하다, 항의하다 take for granted 당연한 것으로 받아들이다

---

83 Dear Editor,

I just read in your newspaper that a suspect charged with 28 counts of fraud and embezzlement was released _____ $100,000 bail. I am aghast that something like this could happen! This man is accused of stealing millions and millions of dollars! The bail seems laughable in regards to how much this man stole. It seems as though the criminal justice system has no idea how to punish its offenders.

Sincerely,
Rachel Adams
Hoboken, New Jersey

편집자님께,

28차례의 사기와 횡령으로 기소된 용의자가 10만 달러의 보석금을 내고 풀려났다는 기사를 신문에서 읽었습니다. 저는 이런 일이 일어날 수 있다는 사실로 아연실색하고 있습니다! 이 사람은 수백만 달러를 도둑질 한 죄로 기소되었습니다. 이 사람이 훔친 돈에 비하면 보석금액은 어처구니없습니다. 마치 형사사법제도가 범법자들을 어떻게 처벌해야 하는지 전혀 알지 못하고 있는 것 같습니다.

뉴저지 호보켄에서
레이첼 애덤스

(a) ~와 함께 구금으로부터
(b) ~과 함께 구금에서 풀려난
(c) ~ 대신에 구금으로부터
(d) ~ 대신에 구금에서 풀려난

(a) from custody accompanied by
(b) out of custody accompanied with
(c) from custody in lieu of
(d) out of custody instead of

○ Released (풀려나다)와 bail(보석금)이란 단어가 함께 쓰일 때의 용법을 알고 있다면 쉽게 문제를 풀 수 있다. 두 단어를 볼 때 보석금을 내고 풀려났다는 내용이 빈칸에 와야 한다. released 와 custody 는 함께 쓰일 때 released from custody라고 쓴다. out of custody라고 쓰려면 release라는 단어 없이 he is out of custody 와 같은 방식으로 쓰인다. 또한 '보석금을 내고 풀려나다' 라는 표현은 영어에서 '보석금 대신에 풀려나다' 라는 식으로 표현된다. 따라서 이에 합당한 어휘는 (c) in lieu of(~ 대신에)이다. (b) accompanied by도 정답이 될 수 있을 것 같으나 accompanied by 뒤에는 사람이 와야 하므로 정답이 아니며 by 대신 with가 와야 한다.

suspect 혐의자, 용의자 fraud 사기 embezzlement 횡령 release 풀려나다 custody 구류, 감금, 수감 be aghast 아연실색하다 in lieu of ~의 대신에(=instead of) bail 보석 laughable 우스꽝스러운, 어처구니없는 offenders 범죄자, 위반자

---

84 Administration has mandated that all employees adhere to a new system that Priority Pay has adopted to manage incoming timesheets. There are now several options for employees to submit weekly timesheets. The options are as follows: First, it is acceptable to continue to fill out a hard copy and place it in the drop box. Secondly, the intranet can be used to contact Priority Pay; just follow the directions to _____.
Third, since Priority Pay can now accept and send faxes, employees can fax in a completed timesheet even when they are away from the office. Priority Pay has asked that, no matter which method is used, all employees be especially diligent in getting their timesheets in by the deadline.

(a) complete the on-line timesheet
(b) submit in-line facsimile
(c) destroy sheet copy
(d) print out your timesheet

관리부는 입수되는 근무시간 집계용지 관리를 위해 프라이어리티페이가 채택한 새 시스템에 모든 직원들이 충실할 것을 지시했습니다. 직원들이 택할 수 있는 주간 집계용지 제출 방식은 여러 가지가 있는데 다음과 같습니다. 먼저, 기존 방식대로 기록카드를 써서 수집함에 넣어둘 수 있습니다. 두 번째로, 프라이어리티페이에 접속하기 위해 인트라넷을 이용할 수 있습니다. 지시사항에 따라 온라인 상에서 집계용지를 작성할 수 있습니다. 세 번째로, 프라이어리티페이는 이제 팩스로도 집계용지를 주고받기 때문에, 직원들이 사무실에서 멀리 나가 있는 경우라도 작성완료 된 집계용지를 팩스로 보낼 수 있습니다. 프라이어리티페이는 모든 직원들이 세 가지 방법 중 어떤 것을 선택하더라도 마감시간까지 회사에 처리시간 집계용지를 보낼 수 있도록 서둘러 주실 것을 특히 부탁 드립니다.

(a) 온라인 집계용지를 작성하기 위해
(b) 팩스를 보내기 위해
(c) 종이 사본을 파괴하기 위해
(d) 당신의 집계용지를 인쇄하기 위해

○ 빈칸의 문장은 인트라넷을 이용해서 Priority Pay에 접속하여 timesheet를 제출하는 방법을 설명하고 있다. 접속하여 지시를 따라 무엇을 하기만 하면 된다고 적고 있으므로 답의 내용은 timesheet 작성이어야 한다. (b)는 facsimile, 즉 팩스 이야기를 하고 있으므로 답이 될 수 없다. (c)는 sheet copy를 파쇄하라고 하므로 전혀 내용이 맞지 않는다. (d)에 timesheet을 출력하여 인쇄하는 것은 본문의 내용과 무관하다. 따라서 (a) complete the on-line timesheet가 정답이다.

mandate 지시하다 adhere to ~에 충실하다 timesheet 출퇴근시간 기록 용지, 개인별 근무 시간 집계 용지 complete (문서를) 완전히 작성하다 directions 지시, 지령

85 After a tremendous surge in popularity in the early and middle 90s, cigar smoking has at last begun to smolder. A few years ago, it was customary to see college-age men and women puffing cigars as they frequented the various city clubs and restaurants. Not only were the young people emulating the wealthy and privileged, but also imitating the Italian mobsters seen from movies such as *Goodfellas* and *Scarface*. It seems, nowadays, that this popular fad has faded, and now cigars are back in the hands of those few who _____.

(a) want to be looking rich
(b) care more about smoking than status
(c) still love to watch *Goodfellas* and *Scarface*
(d) own city clubs and restaurants

1990년대 초반과 중반에 굉장히 인기를 누렸던 시가 흡연의 열기가 마침내 타들어가기 시작했다. 몇 년 전, 대도시의 나이트클럽과 식당에서는 대학생 정도 나이의 남자들과 여자들이 마티니를 마시면서 시가를 태우는 모습을 아주 흔하게 볼 수 있었다. 단지 젊은이들이 부유층과 특권층을 모방하는 것뿐만 아니라, 〈좋은 친구들〉이나 〈스카페이스〉와 같은 이탈리아 갱 영화를 흉내 낸 측면도 있었다. 이제는 시가의 일시적인 대중적 인기가 시들해지고, 지금 시가는 사회적 지위보다는 흡연 자체에 더 관심이 많은 몇몇 사람들의 수중으로 다시 되돌아간 것 같다.

(a) 부자처럼 보이고 싶어 하는
(b) 위상보다는 흡연 자체에 더 관심을 갖는
(c) 여전히 〈좋은 친구들〉과 〈스카페이스〉를 보기 좋아하는
(d) 시내 나이트클럽과 식당을 소유한

➲ 소위 가진 자의 흉내를 내던 시가 흡연이 사라지고 단지 소수의 '어떤' 사람들만 시가를 즐긴다는 내용이다. 그 소수의 사람들에 대한 묘사가 빈칸에 와야 한다. 가장 합당한 답은 (b) care more about smoking(흡연) than status(사회적 위치)이다.

tremendous 거대한, 굉장한 surge 쇄도 smolder 연기 피우다 customary 일상적인, 관습적인 emulate 흉내내다 imitate 모방하다 mobster 갱단 일원 fad 일시적 유행, 별난 취미 fade 시들다, 사라지다 be back in the hands of ~의 손[수중]으로 되돌아가다

---

86 In the years precluding World War II, the United States was lulled into a false sense of security. In 1938, neither of the great totalitarian political forces of the century, Fascism and Communism, was a threat. So long as France and Britain _____, the United States felt safe and secure from the German military. Elsewhere, anti-Communism was triumphing in Spain, and all across central and Eastern Europe, Communism was being contained by governments who were hostile towards the Soviet Union.

(a) declared war against Hitler and the Nazis
(b) continued to stand against Hitler and the Nazis
(c) came into conflict with Stalin and the Soviet Union
(d) decided to become friends to both Hitler and Stalin

2차 세계 대전을 막아보려던 시절, 미국은 모든 것이 다 안전하다고 안심하고 있었다. 1938년, 오랜 세월에 걸쳐 내려온 거대한 전체주의 정치 세력이나 파시즘, 공산주의의 위협도 없었다. 프랑스와 영국이 히틀러와 나치와 계속 대립하는 한, 미국은 독일군으로부터 안전하다고 느꼈다. 다른 곳에서는 반공산주의가 스페인에서 승전고를 올리고 있었고, 소련에 적대적이었던 중앙 유럽과 동유럽 국가들에서는 공산주의가 정부에 의해 억제되고 있었다.

(a) 히틀러와 나치를 상대로 선전포고했다.
(b) 히틀러와 나치와 계속 대립했다.
(c) 스탈린과 소비에트 연방과의 분쟁에 참여했다.
(d) 히틀러와 스탈린 모두와 우방이 되기로 결심했다.

➲ 프랑스와 영국에 빈칸대로 행동해 준 결과 미국이 독일군으로부터 안전하다는 생각을 가졌다는 내용이다. 글의 흐름상 프랑스와 영국이 미국 대신 독일군과 상대하고 있었기 때문에 미국이 안보에 대해 보다 안이하게 생각한 셈이 된다. 따라서 정답은 (b)이다.

be lulled into a false sense of security 거짓으로 모두 잘 되어가고 있다고 안심시키다 totalitarian 전체주의의 stand against ~에 반대하다 anti-communism 반공주의 triumph 이기다, 성공하다 hostile to 적개심를 품고 있는 declare war 선전포고를 하다

87 The differences between the lifestyles of the city and the suburbs should be thought of as differences _____, not kind. While residents of the suburbs tend to be more family oriented and have a much deeper concern for education, city dwellers are more apt to focus on financial obligations. On the other hand, most single young folks prefer the fast-paced city life to the relaxed suburban atmosphere that is more suited to family life. Furthermore, as the crunch for assessable land increases, many suburbanites are again looking to the city as a place to invest and revitalize.

(a) of degree
(b) of style
(c) of need
(d) of standard

도시 생활양식과 근교 생활양식의 차이점은 방식의 차가 아니라 정도 차로 이해되어야 한다. 근교 거주자들이 시내 거주자들보다 좀더 가족 지향적이고 자녀 교육에 더 깊은 관심을 갖는 반면, 도시 거주자들은 경제적 의무에 더욱 집중하는 경향을 띤다. 하지만 독신 젊은이들은 가족생활에 더 잘 어울리는 느긋한 근교 분위기보다는 빠르게 진행되는 도시 생활을 더 선호한다. 게다가 투자가치가 있는 결정적인 땅이 늘어나면서 대부분의 근교 거주자들은 다시 투자와 재산을 불릴 만한 장소로서 도시를 바라보게 된다.

(a) 정도의
(b) 스타일의
(c) 필요의
(d) 기준의

○ 글의 내용은 주로 도시 거주자와 근교 거주자의 차이점을 부각시키는 듯 하다. 그러나 그들을 비교하는 문구들은 모두 비교급으로 되어 있다. 둘 다 family oriented한 면이 있지만 근교 거주자들이 more family oriented하고, 둘 다 financial obligation에 집중하지만 특히 도시 거주자들이 more apt 하다. 또한 마지막 문장은 그들 모두 경제적 성공의 기회가 있다면 도시 생활에 대해 매력을 느낄 것이라고 말한다. 따라서 도시 거주자와 근교 거주자의 차이점은 정도의 차이이다. 그러므로 정답은 (a) of degree이다.

suburb 교외, 시외, 근교 dweller 거주자, 주민 financial obligation 경제적 의무 on the other hand 한편 fast-paced 속도가 빠른 the crunch 결정적인 시기, 요긴한 점 assessable 사정[평가]할 수 있는

88 Dear shareholders,

For the fourth straight quarter, our gross earnings were down 37% due to the unfortunate fall in the world economy and the increasing number of competitors honing in on our customers. _____, this translates to a net quarter loss of $1.67 per share. However, the situation is not as severe as it sounds. The board of directors has assembled an expert and infallible plan for the 2010 financial year that will assuredly usher in a new and prosperous year. We thank you, the shareholders, for believing in our company.

Sincerely,
Jackson Young
CEO – Ebenezer Investment

주주여러분께,

세계 경제의 불행한 추락과 우리의 고객들을 철저하게 파고드는 경쟁자들의 증가로 인해 우리 회사의 총수익이 4/4분기에도 연속 37% 하락했습니다. 유감스럽게도 이것은 이번 분기 동안 주당 1달러 67센트의 순손실을 입은 것으로 풀이할 수 있습니다. 하지만 상황은 말로 듣는 것만큼 심각하지는 않습니다. 이사회는 2010 년도 회계 연도를 위한, 새롭고 풍요로운 해를 불러올, 전문적이고 확실한 계획을 수립했습니다. 주주 여러분, 우리 회사를 믿어주신 데 대하여 감사드립니다.

에벤에셀투자 대표이사
잭슨 영 드림

(a) 그럼에도 불구하고
(b) 그건 그렇고
(c) 유감스럽게도
(d) 그럼에도 불구하고

(a) Notwithstanding
(b) By the way
(c) Unfortunately
(d) Nevertheless

○ 편지의 첫 문장이 회사의 안 좋은 상황에 대해 보고하고 있다. 두 번째 문장도 회사의 loss에 대해 이야기하고 있다. 둘 다 동일한 내용을 다루고 있으므로 두 문장을 연결하는 문장 수식 부사로는 (a) Notwithstanding이나 (d) Nevertheless처럼 앞뒤 내용을 대조시키는 표현은 어울리지 않는다. 주제의 전환을 유도하는 (b) By the way도 적합하지 않다. 따라서 (c) Unfortunately가 가장 적절한 표현이다.

shareholder 주주 quarter 4분의 1, 분기 competitor 경쟁자 translate in ~으로 해석되다 severe 심각한 board of directors 이사회 expert 전문적인 infallible 절대 확실한, 절대 실수 없는 assuredly 틀림없이 usher 인도하다 prosperous 풍요로운 investment 투자

---

89 Before the Arabic numerical system gained global popularity, many cultures and languages used letters to represent numbers. Because there was no common system in doing trade across languages, even simple math was difficult to display. In Rome, for example XXII + LXXVIII = C. Because of this, Romans used pebbles or metal rings as counters that were strung and placed on a frame. It was by this method that the modern abacus was born.

Q What is the main point of the passage?

(a) In many languages letters were used as numbers.
(b) Arabic numbers are easier to work with.
(c) Trade depended on easy counting methods.
(d) The abacus was invented to aid in counting.

아라비아숫자 시스템이 세계적인 인기를 얻기 전에 많은 문화권과 언어권들은 숫자를 표기하기 위해 문자를 사용했다. 보편적 체계가 없었기 때문에 서로 다른 언어권 간에 교역을 할 때면 간단한 산수조차도 표시하기 어려웠다. 예를 들어 로마에서는 XXII 더하기 LXXVIII 는 C였다. 로마인들은 틀에 줄로 꿰어 매단 조약돌이나 금속 고리를 계산도구로 사용했다. 이런 방식으로 근대적인 주판이 탄생했던 것이다.

Q: 이 글의 핵심은 무엇인가?

(a) 많은 언어권에서 문자를 숫자로 사용했다.
(b) 아라비아숫자는 더 다루기 쉽다.
(c) 교역은 쉬운 계산방법에 의존했다.
(d) 주판은 계산하는 데 도움이 되도록 발명되었다.

○ 지문은 주제 문장을 향해 발전하고 있다. 아라비아숫자에 대한 간단한 언급은 고대의 수표기 시스템에서는 계산 표기를 불가능했다는 내용을 이어지고 그 결과 주판이 고안되었다는 마지막 문장으로 나아간다. 따라서 아라비아 숫자나 문자를 숫자로 사용한 부분은 핵심 내용은 아니다. 정답은 (d)이다.

numerical system 숫자 체계 pebble 조약돌, 자갈 metal ring 금속 고리 string ~에 실을 달다, ~을 매달다 frame 구조, 만듦새 counter 계수기, 카운터 abacus 주판

90 A financial planning workshop for the public will be held next Thursday evening at 7:00 pm at the Cooperative Extension Education center on Willow Avenue in Utica. The program, MONEY 2009, has two stages. First, it offers technical support for identifying personal financial goals. Then the workshop provides management tools to accomplish it. Lansing residents interested in signing up for the workshop should contact Cooperative Extension's Anna Ann Howard at 873-4890. Advance registration is required so sufficient materials will be available.

Q What is the passage mainly about?

(a) A seminar on money management
(b) A public service that reduces debt
(c) A people management workshop
(d) A new technical support hotline

일반대중을 대상으로 한 재정계획 세우기 워크숍이 다음주 목요일 저녁 7시에 유티카의 윌로우 애비뉴에 있는 협동조합 교육센터에서 열립니다. Money 2009 프로그램은 2단계로 되어 있습니다. 1단계는 사람들이 개인적인 경제적 목표를 명확히 하는 데 필요한 기술적 지원을 제공하는 것입니다. 그리고 나서 그 강좌는 그 목표를 성취할 수 있는 관리 방법을 제공합니다. 관심이 있는 랜싱 주민들은 협동조합의 애나 앤 하워드에게 873-4890로 신청하십시오. 사전 등록을 하셔야 충분한 자료를 확보할 수 있습니다.

Q: 이 글은 무엇에 관한 글인가?

(a) 재정 관리에 관한 세미나
(b) 빚을 줄일 수 있는 공공 서비스
(c) 인사 관리 워크샵
(d) 신기술 지원 전화 상담

🔵 이 글은 첫 문장에 제시한 대로 A financial planning workshop for the public을 홍보하는 글이다. 따라서 a financial planning workshop(재정 계획 세우기 워크샵)과 유사한 뜻을 가진 a seminar on money management (재정 관리에 대한 세미나)를 정답으로 골라야 한다.

offer 제공하다 **stage** 단계 **resident** 거주자 **advance registration** 사전 등록 **sufficient** 충분한

---

91 Traditionally the only way to receive a college education was to travel to the university and study there. About two hundred years ago, the University of London created a program where people could study in their homes using books and mailing their assignments and tests back to the school. Now with the Internet, people can get their degrees online. As the Internet allows for almost immediate responses to questions, students and teachers finally have ways of interacting never possible before outside the classroom.

Q Which of the following best summarizes the paragraph?

(a) The Internet has replaced the need for traditional colleges.
(b) The University of London was at the forefront of the distance learning movement.
(c) The Internet has revolutionized home study.
(d) Distance learning prevented teachers and students from talking in the past.

전통적으로 대학교육을 받을 수 있는 유일한 길은 대학까지 가서 그 곳에서 공부하는 것이었다. 약 200년 전 런던대학은 집에서 책을 이용해 공부하고 과제물을 우편으로 보내며 시험은 학교로 돌아와 치르는 프로그램을 고안했었다. 이제 사람들은 인터넷을 이용하여 학위를 온라인으로 취득학 수 있다. 인터넷은 질문에 대하여 사실상 즉각 답할 수 있도록 하기 때문에, 마침내 학생과 교사는 전에 교실 밖에서는 절대로 경험할 수 없는 양방향 교류를 하게 된 것이다.

Q: 위 글을 가장 잘 요약한 것은?

(a) 인터넷이 전통적 대학의 필요성을 대치하게 되었다.
(b) 런던 대학은 원격교육운동의 최선두에 있었다.
(c) 인터넷은 자택 학습에 변혁을 가져왔다.
(d) 과거 원격교육은 교사와 학생간의 대화를 막았었다.

🔵 원격교육이 원래 존재했으나 인터넷의 발달로 크게 발전했다는 글의 핵심이다. (b)와 (d)는 지문에도 언급된 내용이지만 주제는 아니다. (a)처럼 인터넷이 전통 대학의 수요를 대체한 것은 아니므로 정답은 (c)이다.

assignment 과제물 **distance learning** 원격교육 **interact** 상호작용하다 **forefront** 선두, 맨 앞 **revolutionize** 혁명(대변혁)을 일으키다

92 The Garnett Mine in Jamaica is one of the largest bauxite mines in the world. Bauxite is exported mainly to the United States where it is heated and converted into aluminum to be used in making aluminum cans, foil and other household products. Bauxite is very valuable as the world depends on aluminum for much of daily life.

Q What is the bauxite for?

(a) Heating
(b) Household goods
(c) To be used in Jamaica for national products
(d) To be turned into aluminum

자메이카의 가넷 탄광은 세계에서 가장 큰 보크사이트 탄광이다. 보크사이트는 주로 미국으로 수출되는데, 미국에서 가열, 가공되어 알루미늄이 되고 알루미늄 캔, 호일, 그 외 가정용품의 제작에 쓰인다. 세계가 일상의 대부분 알루미늄에 의존하는 이상, 이 보크사이트는 매우 가치가 있다.

Q: 보크사이트는 무엇을 위한 것인가?

(a) 가열
(b) 가정용품들
(c) 국내 제품들을 위한 자메이카 내수 소비
(d) 알루미늄으로의 변환

○ 자메이카 가넷 탄광에서 추출되는 보크사이트는 알루미늄의 원자재라는 것이 지문의 핵심이다. 일단 미국으로 대부분 수출되므로 (c)는 정답이 아니다. (a)는 보크사이트가 알루미늄으로 가공되는 공정이고 (b)는 알루미늄이 된 후에 만들어지는 제품이다. 따라서 정답은 (d)이다.

mine 탄광 bauxite 보크사이트 convert 바꾸다, 변하게 하다 be turned into ~ ~으로 바뀌다, 변환되다

---

93 Global Digitalized Solutions (GDS) is a leading consulting and a marketing software company. Due to rapid sales both in-country and internationally, we are seeking a Regional Marketing Director for the new Northern European sales office in Oslo, Norway. The Regional Marketing Director will be responsible for advertising, sales and promotion as well as hiring of sales, service and clerical staff. Other duties will include the creation of sales policies, the monitoring of expenses and the development and maintenance of a workable budget. While the job is located in Norway, the individual should be prepared for several trips throughout Scandinavia.

Q Which is the part of the Regional Marketing Director's job?

(a) Developing sales policies
(b) Providing computer repairs
(c) Developing software
(d) Training staff and customers.

글로벌 디지털라이즈드 솔루션(GDS)은 선두적인 컨설팅 및 마케팅 소프트웨어 회사입니다. 국내외 모두에서의 빠른 영업 확장으로 인해 우리는 노르웨이 오슬로에 위치한 새 북유럽영업사무실의 지역 마케팅 국장을 고용하려고 합니다. 지역 마케팅 국장은 홍보, 판매, 판촉 및 영업, 서비스, 사무실 직원 인사 일체를 담당할 것입니다. 그 외에도 영업정책수립, 지출 감독 그리고 실행 가능한 예산 작성 및 유지와 같은 직무도 포함할 것입니다. 노르웨이에서 근무하는 동안 스칸디나비아 전역에 걸쳐 수차례 출장도 다녀와야 할 것입니다.

Q: 다음 중 지역 마케팅 국장의 업무에 포함되는 것은?

(a) 영업정책 수립
(b) 컴퓨터 수리
(c) 소프트웨어 개발
(d) 직원 및 소비자 교육

○ 지역 마케팅 국장의 업무가 무엇인지는 채용광고가 차근차근 설명하고 있으므로 대충 건너뛰지 말고 하나씩 체크할 필요가 있다. 국장의 주요 업무는 본문 중간쯤에 나와 있는 대로 홍보, 판매, 판촉 및 영업, 서비스, 사무실 직원 인사(hiring of sales, service and clerical staff), 영업정책 수립, 지출 감독 그리고 실행 가능한 예산 작성 및 유지이다. 따라서 정답은 (a)이다.

leading 선두적인 rapid 급속한, 빠른 be responsible for 책임을 맡다 promotion (영업 분야에서의) 판촉 monitor 관찰하다, 감시하다, 감독하다 budget 예산, 예산안

94 Current research into the causes of dementia by U.S. scientists has shown that the disease may be linked to the environment. Doctors at the Federal Aging Institute reported in the Journal of Gerontology that Alzheimer's was twice as likely in Korean-American men as it is in men from Korea. The finding was based on data collected from 3,000 Korean-American men who enrolled in a neurological study in the 1960's and were tracked through 2008. About 25% of the men were born in Korea and moved to America when they were young. The rest were born in America to Korean parents.

Q Which is correct about Alzheimer's disease, according to the passage?

(a) It was discovered in the 1960's.
(b) It is very common in Korea.
(c) Location may play an important factor.
(d) Koreans and Korean-Americans get Alzheimer's disease at the same rate.

미국 과학자들에 의한 치매의 원인에 대한 현재 연구는 질병이 환경과 관련이 있을 수 있음을 보여주고 있다. 연방노화연구소는 알츠하이머 환자가 한국에 있는 남성들보다 한국계 미국인 남성들 사이에서 두 배나 더 많다고 노인학 저널을 통해 발표했다. 이 연구 결과는 1960년대에 신경학 연구를 위해 등록되어 2008년까지 추적된 한국계 미국인 3천명으로부터 수집된 자료를 토대로 했다. 그들 중 약 25%가 한국에서 태어났고 어렸을 때 미국으로 건너갔다. 나머지는 한국인 부모를 통해 미국에서 태어난 이들이다.

Q: 알츠하이머 병에 대한 내용과 일치하는 것은?

(a) 질병이 1960년대에 발견되었다.
(b) 한국에서는 매우 흔한 병이다.
(c) 위치가 주요 요소일 수도 있다.
(d) 한국인과 한국계 미국인들은 같은 비율로 병에 걸린다.

○ 알츠하이머에 걸린 환자들이 국내 한국인들보다 미국 내 한인들 사이에서 두 배나 더 많이 발생했으므로 (d)는 사실이 아니다. 한국에서 매우 흔한지 여부는 지문에서 언급되지 않았으므로 (b)도 정답이 아니다. 1960 's라는 표현은 조사연구 대상자들의 정보가 신경연구를 위해 등록된 때에 대한 언급이지 병이 발견된 해를 뜻하지 않는다. 따라서 (a)도 정답이 아니다. 질병이 아마도 linked to the environment할 수 있다. 즉 위치가 주요 요소일 수도 있다는 (c)가 정답이다.

dementia 치매 gerontology 노인학 Alzheimer's disease 노인성 치매, 알츠하이머병 twice as - as ~ ~보다 갑절 enroll 등록하다, 명부에 올리다 neurological study 신경학 연구 common 흔한

95 Noticeable changes can occur rapidly due to environmental factors. The peppered moth, for example, comes in two varieties, a dark-colored and a light-colored form. Dark-colored moths were rare because they were easily seen against the light colored natural surroundings. As pollution darkened the areas surrounding factories, it was the light-colored moths were easily spotted and eaten by birds. By the 1940's almost all peppered moths were dark. Now as pollution controls are being enforced, the number of light-colored moths are returning.

환경적 요인들로 인해 분명한 변화들이 빠르게 일어날 수도 있다. 예를 들어 얼룩나방은 어두운 색과 밝은 색 두 종류가 있다. 어두운 색 나방은 밝은 색 자연을 상대로 매우 쉽게 눈에 띄었기 때문에 보기 드물었다. 공해가 공장 주변 지역을 검게 만들자 밝은 색 나방이 쉽게 눈에 띄어 새들의 먹이가 되었다. 1940년대에 이르자 거의 모든 얼룩나방들은 어두운 색이었다. 이제 공해 제한이 시행되면서 많은 수의 밝은 색 나방들이 돌아오고 있다.

Q: 이 글의 내용과 일치하는 것은?

(a) 공해가 밝은 색 나방의 증가를 초래했다.
(b) 공해가 어두운 색 나방의 증가를 초래했다.
(c) 얼룩나방의 변화는 환경이 아닌 진화에 근거한 것이었다.
(d) 공해 제한은 나방 개체의 수에 변화를 주지 않았다.

Q Which is correct according to the passage?

(a) Pollution led to the rise of light colored moths.

(b) Pollution led to the rise of dark colored moths.

(c) Changes in the peppered moth were based on evolution, not the environment.

(d) Pollution controls did not change the number of moths.

○ 공해에 따라 주변 환경의 색이 밝으나 어두우냐에 따라 특정 색 나방이 천적의 눈에 더 잘 띄어 먹잇감이 되는 상황은 나방 개체의 수가 환경의 영향을 받는 사례이다. 따라서 환경과 나방이 전혀 상관하지 않는다는 식의 (c)와 (d)는 정답이 아니다. 그리고 공해는 환경을 어둡게 변색시킴으로써 어둔 색 나방이 눈에 띄기 어렵게 만들었다. 따라서 (b)가 바른 내용이다.

noticeable 눈에 띄는, 현저한 occur 일어나다. 생기다 peppered moth 얼룩나방 darken 어둡게 만들다 rare 드문, 귀한, 진기한 darken 희미하게 하다 spot 발견하다, 알아채다 evolution 진화

---

96 Pre-heat oven to 330 degrees. Mix sifted cocoa, flour, soda and salt in a separate bowl and set aside. With a mixer, thoroughly blend cream butter and sugar, then beat in eggs. Add the dry mixture to the butter-sugar mixture with a pastry blender. Don't overmix. The dough will be stiff. Add the nuts and press them into the dough by hand or with a large spatula. Butter 2 baking sheets. Divide the dough in half and form each half into a 10-by-2-by-1 one half-inch logs. They may press out a little longer, both the logs should be at least 1 and one-fourth inches high. Bake for 15 minutes. Turn off the oven and cool biscotti logs for 15 minutes.

Q Which is correct according to the passage?

(a) Logs may be cut within 15 minutes.

(b) Nuts should be added 15 minutes after baking.

(c) Mix the dry ingredients first.

(d) The dough will be thick.

오븐을 330도로 예열해 놓는다. 체로 친 코코아와 밀가루, 소다, 소금을 그릇에 섞고, 한쪽에 놓아둔다. 크림 버터와 설탕을 잘 섞은 후 계란을 넣고 젓는다. 앞서 섞어 놓은 것을 버터, 설탕 섞은 것과 합하여 패스트리용 블렌더로 섞는다. 너무 많이 섞지 않도록 한다. 반죽은 걸쭉해질 것이다. 땅콩을 손이나 큰 주걱을 이용하여 반죽 속에 눌러 넣는다. 버터를 두 개의 굽는 판에 두른다. 반죽을 반으로 가르고 각각의 반쪽을 가로 10, 세로 2, 높이가 1과 1/2인치의 통나무 모양으로 만든다. 눌러서 조금 더 길게 할 수도 있지만 최소한 높이가 1과 1/4인치는 되어야 한다. 15분 동안 굽는다. 오븐을 끄고 비스코티를 15분 동안 식힌다.

Q: 이 글의 내용과 일치하는 것은?

(a) 통나무 모양으로 된 것은 15분 안에 잘라야 한다.

(b) 땅콩은 빵을 구운 후 15분 후에 첨가해야 한다.

(c) 건조한 재료들은 처음에 섞는다.

(d) 반죽은 두꺼워 질 것이다.

○ 두 번째 문장 Mix sifted cocoa, flour, soda and salt in a separate bowl and set aside에서 보면 언급된 재료는 모두 건조한 것이다. 이 재료들은 반죽을 만드는 데 필요한 기초 재료로써 가장 처음에 섞는다. 따라서 (c)가 정답이다. 땅콩은 굽기 전 반죽 속에 넣는 것이고, 반죽의 두께 변화는 나와 있지 않으므로 오답이다.

degree (온도, 각도) 도 sift 체로 치다, 거르다 set aside 옆으로 놓다 blend 섞다 beat (달걀 등을) 세게 휘젓다 pastry 패스트리 dough 가루 반죽 spatula 주걱 log 통나무

97 It is reassuring to hear people admit that spanking, when properly administered, is not child abuse. This type of discipline informs children that their unacceptable behavior has consequences. And it is more effective than the tired verbal warning, "Stop that this instant!" which goes largely unheard by the child. People who lacked discipline in childhood turn into unruly and inconsiderate adults. Those who are convinced by the softness of modern child-rearing will soon see the result of their "spare the rod, spoil the child" philosophy.

Q What can be inferred from the passage?

(a) Spanking is not a preferred form of punishment.
(b) Children learn from spoken reprimands.
(c) Spanking is a form of child abuse.
(d) Spanking is a popular form of discipline.

사람들이 적절히 사용되는 체벌이 아동 학대가 아니라고 인정하는 것을 들을 때 참 고무적이다. 이런 종류의 훈육은 아이들에게 용납될 수 없는 행동이 결과를 불러온다는 사실을 알려준다. 그리고 '지금 이 순간부터 그만해'와 같은, 아이들이 대부분 듣지도 않는 진부한 언어 경고보다는 더 효과적이기도 하다. 어린 시절 훈육이 부족한 사람들은 제멋대로이고 남을 배려 안하는 어른이 된다. 현대식 자녀 교육의 부드러움에 설득되는 사람들은 머지않아 '매를 아끼고 아이를 망치는' 자신들의 철학의 결과를 보게 될 것이다.

Q: 위 글에서 추론할 수 있는 것은?

(a) 체벌은 현재 선호되지 않는 징계 방식이다.
(b) 아이들은 언어적 징계만으로도 배운다.
(c) 체벌은 일종의 아동학대이다.
(d) 체벌은 널리 사용되는 훈육 방식이다.

❷ 지문은 체벌의 교육적 효능을 지지하고 있다. 체벌이 빠진 근대 교육에서 말로만 하는 훈육은 아이들의 훈육에 거의 효과를 거두지 못하고 있다고 말한다. 따라서 체벌이 아동학대라는 (c)와 말로 하는 훈계로도 아이들이 잘 배운다는 (b)는 어울리지 않는다. 필자가 이런 주장을 하는 이유는 현대 교육이 체벌을 사용하지 않기 때문이므로 (a)가 정답이다.

spanking 손바닥으로 때리기, 체벌 reassuring 안심시키는, 위안을 주는 administer (꾸지람을) 주다, 집행하다 abuse 학대, 남용 discipline 수양, 훈련 consequence 결과, 결론 verbal 언어의 unruly 제멋대로인 inconsiderate 남의 일을 생각할 줄 모르는, 지각 없는 rearing 기르기, 교육하기 disprefer 선호하지 않다 reprimand 질책

---

98 Although there is nothing new about students' test-anxieties, many professors may be unaware of just how much strain their grade-determining exams negatively impact their students' learning efforts. Final exams create undue and unneeded stress, and they overemphasize the importance of a single hour in the students' entire semester of learning. More importantly such exams do not promote frequent studying of the material. Professors should supplement finals with more frequent quizzes to encourage students to study more regularly. If students understood the material better, they would perform better in all types of assessments.

학생들의 시험에 대한 불안이 딱히 새로운 것은 아니지만, 많은 교수들은 학점을 결정하는 시험들이 학생들의 학습 노력에 얼마나 큰 부담으로 부정적인 영향을 미치는지에 대해서는 잘 모를 것이다. 기말고사는 과도하고 불필요한 스트레스를 유발하며 학생들의 한 학기 전체에 걸친 학습 중에서 그 한 시간의 중요성을 지나치게 강조한다. 더 중요한 것은 그런 시험들이 자료에 대한 꾸준한 공부를 독려하지 않는다는 점이다. 교수들은 자주 치르는 퀴즈로 기말고사를 보충하여 학생들이 더욱 규칙적으로 공부할 수 있도록 독려해야 한다. 만약 학생들이 자료를 더 잘 이해하면, 그들은 모든 종류의 평가에서 더 좋은 성과를 낼 수 있을 것이다.

Q: 위 글에서 추론할 수 있는 것은?

(a) 시험에 대한 불안은 학생들의 학습 시간을 증가시킨다.
(b) 학생들에게 있어서 퀴즈는 기말시험보다 덜 중요하다.
(c) 학생들은 시험 전에만 공부한다.
(d) 공부가 더 나은 성적을 보장하지는 않는다.

Q What can be inferred from the passage?

  (a) Test-anxiety increases students' study time.

  (b) Quizzes are less important to students than finals.

  (c) Students only study before tests.

  (d) Studying does not ensure a better grade.

○ 기말고사 제도는 학생들에게 시험에 대한 부담만 가중시키며 규칙적인 학습에 도움이 되지 않는다는 것이 지문의 핵심이다. 기말고사가 보다 자주 치르는 퀴즈로 보충이 될 때 지속적인 공부에 도움이 된다는 논리는 학생들이 시험 전에만 공부한다는 것을 전제로 한다. 따라서 정답은 (c)이다.

strain 긴장, 큰 부담 impact 강한 영향을 주다 undue 과도한 supplement 보충하다 assessment 평가

---

99 The power that cigarettes hold over those who smoke them is unquestionable. (a) Some experts have said that the addictive power of nicotine, the drug in tobacco that "hooks" its users, is stronger that heroin. (b) Addiction is a disease, which can only be treated by experts. (c) Untold numbers of smokers have tried to quit their habit only to find themselves smoking again within a few days. (d) It's not easy to stop, but almost everyone would agree that the alternative is worse.

담배를 피우는 사람들을 위협하는 담배의 힘은 의심할 나위가 없다. (a) 몇몇 전문가들은 흡연자들을 '걸려들게 하는' 담배의 약물 성분인 니코틴은 중독성이 헤로인보다 더 강력하다고 말한다. (b) 중독은 병이며, 전문가들에 의해서만 치료될 수 있다. (c) 많은 흡연가들은 담배를 끊으려고 애쓰지만, 결국 며칠 못 가서 다시 담배를 피우게 된다. (d) 담배를 끊는 것은 쉬운 일이 아니지만 거의 모든 사람들은 대안이 더 나쁘다는 사실에 동의한다.

○ (a)는 니코틴의 중독성에 관한 설명이고, (b)에서 중독은 전문의에 의해서만 치료가 되는 병이라고 했고, (c), (d)에서는 담배를 끊으려는 노력과 대안에 대해서 설명하고 있다. 담배의 유해성과 담배를 끊으려는 내용 사이에 전문의에 의해서 치료가 되는 중독은 적절한 내용이 아니다.

hold over sb ~으로 ~을 협박하다 unquestionable 의문의 여지가 없는 addictive 습관성[중독성]의 hook 갈고리로 걸다 treat 치료하다 alternative 대안

---

100 The quest for beauty and truth is a path to liberation and joy. (a) Early existential analysts sought an "aesthetic dimension" in their relationship with patients. (b) Here aesthetics refers to how someone with a love of beauty or the fine arts goes about their business, e.g., sensing, feeling, etc. (c) As when we first share part of our deeper selves, then are privileged to see and hear the client undergo a sudden, unexpected transformation, it is what ultimately enables healing to occur. (d) Most aesthetics are unlikely to cause an allergic reaction.

미(美)와 진실에 대한 탐구는 자유와 환희에 이르는 길이다. (a) 초기의 실존주의 분석가들은 환자들과의 관계에서 '미학적인 특질'을 찾았다. (b) 여기서 말하는 미학은 미(美) 혹은 예술을 사랑하는 사람들이 그들의 관심사, 예를 들면 감성이나 감정 같은 것들에 어떻게 접근하는가를 가리킨다. (c) 우리가 먼저 우리 내면에 깊은 자아의 일부분을 나눌 때에서야 비로소 환자가 겪은 갑작스럽고 예기치 못한 변화를 보고, 들을 수 있는 특권을 누리게 되므로, 나눔은 궁극적으로 치료를 가능하게 해 준다. (d) 대부분의 미학이 알레르기 반응을 일으킬 것 같지는 않다.

○ (a)는 초기 실존주의 분석가들이 미학을 이용하여 환자들과 교감을 이루는 방법에 관한 것이고 (b)는 실존주의 분석가들과 환자 사이에서의 미학의 정의, (c)는 미학을 이용해 환자를 치료하는 구체적인 방법에 관한 것이다. 따라서 전체 내용은 환자 치료에 사용되는 미학의 긍정적인 측면이다. 반면 (d)는 정신 치료와 상관없는 내용이므로 문맥에 어긋난다.

quest 추구 path 길 liberation 해방 existential 실존주의의 aesthetic dimension 심미적 차원 refer to 가리키다 be privileged to ~할 특권이 있다 undergo 경험하다 transformation 변형 ultimately 궁극적으로 healing 치유 aesthetics 미학, 심미주의